古希腊和罗马城邦经济社会史文献选辑

解光云 主编

A Collection of Literature on Economic and Social History of Ancient Greek and Roman Polis

江苏人民出版社

图书在版编目(CIP)数据

古希腊和罗马城邦经济社会史文献选辑 / 解光云主编. — 南京 : 江苏人民出版社, 2019.10

ISBN 978 - 7 - 214 - 24053 - 8

Ⅰ.①古… Ⅱ.①解… Ⅲ.①经济史—文献—汇编—古希腊②经济史—文献—汇编—古罗马 Ⅳ.①F154.592②F154.692

中国版本图书馆 CIP 数据核字(2019)第 231787 号

书　　名	古希腊和罗马城邦经济社会史文献选辑
主　　编	解光云
责任编辑	卞清波
责任校对	康海源
装帧设计	刘葶葶
责任监制	陈晓明
出版发行	江苏人民出版社
出版社地址	南京市湖南路 1 号 A 楼,邮编:210009
出版社网址	http://www.jspph.com
照　　排	江苏凤凰制版有限公司
印　　刷	江苏凤凰数码印务有限公司
开　　本	652 毫米×960 毫米 1/16
印　　张	35　插页 2
字　　数	435 千字
版　　次	2019 年 12 月第 1 版　2019 年 12 月第 1 次印刷
标准书号	ISBN 978 - 7 - 214 - 24053 - 8
定　　价	98.00 元

(江苏人民出版社图书凡印装错误可向承印厂调换)

目 录

前　言

贫富差距是历史变迁中的必然现象。1500 年以前，世界绝大部分地区的贫富差距主要是由自然资源和社会制度因素引发的，诸如自然灾害、战争和特定文明社会的分配制度等等。贫富差距是指在特定的区域和时段内，在一部分较为富有的居民和一部分与前者数量相同的较为贫穷的居民之间，依照一定的规则，在对他们的平均收入和平均财产进行比较的基础上所计算出来的特定比例关系、系数或差额等。

西方古代城邦的贫富差距大致是依据一定数额的年收入为标准而划定的财产差额等级。公民的贫富之别，主要是指有产阶层中财产多寡之差，财产多者为富者，反之则为贫者。贫富差距主要表现为收入差距、财富差距和生活水平差距。就此而言，土地占有不平等、高利贷剥削、行业和区域差异等主要因素所导致的阶层、行业和区域性贫富差距与两极分化，始终影响着城邦的稳定与繁荣。

2017 年，“西方古代城邦调适贫富差距的理论与实践研究”申请国家社科基金重点项目获批立项。“古希腊和罗马城邦经济社会史文献选辑”为该项目的中期成果。选辑这样的资料，仅仅是一种尝试和努力，最初是为了便于课题组成员的交流学习，希冀为课题研究提供比较丰富的文献资料，力求在史料实证的基础上，深化历史研究，形成比较合理的历史认识。因此，严格意义上说，如此文献选辑只是对学界已有成果的摘编和辑录，并非原创性的研究成果。选取的文献和译文十分有限，并不能反映古希腊和罗马城邦经济社会史的全貌。

古希腊和罗马城邦经济社会史的各类文献，浩如烟海，语言文字多样，版本传承复杂，搜集与整理相关文献资料的难度极大。因此，本文献选辑主要辑录古典作家所记述的反映古希腊和罗马城邦时期经济社会史的文献资料，所辑录文献以通行的英文文献为底本，汉译时参考或选录已经出版的汉译名著。文献选辑的内容基本分类如下：

Ⅰ.动产与不动产

Ⅱ.地理区域与社会阶层

Ⅲ.借贷与债务

Ⅳ.行业与劳动力

Ⅴ.交换与市场

Ⅵ.性别、婚姻与家庭

Ⅶ.政治与经济

Ⅷ.法律与经济

Ⅸ.宗教与经济

Ⅹ.战争与经济

Ⅺ.财富与德性

对选取的每一类别文献，大体上按照古希腊和古罗马历史传统意义上的分期排序。[①] 文献选辑由项目负责人解光云主编，课题组成员石庆波、江琴、鲍红信、张子翔、杨波、汪兆祺、郭瑞启、王晓雨，各自按照分工辑录文献资料。全书统稿由解光云负责。囿于学识水平，文献

① 关于古希腊和罗马历史的传统分期，参见黄洋：《希腊史研究入门》，北京大学出版社，2009年，第7页；刘津瑜：《罗马史研究入门》，北京大学出版社，2014年，第7页。

选辑中的不足之处，敬请批评指正！

在资料搜集与整理过程中，课题组受益于中国人民大学徐晓旭教授、王大庆教授等专家、学者的专业指导，以及江苏人民出版社副总编辑王保顶编审的鼎力支持，在此谨致谢意！

解光云

2019 年 8 月于文津花园寓所

Ⅰ. 动产与不动产

动产是指能够移动而不损害其经济用途和经济价值的物。不动产是指不能移动或经移动会损害其经济效用和经济价值的物。土地、房屋等为不动产。[①] 古希腊和罗马城邦富裕阶层的财富主要表现为土地、房屋等不动产。值得注意的是，奴隶也是古代希腊和罗马城邦富室的不动产。

Ⅰ. 1

【题解】

据《伊利亚特》记载，阿基琉斯与阿伽门农争吵，谈及佛提亚的土壤肥沃，适合农耕和畜牧。选译文献据洛布古典文库(The Loeb Classical Library)[②]，荷马：《伊利亚特》(Homer, *The Iliad*, I. 148 - 158.)。

【译文】

捷足的阿基琉斯怒目而视，回答说：
“你这个无耻的人，你这个狡诈之徒，
阿该亚人中今后还有谁会热心地
听你的命令去出行或是同敌人作战？
我到这里来参加战斗，并不是因为

① 参见夏征农、陈至立主编：《辞海》(第六版 · 缩印本)，上海辞书出版社，2010 年，第 403 页；第 153 页。

② 文中所引文献未标注具体出处的，皆据洛布古典文库希英或拉英版本。

特洛伊枪兵得罪了我，他们没有错，
须知他们没有牵走我的牛群，
没有牵走我的马群，没有在佛提亚[①]，
那养育英雄的肥沃土地上毁坏谷物，
因为彼此间有许多障碍——阴山和啸海。
……。”

（汪兆祺辑注[②]）

Ⅰ.2

【题解】

据《伊利亚特》记载，特洛伊和阿尔戈斯的自然环境适宜农耕和畜牧。选译文献据洛布古典文库，荷马：《伊利亚特》（Homer, *The Iliad*, III.58 - 75.）。

【译文】

神样的阿勒珊德罗斯[③]王子这样回答说：
“赫克托尔，你责备我的这些话非常恰当，
一点不过分，你的这颗心是这样坚强，
有如一把斧子被人拿来砍木材，
巧妙地造成船板，凭借那人的腕力，
你胸中的心就是这样无所畏惧。
你不要拿黄金的美神赠我的礼物责怪我。
切不可蔑视神明的厚礼，那是他们
亲自赠予，一个人想得也不一定能得到。

---

① 阿基琉斯管辖的地区，位于帖撒利境内。

② 译文选自[古希腊]荷马：《伊利亚特》，罗念生、王焕生译（希腊文与中文对照），日知古典系列，上海人民出版社，2017 年，第 23 页。编者对个别译名作了修改。

③ 特洛伊国王普里阿摩斯之子帕里斯的别名。

如果你要我战斗，你就叫特洛伊人
和全体阿该亚人坐下，把战神喜爱的
墨涅拉奥斯和我放在两军之间，
为争取海伦和她的财产单独决斗。
我们两人谁获得胜利，比对方强大，
就让他把这个女人和财产带回家。
其余的人就保证友谊，发出誓言，
你们好住在肥沃的特洛伊，他们好回到
牧马的阿尔戈斯平原①和多美女的阿该亚土地。”

（汪兆祺辑注②）

Ⅰ. 3

【题解】

埃托利亚人的长老们祈求众神相助，承诺会奉献上带有葡萄园和耕地的肥沃土地。选译文献据洛布古典文库，荷马：《伊利亚特》(Homer, *The Iliad*, IX. 573 - 582.)。

【译文】

“敌人的喧嚣到达城门口，攻城的响声
频频传来。埃托利亚人的长老们祈求，
派遣众神的最高贵的祭司们请他来助战，
他们已经答应赠送他很大的礼物，
叫他在可爱的卡吕冬最肥沃的平原上面
任意挑选五十亩令他称心如意的
美好田地，其中一半是丰收的葡萄园，

① 荷马时代主要指伯罗奔尼撒半岛阿尔戈斯地区的居民。

② 译文选自[古希腊]荷马：《伊利亚特》，罗念生、王焕生译（古希腊语与汉语对照），日知古典系列，上海人民出版社，2017 年，第 137—139 页。编者对个别译名作了修改。

一半是空旷的耕种地,从平原划分出来。”

(汪兆祺编注①)

Ⅰ.4

【题解】

除了其他收入以外,人们可以从银矿上得到很大的利益。选译文献据洛布古典文库,色诺芬:《雅典的收入》(Xenophon, *Ways and Means*, Ⅳ.7-10.)。

【译文】

当人们拥有足够的供住宅使用的家具时,他们不十分想添置更多的家具。可是谁也不会有多到不希望再多的白银。如果他们拥有的白银太多,他们就把它储藏起来。他们喜欢储藏白银不亚于他们喜欢使用白银。而且当社会繁荣时,白银的用处是很大的。因为男人准备购买优良的武器、骏马、豪华的宅第和家具,而女人也急于购置贵重的服装和金饰。另一方面,如果社会处于灾难的境地时——不论是由于歉收或受到战争的影响,人们对于白银的需要更为迫切,因为土地闲置未耕,就更需要白银来购买粮食和支付外来援军的费用。

(解光云辑录②)

Ⅰ.5

【题解】

伯罗奔尼撒战争前,斯巴达人已经占据了伯罗奔尼撒半岛的大部分土地。选译文献据洛布古典文库,修昔底德:《伯罗奔尼撒战争史》

① 译文选自[古希腊]荷马:《伊利亚特》,罗念生、王焕生译(古希腊语与汉语对照),日知古典系列,上海人民出版社,2017年,第471页。

② 译文选自[古希腊]色诺芬:《经济论 雅典的收入》,张伯健、陆大年译,商务印书馆,1981年,第71—72页。

(Thucydides, *History of the Peloponnesian War*, BOOK Ⅰ. X.)。

【译文】

斯巴达人占有伯罗奔尼撒半岛五分之二的土地,它不但在整个伯罗奔尼撒半岛上,并且在半岛以外许多同盟国中占着重要的地位。因为斯巴达城不是有规则地设计的,城内没有壮丽的神庙或纪念物,而只是一些古老形式的村落的聚集,它的外表不如我们所料想到的。在另一方面,如果雅典有同样的遭遇的话,一个普通人从亲眼所看见它的外表来推测,会认为这个城市的势力两倍于它的实际情况。

(解光云辑录①)

Ⅰ.6

【题解】

希普诺斯人的居民富有,在其境内,金矿银矿无所不有。选译文献据洛布古典文库,希罗多德:《历史》(Herodotus, *The Persian Wars*, III. 57.)。

【译文】

希普诺斯人在那时非常繁荣,并且是最富有的岛上居民,因为在他们的岛上有金矿和银矿。他们是这样的富有,以致他们献纳给德尔菲的财富,即他们的全部收入的十分之一是最丰厚的献礼之一。而他们每年都要为他们自已分配当年的收入。而当他们不断发财的时候,他们便问神托,他们目前的幸福会不会长久。

(江琴辑录②)

① 译文选自[古希腊]修昔底德:《伯罗奔尼撒战争史》(上册),谢德风译,商务印书馆,1997年,第7—9页。

② 译文选自[古希腊]希罗多德:《历史》,上册,王以铸译,商务印书馆,1997年,第219页。

Ⅰ.7

【题解】

柏拉图在《法律篇》中描述，传说上古时期大洪水之后，人们主要依靠畜牧业及狩猎维持生活。缺失铁、铜等金属工具的影响显现。选译文献据洛布古典文库，柏拉图：《法律篇》(Plato, *Laws*, III. 677E-678A; 678C-678E.)。

【译文】

雅典人：也许我们可以这样描绘洪水毁灭之后人类的状况：尽管有面积广大和令人可怕的荒芜，但仍旧有大片沃土可资利用；尽管大部分动物都灭绝了，但凑巧有少量牛仍旧活着，也许还有一小群山羊幸存，为那些少得可怜的牧人提供生机。

……

雅典人：因为那时候他们的人数非常稀少，所以彼此见到时是多么地高兴啊！但他们在陆上或海上可以用来彼此往来的交通几乎都遭破坏了，用来制造这些工具的技艺都失传了，因此我推断，他们发现聚居在一起是太不容易了。他们遭受木材缺乏之苦，因为铁、铜和所有别的金属矿藏都被泥土埋没或被洪水淹没了，以致事实上很难再冶炼出新的金属来。即使有些零星的工具遗留在山上的某些地方，也都很快地锈烂而无法使用了，在金属开采和加工技艺于人间重新出现之前，工具不可能更新换代。

克利尼亚①：是的。

雅典人：我们推算，这种事情要多少代之后才发生？

① 柏拉图的《法律篇》中，苏格拉底没有作为对话人物出现。一位雅典人(an Athenian Stranger)、一位克里特人克利尼亚(Clinias of Crete)和一位拉栖第梦人麦吉卢(Megillus of Lacedaemon)在克里特相遇，谈论法的问题。

克利尼亚：显然，要经历许多代。

（汪兆祺译注①）

Ⅰ. 8

【题解】

土地是城邦不可或缺的资源。选译文献据亚里士多德：《政治学》（Aristotle，*Politics*，Ⅶ.1326b30.）。

【译文】

就土壤的特定品性而言，显而易见的是，人人愿意在自己境界内可能种植一切庄稼，使大家各得所需，样样都不缺乏，保证全邦高度的自给自足。就国境的范围或土地的面积而言，应当以足使它的居民能够过自由而闲适的生活为度，使一切供应虽然宽裕但仍须节制。

（解光云辑录②）

Ⅰ. 9

【题解】

财产是家庭生活的必需。获取财富需要一定的工具。财产可谓是所有这些工具的总和，而每一笔财产就是谋生所用的一件工具。选译文献据洛布古典文库，亚里士多德：《政治学》（Aristotle，*Politics*，Ⅰ.1253b23－35.）。

【译文】

财产既然是家庭的一个部分，获得财产也应该是家务的一个部分（人如果不具备必需的条件，他简直没有法生活，更说不上优良的生活），对于有限定要求的技艺，需要有适当的专门工具，才能完成这些

---

① 译文录自［古希腊］柏拉图：《法律篇》，张智仁、何勤华译，上海人民出版社，2001年，第72—73页。

② 译文选自［古希腊］亚里士多德：《政治学》，吴寿彭译，商务印书馆，1997年，第356页。

技艺;这在治家而论也是这样。至于工具有些无生命,有些有生命(例如,对一个航海者来说,舵是他所运用的无生命工具,而船头守望者是他所运用的有生命工具——在各种限定技艺的劳作中的助手就是一种工具)。这样,财产就可说是所有这些工具的总和,而每一笔财产可谓是谋生所用的一件工具,奴隶是一宗有生命的财产。

(解光云辑录①)

Ⅰ.10

【题解】

与农业和大部分手工业容易受到供求的影响相比,采矿业似乎总是需要大量的人手,也是最容易暴富的行业之一,同时也是极具风险的行业之一。选译文献据洛布古典文库,色诺芬:《雅典的收入》(Xenophon, *Ways and Means*, Ⅳ.5 – 6.)。

【译文】

除此之外,每个农民都可以说出他们的农场需要多少可以上轭的牛和劳动者。如果送到田地的牛和劳动者多于需要,会被认为是一种损失。相反,在采矿业中每个人都说自己缺少劳动者。事实上,采矿业和其他行业有很大的不同。例如,由于(从事黄铜行业的)劳动人数过多,黄铜的价格就会下降,铜匠破产。同样的道理发生在铁的贸易上。同样,当谷物和酒过剩的时候,农产品价格下跌,从事农业就无利可图,所以很多人会放弃农业开始从事商业、旅店业或是借贷业。

(杨波辑录②)

---

① 译文选自[古希腊]亚里士多德:《政治学》,吴寿彭译,商务印书馆,1997年,第11页。

② 译文选自[古希腊]色诺芬:《经济论 雅典的收入》,张伯健、陆大年译,商务印书馆,1981年,第71页。

Ⅰ. 11

【题解】

色诺芬建议城邦分派给10个部落数目相同的奴隶，鼓励他们开采新矿，共同分担开采后果。这样不仅分散了风险，而且一旦有新矿发现，受益者将是全体公民。在色诺芬看来，这无疑是一条"共同致富"的道路。选译文献据洛布古典文库，色诺芬：《雅典的收入》(Xenophon, *Ways and Means*, Ⅳ.14－15.)。

【译文】

但是我们不能不感到诧异：国家虽然知道很多公民借国家资源而致富，可是我们仍未效仿他们的办法；因为我们——至少是注意到这件事的人——确实很早就听到：尼塞拉图斯的儿子尼西阿斯保有银矿中使用的奴隶一千人，出租给色雷斯地方的索西阿斯，条件是每人每日收取一奥波尔(不扣除一切费用)，且尼西阿斯从不减少奴隶租赁的数量。希波尼库斯也以同样的收费出租奴隶600名，这使他每天可以有一个明那的净收入。斐列摩尼德斯出租300名奴隶，每天得到半个明那的收入。

(杨波辑录①)

Ⅰ. 12

【题解】

《疯狂的赫拉克勒斯》记述，提修斯愿意把赫拉克勒斯带到雅典，为他清洗血污，并将自己财产的一半分给赫拉克勒斯。这里提到提修斯的财产包括杀死科诺索斯公牛后雅典公民赠予他的财富。这说明

① 译文选自[古希腊]色诺芬：《经济论 雅典的收入》，张伯健、陆大年译，商务印书馆，1981年，第72页。

为城邦做出特殊贡献者会得到奖赏。提修斯的土地分布于雅典多处。选译文献据洛布古典丛书,欧里庇得斯:《疯狂的赫拉克勒斯》(Euripides, *Madness of Hercules*, 1322－1330.)。

【译文】

提修斯

因此,依照法律你要离开忒拜,
跟我前往帕拉斯的城堡去。
在那里我将给你洗净双手的血污,
给你一个家,以及我财产的一半。
那是民众因为我杀死科诺索斯的公牛,
救下他们的七对男女而赠予我的
我都将赠予你。在全城范围内有一些
分配给我的土地:以后这些
都将与你的名字相连,在你有生之年。

(杨波辑录[1])

Ⅰ. 13

【题解】

在《酒神的伴侣》的开篇部分,酒神狄奥尼索斯讲述了自己的身世,在游历了亚细亚许多地方后,最终抵达了故事的发生地、其外祖父卡德摩斯建立的忒拜城。在叙述中,狄奥尼索斯提及了盛产黄金的吕底亚和弗里吉亚、阳光炙烤的波斯平原、风暴席卷的米底亚、幸福的阿拉伯以及小亚细亚沿海高耸的城池。各地自然条件差异较大,吕底亚、弗里吉亚、阿拉伯和小亚沿海的生活条件明显优于波斯平原和米

① 译文选自[古希腊]埃斯库罗斯等:《古希腊悲剧喜剧全集》(第四卷),张竹明、王焕生译,译林出版社,2007年,第321页。

底亚。欧里庇得斯还提到了塞浦路斯岛、尼罗河流域、皮埃里亚等富饶的地区。选译文献据洛布古典文库，欧里庇得斯：《酒神的伴侣》(Euripides, *Bacchanals*, 13–19;402–416;570–575.)。

【译文】

狄奥尼索斯

我离开了盛产黄金的吕底亚原野
和弗里吉亚，走过阳光炙烤的波斯平原，
巴克特里亚的要塞，米底亚风暴席卷的大地，
继续行进，经过幸福的阿拉伯，
和整个亚细亚，在咸味的海水周围
分布着许多城墙高耸的城邦，
希腊人和外邦人在这里杂居。

歌队(第二曲首节)

啊，我愿逃到阿芙洛狄忒的地方去。
塞浦路斯，那天堂般的岛屿，那里居住着，
海岸边萦绕着爱神厄洛斯，
编织着令人精神沉迷的网，
或是那不曾听闻收成宝贵，
靠那翻滚着有成百个河口的河流①使土地肥沃，
那里从不降雨！
还有这片美丽无比的土地，
皮埃里亚②萦绕着缪斯动人的歌声！
在奥林匹斯神圣的山坡上，站着

---

① 指埃及的尼罗河。

② 皮埃里亚(Pierian)位于马其顿东南部海滨地区，地处奥林波斯山东北麓，信奉狄奥尼索斯和缪斯。这个剧本可能是欧里庇得斯为了参加这里的比赛而创作的。

那无所畏惧的人带领着我，啊，吵闹的王！
啊，狂欢的神，指引我们前往美惠女神[①]的住处
还有欲望之神[②]，——舞蹈的地方，在那里没人否认你，
酒神巴克科斯的信徒们。

（杨波辑录）

Ⅰ. 14

【题解】

塞克图斯·庞培[③]在罗马城中心区域拥有房屋，又在科里纳克里安[④]和坎帕尼亚[⑤]地区拥有优质土地，而坎帕尼亚是罗马重要的粮食产地，这些都为塞克图斯·庞培带来不菲的经济利益。奥维德曾自比为挚友塞克图斯·庞培的"动产"，借此希望塞克图斯·庞培能够重视他，并帮助他代向罗马皇帝转达其忠诚，以免除流亡异乡的罪责。[⑥]另外，因地域差异而富有特色的经济作物，量足物美而享誉海外，成为当地人获得财富的主要来源。选译文献据洛布古典文库，奥维德：《黑海书简》（Ovid, *Epistulae ex Ponto*, IV. XV. 7－24.）。

【译文】

致塞克图斯·庞培乌斯

然而他知道，我的生命归于凯撒，我的名望归于塞克图斯。……

---

① 美惠女神（Graces）是宙斯和海洋仙女欧律诺墨（Eurynome）的三个女儿，分别代表着妩媚、优雅和美丽。参见 Simon Hornblower and Antony Spawforth, *The Oxford Classical Dictionary*, Third editiaon revised, Oxford University Press, 2003, p. 318., charites 词条。

② 欲望之神（Desire）是阿芙洛狄忒之子。

③ 塞克图斯·庞培（Sextus Pompeius，公元前 67—前 35 年），罗马共和国晚期及奥古斯都时代将领，格奈乌斯·庞培之子，又被称为"小庞培"，是反对后三头同盟的焦点人物。

④ 特里纳克里安岛（Trinacrian），意大利西西里岛（Sicily）的旧称。

⑤ 坎帕尼亚（Campania），位于意大利中南部，古罗马时代重要的粮食产区。

⑥ 参见 Ovid, *Epistulae ex Ponto*, IV. XV. 1－6.

在这个肥沃的农场中有特别肥沃的石榴种子，他们在外壳下缓慢地增长，长出红色的果实，就像托米利安的土地①上生长的丰硕的葡萄果实，就像西锡安②的橄榄，或者是像海布拉③地区的蜂巢。这是我在忏悔，公民们④，你们要作证啊。无需法律证明，把我，这卑微的动产，也纳入你可继承的财富之中吧。我，就是你财富的一部分，不论这个财富多么的渺小。我，就如同曾经属于你，或曾为腓力王⑤统治过的科里纳克里安地区，就如同你在奥古斯都广场旁边的家，就如同你在坎帕尼亚的土地——这在你看来最有价值的产业，或是你所继承的，或是你所购买的。反正无论如何，塞克图斯，我——这个悲哀的礼物，是属于你的，你不能说你在本都地区一无所有。惟愿神赐你更美好的产业，使你的家业更加兴旺发达！因为这就是神的责任，试着通过祈祷来感动那些你一直虔诚崇拜的神灵。

（张子翔辑录）

Ⅰ. 15

【题解】

土地是富人阶层财富的重要体现，同时也是贵族讨好平民的主要工具。发动对外征服战争而获得土地，成为缓解罗马城邦阶级矛盾、调适贫富差距的重要举措。选译文献据洛布古典文库，李维：《罗马史》(Livy, *History of Rome*, III. 1.)。

---

① 托米利安(Tmolian)，古典神话中吕底亚(Lydia)的守护神，故又被称为"吕底亚之王"(King of Lydia)。文中"托米利安的土地"也就是指吕底亚。

② 西锡安(Sicyon)，伯罗奔尼撒半岛北部的古希腊城邦。

③ 海布拉(Hybla)，西西里半岛上的古典城邦，以生产蜂蜜闻名。

④ "Quirites"的拉丁语词源为"couirium"，是罗马城邦早期对公民群体的称呼。

⑤ 腓力王，即亚历山大大帝之父马其顿的腓力二世(Philip II of Macedon)，曾发动对希腊地区的征服战争，扩张至西部的西西里半岛。

【译文】

土地所有者大多数是贵族，他们抱怨说国家元首公开发布政策，为了使得自己更受欢迎而表现出的慷慨事实上牺牲了他人的利益。如此，他们就将矛盾从保民官转移到了执政官的身上。一场激烈的斗争迫在眉睫，就在此情况下，法比乌斯提出了一项作为使得双方的利益都有所缓解。正如他所指出的，一年前，在提图斯·昆秀斯带领下，罗马人从沃尔西夺取了大片土地；而安提乌姆——作为一个地理位置非常优越的海上城市，也可以被开辟成新的殖民地。这样平民就可以在不引起土地所有者抱怨的情况下获得土地，国家也会更为和谐。这个建议被采纳了。法比尤斯任命提图斯·昆秀斯、奥留斯·维吉纽斯和普布利乌斯·富尔尤斯为分配土地的专员，并命令那些希望获得捐赠的人登记自己的名字。当政策实行的时候，人们都大多保持谨慎，（这些分配土地的专员）以至于不得已将沃尔西殖民者的名字填入充数。其他的一些人则宁愿要罗马的土地而不要省外的土地。

（张子翔辑录）

Ⅰ.16

【题解】

据阿庇安的《罗马史》记载，罗马人击败维里阿修斯后，接收塔坦卢斯和他的军队为属民，给他们足够的土地，以防止他们因为贫困而成为盗贼。土地是古代居民最重要的财产之一，分配土地给贫民也是维持社会稳定的重要手段之一。选译文献据洛布古典丛书，阿庇安：《罗马史》(Appian, *Roman History*, VI. XII. 75.)。

【译文】

当他们在那里被击退后，正在横渡比提斯河的时候，[①]西比

① 位于伊比利亚半岛境内的河流。

阿[1]紧紧地追逐他们,因此,塔坦卢斯精疲力竭[2],带着他的军队投降西比阿,以对待他们如附属民族为条件。西比阿接收了他们所有武器,给予他们足够的土地,使他们不至于为贫穷所迫为盗贼。维里阿修斯战争[3]就这样结束了。

(杨波译注[4])

Ⅰ. 17

【题解】

随着时间的推移,意大利的富人们占用了过多未被分配的土地,并相信这些土地永远不会被剥夺了。他们甚至以种种手段夺取穷人的土地,利用奴隶作为主要的农业劳动力,于是,奴隶的人数增多。选译文献据洛布古典文库,阿庇安:《罗马史》(Appian, *Roman History*, The Civil Wars, I. 7.)。

【译文】

但是他们把战争中取得的土地里面可以用于耕种的田地马上分配给移民,或出卖,或出租。因为他们尚无闲暇时间分配那些因战争而荒芜的土地(这种土地通常是较大的一部分),他们宣布,凡愿意耕种这些土地的人,只从每年出产中缴纳谷物的十分之一,水果的五分

---

① 普布利乌斯·科尔内利乌斯·西庇阿·埃米利安努斯·阿非利加努斯(Publius Cornelius Scipio Aemilianus Africanus),公元前 185—公元前 129 年,即小西庇阿,其父亲被称为大西比阿(Publius Cornelius Scipio Africanus)。西比阿家族是古代罗马的名门望族之一,在罗马历史上发挥过重要作用。大西比阿曾经统帅罗马军队打败迦太基著名统帅汉尼拔,结束了第二次布匿战争。小西比阿曾于公元前 147 年担任执政官后统率罗马在北非的军队,摧毁迦太基,结束第三次布匿战争。此后又任监察官(公元前 142 年)、执政官(公元前 134 年),远征西班牙。

② 维里阿修斯死后继任的将军,曾率军抗击罗马人。

③ 维里阿修斯战争(公元前 149—前 139 年),罗马人统治下的西班牙地区,由维里阿修斯领导的反抗罗马的战争。

④ 译文选自[古罗马]阿庇安:《罗马史》(上卷),谢德风译,商务印书馆,1995 年,第 125 页。

之一的实物税，就可以耕种。那些蓄养家畜的人需缴纳动物税，公牛和小家畜都要缴纳。他们这样做，以便繁殖意大利人种，他们认为意大利人是诸民族中最辛勤劳动的，使他们在国内有许多同盟者。但是结果与此正相反，因为富有者占领大部分未分配的土地，时间过久了，他们的胆子大了，相信他们的土地永远不会被剥夺了。他们吞并邻近的地段和他们贫穷邻居的土地，一部分是在被说服的情况下购买的，一部分是以暴力霸占的，因此，他们开始耕种广大的土地，而不是单一的田产。利用奴隶当农业劳动力与放牧人，因为害怕自由劳动者会从农业中被抽调从军，同时奴隶的占有，由于奴隶子孙繁衍，使他们获得利益很大，因为奴隶不用服兵役，繁衍得很快。这样，某些有势力的人变得极为富有，奴隶人数在全国上升了，而意大利人民的人数和势力，因为受到经济、捐税和兵役的压迫而衰落。如果他们暂时没有受到这些灾难的影响的话，他们就游手好闲，消磨他们的时间，因为土地已被富人占有，而富人只用奴隶而不用自由民作耕种者。

（杨波辑录①）

Ⅰ.18

【题解】

据阿庇安记载，布鲁图斯在对罗马民众的演讲中提到，以前罗马人征服敌人的土地，再分配土地给自己的公民，而现在恺撒和苏拉侵略自己的祖国，不遣送士兵回家，不分配土地给他们，还从许多没有犯罪的意大利人手中夺取土地。士兵们没有得到任何补偿。选译文献据洛布古典文库，阿庇安：《罗马史》（Appian, *Roman History*, The Civil Wars, II. 140.）。

① 译文选自[古罗马]阿庇安：《罗马史》（下卷），谢德风译，商务印书馆，1997年，第6—8页。

【译文】

当我们的祖先们征服他们的敌人的时候，他们并没有把敌人们所有的土地都夺取过来。他们和敌人分配土地，把罗马的士兵移植到一部分土地上，作为统治被征服者的哨兵。如果被征服者的土地不够殖民的话，那么，他们加上一些公有地，或者用公款购置的其他土地。这样，人民把你们安置在殖民地中，对任何人都没有损害。但是苏拉和恺撒侵略他们自己的祖国，不遣散你们回自己的家乡去，也不替你们购买土地，也不把那些被他们没收的公民们的财产分配给你们，他们也不赔偿损失，以救济那些财产被剥夺了的人，虽然那些剥夺他们财产的人从国库中取得了很多金钱，从被没收的田产中占有了很多的财产。根据战争的法律——不，根据劫掠的习惯——他们从没有犯罪、没有作任何错事的意大利人手中夺取了他们的土地和房屋、坟墓以及神庙，这些东西，甚至对于外国的敌人，我们习惯上也不夺取，而只征收出产物的十分之一，作为贡税而已。

（杨波辑录①）

Ⅰ. 19

【题解】

阿庇安认为富人能够享有广阔土地，得益于土地兼并。人们被鼓励耕种那些与自己土地毗邻的被征服的土地，随时间流逝，公有土地与私人土地之间的界线已不再明确。选译文献据洛布古典丛书，阿庇安：《罗马史》(Appian, *Roman History*, The Civil Wars, I. 18.)。

【译文】

事实上，这些土地原先多是战利品，所以从没有被仔细丈量过。

---

① 译文选自[古罗马]阿庇安：《罗马史》(下卷)，谢德风译，商务印书馆，1997年，第218—219页。

因为原先的布告允许任何愿意耕种那些土地的人去耕种那些未被分配的土地，许多人被鼓励去耕种那些和他们自己的土地毗邻的土地，直到最后公有土地和私有土地的界线已经消失了。这样富人所做的不公平的事情虽然多，但是已经不容易核查了；所以没有别的办法，只能普遍地反转过来，所有人都从他们自己的地方迁出，居住在别人的土地上。

（杨波辑录[①]）

Ⅰ. 20

【题解】

古罗马三大农书[②]是记录古罗马农业史的重要著作，其中对富室财产的描述，包括生产和储存工具，如牲口、马厩、大车、果树、果园、酒仓、油仓、酒桶等，以及其中出产的农业产品，如粮食、水果、葡萄酒、橄榄油等。对于农庄主而言，经济作物对增加收入的贡献明显。例如，葡萄树的质量、产量会对种植者的收入带来很大的影响。

以下选译文献皆据洛布古典文库。

(1) 加图：《农业志》(Cato, *On Agriculture*, III. 2.)。

【译文】

庄主有建筑完美的田庄，有橄榄油仓、酒仓和许多酒桶，可以待善价而沽，这是有益的：它将带来财富、势力和光荣。应该有完美的压榨机。

（张子翔辑录）

---

① 译文选自[古罗马]阿庇安：《罗马史》(下卷)，谢德风译，商务印书馆，1997年，第17页。

② 古罗马三大农书，通常是指加图(Cato)的《农业志》、瓦罗(Varro)的《论农业》，以及科鲁美拉(Columella)的《论农业》。

(2) 瓦罗:《论农业》(Varro, *On Agriculture*, I. XIX.)。

【译文】

至于加图所说的,增加三头驴运肥,一头驴推磨(如果是一个100尤格①的葡萄园,就要一套牛、一套驴,另有一头驴推磨),则在这个半哑工具的一类里,我们只应当把那些有助于生产的羊和猪,还有少数通常作为奴隶的私有财产的牲畜(这部分东西是为了使奴隶可以更容易维持他们的生活,并使他们安心地干活)包括进去。谈到这一类的家畜,不单是那些拥有牧场的人确实喜欢养羊而不大喜欢喂猪,就是那些并非由于牧场,而是为了积肥的人也都愿意养羊。在任何情况下,狗,你是必须养的,没有狗,庄园就不安全了。

(张子翔辑录)

(3) 科鲁美拉:《论农业》(Columella, *On Agriculture*, III.II.5-6.)。

【译文】

这种葡萄树,虽然果实不多,但如果我们有一块地,能让葡萄酒的味道出众,价格不菲,我们就会选择它;如果是某种葡萄树的质量差价格低,那最好种植多产的葡萄,这样我们的收入就会随着产量的增加而增加。另外,几乎每处平摊的斜坡上都会出产很多葡萄,但丘陵地带的味道更好;在温带气候条件下,向北倾斜的丘陵产量更高,而向南倾斜的丘陵质量更高。

(张子翔辑录)

(4) 科鲁美拉:《论农业》(Columella, *On Agriculture*, III.II.14.)。

【译文】

另外,……有一种"单排"的亚美尼安种,而不是那种更大的"双

---

① 尤格(iugera),古罗马的面积计量单位。按照古罗马计量办法,1尤格约为240×120英尺(Roman feet),或71×351/2米,共计28,800平方英尺,或1/4公顷。

排”的葡萄树，它在叶蔓和枝丫的外观上都是特别一流的，但是以其果实制成的葡萄酒质量并不是特别好。尽管如此，它的排名仅次于最优秀的品种，甚至能够作为质量上的首选。因为它的葡萄果实特别茂密，花开的也很美，结的葡萄颜色鲜艳，果实饱满，即使在贫瘠的土地上也不会腐烂，因此被认为是最赚钱的葡萄树之一。诺门塔维内萨品种在制成葡萄酒的质量上仅逊于亚美尼安种，但是在生产效益方面，它居于领先。通常情况下，它结出的果实特别完美，易于储存。

（张子翔辑录）

(5)科鲁美拉：《论农业》(Columella, *On Agriculture*, III. III. 2－3.)。

【译文】

另外，那些致力于农业研究的人必须了解一件事，那便是葡萄园所出产的特产众多。马尔库斯·卡托和特累提乌斯·瓦罗曾经对这片古老丰饶的土地进行记录，他们说每尤格土地会出产600升酒，瓦罗在他的《论农业》中强调了这一点，这不仅是在某一地区，而且在法恩扎周围的农村和高卢地区，以及今天的皮塞嫩都是这样的。在我们的这个年代，诺曼图姆享有最高的声誉，特别在由知识渊博的天才——塞涅卡所创作的那部分作品中。据说，在其所述的土地上，平均每尤格土地能产出8加仑的酒。

（张子翔辑录）

Ⅰ. 21

【题解】

葡萄园给庄园主带来的收益不菲，因而古典作家常常对人们种植葡萄予以肯定。为了获得经济上的巨大效益，农庄主在管理农庄时，往往与土地上的佃户商量，这有助于提高收益。选译文献据洛布古典文库，科鲁美拉：《论农业》(Columella, *On Agriculture*, III. III. 10－15.)。

【译文】

设想条件最差的那种葡萄园，如果照料的得当，每年一尤格土地，也能收获1加仑葡萄酒，那每40瓶就可以卖300赛斯特斯，这是最低的市场价了，7加仑一共花费2100赛斯特斯，远远超过6%的利息。我们给出的这些数字，来自希腊人计算。但是，我的意见是，那些产量低于每尤格3加仑的葡萄园应该被铲除。即便如此，我们所作的估计也仅是指那些没有栅栏的沟壑纵横的土地，我们做出的对土地上最低投入的估计，但是这种情况仅能代表意大利境内的情况，不包括外省。当人们区分了我的和朱利乌斯·阿提乌斯的论述之后，似乎没有人会再产生怀疑，因为我的观点是葡萄园中的每尤格土地需要投入20000，而他的观点是至少40000。假设他的方法更好，那即使在最坏的情况下，也没有土地能产生超出土地价格的回报。即使6000株植物因葡萄园主的疏忽而死亡，那10000多株仍然可以被葡萄园主以3000赛斯特斯的价格愉快地、有利可图地卖掉。这个总量超出了我们之前所说的2000赛斯特斯的三分之一，这也就是我们之前所说的1尤格葡萄的成本，并且我们的管理现在已经到了这样一个地步，那就是农夫们也不反对我以600赛斯特斯1000尤格的价格来购买篱笆，但是任何人都不会超过上面的数字，没有人愿意相信我们的话，即这么小块的土地上能出产这么多酒，就像你一样，希尔维乌斯。基于这个原因，我给出了栅栏的平均价格，以便那些由于缺乏知识而不懂畜牧分类的人可以更快地了解我们的想法，而不至于投反对票。因此，无论希望从种植土地中获得收入，还是对未来葡萄收成报以期望，都应该鼓励我们种植葡萄。现在我们都已证明，种植这些植物属于有益的商业行为，我们因此将提供指导，使它们井然有序。

（张子翔辑录）

Ⅰ. 22

【题解】

古罗马农学家科鲁美拉对“无需田产”的观点进行了反驳，意在强调耕种土地的重要性。选译文献据洛布古典文库，科鲁美拉：《农业志》(Columella，*On Agriculture*，I.Preface，I.18 – 20.)。

【译文】

我相信迦太基人马戈在写作之处就指出了这一点：“买地的人会卖掉自己在城里的房屋，这样，他就不愿意再崇拜城中的神像，而是崇拜乡下的神像，但是在城市中居住的人将会获得更大的满足感，而无需乡下的田产。”这样的话如果能在我们现在这个时代实行，那我也将不会改变，但事实情况却是，某些人的政治野心使得我们大多数人远离了政治，且在大多数情形之下，即使政治召唤我们，我们也不得不远离。所以我的想法就是，最好的情况就是在城镇附近有一块属于自己的产业，要近到让那些很忙碌的人，在每天完成自己的工作之后，也得以抽身照顾自己的产业。（另外，）因为那些在远处购买土地的人，更不用说在海外购买田产的人，正在把他们的遗产转让给他们的奴隶，使其作为他们的继承人。还可以肯定的是，奴隶因为他们主人的远离而堕落了，一旦堕落，他们就期望做可耻的事情，以最终取代主人的位置，奴隶们倾向于掠夺而不是耕种。

（张子翔辑录）

Ⅰ. 23

【题解】

屋大维希望按照胜利后所达成的契约行事，将领土分配给所有与自己和安东尼同一阵营的人，而卢西乌斯和富尔维娅则声称有权分配给他们的军队以土地，并在这些城市进行殖民，以加强自己在这些殖民地的影响。在双方看来，这似乎是最简单的方法，即把手无寸铁的人的财产给予他们并肩作战的部队。但是与他们的预期相反的是，这造成了巨大的纠纷，致使事态开始走向战争。选译文献据洛布古典文库，迪奥：《罗马史》(Dio Cassius，*Dio's Roman History*，BOOK XLVIII，6. 3－5.)。

【译文】

因为首先屋大维开始从拥有者那里拿走土地，并把意大利的土地，还有奴隶和他们的全部设备都给了老兵(除了一些老兵可能还拥有那些作为礼物收到的，或者是从政府那里买的土地)。因此，被剥夺财产的人对他非常愤怒。于是，富尔维娅和执政官改变了他们的计划，因为他们希望在被压迫者中获得更多的权力，从而忽视了那些要接受遗产的人，把注意力转向了另一个阶层，这个阶级人数更多，而且是正在遭受掠夺。接下来，他们单独支持这些人，帮助他们并将他们团结在一起，如此，以前害怕恺撒的人现在就变得勇敢起来，因为他们已经找到了拥护者，且再也不用放弃他们的任何财产；因为他们认为马尔库斯也赞成执政官的政策。

(江琴辑录)

Ⅰ. 24

【题解】

土地收益可作为部队的财政来源。选译文献据洛布古典文库，迪奥·卡西乌斯：《罗马史》(Dio Cassius，*Dio's Roman History*，BOOK VI. LII. 28. 1－8.)。

【译文】

"那么，从什么来源可以为这些士兵和其他必要的费用提供资金呢？我还将解释这一点，首先简要提醒我们即使我们拥有民主制，当然我们也无论如何都需要资金。因为没有士兵，我们就无法生存，人们也不会无偿当兵。因此，让我们不要因为筹资的必要性只属于君主制而倍感压迫，让我们不要被这种考虑所引导，对这种形式的政府掉以轻心，而是让我们在审议中假设，无论我们在何种形式的政府下生活，我们肯定会被迫获得资金。因此，我的建议是，你们首先要出售属于国家的财产——我注意到这个数目由于战争已经变得十分庞大——只保留一点对你们非常有用或必要的东西；你把所有的钱都借出以获得一个适当的利率。这样，不仅能将土地用于耕种，卖给耕种自己土地的人，而且后者也会获得资本，变得更加富有，而国库将获得足以满足其需要的永久收入。其次，我建议你对这一来源的收入和所有那些确定可以从矿山或任何其他来源获得的其他收入进行估算，然后对所有费用进行第二次估计和平衡，这不仅是军队的费用，也是所有为一个国家的福祉做出贡献的人们所需的费用，还有那些在紧急情况下必然会因意想不到的战役和其他需要而产生的需求。”

（江琴辑录）

Ⅰ. 25

【题解】

饲养乌鸫鸟、鸽子、鱼类等增加收入是土地创收的数倍，于是学习饲养家禽、掌握饲养技艺成为当时罗马人的一种期望。禽类是罗马城公共集会、公餐活动、庆祝仪式、宗教节庆的主要消费品。所以养殖经济型禽类、鱼类动物，是增加收入、缩小贫富差距的有效方法。选译文献据洛布古典文库，瓦罗：《论农业》(Varro, *On Agriculture*, III, II, 15 – 18.)。

【译文】

我又补充说，是的，在这座维拉（庄园）里，据我所知，光是鸟房，就出产 5,000 只乌鸫鸟，价值三第纳瑞乌斯[①]，那一年单是维拉这一部分

① denarii，便士，古罗马货币。

就赚了六万塞斯特斯(合 480 英镑),这个数目等于你 200 尤格土地所赚的两倍。阿克西乌斯说,什么!六万,六万!你是在开玩笑吧!我重复说,不错,六万。他说,是啊,如果你想法这样一笔财,你就需要有这样一些机会,比如有一次宴会,或者是某人的凯旋式,比如过去梅特鲁斯·斯奇皮奥的那种凯旋式,或是那些使食物的市价上涨的无数晚宴。如果你不能每年由此好运,我倒是希望你也不要破产。在奢侈成风的这些日子里,你的希望很少落空,因为几乎每年都会看见盛大的宴会,都要举行凯旋式,都有集体晚宴。还不止于此,目前的奢侈风气造成了所谓罗马城内每日一宴的情况。我接着说,L. 阿布克奇乌斯不是常常说这样一句话吗?(你知道,他是一位非常有教养的人士,他的讽刺诗是师法鲁西里乌斯的,)他在阿尔巴乡间的农庄总不如他的维拉和里面养的兽类有赚头,因为土地的收入不足 10,000 塞斯特斯(约 80 英镑),而维拉的收入则超过 20,000 塞斯特斯。也是他说过,如果他能按自己的意思在近海之处有座维拉,那么他一年赚的便能超过 100,000 塞斯特斯(800 多英镑)。再者,就在最近,当 M. 加图成为年轻的路库路斯的监护人的时候,他不是把他的被保护人的鱼卖了 40,000 塞斯特斯(320 英镑)吗?阿克西乌斯说:我亲爱的麦路拉,我请求你,接受我做你的学生,学习在维拉以内饲养家禽的技艺吧。

(张子翔辑录)

Ⅱ. 地理区域与社会阶层

古希腊和罗马城邦大致可以从地理上划分为沿海、平原和山地三大区域。按照公民的财产多寡，城邦的有产阶层可以划分为富裕阶层（或富有阶层）、中等阶层（或中产阶层）和贫困阶层。沿海和平原地区的公民相对比较富有，既富且贵者居多。此外，还有奴隶、异邦人等其他社会阶层。

Ⅱ. 1

【题解】

荷马史诗曰："伊达卡虽然崎岖不平，多山多石，却适宜年轻人成长。我认为，世界上再也没有比它更迷人的地方了。"[①]希罗多德赞誉"希腊的气候是世界上最温和和宜人的气候"[②]；欧里庇得斯剧中歌者吟唱阿提卡的丰饶优美的景色。选译文献据洛布古典文库，欧里庇得斯：《特洛伊妇女》（Euripides，*Trojan Women*，800.）。

【译文】

放养蜜蜂的萨拉米斯的国王特拉蒙啊，
你以这四面波涛的海岛为家，
紧靠雅典娜使这里初次出现

---

① Homer, *Odyssey*, Ⅸ.27.

② Herodotus, *The Persian Wars*, Ⅲ.106.

淡蓝色橄榄枝——给杰出人物
以花冠个雅典以光荣——的圣山，
特拉蒙啊，你早先曾经和阿尔克墨涅
那带弓的儿子一起结伴行侠，
来到伊利昂，毁了我们的城，
在你当初从希腊出来参战的时候。

（解光云辑录[①]）

Ⅱ.2

【题解】

在特洛伊人和阿该亚人的战斗中，阿德瑞斯托斯[②]被墨涅拉奥斯[③]生擒后向其求饶，声称自己的父亲十分富有，可以为其偿付赎金，其父财产包括铜、金和熟铁。材料实际上反映了迈锡尼时代结束后，进入铁器时代的希腊富裕家庭的生活状况，这些金属是财富的组成部分。选译文献据洛布古典文库，荷马：《伊利亚特》(Homer, *The Iliad*, VI, 37 - 50.)。

【译文】

那善吼的墨涅拉奥斯把阿德瑞斯托斯擒住，
因为他的两匹马受惊，驰过平原，
被怪柳树枝缠住，它们把辕杆末端的
半圆形车身碰破，然后奔向城市，
其他的马也在恐惧中朝那里奔驰，

---

① 译文选自[古希腊]埃斯库罗斯等：《古希腊悲剧喜剧全集》(第五卷)，张竹明、王焕生译，译林出版社，2015年，第123页。

② 阿德瑞斯托斯(Adrastus)，《伊利亚特》人物，特洛伊将领，被俘后死于阿伽门农之手。

③ 墨涅拉奥斯(Menelaus)，《伊利亚特》人物，迈锡尼斯巴达国王，是阿特柔斯之子、海伦的丈夫，在其兄弟阿伽门农的领导下率军参与特洛伊战争。

阿德瑞斯托斯从车上滚下来，倒在轮边，
嘴里啃着尘土。阿特柔斯之子墨涅拉奥斯
举着有长影的铜枪站在阿德瑞斯托斯身边，
那人随即抱他的膝头，向他告饶恳求：
“阿特柔斯的儿子，请把我生擒，好换取
等价的赎金，我父亲富有，家里储存着
大量财宝，有铜有金和精炼的熟铁，
要是父亲听说我还活在阿该亚船上，
他会心甘情愿赠送你无数的赎礼。”

（汪兆祺辑录①）

Ⅱ.3

【题解】

公民如果可以借助于其国家的资源来维持生活，这样的生活无疑是最公正的。这可以改善穷困状况，也可以减少祸患。选译文献据洛布古典文库，色诺芬:《雅典的收入》(Xenophon，*Ways and Means*，Ⅰ.3－5.)。

【译文】

土地产品证明，阿提卡一年四季都是极为温暖的；因为在许多国家内甚至不能成长的东西，在阿提卡都能成熟结果。而且，和土地是最肥沃的一样，环绕陆地的海洋也是同样丰饶的；神在各季所赐予的各种果品，在这个国家内结果实的时间最早而凋谢最迟。土地不仅就每年成长和凋谢的东西来说是上等的，而且还具有经久的利益；因为它供应充裕的石料；这些石料可以用来建筑最宏伟的庙宇、最华丽的

① 译文选自[古希腊]荷马:罗念生全集《荷马史诗〈伊利亚特〉》(第五卷)，罗念生译，上海人民出版社，2004年，第144—145页。

祭坛，以及雕刻最优美的神像；而且这些石料也是很多希腊人和很多蛮族都希望享有的。诚然，有一部分土地虽然播种仍不能有收成，但如果深入挖掘，它们却比生产五谷能养活更多的人，因为在地面下——无疑是出于神赐，藏有白银。虽然有许多国家包括陆路和海路来说都处在邻近，可是即使是最细小的银矿脉也没有延伸到其中任何一个国家。

（解光云辑录①）

Ⅱ. 4

【题解】

雅典是一个最好的和最能生利的贸易地点。选译文献据洛布古典文库，色诺芬：《雅典的收入》（Xenophon, *Ways and Means*, Ⅲ. 2－3.）。

【译文】

为了证明雅典是一个最好的和最能生利的贸易地点，我愿详陈下列细节。首先。雅典拥有各种船只的最优良和最安全的港口。航海者如遇风暴，可以在此停泊和休息。其次。在大多数其他城市中，国外商人们必须以其某种商品交换另一种商品，因为居民所使用的货币不能越出国境以外；而雅典一方面拥有外国人所需要的大量出口货物，另一方面，如果商人不愿意物物交易，他们还可以运走我们的白银，作为最好的货载，因为他们无论在什么地方卖掉这些银子，他们所得总比它们原来所值为多。

（解光云辑录②）

---

① 译文选自[古希腊]色诺芬：《经济论 雅典的收入》，张伯健、陆大年译，商务印书馆，1981年，第67页。

② 译文选自[古希腊]色诺芬：《经济论 雅典的收入》，张伯健、陆大年译，商务印书馆，1981年，第69页。

Ⅱ.5

【题解】

尽管古代社会的城市与乡村之差异并不明显，但也必须指出，并不是所有人都居住在乡村，也非所有人都选择城市生活，至少在伯罗奔尼撒战争以前，一切希腊人中最前卫的雅典人也没有彻底入居城市。在伯罗奔尼撒战争之初，雅典人很不情愿从雅典城外迁入城内。选译文献据洛布古典文库，修昔底德：《伯罗奔尼撒战争史》(Thucydides, *History of The Peloponnesian War*, BOOK Ⅱ. XV - XVI.)。

【译文】

从很早的时代以来，这种乡村生活就是雅典人民生活的特征。自从科克罗普斯和初期国王的时代一直到提修斯时代，阿提卡人民总是住在独立的市镇中，各有各的市政厅和政府。只有处在危急的时候，他们才集合起来，和国王商讨办法；其余的时候，各市镇各自照料自己的事务，作出自己的决定。从前也有时候，有些市镇真的对雅典作战，譬如攸摩尔巴斯领导下的厄琉息斯人就反对过国王伊雷克修斯。但是到了提修斯作王的时候，他表现得既明智又强大。在他改革国家的计划中，最重要的就是取消各市镇的议事会和政府，使他们都团结在雅典的下面，创造一个共有而祥慎的民众会议和一个政府机构。个人可以和从前一样，照料自己的财产，但是，提修斯只许他们成立一个政治中心，那就是雅典，因为他们都成了雅典的公民。提修斯所遗留给后代的，的确是一个伟大的城市，直到今天，雅典人为了纪念雅典娜女神而由公帑项下开支，以举行雅典统一节(Synoecia)①，这是从提修斯

① 赫卡托拜翁月(Hecatombaeon)是雅典历的一月(大约公历的八月下旬至九月上旬)，在这个月的第16天举行雅典统一节的节日庆典。

开始的。在此以前,雅典城所包括的,只是现有的卫城和它下面的向南的一部分地方。

雅典人从长久的时间以来就是分散于全阿提卡的各个乡村中生活着;就是阿提卡统一以后,古时的习惯依然是保留下来的。大多数雅典人,从早几代一直到这次战争发生的时候,都是生长在乡间。现在必须带着全部家属和家具迁移,尤其是在波斯战争后,大家刚刚安定下来的时节,忽然来一个迁移运动,他们心里是很不舒服的。他们很悲伤,很不愿意抛弃他们的家园和他们祖先遗留下来的古代神庙,很不愿意变更他们整个的生活方式,把每个人所认为是自己的市镇加以抛弃。

(解光云辑录①)

Ⅱ. 6

【题解】

城邦的目的是人类所可能达到的最优良的生活。由各种不同的途径,用各种不同的手段追求各自的幸福。于是,不同的人们便创立不同的生活方式和不同的政治制度。因此,城邦有其赖以存在的条件。选译文献据亚里士多德:《政治学》(Aristotle, *Politics*, Ⅶ.1328^{b} 5 - 20)。

【译文】

我们应当先考虑一个城邦所必需的事物和业务。依据这些考虑,我们可列举:粮食供应为第一要务。其次为工艺,因为人类的日常生活不能没有许多用具。第三为武器装备。为了镇压叛乱,维持境内秩序,同时为了抵御任何外来的侵略,城邦须各备武装。第四为财产,这

① 译文选自[古希腊]修昔底德:《伯罗奔尼撒战争史》(上册),谢德风译,商务印书馆,1997年,第117—118页。

应当有相当丰富的储存，以供应平时和战争的需要。第五，应该放第一位的，为诸神执役的职事，即所谓的祭祀。第六是城邦最重大的要务，即为公民裁决政事、听断私讼的职能，即议事和司法职能。每一城邦所必不可少的事物和业务就是这些。……因此，一个城邦就应该具有完备的组织，才能遂行所有这些职能或要务。那么，邦内应当有若干农民，从事粮食生产；工匠；武装部队；有产阶级；祭司；一个裁决有利于公众的要务并听断私事的团体。

（解光云辑录①）

Ⅱ.7

【题解】

雅典富裕家庭的公民，通常会享受很好的教育。选译文献据洛布古典文库，柏拉图：《游叙弗伦 苏格拉底的申辩 克力同》（Plato, *Euthyphro. Apology. Crito. Phaedo. Phaedrus*）。

【译文】

按雅典的制度规定，富裕公民的男孩子7岁上学，到缪斯学校学习文化，前三年认字，然后听老师讲授荷马、赫西俄德等诗人作品，学习朗诵练习演说，为日后参加社会生活做准备。继而学习音乐等广义文化课程。柏拉图生活的时代，人们“文化教育的主要部分在于熟悉诗篇”，②苏格拉底说：我们受了良好的政府的教育影响，自幼就和诗歌发生了爱情。

在缪斯学校学校的少年，自12岁起，同时进入帕拉斯特拉体育学校（Palaestra）学体育技巧，锻炼身体，准备服兵役。③ 柏拉图原名阿里

① 译文选自[古希腊]亚里士多德：《政治学》，吴寿彭译，商务印书馆，1997年，第365页。

② Plato, *Protagoras*, 338.

③ 雅典的兵役年龄是18至60岁。18至20岁的青年只召集来负担阿提卡境内的防守责任。取得完全公民权的年龄是20岁。

斯托克利斯(Aristocles),在体育学校学习时,体育学校的教师阿里斯东(Ariston)给他取名为柏拉图。

富裕公民的子弟从体育学校结业以后开始服兵役。公元前427年,柏拉图诞生于雅典城邦高德鲁家族阿里斯东(Ariston)和梭伦后裔伯利克条尼(Perictione)家庭,柏拉图这种家庭出身的青年多到骑兵部队执勤。柏拉图18岁时(前409年)服兵役。相传,柏拉图在前409—前404年间,参加过三次战役。这实际上是开始接受考核,类似中国的加冠礼,以便两年后参加雅典四月(公历十月中旬至十一月中旬)的阿帕图里亚节(the Apaturia),争取载入本区户籍得到公民资格。

公元前347年,柏拉图在其寓所逝世,享年80岁,弟子们参加葬礼。其遗嘱对于用作校舍的房产,不许出售、转让。留下四个家奴。财物有银明那三个,一只银瓶(165德拉克马),一只杯(45德拉克马)等。

(解光云辑录①)

Ⅱ.8

【题解】

科林斯城位于地峡岸边,自古以来都是重要的商业中心,极其富有。在希腊的海上运输事业逐渐发达以后,科林斯人便拥有一支舰队打击海盗以维护其在陆地与海上通商的利益。选译文献据洛布古典文库,修昔底德:《伯罗奔尼撒战争史》(Thucydides, *History of the Peloponnesian War*, BOOK I.XIII.)。

① 摘编自[古希腊]柏拉图:《游叙弗伦 苏格拉底的申辩 克力同》,严群译,商务印书馆,2000年,第137页以下,"柏拉图生平和著作年表。"

【译文】

科林斯位于地峡之上,自远古以来即为重要的商业中心,虽然古代的交通是在陆地上而不靠海道进行的。住在伯罗奔尼撒半岛上的人和半岛以外的人来往必然经过科林斯的领土。所以科林斯因其财富而势力增加;这一点,从古代诗人在科林斯的名字前面,常加一个"富庶的"形容词可以看出来。当希腊的海上运输事业更发达的时候,科林斯人有了一支舰队,镇压海盗;同时因为它能够在陆地上和海上享有供给通商的便利,从海陆交通上得来的收益使它富强起来。

(江琴辑录①)

Ⅱ.9

【题解】

雅典的富裕阶层一直保持着他们在穿着上的习惯,将古时在穿着上的习惯风俗尽量地加以传承。选译文献据洛布古典文库,修昔底德:《伯罗奔尼撒战争史》(Thucydides, *History of the Peloponnesian War*, BOOK I.VI.)。

【译文】

雅典人是最早放弃这种随身携带武器的习俗而因此过上较安逸和奢侈的生活的。事实上,有奢侈嗜好的富裕家族中的老辈只是近年来才不穿亚麻布的贴身衣,不把他们的头发打个椎髻吊在头后,用一个金蚱蜢扣针系着:同样的风俗传到了他们在爱奥尼亚的同族中,并且在那里的老人中间继续了相当久的时期。斯巴达人是最早依照我们近代的风尚,穿着简单服装的、富裕的人也尽可能过着普通人的生活。他们也最早实行裸体运动,公开地脱掉衣服;运动后,用橄榄油逼

① 译文选自[古希腊]修昔底德:《伯罗奔尼撒战争史》,谢德风译,商务印书馆,2016年,第13—14页。

擦身体。在古代，就是在奥林匹亚赛会时运动员常用腰带遮盖他们的腰部；在不久以前，这种习惯还是保存的。就是现在，许多蛮族人，特别是在亚细亚，当拳术比赛和摔跤比赛时，还系着这种腰带。当然，很多其他的例子可以说明早期希伦人的风俗和现在蛮族人的风俗是类似的。

（江琴辑录①）

Ⅱ. 10

【题解】

梭伦改革后，雅典出现海岸派、平原派、山地派的相互斗争。选译文献据洛布古典文库，亚里士多德：《雅典政制》（Aristotle，*The Athenian Constitution*，XIII.3－5.）。

【译文】

总的来说，人们持续处于相互倾轧的紊乱状态中，一些人以债务的取消为骚乱的因由和借口（因为取消债务使他们变成了穷人），另一些人则由于发生了巨大的变故而对政体不满，还有一些人是由于相互间的敌视。共有三个派别：其一为海岸派，其首领为阿尔克迈翁的儿子麦加克勒斯②，他们被认为主要是在追求一种中庸的政体；另一个是平原派，他们寻求寡头制，其领袖为吕喀古斯；第三为山地派，率领他们的是庇西特拉图，他被看成是一个极端倾向人民的人。这一派的支持者包括那些被剥夺了债权的人，其缘由是取消债务致使他们贫穷，以及那些血统不纯的人，其缘由是恐惧；有一件事可以为证，后来僭主被推翻时，雅典人重修公民册，因为许多没有公民权利的人得到

① 译文选自［古希腊］修昔底德：《伯罗奔尼撒战争史》，谢德风译，商务印书馆，2016年，第5—6页。

② 麦加克勒斯（Megacles），约活动于公元前6世纪中叶，雅典著名政治家，阿尔克迈翁之子，海岸派领袖，曾联合吕喀古斯驱逐庇西特拉图。

了公民权。各派别的名字是由它们土地所在的区域而来的。

（汪兆祺辑录①）

Ⅱ.11

【题解】

柏拉图《法律篇》中的人物雅典人描述设想中的新国家，谈到自然地理等区位条件，认为靠近大海及拥有港口便利了对外商贸活动，但也可能会导致城邦腐败堕落。选译文献据洛布古典文库，柏拉图：《法律篇》(Plato, *Laws*, IV.704A－705B.)。

【译文】

雅典人：现在，我们应该怎样来描述我们未来的国家呢？我可不是指它的名称：我既不问它现在叫什么名称，也不问将来叫什么名称。因为这也许取决于它实际上所在的地理环境或某些相邻的地点，名称也可以取自某座山川或某条溪流，或一个地方神的名字。河流或一些地方神把自己的神圣的头衔赋予这个新国家。我的真正的问题是：这个国家位于沿海地带还是在内陆？

克利尼亚：先生，刚才我们谈到的那个国家离海大致 80 斯塔迪昂。②

雅典人：好，在该国的沿海地带有港口吗？还是根本就没有？

克利尼亚：有，先生。这个国家沿海地带的港口几乎好得不能再好了。

雅典人：那么太遗憾了。四周农村的情况怎样？是不是每样东西都有出产，还是有些东西不出产？

克利尼亚：它实际上样样东西都出产。

---

① 译文选自[古希腊]亚里士多德：《雅典政制》，日知、力野译，商务印书馆，1999 年，第 16—17 页。

② 一斯塔迪昂 Stadion 大约为 9—10 英里。

雅典人：附近有国家吗？

克利尼亚：一个都没有，这就是它建立的原因。很久以前，居民们都从该地区迁了出去，使得土地不知荒芜了多久。

雅典人：平原、山脉、森林情况怎样？各占多少面积？

克利尼亚：整体上十分类似克里特其余的地方。

雅典人：你的意思是崎岖不平而非一马平川？

克利尼亚：确实如此。

雅典人：那么这个国家从获取善的角度来看，还不是令人绝望的。如果它建立在靠海的地方，拥有良好的港口，好多种产品都缺乏而不是自己出产每样东西，那么这个国家就需要有一个伟大的救世主和具有神的素质的立法者，以此防范各种各样的奢靡和堕落现象。实际上，离海 80 斯塔迪昂可以让我们比较放心。即使如此，它离海还是比合适的距离近了些，而且你说过，它还有非常好的港口，这使情况变得更为糟糕；然而，我们还是必须充分利用这些条件。因为对一个国家来说，尽管靠近大海容易满足日常生活的需要，但事实上它也是"又咸又苦的邻居"。① 大海使该城市充满外国商品，到处在进行零售买卖，在一个人的灵魂里培植起卑劣和欺诈的习惯，使城市市民们变得彼此不可信任和怀有敌意，这种情况不仅存在于他们自己内部，而且存在于他们与外部世界的交往中。尽管如此，对这些不利的情况来说，土地出产每样东西则具有某种调剂作用。显然，即使它能出产每一种谷物，但它的崎岖不平的地面，也会在一定程度上导致它出产的谷物数量不会太多。若有丰富的物产，那么大规模的出口就有可能了，如果是这样的话，我们的城市就会有大量的金银流通。如果一个国家想要发展起正直和高尚的习俗，那么这种情况几乎是一切考虑过的事情中可能发生的最糟的事情（如果我们记得起来，这都是我们在以前的讨

① 引用的是阿尔克曼(Alcman)的话。

论中说过的)。

(汪兆祺辑录[①])

Ⅱ.12

【题解】

索福克勒斯把自己的故乡、位于雅典西北部的乡村科洛诺斯[②],描绘为一个肥沃富饶的地方。选译文献据洛布古典文库,索福克勒斯:《俄狄浦斯在科洛诺斯》(Sophocles, *Oedipus at Colonus*, 668 - 693.)。

【译文】

歌队(第一曲首节)
你来到了一个以骏马闻名的地方休息,
哦,苦难的陌生人啊,
你到了世上最美好的地方
光辉的科洛诺斯。
这里有清音的夜莺栖息,
在环绕山谷的深紫色常春藤里,
不断地唱着她的歌;
她喜欢这浆果丛生
风吹不进光照不到,
凡人不得踏入的地方,
酒神的游乐园,

---

① 译文选自[古希腊]柏拉图:《法律篇》,张智仁、何勤华译,上海人民出版社,2001 年版,第 107—108 页。

② 科洛诺斯是古代阿提卡地区的一个德莫,得名于两座低矮但显眼的高地,距离卫城城门(Gate Dipylum)约 10 斯塔迪昂,邻近柏拉图学园与克菲索斯(Cephissus)河。这里分布着波塞冬的圣殿、欧墨尼得斯(Eumenides)的圣林、雅典娜、德墨忒尔、宙斯和普罗米修斯的祭坛等。

他每晚都在这里狂欢
和那些哺育他的仙女们在一起。
(第一曲次节)
以珍珠般的朝露为食,
闪烁着光芒的水仙花,
还有绽放出金色光芒的番红花,
从来就是两位伟大的女神①的冠饰。
永不停息的泉水
充盈着科菲索斯河,
它波光粼粼
淌过肥沃的平原滋润着土地。
缪斯的歌队,塞浦路斯金缰的女王阿芙洛狄忒
都不曾厌弃这片美好的平原。

(杨波辑录)

Ⅱ. 13

【题解】

古典作家笔下,边远地区往往人穷地贫,而处于城邦中心区域或优质资源丰富、地理位置优越的地区,相对比较富有。德摩阿斯将外出做生意的地方——黑海沿岸地区与雅典的生存和贫富条件进行对比,描述了拜占庭地区的风土人情,此地苦蒿遍地,渔业资源丰富,但穷人遍野,终究还是雅典的生活条件更加优越。选译文献据洛布古典文库,米南达:《萨摩斯妇女》(Menander, *The Woman from Samos*, 96 - 104.)。

---

① 指女神德墨忒尔和她的女儿珀尔塞福涅。

【译文】

德摩阿斯

难道你们没有觉得已经换了个地方？
这里同那里大不一样，那里真糟糕。
蓬托斯那地方，老人肥胖，鱼类丰富，
事物繁忙得令人厌恶。再说拜占庭，
到处是蒿艾，到处是苦涩，阿波罗啊，
穷人的一切倒纯洁。雅典真令人亲切，
愿你们能得到你们应该有的一切，
而我们则在所有方面都能最幸福，
我们如此热爱自己的城市。

（张子翔辑录①）

Ⅱ. 14

【题解】

俄狄浦斯在位期间，忒拜的庄稼枯萎、牛羊倒毙、瘟疫降临，卡德摩斯的家园一片荒芜。俄狄浦斯派遣妻弟克瑞翁前往德尔菲求得神谕，使忒拜脱离困境的前提是惩治杀害前任国王拉伊奥斯的凶手。②当先知忒瑞西阿③指出俄狄浦斯正是污染忒拜土地的罪犯时，俄狄浦

---

① 译文选自[古希腊]埃斯库罗斯等：《米南德喜剧》，《古希腊悲剧喜剧全集》，张竹明、王焕生译，译林出版社，2007年，第111—112页。

② 拉伊奥斯（Laius），忒拜神话中的重要人物，是忒拜王拉布达库斯（Labdacus）之子，父亲死后由摄政吕库斯（Lycus）抚养。后来安菲翁（Amphion）和泽托斯（Zethus）杀死吕库斯篡夺王位，拉伊奥斯被送出城，为伯罗奔尼撒王佩罗普斯（Pelops）接纳。但拉伊奥斯拐走了佩罗普斯的儿子克里西普斯（Chrysippus），并把他带到忒拜，由此引发了佩罗普斯对拉伊奥斯家族的诅咒。参见 Sophocles, *Oedipus the King*, 100 - 110.

③ 忒瑞西阿斯（Teiresias）是忒拜的盲人先知，常通过幻象、鸟鸣、与死者沟通或焚烧祭肉的烟雾来预言未来，是牧人艾弗瑞斯（Everes）和仙女卡里克罗（Chariclo）之子。传说他经历了从卡德摩斯开始的整整七代人。

斯认为这是在污蔑自己,究其原因是自己的地位、财富招来了他人的嫉妒。选译文献据洛布古典文库,索福克勒斯:《俄狄浦斯王》(Sophocles, *Oedipus the King*, 380-389.)。

【译文】

俄狄浦斯
财富、王权
以及超越生存竞技技能之上的技能啊,
你们承受了多么大嫉妒啊!
看啊,为了这顶王冠——是城邦授予我的礼物
不是我要来的——
我信赖的熟悉的老友克瑞翁,
已经潜伏着,企图驱逐我,
收买了这个狡诈的骗子,
这个诡计多端的乞丐术士,一心只想着获利,
但是对他的本职一窍不通。

(杨波辑录)

Ⅱ. 15

【题解】

俄狄浦斯质疑克瑞翁背叛自己,提到王位是靠追随者和金钱才能赢得的。财富被俄狄浦斯视为获取权力的必要条件之一。选译文献据洛布古典文库,索福克勒斯:《俄狄浦斯王》(Sophocles, *Oedipus the King*, 532-542.)。

【译文】

俄狄浦斯
你这家伙到这里来做什么?你竟敢于
接近我的家门,你这个厚颜无耻的流氓,

你不是想谋害我,窃取我的王位吗?
来吧,回答这个问题,你有没有在我身上
察觉到一丝怯懦或无知的迹象,
致使你有了这种心思?
你是不是以为,你在黑暗中企图悄悄逼近,
我不会察觉,或是,发觉了不敢制止你?
没有追随者或朋友,却觊觎王冠,
这企图岂不愚蠢?王位
是靠追随者和金钱才能赢得的。

(杨波辑录)

Ⅱ.16

【题解】

欧里庇得斯在戏剧《伊菲革涅亚在奥利斯》中提及,特洛伊王子帕里斯(Paris)拐走墨涅拉奥斯之妻海伦时衣着华丽、金光闪烁,反映了城邦王子的雍容华贵。除此之外,还有如:在奥利斯驻留的希腊联军英雄们举行运动会时,欧墨洛斯(Eumelus)驾驭着配雕花金衔铁的骏马;墨涅拉奥斯的宫殿装饰着象牙;歌队对待嫁的伊菲革涅亚和她母亲高贵富有的赞扬,无不反映了古希腊王公权贵的富裕华贵。选译文献据洛布古典文库,欧里庇得斯:《伊菲革涅亚在奥利斯》(Euripides, *Iphigeneia at Aulis*, 70 - 76; 206 - 230; 580 - 597)。

(1) Euripides, *Iphigeneia at Aulis*, 70 - 76.

【译文】

阿伽门农
她选择了——哦,但愿她从未选择过他!——
墨涅拉奥斯。后来有人从弗里吉亚来到斯巴达,

传说中这人曾给三位女神①做过裁判，
他的服饰华丽
闪烁着金光，蛮族的浮华，
他爱上了海伦，也被海伦爱着，他偷走了她，
逃到了伊达山②的牧场上了，当时墨涅拉奥斯离家很远。

（杨波辑录）

(2) Euripides, *Iphigeneia at Aulis*, 206 - 230.

【译文】

歌队（中曲）
有阿基琉斯，他奔跑起来脚步如无止息的疾风：
是女神忒提斯之子，由喀戎教导；
他披挂盔甲，在鹅卵石的海滩上全力奔跑，
竞速比赛中，要靠双脚超过四马拉的战车，
在拐弯处他正要超过战车取得胜利——他已然厌恶了不断地绕圈。
斐瑞斯的孙子欧墨洛斯驾驶着马车，他叫喊着，
用刺棒驱赶他的马——我瞧见了他们，看到了套着雕花金衔铁的
漂亮马驹；中间脖子上架轭的一对，
有白色的斑点，如雪花一般分布在全身各处。
对边挽缰绳，绕着拐弯标桩跑的，
是一匹火红色的马，只有腿毛有杂色。
佩琉斯之子全副武装，与车栏并排，接近车轴，

---

① 赫拉、雅典娜和阿芙洛狄忒曾为一只金苹果发生争执，宙斯找帕里斯来裁决，他将金苹果判给了阿芙洛狄忒，作为回报，阿芙洛狄忒帮他拐走了海伦。

② 在古代希腊神话中有两座伊达山(Mount Ida)，一座坐落于克里特岛，被称为“女神之山”(Mountain of the Goddess)；另一座位于安纳托利亚(Anatolia)西部，弗里吉亚地区的伊达山(Phrygian Ida)。其名均与古代母神（小亚细亚的女神库柏勒 Cybele 和古希腊神话中的瑞亚 Rhea）信仰有关，文中的伊达山指弗里吉亚的伊达山。

从奔马身旁猛跳向前。

（杨波辑录）

(3) Euripides, *Iphigeneia at Aulis*, 580 - 597.

【译文】

歌队
女神们的比赛要你裁判，
事情的结果使你来到希腊，
在象牙装饰的王宫前
站着，在海伦的眼中，
闪耀着爱情的火光，
厄洛斯的迷药令人激荡。
为此引发了和希腊的冲突，
带着舰船，带着长矛，去攻陷
特洛伊的城堡。
啊，啊，大地上最杰出的人啊，
他们是多么幸福啊！
看那国王的公主伊菲革涅亚；
克吕墨涅斯特拉，廷达瑞奥斯的女儿——
一个庄严高贵的名字
属于一位强大的君主！走上了
命运的巅峰！
她们有财富有权势
在不幸的人眼中就是神。

（杨波辑录）

Ⅱ. 17

【题解】

阿伽门农在特洛伊战争中得胜后，克吕泰莫斯特拉[①]在与他的对话中盛赞其应当获得崇高的赞誉，也足以踏步锦毯，享受胜利。克吕泰莫斯特拉称宫中有丰富的贮藏，并愿意将锦毯铺向神庙，让阿伽门农踏步其上。选译文献据洛布古典文库，埃斯库罗斯：《阿伽门农》(Aeschylus, *Agamenon*, 958-965.)。

【译文】

克吕泰墨斯特拉：大海就在那里——谁能吸干它？它提供许多与银等价的染料，新鲜的液汁，可用来印染织物。国王啊，蒙神明恩惠，宫中拥有无数现成的储藏，从不匮乏。我愿把无数锦毯铺向神庙，只要神明吩咐我们这样做，作为拯救这条性命的回报。

(张子翔辑录[②])

Ⅱ. 18

【题解】

古希腊富人阶层所拥有的财富曾达到令人难以想象的程度。通过米南达的推算，如果真的如文中所说的 12 德拉克马便够一个人一个月零六天的开销，那么，4 塔兰特[③]可谓是一笔巨款。选译文献据洛布古典文库，米南达：《公断》(Menander, *Principal Fragments Arbitrants*, 134-140.)。

---

① 克吕泰莫斯特拉(Clytaemestra)，阿伽门农的妻子，希腊王后。

② 译文选自[古希腊]埃斯库罗斯等：《埃斯库罗斯悲剧》，张竹明、王焕生译，《古希腊悲剧喜剧全集》，译林出版社，2007 年，第 329 页。

③ 塔兰特(Talantum)，古希腊钱币计量单位，1 塔兰特约合 6000 德拉克马。

【译文】

(继续他的抱怨)

斯弥克里涅斯:他无偿地得到了4塔兰特银嫁妆,

却不愿按习惯让自己做妻子的仆人。

他夜间不在家里睡觉。一天就得给

妓馆老板12德拉克马。

凯瑞斯特拉托斯:12德拉克马,

关于这件事情,他打听得倒很准确。

斯弥克里涅斯:完全足够一个人一个月零六天的开销。

凯瑞斯特拉托斯:计算得很对,合2个奥波尔一天,

让一个拉肚子的人喝大麦粥正合适。

(张子翔辑录)

Ⅱ.19

【题解】

雅典的菲洛斯特拉图斯在对智者——瑙克拉提斯的普罗克鲁斯[①]的财产进行叙述时,提及其所拥有的房产、财物,以及日常消费状况等,表明这位智者是个财富丰盈的富人。选译文献据洛布古典文库,雅典的菲洛斯特拉图斯:《智者的生活》(Philostratus of Athens, *Lives of the Sophists*, 604.)。

【译文】

他(瑙克拉提斯的普罗克鲁斯)买下了4所房子,2所在雅典,1所在比雷埃夫斯[②],还有1所厄琉息斯[③]。他经常直接从埃及得到熏香、象牙、没药、纸莎草、书籍以及这类所有其他的商品。他愿意将这些东

① 瑙克拉提斯的普罗克鲁斯(Proclus of Naucratis),雅典智者,具体生平不详。

② 比雷埃夫斯(Piraeus),雅典西南部港口。

③ 厄琉息斯(Eleusis),雅典西北部港口。

西卖给买卖它们的人，而且也从未表现出贪婪、吝啬或贪图利益的样子；因为他本身就不求利，只以保本为足。他有一个儿子，把他的财产都浪费在饲养斗鸡、鹌鹑、狗、幼犬和马上了，但是他并没有因此而责备儿子，反而和其一同追求这些年轻人的玩意儿。当其他人因此而责备他的时候，他却说：他将比更多同龄人更快地终止与老人之间的游戏。当他的儿子和妻子相继去世之后，他又爱上了一位情妇，因为即使是老人，他的眼睛也会被美的事物吸引。而当他将自己的财产交付与她打理的时候，她表现出了一个女性所该有的缺点，这使得他好像是一个可怜的守财奴一样。

（张子翔辑录）

Ⅱ. 20

【题解】

在古希腊，富人的子嗣会得到父母的宠爱，家长会在物质条件上尽量满足孩子的期望。这些富人的后代会把钱用在雇请歌队、养狗、养马等娱乐消遣上。选译文献据洛布古典文库，米南达：《萨摩斯女子》（Menander，*The Woman from Samos*，7 - 17.）。

【译文】

摩斯赫昂 Moschion：……

不久前我过着娇生惯养的快乐日子，
因为我当时是个孩子，算作往事一段。
他照顾我非常周到，当时我还不懂事。
后来我登记入册，完全和其他人一样，
正如常言所说，成为民众中的一员。
可现在，宙斯作证，成了最不幸的人。
我们家境殷实，慷慨提供歌队费用，
喜好荣誉。父亲为我喂了许多只狗。

还养了一群马,我俨然成了骑兵司令。

朋友需要时我们总是尽力提供帮助。

(张子翔辑录①)

Ⅱ.21

【题解】

富人家庭在餐厅聚会上投入巨大。厨师的话中显示出了富人家庭中餐厅聚会的规模之大。选译文献据洛布古典文库,米南达:《萨摩斯女子》(Menander, *The Woman from Samos*, 286 - 292.)。

【译文】

厨师:众神明作证,我看是你。

如果我想知道,你们计划想邀请

多少桌客人,其中邀请了多少妇女,

何时开始午餐,有没有必要雇佣

餐厅司仪,从你们家里取用餐具

够不够用,你们的厨房是否有顶盖,

其他一切是否足够——

(张子翔辑录②)

Ⅱ.22

【题解】

古希腊人经常邀请友人们来家中做客,并与朋友们共同沐浴,分享食物,这显示出他们有一定的经济能力。选译文献据洛布古典文

① 译文选自[古希腊]埃斯库罗斯等:《米南德喜剧》,《古希腊悲剧喜剧全集》,张竹明、王焕生译,译林出版社,2007年,第104—105页。

② 译文选自[古希腊]埃斯库罗斯等:《米南德喜剧》,《古希腊悲剧喜剧全集》,张竹明、王焕生译,译林出版社,2007年,第130页。

库，米南达：《萨摩斯女子》(Menander, *The Woman from Samos*, 120－126.)。

【译文】

我并没有像
原先计划的那样练习。现在返回来，
我就装着曾经独自一人离开过这里，
献过祭。邀请了朋友们共进午餐，
派了妇女们去取沐浴用的水，给人们
一一分发了芝麻蜜饼。人们唱着歌，
不时地呼喊婚姻之神。

（张子翔辑录①）

Ⅱ. 23

【题解】

卡里马库斯对“沐浴之人”的描写，反映了古希腊社会中的富裕阶层，或至少有闲者的日常消费状况。其中，卡里马库斯所述的香膏、雪花石膏和镜子等物品，表现出富有阶层的生活富足。选译文献据洛布古典文库，卡里马库斯：《赞美诗》(Callimachus, Hymn V., *On the Bath of Pallas*, 25—40.)。

【译文】

凡是与帕拉斯②沐浴的人，都出来，出来！现在，我听到了神圣战马喷鼻的声音，女神已经准备好行囊出发了，珀拉斯戈斯众多金发的女儿们啊，你们快一点吧！雅典娜在将马背上的灰尘弹去之前，从来没有洗过自己的手臂。即便当她的盔甲已经被玷污，她也不会从与无

① 译文选自[古希腊]埃斯库罗斯等：《米南德喜剧》，《古希腊悲剧喜剧全集》，张竹明、王焕生译，译林出版社，2007年，第114页。

② 智慧女神，即雅典娜女神。

法无天的巨人之战中归来，而是首先松开马颈上的缰绳，在欧克诺斯的泉水里，洗掉了它们的汗渍，以及汗水进入口中经过咀嚼而凝结的泡沫。

过来，阿该亚的女儿们，不要带着(用于清洁)香膏和雪花石膏来(我听到斧子的声音了)。洗澡的同伴们呀，也不要带来香膏和雪花石膏(雅典娜不喜欢这些混合的软膏)，更不要带镜子来。她的面庞总是那么美丽，甚至当弗瑞吉安把争斗的责任推给伊达的时候也是如此。这位伟大的女神既没有望向黄铜，也没有望向西摩伊斯那透明的漩涡，赫拉女神也同样如此。

(张子翔辑录)

Ⅱ.24

【题解】

斯弥克里涅斯劝女儿潘菲拉与卡里西奥斯离婚，同时讽刺女婿的奢靡生活和他无节制的巨额消费，尤其不满他在节日中的消费甚多。这说明古希腊节庆时市场交易活动活跃。选译文献据洛布古典文库，米南达:《公断》(Menander, *Principal Fragments Arbitrants*, 749－755.)。

【译文】

如此挥霍。特斯摩福里亚节日①花两倍，
斯基拉节日②花两倍。你想想会怎样耗费。
难道不是明摆着，他这个人不会毁掉？
现在再想想你自己。他说他得前往

---

① 特斯摩福里亚(Thesmophoria)，此为妇女节，纪念地母德墨忒尔及其女儿佩耳塞福涅，每年10月举行。

② 斯基拉(Skira)，地母及其女儿的节日。每年六月举行。

比雷埃夫斯。他去到那里，在那里过夜；
你却在家里为他发愁，等他回来吃晚饭，
而他显然正带着歌女饮酒……

（张子翔辑录[①]）

Ⅱ. 25

【题解】

古希腊富裕阶层的家庭奴隶众多，富人有足够的实力负担奴隶的开销。在主人的指挥下，奴隶在家庭中分工明确，从而得以完成主人分配的任务。婚礼需要准备的东西太多，众多奴隶干活都会人手不够，主人甚至也得帮着他们打下手。作者对储物间杂物众多的描写也容易让人联想到富裕人家的储物丰盈。选译文献据洛布古典文库，米南达：《萨摩斯女子》（Menander, *The Woman from Samos*, 226 - 231.）。

【译文】

德摩阿斯：我适才匆匆忙忙地跑进屋，想把婚礼
需要的一切认真担待一番。我很简要地
交代工作，要求人们对一切都认真准备，
干净地洗涤，把食品烤熟，准备好篮筐。
……
妇女们也同时不断喊叫着：
要面粉，要净水，油没了，需要加点煤。
我亲自帮助她们，递送需要的物品。

---

① 译文选自[古希腊]埃斯库罗斯等：《米南德喜剧》，《古希腊悲剧喜剧全集》，张竹明、王焕生译，译林出版社，2007 年，第 352—353 页。

一次我去到储物室取物件，为了能
多取些东西，便在那里慢慢地查看。

（张子翔辑录①）

Ⅱ. 26

【题解】

对奴隶的看法并非一致。有些人认为奴隶很优秀，有些人认为奴隶不可信赖。选译文献据洛布古典文库，柏拉图：《法律篇》(Plato, *Laws*, Ⅵ. 776D－E.)。

【译文】

雅典人：……当然了，我们全都明白，我们应该说一个人要拥有最优秀的、最可信赖的奴隶。但是，奴隶经常证明在各方面比我们的兄弟或儿子要优秀得多，他们经常保护主人的生命、财产和家庭。你们无疑知道这些关于奴隶的看法是很普遍的。

麦吉卢：是的，确实如此。

雅典人：对奴隶的想法看法同样也很普遍，比如说奴隶心灵腐败，聪明人决不能信赖所有奴隶。我们诗人中最伟大的天才在谈到宙斯是做出了精湛的解释："使一个人陷入奴籍，便会使他失去一半良好的德性。"②所以一个人在争论中可以持有一种观点，也可以持有另一种观点。有些人不信赖所有奴隶，在心中一遍又一遍地反复鞭笞他们的奴隶，就好像他们在与许多野兽打交道，而另一些人则相反。

（解光云辑录③）

---

① 译文选自[古希腊]埃斯库罗斯等：《米南德喜剧》，《古希腊悲剧喜剧全集》，张竹明、王焕生译，译林出版社，2007 年，第 127 页。

② 参见 Homer, *Odyssey*, ⅩⅦ.322.

③ 译文选自[古希腊]柏拉图：《柏拉图全集》(第三卷)，王晓朝译，2003 年，第 532—533 页。

Ⅱ. 27

【题解】

古希腊富人家庭的饮酒消费。米南达在记录该方面的材料之前，有大段的文字缺失。不过可以推测，斯弥克里涅斯所说的饮酒应该指的是抛弃自己女儿的卡里西奥斯所为。这里反映古希腊社会酒水的物价水平和在当时希腊人心中的昂贵标准。选译文献据洛布古典文库，米南达:《公断》(Menander, *Principal Fragments Arbitrants*, 126－131)。

【译文】

斯弥克里涅斯:……一个人喝
非常昂贵的酒。我正是担心这一点。
现在我们暂且不谈他们喝酒的事情。
须知这样的事情实在令人难以置信;
有人只是喝了一小杯酒,
却不得不付给一奥波尔。

(张子翔辑录①)

Ⅱ. 28

【题解】

富足的财富让不少希腊人沉迷于赌博，赌博是最容易让人丧失财产的方式之一。在酒精的作用下，古希腊原本属于富有阶层的人因赌博而沦落的案例比比皆是。选译文献据洛布古典文库，米南达:《公断》(Menander, *Principal Fragments Arbitrants*, 502－507.)。

① 译文选自[古希腊]埃斯库罗斯等:《米南德喜剧》,《古希腊悲剧喜剧全集》,张竹明、王焕生译,译林出版社,2007年,第199页。

【译文】

哈布罗托农[①]：谁知道呢，是否他和朋友们玩耍时，
有人把那戒指作为抵押从他那里得到，
后来丢失了？或许是他掷骰子时把它作赌注，
输给了人家，抑或他把那戒指作抵押，
后来给人了。这样的情形数不胜数，
每当喝醉酒，最容易发生这样的事情。

（张子翔辑录[②]）

Ⅱ. 29

【题解】

皮塔科斯[③]获得了密提勒涅[④]人赠送的土地，并且谢绝克洛伊索斯[⑤]赠送钱财的提议，宣称因为兄弟没有子嗣，他继承了兄弟的巨额财产。[⑥] 这说明继承兄弟遗产也是当时财富的来源之一。选译文献据洛布古典文库，第欧根尼·拉尔修：《名哲言行录》（Diogenes Laertius, *Lives of Eminent Philosophers*, I.75.）。

【译文】

在那时，密提勒涅人对皮塔科斯非常尊崇，还将统治权托付给他。

---

① 哈布罗托农（Habrotonon），吹笛女，哑角。

② 译文选自[古希腊]埃斯库罗斯等：《米南德喜剧》，《古希腊悲剧喜剧全集》，张竹明、王焕生译，译林出版社，2007 年，第 230 页。

③ 皮塔科斯（Pittacus），公元前 640—前 568 年，密提勒涅军事将领，古希腊七贤之一，曾率军打败雅典军队，为密提勒涅收复阿赫勒斯，后在人们拥护下统治了密提勒涅。

④ 列斯堡斯岛上最重要的城邦。

⑤ 克洛伊索斯（Croesus），公元前 595—前 546 年，吕底亚最后一代国王，以财富甚多闻名。约公元前 560 年继承其父王位，征服爱奥尼亚地区，却面临波斯的居鲁士日益加剧的威胁，他与巴比伦、埃及和斯巴达结成联盟以对抗波斯，在入侵卡帕多西亚却徒劳无功后，他回到首都萨尔迪斯企图重整兵力，但是波斯王居鲁士在公元前 546 年攻灭了吕底亚。

⑥ 约公元前 600 年。

他统治了十年，使城市变得秩序井然，然后，他放弃了官职。退位后，他又生活了另一个十年。密提勒涅人赠送了他一块土地，他把这块地奉为圣地。直到现在，它还被称为皮塔科斯。索希克拉特斯[①]说，他从中为自己分割出了很小一部分，并且声称一半比全体更多。再有，他谢绝了克洛伊索斯送给他的一笔钱财，而且宣称，他拥有他所想之物的两倍，原因在于，他的兄弟去世时没有子嗣，其财产由他继承了。

（汪兆祺辑录[②]）

Ⅱ. 30

【题解】

据说彼亚斯[③]出身于富有家庭，曾赎回沦为战俘的美塞尼亚[④]少女，为其置办嫁妆，并把她们送回父亲身边。这反映富人有赎买战俘并送还家乡的财力。选译文献据洛布古典文库，第欧根尼·拉尔修：《名哲言行录》(Diogenes Laertius, *Lives of Eminent Philosophers*, I. 82.)。

【译文】

彼亚斯，透塔谟斯的儿子，生于普里耶涅[⑤]，萨提洛斯[⑥]把他排在

---

① 索希克拉特斯(Sosicrates)，生卒年不详，大约活跃于公元前200—前128年左右，写过《哲学家的世系》和关于克里特岛的历史，作品已经遗失。

② 译文选自[古希腊]第欧根尼·拉尔修：《名哲言行录》，徐开来、溥林译，广西师范大学出版社，2010年，第36—37页。

③ 彼亚斯(Bias)，大约活跃于公元前570年前后，生于普里耶涅，古希腊七贤之一，擅长辩论，在他看来，力量的增长是自然的，但用言论来捍卫国家利益则是灵魂和理性的天赋。他长期研究城邦立法，常常出庭为蒙冤的朋友和无辜的平民辩护。

④ 位于伯罗奔尼撒半岛西南部地区的一个城邦。

⑤ 伊奥尼亚地区的一个城邦。

⑥ 萨提洛斯(Satyrus)，是一位杰出的漫步学派哲学家和历史学家，他的名人传记经常被第欧根尼·拉尔修引用。他生活在托勒密六世时期(公元前181—前146年)之前。

七贤之首。有些人认为他出身富有家庭，但杜里斯说他其实只是与那个家庭毗邻而居。法诺狄科斯说，他赎回了一些在战争中被俘的美塞尼亚少女，当做自己的女儿抚养，为其置办嫁妆，并把她们送回在美塞尼亚的父亲们那里。

（汪兆祺辑录①）

Ⅱ. 31

【题解】

恩培多克勒斯②家境富裕，向穷困女孩赠送嫁妆；他平常穿着十分华贵，引起市民们的惊叹。选译文献据洛布古典文库，第欧根尼·拉尔修：《名哲言行录》(Diogenes Laertius, *Lives of Eminent Philosophers*, VIII. 73.)。

【译文】

此外，他还凭借其雄厚的财力向许多没有嫁妆的城邦女孩赠送嫁妆。也正因为家底雄厚，他才如法弗里诺斯③在《回忆录》中所描述的那样，身穿紫袍并束以金腰带，脚穿铜制的拖鞋，头戴德尔斐花冠。他蓄着长而浓密的头发，一些男孩侍立左右；他总是表情肃穆，举止庄重。每当他这样走出来的时候，碰见他的市民就会啧啧称奇，因为他们在其举止中发现了某种王者的气质。后来，他乘马车前往美塞尼参加一个庆典，结果从车上掉了下来，摔断了大腿。这使得他大病一场，

---

① 译文选自[古希腊]第欧根尼·拉尔修：《名哲言行录》，徐开来、溥林译，广西师范大学出版社，2010年，第41页。

② 恩培多克勒斯(Empedocles)，公元前484—前424年，前苏格拉底时代的希腊哲学家，是西西里希腊城市阿克拉伽斯的公民，据说他曾受毕达哥拉斯学派影响。他首创了宇宙四要素论。他还提出了一种被他称为“爱与冲突”的力量，这种力量会将这些元素分别混合和分离。这些物理推测是宇宙历史的一部分，也涉及生命的起源和发展。

③ 法弗里诺斯(Favorinus)，约公元80—160年，罗马哲学家、诡辩学家，他有高卢血统，曾游历希腊、意大利和东方，知识渊博，演讲才能出众，因此享誉雅典和罗马。

并随即死去，终年七十七岁。

（汪兆祺辑录①）

Ⅱ. 32

【题解】

德谟克利特②游历各地回国后已经散尽家财，不得不接受兄弟救济，但据说后来他通过吟诵作品赢得了500塔兰特巨额奖金，也有人认为是他的亲戚赢得了100塔兰特。选译文献据洛布古典文库，第欧根尼·拉尔修：《名哲言行录》(Diogenes Laertius, *Lives of Eminent Philosophers*, IX.39－40.)。

【译文】

安提斯泰尼斯还说，他游历归来后，过着一种卑微的生活，因为他已经花光了他的全部钱财；由于贫穷，他时常受到其兄弟达马索斯的接济。但当他成功预言了一些事情后，他一下子就名声远播，在余下的日子里他被人们当做神一样加以尊敬。当时有一条法律，规定凡是挥霍完了遗产的人死后不配葬在祖国。安提斯泰尼斯说，德谟克利特很清楚这一点，他也不愿受到那些嫉妒和中伤他的人的起诉，于是他向人们朗诵他的《大宇宙》——该书是他所有著作中最好的，并赢得了五百塔兰特的奖励。不仅如此，他还赢得了一尊铜像。他死后，人们以国葬的方式安葬了他。他活了100多岁。但德米特里乌斯说，是他的亲戚朗诵了《大宇宙》一书，赢得的奖励也只有100塔兰特；希珀伯

① 译文选自[古希腊]第欧根尼·拉尔修：《名哲言行录》，徐开来、溥林译，广西师范大学出版社，2010年，第420—421页。

② 德谟克利特(Democritus)，约公元前460—前357年，前苏格拉底时代的唯物主义哲学家，生于色雷斯海滨的阿布德拉的商业城市，原子唯物论学说的创始人之一，率先提出原子论，认为万物由原子构成。

托斯[1]也持同样的说法。

（汪兆祺辑录[2]）

Ⅱ. 33

【题解】

苏格拉底与阿西比亚德斯[3]交谈，向其说明斯巴达人的富有在希腊无人可比，从而指出阿西比亚德斯所拥有的财富无法与之相比。主要反映了斯巴达城邦的富裕程度。选译文献据洛布古典文库，柏拉图：《阿西比亚德斯前篇》(Plato, *Alcibiades*, I.122^{d}–123^{b}.)。

【译文】

苏格拉底：……如果再来从财富方面说，并且你在这方面还自以为是的话，那么我也不会不讲讲我们那方面是怎样的，若你想意识到自己的处境。如果你打算了解拉栖代梦人的财富，你会发现我们这里的远少于他们那里的。至于土地他们不光拥有本土的，还有美塞尼亚[4]的土地，而我们没有可以与其在辽阔和富饶上相比的土地，也不可以与他们在拥有的战俘奴隶[5]上特别是农业生产奴隶上相比，也不能比拥有的马匹，还有在美塞尼蓄养的牲畜。然而即便我乐观地承认了这一切，可全希腊拥有的金币和银币也比不上拉栖代梦人的：因为在此之前它已经被很多代人从整个希腊输运回（他们）那里了，常常还

---

① 希珀伯托斯(Hippobotus)，大约活跃于公元前200年前后，哲学家、历史学家，他研究了众多希腊哲学家，其作品经常被第欧根尼·拉尔修引用。

② 译文选自[古希腊]第欧根尼·拉尔修：《名哲言行录》，徐开来、溥林译，广西师范大学出版社，2010年，第452页。

③ 阿西比亚德斯(Alcibiades)，公元前450—前404年，杰出的雅典政治家、演说家和将军，苏格拉底的学生。他是其母阿克密尼德家族的最后一位著名成员，作为战略顾问，军事指挥官和政治家，他在伯罗奔尼撒战争后半阶段发挥了重要作用。

④ 斯巴达的殖民地。

⑤ 战争后失败被俘而被卖作奴隶的人。

有从蛮族那里来的，且从不外流，就像在伊索寓言里讲的狐狸对狮子说的[1]，它们进入拉栖代梦的迹象清晰可辨，却看不到出的迹象，所以可以确信他们拥有的金子和银子是全希腊最多的，而在他们中又数君王的最多，因为在这种活动中君王们攫取的最大也最多，而且那些拉栖代梦人给王室上缴的也不少，拉栖代梦人的财富对希腊人而言够巨大了，但与波斯人和他们的君王比还不够。

（汪兆祺辑录[2]）

Ⅱ. 34

【题解】

阿里斯托芬喜剧《财神》中克瑞米洛斯帮助失明的财神复明，使得正直人士变得富有，家奴卡里昂感慨生活富足。这一段描述反映了当时富裕阶层的生活状况。选译文献据洛布古典文库，阿里斯托芬：《财神》(Aristophanes, *The Plutus*, 802－822.)。

【译文】

卡里昂：

朋友们，不需要从家里拿出什么
就能幸福度日是多么开心呀！
你看无数的财物涌进我们家来，
虽然我们并不曾做什么坏事。
这样地富起来真是甜蜜。
面粉箱装满了白面，

---

① 这个寓言讲的是一头老得捕不来猎物的狮子，躺在洞里假装生病。当其他动物上前视探时，它就吃掉它们。一个母狐狸目睹了这一切，当狮子问它为什么不进洞来时，它回答说：“我本来要进的，但是我只看到进去的痕迹，没有出来的印迹。”

② 译文选自[古希腊]柏拉图：《阿西比亚德斯》，梁中和译，华夏出版社，2009 年版，第 137—139 页。

酒缸里满是香喷喷的红酒。
所有的箱笼装满了金银，
叫人看了吃惊。油壶里满是
橄榄油，油瓶里香油满满的，
顶楼上堆满了无花果干。所有
醋瓶、碟子和砂锅都成了青铜的。
还有那盛鱼的烂木盘，
你看变成银的了。我们的灯笼，
一忽儿也成了象牙骨子的。
我们仆人都用金元来猜单双，
也不再用石头擦屁股了，
都那么奢侈地每次用大蒜衣片。
现在主人头戴花冠在里边献祭，
宰杀猪、山羊和公绵羊。
可是烟把我赶出来了。我不能
再呆在屋里，因为烟那么地咬我的眼睛。

（汪兆祺辑录①）

Ⅱ.35

【题解】

经历长征后，色诺芬在波斯、斯巴达和埃利斯等地奔波，在此过程中获得了金钱、田宅和奴隶等财富②，从而过上了富裕的生活。选译文献据洛布古典文库，第欧根尼·拉尔修：《名哲言行录》（Diogenes Laertius, *Lives of Eminent Philosophers*, II.51－53.）。

---

① 译文选自［古希腊］阿里斯托芬：《阿里斯托芬喜剧》（下），《古希腊悲剧喜剧全集》，张竹明、王焕生译，译林出版社，2007年，第571—572页。

② 约公元前400—前365年。

【译文】

在经历了远行，在旁托斯[1]遭遇诸多不幸，以及奥德鲁西人的国王修特斯背信弃义等磨难之后，他返回了亚细亚，用薪酬征募居鲁士的士兵为拉栖代梦国王阿格西劳斯[2]服役，因为他是该国王极为铁杆的朋友。大约也在这个时候，他由于站在拉栖代梦人一边而被雅典人放逐。在以弗所时，他拥有一大笔钱，并把其中一半交给阿耳忒弥斯的祭司墨伽布若斯，委托他保管这笔钱直到他返回；如果他回不来，就用这笔钱建造一座纪念该神的雕像。这笔钱的另一半他还愿献祭给了德尔斐神庙。此后，他和阿格西劳斯一起去了希腊，而阿格西劳斯是被招来与忒拜作战的。拉栖代梦人给色诺芬安排了一个外邦客人的特权职位。

后来，他离开阿格西劳斯去了斯克洛斯，这个地方属于埃利斯[3]，离城市不远。按照马格涅西亚的德米特里乌斯的说法，他是由妻子菲勒西亚陪同前往；另据德纳尔科斯在一篇为被色诺芬指控为背叛者[4]的人写的文章中的说法，陪同他去的还有他的两个儿子格鲁洛斯和狄俄多洛斯，他们也被称作狄奥斯库里兄弟。后来墨伽布若斯到斯克洛斯去参加一个节日，色诺芬从他那里拿回了他那笔钱，用它给女神献祭了一座庄园，庄园中有一条河穿流而过，名字与以弗所的塞里诺斯河相同。从那时起，他不断追逐和宴请朋友，并写作历史著作。但德纳尔科斯断言，是拉栖代梦人给了他房屋和田地。

还有一些人说，斯巴达人佛洛匹达斯在斯克洛斯把一些从达尔达

---

① 位于黑海南岸地区。

② 阿格西劳斯(Agesilaus II)，公元前444—前360年，斯巴达国王，曾远征波斯，收留了色诺芬的远征军。后参加科林斯战争，确立了斯巴达的霸权，在位末期斯巴达霸权被底比斯取代。

③ 位于伯罗奔尼撒半岛西部。

④ 这里所谓的对“背叛者”的指控，专指当时的雅典法律对背叛原保护人另投新保护人的获释奴隶提出的控告。

洛斯俘虏来的奴隶作为礼物送给了他,而他则按自己的意愿安排了他们。

(汪兆祺辑录①)

Ⅱ.36

【题解】

在阿里斯托芬喜剧《马蜂》中,阿米尼阿斯②曾经生活贫困,但如今仍能在富豪家吃喝,其中谈到帖撒利遭受奴役的潘尼斯特人③。选译文献据洛布古典文库,阿里斯托芬:《马蜂》(Aristophanes, *The Wasps*,1265-1274.)。

【译文】

歌队:(短歌首节)

我时常自以为聪明伶俐,毫不迟钝笨拙。
但是塞洛斯之子阿米尼阿斯,
高髻族出身④,却比我更聪明。
他曾经像安提丰那样时常挨饿,
可如今不拿生苹果和石榴充饥,
我看见他和勒奥戈拉斯在一起大吃大喝。⑤

---

① 译文选自[古希腊]第欧根尼·拉尔修:《名哲言行录》,徐开来、溥林译,广西师范大学出版社,2010年,第91—92页。

② 阿米尼阿斯(Amynias),暗指雅典执政官阿墨尼阿斯(Ameinias)。诗人在这里把他作为塞洛斯(Sellus)的儿子,使他成为埃斯克涅斯(一个浮夸的人)的弟兄。

③ 潘尼斯特人(Penestae),与拉科尼亚的黑劳士类似,遭受奴役,没有人身自由。他们为主人耕种土地,由于帖撒利土地较为辽阔多产,他们有大量肥沃土地可供耕种,可以自由支配地租之外的收成,还有一些潘尼斯特人作为家奴劳动并领取薪金。

④ 阿米尼阿斯蓄长发,头上挽髻,所以这里说他是"高髻族出身"。

⑤ 这里是说阿米尼阿斯倒霉以后,生活穷苦,但是仍然能到富翁家里参加酒席。

神啊，他真是个饿鬼啊！
他曾经奉派出使法萨洛斯①，
但是在那里也只是，
同帖撒利的潘尼斯特交往。

（汪兆祺辑录②）

Ⅱ. 37

【题解】

家奴卡里昂抱怨主人克瑞米洛斯不听良言劝告，跟在年老眼瞎的财神后面。奴隶没有人身自由，必须听从主人命令。选译文献据洛布古典文库，阿里斯托芬：《财神》（Aristophanes，*The Plutus*，1－20.）。

【译文】

开场

（在雅典的一条街道上，一个穷老的瞎子摸索着走路，后面紧跟着一个年老的主人和他的家奴。主人名叫克瑞米洛斯，家奴名叫卡里昂，两人头上都戴着桂叶的花冠，表示是从阿波罗庙的祭坛回来的。卡里昂手里还拿着一块祭祀上分得的胙肉，他显出不耐烦的神气，随即开始独白。舞台后面是克瑞米洛斯的家）

卡里昂：啊，宙斯和众神啊！给一个精神错乱的
主人当奴仆，多么为难呀！
因为，有时仆人提出了很好的
意见，可主人就是不听，
还要那奴仆分担事情的苦果。

---

① 法萨洛斯城在帖撒利境内。

② 译文选自［古希腊］阿里斯托芬：《阿里斯托芬喜剧》（上），《古希腊悲剧喜剧全集》，张竹明、王焕生译，译林出版社，2007年，第463页。

有什么办法呢？命运规定，
仆人的身体不属于自己
而属于买他的那人。
不痛快也只好忍了。至于
从金鼎上宣唱神示的洛克西阿斯①，
我要正当地批评他一下。
人们说他是个高明的医生和先知，
他却把我的主人弄成了个呆子。
现在他跟在一个瞎子后面，
这不正常，他不应该这样。
因为看得见的人本当给瞎子领路，
他却跟着瞎子走，还强迫我陪着，
虽然瞎子连咕的一声也不肯回答。
——主人啊，我不能再不作声了。
你要是不告诉我，为什么跟着他，
我就要不停地找你麻烦了。我知道
现在我头上戴着花冠，你不会打我②。

（汪兆祺辑录③）

---

① 阿波罗的别名，主仆二人刚从阿波罗神庙祭坛出来。

② 主仆刚从神庙占卜出来，头上戴着神圣的花冠受到神的保护，因此主人不会打他。

③ 译文选自[古希腊]阿里斯托芬：《阿里斯托芬喜剧》（下），《古希腊悲剧喜剧全集》，张竹明、王焕生译，译林出版社，2007年，第500—501页。

Ⅱ. 38

【题解】

柏拉图曾触怒西西里僭主狄俄尼西俄斯[①]，几乎被处死，后被当做奴隶出卖，几经波折最后得友人相助，以金钱赎买得以脱险。这反映了古典时期奴隶的境遇。选译文献据洛布古典文库，第欧根尼·拉尔修：《名哲言行录》(Diogenes Laertius, *Lives of Eminent Philosophers*, III.18 - 20.)。

【译文】

有人认为柏拉图第一个把以前不被人注意的索佛隆[②]的模拟剧作带到了雅典，还以作家的风格来安排和塑造人物性格。在他的枕头下面人们也确实发现过这种东西。他曾三次航行去过西西里。第一次是去参观那个岛屿和杯形火山口，当时在位的僭主是赫摩克拉忒斯的儿子狄俄尼西俄斯，他强迫柏拉图与其亲近。但当柏拉图对僭主制大发议论，并断言仅仅为统治者自己谋利益不是最佳情形，除非他在德性上也非常优秀时，就把他触怒了，因为他高声斥责："你的这些言论像个老糊涂。"柏拉图反驳道："你就是暴君。"这个时候，这位僭主更加暴跳如雷，起初打算将他处死，后来由于被狄翁[③]和阿里斯托美涅斯劝阻，才没有这样做，只是把他交给刚刚到任的拉栖代梦人的使节珀利斯，并命令把他当做奴隶卖掉。珀利斯带他去了埃吉那，准备将其卖出。然而，卡尔芒德里德斯的儿子卡尔芒德洛斯，又根据一条当

---

① 狄俄尼西俄斯(Dionysius I)，公元前432—前367年，西西里叙拉古的僭主，他征服了西西里岛和意大利南部的几座城市，打击迦太基在西西里的影响力，并使叙拉古成为希腊殖民地中最强大的一个。

② 索佛隆(Sophron)，生卒年不详，大约活跃于公元前430年左右，叙拉古哑剧作家。他用多利亚方言描写散文对话，包含男性和女性角色，既有严肃也具有幽默的风格，描绘西西里希腊人日常生活中的场景。

③ 狄翁(Dion of Syracuse，前408—前354年)，叙拉古僭主，柏拉图的学生。

地人中有效的法律控告了他，要求将他处死。该法律的大意是，第一个踏上该岛的雅典人可以不经判决就被处死。根据法弗里诺斯在其《历史杂记》(*Miscellaneous History*)中的说法，这条法律只是由起诉者本人通过的。由于有人说(虽然只是玩笑)，罪犯是哲学家，法庭于是赦免了他。还有一些人持另外的说法，其大意是，他被带到公民大会，受到了严格审判，但他一言不发，已做好准备接受审判结果。他们最后决定不处死他，而是把他以战俘的方式卖掉。

昔兰尼人[1]安尼克里斯恰好当时在场，他花了二十明那(有些人说是三十明那)赎买了他，并把他送到雅典的朋友那里。他的那些朋友立即要求补还那笔钱，但他谢绝了，并且声称，并不只有你们这些人才配给柏拉图以关照。另有一些人断言，偿还那笔钱的人是狄翁，不过安尼克里斯没有收，而是用它为柏拉图购置了在阿卡德米的那块小花园。

(汪兆祺辑录[2])

Ⅱ. 39

【题解】

雅典将军阿里斯泰德斯[3]生活简朴，在贫困中死去，雅典人用公共开支为其女儿支付嫁妆。选译文献据洛布古典文库，弗朗蒂努斯：《谋略》(Frontinus, *Stratagems*, IV. III. 5.)。

---

① 昔兰尼(Cyrene)是位于北非利比亚东部的希腊殖民地。

② 译文选自[古希腊]第欧根尼·拉尔修:《名哲言行录》，徐开来、溥林译，广西师范大学出版社，2010年，第143—144页。

③ 阿里斯泰德斯(Aristides)，约公元前530—前468年，雅典政治家、将军，曾率军参加希波战争。因其在希波战争中的功绩而被人们铭记，希罗多德称他为“雅典最优秀、最光荣的人”。

【译文】

雅典人也为阿里斯泰德斯的女儿做了同样的事情[①],他在领导最重要的事业后却在最贫困中死亡。[②]

（汪兆祺辑录）

Ⅱ. 40

【题解】

亚历山大劝说贪图奢侈享乐生活的部下勤勉节制。选译文献据洛布古典文库,普鲁塔克:《亚历山大传》(Plutarch, *Alexander*, XL. 1 - 2.)。

【译文】

他看到他最爱的部下已经完全变得奢侈,并且在他们奢侈的生活方式中开始低俗。例如,泰安的哈格农曾经在他的靴子上缀上银钉;利奥纳图斯为了体操练习给自己置办了许多来自埃及的骆驼;菲洛塔斯的狩猎网长达一百个弗隆[③];当他们锻炼和洗澡的时候,实际上使用油膏比橄榄油多,他们的车上有奴仆服务。因此,亚历山大以温和、合理的方式责骂他们。他说他很惊讶,在经历了那么多、那么伟大的比赛后,他们不记得那些靠辛劳征服的人比那些被辛劳征服的人睡得更甜美,没有从自己的生活与波斯人的生活的比较中看到,奢侈是奴性的标志,而刻苦自励则是高贵的象征。

（江琴辑录）

---

① 原书上文提到格奈乌斯·西庇阿死后没有留下足够的钱给女儿们准备嫁妆。由于她们的贫困,元老院为她们提供了由公共开支支付的嫁妆。

② 即公元前468年。

③ 长度单位,相当于1/8英里或201.17米。

Ⅱ. 41

【题解】

普鲁塔克从狄翁的生活程度看僭主的权力。选译文献据洛布古典文库，普鲁塔克：《狄翁传》(Plutarch, *Dion*, XV. 3.)。

【译文】

现在，叙拉古的狄翁在生活方式上拥有巨大和近乎辉煌的财富，他的朋友们聚集在一起，向他赠送贵重的物品。此外，家中的妇女和他的追随者也给他送去了许多其他的东西，因此，就财富和富有程度而言，他是希腊人中的一个出色人物，流亡者的富裕也让人们对僭主的权力有了一些了解。

（江琴辑录）

Ⅱ. 42

【题解】

罗马将军马尔库斯·阿蒂利乌斯·雷古鲁斯①虽然身居高位，但家境并不富足，仅靠小农场养家糊口。选译文献据洛布古典文库，弗朗蒂努斯：《谋略》(Frontinus, *Stratagems*, IV.III. 3.)。

【译文】

阿蒂利乌斯·雷古鲁斯虽然负责最伟大的事业，但他非常贫困，他仅靠由一个管家耕耘的小农场来养活自己和妻儿。听到这位管家的死讯后，雷古鲁斯写信给元老院，要求他们任命一个人接替他的指挥，他的财产因奴隶的死亡而受到威胁，因而他必须回家操持家业。②

（汪兆祺辑录）

---

① 马尔库斯·阿蒂利乌斯·雷古鲁斯(Marcus Atilius Regulus)，约公元前307—前250年，罗马政治家、将军，曾任执政官，曾率军参加第一次布匿战争。

② 即公元前255年。

Ⅱ. 43

【题解】

罗马将军格奈乌斯·西庇阿[①]虽然立下战功，但家境困难，他死后由元老院用公共开支为他的女儿们提供嫁妆。选译文献据洛布古典文库，弗朗蒂努斯：《谋略》(Frontinus, *Stratagems*, IV.III.4.)。

【译文】

格奈乌斯·西庇阿在西班牙取得功绩后死于极端贫困，甚至没有留下足够的钱给女儿们准备嫁妆。鉴于他家境十分贫困，元老院用公共开支为他的女儿们提供了嫁妆。

(汪兆祺辑录)

Ⅱ. 44

【题解】

卢奇乌斯·埃米利乌斯[②]为罗马立下赫赫战功，夺取大量财富，但他清正廉洁、不中饱私囊，享有崇高声誉，最后在窘迫中死去。选译文献据洛布古典文库，波利比乌斯：《历史》(Polybius, *The Histories*, XXXI.IX. 22.1－22.8.)。

【译文】

在卢奇乌斯·埃米利乌斯死后，他的正直得以充分彰显于世；当他与世长辞时，他在世时享有的同样崇高的声誉得以延续；我们可称

---

① 格奈乌斯·科尔内利乌斯·西庇阿·卡尔乌斯(Gnaeus Cornelius Scipio Calvus)，罗马贵族、将军和政治家，他在第二次布匿战争中发挥了重要作用，从公元前 218 年战争爆发到公元前 211 年战死，他在伊比利亚半岛东部建立了罗马的统治，并牵制了几支迦太基军队，使他们无法增援汉尼拔。

② 卢奇乌斯·埃米利乌斯·保卢斯·马其顿尼库斯(Lucius Aemilius Paullus Macedonicus)，约公元前 229—前 160 年，两度担任罗马共和国执政官，是征服马其顿的著名将军，通过第三次马其顿战争终结了安提柯王朝。

这是具有美德的最好证明。在我看来，那个男人从西班牙带回罗马的黄金比他同时代的任何人带回的都更多，他拥有马其顿的巨额财富，而且他完全可以随心所欲地使用这些钱财。然而他却在如此窘迫中去世，如果不变卖一些不动产，他的儿子们甚至无力支付寡妇所得的全部遗产。关于此事我在前文详细说过。我们可以断言，在这方面最受尊敬的希腊人的声誉也不能望其项背。正如传闻中雅典的阿里斯泰德斯和底比斯的埃帕米农达斯所做的那样，如果拒绝为了赠予者利益而提供的金钱已经足够令人钦佩了，那么对于一个拥有整个王国的人来说，可以为所欲为但却不贪图分毫，岂不令人叹服！

（汪兆祺辑录）

Ⅱ.45

【题解】

普劳图斯的喜剧《波斯人》[①]中的人物托克西卢斯向萨图里奥借钱遭到拒绝，萨图里奥声称门客即使有钱也会因为奢侈生活而致贫。[②] 选译文献据洛布古典文库，普劳图斯：《波斯人》(Plautus, *The Persian*, 116 - 126.)。

【译文】

托克西卢斯：

（严肃地）

请你注意听。昨天我曾经对你说，

我请求你，希望你能不能借给我

六百银币。

萨图里奥：

---

① 本剧可能演出于公元前197年或196年。

② 当时门客多是阿谀献媚之徒，普劳图斯借剧中人物讽刺门客的奢侈享受。

我全都记得，全都知道，
你求过我，可我没有钱可以借给你。
门客家里有钱，那他会一无所有：
因为那时他会立即开始盛宴吃喝，
贪婪地把家里拥有的一切吃喝光。
门客最好应该是一贫如洗的穷学究：
只有双耳长颈瓶、刷子、酒碗、凉鞋、
披肩、钱袋，钱袋里只有一点零星守卫，
仅仅可以勉强维持他自己家庭的生活。

（汪兆祺辑录①）

Ⅱ. 46

【题解】

克塞诺克拉特斯②因为未能交纳外邦人的税款③被雅典卖做奴隶，后来被德米特里乌斯④买下得救，这也反映了外邦人有因贫困而沦为奴隶的危险。选译文献据洛布古典文库，第欧根尼·拉尔修：《名哲言行录》（Diogenes Laertius, *Lives of Eminent Philosophers*, IV, 14.）。

---

① 译文选自[古罗马]普劳图斯：古罗马戏剧全集《普劳图斯》（中），王焕生译，吉林出版集团有限责任公司，2015 年，第 577 页。

② 克塞诺克拉特斯（Xenocrates），公元前 396—前 314 年，来自卡尔克同（Chalcedon），希腊哲学家、数学家，公元前 339 年接替斯彪西珀斯（Speusippus）任学园主持，直到前 314 年去世，长达 25 年，继承并发展了柏拉图哲学。

③ 外邦人（Metics）在阿提卡不得拥有土地，每年需缴纳人头税（metoikion），否则就会被卖为奴隶，他们还要服兵役和承担公益捐助（Liturgies）。

④ 德米特里乌斯（Demetrius），公元前 350—前 280 年，是一位来自法勒隆的雅典演说家，泰奥弗拉斯托斯（Theophrastus）的学生，最早的逍遥学派学者之一。

【译文】

……以上是他的大致情况。但是有一天，由于他没能缴纳向外地居民征收的税款，雅典人就把他给卖掉了。法勒隆[①]的德米特里乌斯买下了他，由此完成了两种意义上的还原：还克塞诺克拉特斯以自由，还雅典人以税款。这件事情，是阿马斯特里斯的密洛尼阿诺斯在其《历史相似点辑要》(*Chapters on Historical Parallels*)的第一卷中讲述的……

（汪兆祺辑录[②]）

Ⅱ.47

【题解】

普劳图斯的喜剧《商人》[③]主人公卡里努斯[④]在海外经商途中偶遇老友并爱上其女奴，于是他买下了那名女奴，但不想让自己的父亲发现。这反映了富商买卖奴隶的现象。选译文献据洛布古典文库，普劳图斯：《商人》(Plautus, *Mercator*, 97 - 107.)。

【译文】

卡里努斯：当我在海港散步的时候，
一位故友认出了我，邀我去用晚餐。
我去了，卧上餐榻，招待愉快而慷慨，
夜间散席就寝，有个女子来到我那里，
那女子美丽得没有哪个女子能相比拟；

① 法勒隆(Phalerum)是位于雅典卫城西南的雅典港口。

② 译文选自[古希腊]第欧根尼·拉尔修：《名哲言行录》，徐开来、溥林译，广西师范大学出版社，2010年，第181页。

③ 本剧虽然以希腊为背景，但更多反映了公元前3世纪后期到公元前2世纪初期的罗马社会状况。

④ 普劳图斯喜剧《商人》中的角色，一位年轻的雅典绅士。

按照朋友吩咐,她与我度了那个夜晚。
你们也可以看出,我是多么喜欢她。
次日早晨我去请求朋友把那女子卖给我,
我表示非常感谢他的帮助和慷慨馈赠。

最后我买下了她,昨天带回来。
但我不想让父亲知道我把她带来了。

(汪兆祺辑录[①])

Ⅱ. 48

【题解】

普劳图斯的喜剧《商人》主人公卡里努斯和父亲得弥福[②]讨论女奴事宜,得弥福认为卡里努斯买回的女奴不适合侍奉妻子,主张再买一名外族女奴。公元前 2 世纪初罗马富裕家庭购买外族奴隶较为盛行。选译文献据洛布古典文库,普劳图斯:《商人》(Plautus, *Mercator*, 403 - 417.)。

【译文】

得弥福:
(旁白,欣喜地)
我让他有些动摇了。
(大声地)
还有一件事我忘了说。
让她作为侍奴跟随你的母亲也不可能体面。
我也不允许。

① 译文选自[古罗马]普劳图斯:古罗马戏剧全集《普劳图斯》(中),王焕生译,吉林出版集团有限责任公司,2015 年,第 256—257 页。

② 戏剧角色,老人,卡里努斯之父。

卡里努斯：
为什么？
得弥福：
因为这样一个美人侍奉你母亲，
会给我们的家招来丑闻，当她在街上行走时，
人们会围观、察看、点头、使眼神、吹口哨，
会嘲弄、喊叫，引起各种麻烦，来门口歌唱，
我们的大门上会用木炭写满咏叹爱情的诗歌。
而且现今许多人都好恶语诽谤，那时我妻子
和我便会被列入妓馆老板之列。有什么必要？
卡里努斯：
（仿佛看见了一束亮光）
请朱皮特作证，你说得对，我同意你的看法。
不过我们现在对她怎么办？
得弥福：
（轻松地）
得这么办。我自己给你母亲
买一个具有不错的体质，但没有相貌的女奴，
应该是已婚妇女，或叙利亚女子，或埃及女子，
让她磨面、做饭，每天纺足量的羊绒，还得挨鞭子，
这样的女奴不会使我们家的大门遭受任何耻辱。

（汪兆祺辑录①）

① 译文选自[古罗马]普劳图斯：古罗马戏剧全集《普劳图斯》（中），王焕生译，吉林出版集团有限责任公司，2015年版，第279—280页。

Ⅱ. 49

【题解】

雇佣军的产生，标志着城邦公民兵制度开始瓦解。据米南达记载，达奥斯[1]和波勒蒙的奴隶索西阿斯发生争吵，达奥斯骂对方是“四文钱的家伙”，实际是指涉对方的主人。在当时的古希腊社会，雇佣军工资大多按天计付，普通军士每天可获得 4 至 6 文，相当于一个普通劳动者一天的收入。[2] 这则材料反映，即使当时频繁的战争为军人们增加收入提供了机遇，但其中仍有不少人的收入水平与社会中的普通劳动者相似，与富裕阶层仍然存在相当差距。选译文献据洛布古典文库，米南达：《割发》(Menander, *Perikeiromene*, 380 - 382.)。

【译文】

达奥斯：宙斯作证，四文钱的家伙！
即使你们一天能挣上四德拉克马，
我们也能轻易对付你们。

（张子翔辑录[3]）

Ⅱ. 50

【题解】

佩拉斯戈斯[4]向达那奥斯[5]的女儿们表示，阿尔戈斯[6]有能力保

---

① 达奥斯，摩斯赫昂的奴隶。

② 参见[古希腊]埃斯库罗斯等：《米南德喜剧》，《古希腊悲剧喜剧全集》，张竹明、王焕生译，译林出版社，2007 年，第 336 页旁注 1。

③ 译文选自[古希腊]埃斯库罗斯等：《米南德喜剧》，《古希腊悲剧喜剧全集》，张竹明、王焕生译，译林出版社，2007 年，第 336 页。

④ 佩拉斯戈斯(Pelasgus)，希腊神话中阿尔戈斯的创建者，即阿尔戈斯之王。

⑤ 达那奥斯(Danaus)，埃及王，他的五十个女儿为了躲避其叔父埃古普托斯(Aiguptos)的五十个儿子的追求而逃至阿尔戈斯，寻求佩拉斯戈斯的保护。

⑥ 阿尔戈斯(Argos)，伯罗奔尼撒半岛东北部的希腊城邦。

护她们的安全，尤其是城中公民拥有足够的住房可以提供给她们居住。选译文献据洛布古典文库，埃斯库罗斯：《乞援人》（Aeschylus, *Suppliants*, 952 - 965.）。

【译文】

佩拉斯戈斯：你们会发现，居住在这方土地上的
男人们并非是喝大麦饮料之辈。
（传令官下，国王对乞援女子）你们现在带领随行的女仆们，
鼓起心灵的勇气，大胆进城去，
城市环绕着高耸的堞垛护卫。
城里建有许多公共的住房，
我自己也建有规模不小的宅邸。
有许多现房可供你们和许多
其他人居住：如果希望更舒适，
还有单个的住宅可供给你们。
怎样更合适，怎样更合心意，
悉听尊便。我和所有的城民
都是你们的保护人，因为是共同
作出的决定——有什么比人民更有威信？

（张子翔辑录①）

Ⅱ. 51

【题解】

厨师在古希腊社会应该属于能够自食其力的有产者，但经济实力与富裕阶层差距明显。选译文献据洛布古典文库，米南达：《萨摩斯妇

① 译文选自[古希腊]埃斯库罗斯等：《埃斯库罗斯悲剧》，张竹明、王焕生译，《古希腊悲剧喜剧全集》，译林出版社，2007年，第64页。

女》(Menander，*The Woman from Samos*，283－285；357－368.)。

【译文】

帕尔墨农：请众神明佐证，厨师，我不明白你
为什么要带刀，因为你那唠叨本是
便能够把什么东西都剁碎。
厨师：没有教养的可怜虫。
帕尔墨农：我？
……

(就在这时厨师从德摩阿斯的屋子里匆匆跑出来，他不知道奴隶已经逃跑了。厨师可能并没有注意到在屋内的德摩阿斯，他的第一问题可能是对屋内的人提出来的。)

厨师：那个家伙，是否还躲在这门外什么地方？
喂，帕尔墨农！你这个家伙离开这里躲避我，
好在没带走什么东西。
德摩阿斯：
(对厨师叫嚷，转身回到自己的屋子里)
你给我让开路，
快滚开！
厨师：我的天啊(赫拉克勒斯啊)，这是怎么回事？
这个老头子发了疯似地向屋里冲去，
发生了什么不幸？但与我有什么相干？
请波塞冬佐证，依我看，他确实疯了。
他这样扯着嗓子大汉，若是他把摆在
餐桌上的杯盘掀翻，全都砸成碎片，
那才动听呢。那声音同他完全一样。
门在响，那个该死的家伙，帕尔墨农，

是他雇我来这里。我稍微向旁边退一退。

（张子翔辑录①）

Ⅱ. 52

【题解】

雅典的菲洛斯特拉图斯在讽刺智者似贫穷之人，获取一点简单的物质资料就足以使他们满足。选译文献据洛布古典文库，雅典的菲洛斯特拉图斯：《智者的生活》（Philostratus of Athens, *Lives of the Sophists*, 587－588.）。

【译文】

在雅典，一个受过诡辩家训练的无名之辈。别人用一瓶酒、一个精致的盘子，或者是衣服、或是银子，就可以让他心情大好，这好像人在饥肠辘辘的动物面前挥舞一根树枝去挑逗他们一样；但如果他被忽视，他便马上破口大骂，变得像狗一样狂吠。

（张子翔辑录）

Ⅱ. 53

【题解】

柏拉图将敛财和渔钓之术进行类比，分别对聚敛和生产进行解释。他认为钩拉渔之术属于聚敛手段中的猎取类。选译文献据洛布古典文库，柏拉图：《智者篇》（Plato, *The Sophist*, 219D－220A.）。

【译文】

陌生人②：聚敛和生产既尽一切记述的门类，那么，

① 译文选自［古希腊］埃斯库罗斯等：《米南德喜剧》，张竹明、王焕生译，《古希腊悲剧喜剧全集》，译林出版社，2007年，第129；138—139页。

② 据前文介绍，陌生人来自意大利南部城邦爱利亚，属于巴门尼德和芝诺学派的哲学家。参见柏拉图：《智者篇》，216A。

我们应把钩拉渔之术归于两门中的哪一门?

西奥多勒斯[①]:显然要归于聚敛一门。

陌生人:聚敛岂不是有两种:其一是以礼物、工资、商品、自愿交换,其二是以言语行动强取?

西奥多勒斯:按你所说的,似乎有这两种。

陌生人:强取也要分为两类吗?

西奥多勒斯:怎么分?

陌生人:明的叫做争胜利,暗的叫做猎取。

西奥多勒斯:是的。

陌生人:不把猎取分为两类又是欠妥的。

西奥多勒斯:请说怎么分?

陌生人:分为猎取无声之物的和猎取有生之物的。

西奥多勒斯:可不是,假如这两类果然存在?

陌生人:可不存在?猎取无声之物的一类,几种潜水术和其他类似而无关紧要者除外,并无专称,且不备论。至于猎取有生之物者,即是一种猎取,就把它叫作生物猎。

西奥多勒斯:好罢。

(张子翔辑录[②])

Ⅱ. 54

【题解】

菲罗克忒忒斯是帖撒利地区的墨利波亚国王波阿斯之子,索福克勒斯的悲剧作品《菲罗克忒忒斯》的主要角色之一。菲罗克忒忒斯曾

---

① 西奥多勒斯(Theodorus),古希腊数学家。

② 译文选自[古希腊]柏拉图:《柏拉图全集》(第三册),王晓朝译,人民出版社,2002年,第7—9页。

随希腊联军远征特洛伊，在勒莫诺斯岛①附近的克律塞岛祭神时被蛇咬伤，他疼痛难忍大喊大叫，为防止军心动摇，联军的两位统帅阿伽门农和墨涅拉奥斯令奥德修斯将其遗弃在勒莫诺斯岛上。到了战争的第10年，希腊军队得知只有阿基琉斯之子涅奥普托勒摩斯和菲罗克忒忒斯的弓箭才能攻克特洛伊城，决定把他接回军中。剧中涅奥普托勒摩斯提到，奥德修斯和阿基琉斯的师父弗尼克斯②曾前来邀请他前往特洛伊参战，所乘的船舶华丽，反映了来者的富有、身份高贵。选译文献据洛布古典文库，索福克勒斯：《菲罗克忒忒斯》(Sophocles, *Philoctetes*, 343－348.)。

【译文】

涅奥普托勒摩斯

奥德修斯和我父亲的师父来找我

乘着一艘装饰豪华的船。

他们告诉我(这个消息时真的还是假的

我不知道)，说我的父亲阵亡了，

现在除我之外，没人能攻取城垣。

像这样催促我不要拖拖拉拉的。

(杨波辑录)

Ⅱ. 55

【题解】

欧里庇得斯的悲剧《瑞索斯③》中提到，特洛伊战争期间，率军前

① 位于爱琴海的北部地区。

② 弗尼克斯是多洛皮亚(Dolopia)国王阿明托尔(Amyntor)之子，因遭父亲侍妾诬陷而被弄瞎双眼，经喀戎医治恢复后逃亡，为弗提亚(Phthia)王珀琉斯(Peleus)所接纳。在珀琉斯的帮助下，弗尼克斯获得多洛皮亚王位，并接受前者委托抚养年幼的阿基琉斯。弗尼克斯曾参与狩猎卡吕冬野猪，随阿基琉斯远征特洛伊，战后返乡途中去世。

③ 瑞索斯(Rhesus)，色雷斯王子。

来援助赫克托尔的色雷斯王子瑞索斯乘着精美的战车、驾驭神赠予的雪白战马、装备金饰的盾牌，无不反映出他的富有强大。女神雅典娜指引奥德修斯刺杀瑞索斯时，也提及这位英雄的战马即使在黑夜中也能闪烁光芒，如同天鹅的羽翼。瑞索斯无与伦比地富有。夺取这些东西，对于本已是富裕王公的奥德修斯而言也是值得荣耀的。选译文献据洛布古典文库，欧里庇得斯：《瑞索斯》（Euripides, *Rhesus*, 300 - 310; 608 - 621.）。

（1）Euripides, *Rhesus*, 300 - 310.

【译文】

牧羊人

听到了我想知道的答复后，

我一动不动地站着，然后看到了瑞索斯，像一位天神，

耸立在他的色雷斯战车上。

金色的马轭架在战马的脖子上，

雪白的骏马闪闪发亮。

他肩上扛着饰有黄金图案的圆盾

发出耀眼的光芒：他战马的前额系着

青铜制成的戈尔贡头像，如同女神帕拉斯盾牌上的那个图案。

战马发出的叮当声让人不寒而栗。

他带来的军队人数数点不清——

一眼望不到尽头。

（杨波辑录）

（2）Euripides, *Rhesus*, 608 - 621.

【译文】

奥德修斯

啊，雅典娜女神——我已听到

你熟悉的声音。因为每当

我遇到困难时，你总是庇护着我。
请您告诉我那位英雄睡在哪里？
在蛮邦的军队里他驻扎在何处？
雅典娜
他就停在这附近一带，没有和大军驻扎在一起：
赫克托尔为他安排了休息的地方
在战线之后，直到夜过天明。
紧靠此处，你可以见到那些白色战马
套在色雷斯战车上：在黑暗中隐约闪烁，
犹如白天鹅光滑的翅膀。
这些战马将使你们找到它们的主人并杀了他，
让它们成为你厅堂中令人骄傲的战利品：因为没有一块土地
能够拥有这样一队骏马。

（杨波辑录）

Ⅱ. 56

【题解】

《海伦》的开篇提到，赫拉用天空中的云雾制造了和海伦一模一样的人偶，被帕里斯夺走，引发了希腊和特洛伊之间的战争，而真实的海伦被安置在埃及国王家中。她的丈夫墨涅拉奥斯从特洛伊取胜归来途中遭遇海难，亦漂泊至埃及，两人相遇。海伦祈求女先知忒奥诺埃不要把墨涅拉奥斯到来的消息告诉她的兄弟，埃及国王忒奥克吕墨诺斯，因为正在追求自己的忒奥克吕墨诺斯会杀死墨涅拉奥斯。在求情过程中，海伦提及特洛伊“多金的宫殿”、富有的王室。选译文献据洛布古典文库，欧里庇得斯：《海伦》（Euripides, *Helen*, 924－930.）。

【译文】

海伦
现在的我，一个可怜的，在痛苦中挣扎的人，
也救救我吧，把这作为外加给我们的又一个时运吧。
要知道，现在凡间的人没有一个不痛恨海伦，
全希腊都说我是一个背弃的丈夫，
居住在弗里吉亚多金宫殿里的女人。
但如果我回到希腊，站在斯巴达，
人们听说了，就知道了，这是女神们玩儿的花样。

（杨波辑录[①]）

Ⅱ. 57

【题解】

特洛伊被毁后，赫克托尔的妻子安德洛玛刻沦为战俘，成了阿基琉斯之子涅奥普托勒摩斯的女奴。两人育有一子名为摩洛索斯，然而涅奥普托勒摩斯的妻子，斯巴达国王墨涅拉奥斯之女赫尔弥奥涅认为自己没有孩子，被丈夫厌弃的原因正在于安德洛玛刻，企图杀害安德洛玛刻与她的儿子摩洛索斯，母子二人躲在神坛寻求庇护。她的行动得到了父亲的支持，安德洛玛刻陷入绝境，只能依赖于年迈的佩琉斯，阿基琉斯之父保护。此时由弗提亚少女组成的歌队表达了对名门子嗣的羡慕，因为他们能在富裕的家里生活，继承了祖辈的荣耀，周围从不缺人保护。选译文献据洛布古典文库，欧里庇得斯：《安德洛玛刻》(Euripides, *Andromache*, 768－778.)。

---

① 译文选自［古希腊］埃斯库罗斯等：《古希腊悲剧喜剧全集》(第三卷)，张竹明、王焕生译，译林出版社，2007年，第608页。

【译文】

歌队(首节)

但愿我没有生下来,或者生自一个贵族
父亲,在富裕的家里过活。
如果出身高贵的人有什么灾祸,当他被宣布为
名门之后时,他周围必然不会缺少保护。
对他们而言这是一种荣耀,被公布是
王公贵族的子嗣时:时光的
潮流永远无法淹没这故事
关于父辈英雄们:人死后
荣耀依旧散发着光辉。

(杨波辑录)

Ⅱ. 58

【题解】

为了报复变心的伊阿宋,美狄亚密谋杀害伊阿宋的新娘、科林斯国王克瑞翁的女儿以及自己生育的两个孩子。她以帮助无后的雅典国王埃勾斯获得子女为条件,要求完成复仇计划后能够逃亡雅典并得到庇护,埃勾斯同意了。美狄亚对埃勾斯的口头承诺很不放心,要他对诸神发誓,究其原因在于她担心埃勾斯被克瑞翁的钱财收买或被他的权势吓倒。这里美狄亚将钱财视为一种重要的力量,富有者更具实力。选译文献据洛布古典文库,欧里庇得斯:《美狄亚》(Euripides, *Medea*, 734 - 740.)。

【译文】

美狄亚

我相信你;但是佩里阿斯家族和克瑞翁
都仇视我。有一个誓言的约束,在他们要把我

从你的国土上带走时，你就不能把我交给他们了。
如果只是口头的承诺，而不向神明起誓，
你也许会变成他们的朋友，轻易地向他们的传令官
让步。因为我的力量很薄弱：
财富和王宫都在他们那边。

（杨波辑录①）

Ⅱ. 59

【题解】

美狄亚为伊阿宋的新娘送去带毒的长袍金冠时，提到黄金收买甚至能使神听话，胜过言语无数。这里美狄亚同样在强调财富的力量。选译文献据洛布古典文库，欧里庇得斯：《美狄亚》（Euripides, *Medea*, 964 - 971.）。

【译文】

美狄亚
不，别这样说：人们都说，礼物能使神听话。
黄金收买人胜过言语无数。
她的命好；现在诸神又在给她添福——
她年轻，又是女王！我愿献出我的生命
为了我的孩子免遭放逐，别说那点金子。
现在，孩子们，去那富裕的王宫里。
见见你们父亲的新娘，我的女主人，

① 译文选自[古希腊]埃斯库罗斯等：《古希腊悲剧喜剧全集》（第四卷），张竹明、王焕生译，译林出版社，2007年，第491页。

向她祈求，求她不要放逐你们。

（杨波辑录①）

Ⅱ.60

【题解】

公元前152年在西班牙担任将军的塞尔维乌斯·加尔巴，是一位非常富有的人，仍十分贪婪吝啬，四处掠夺财富。可见富人更容易凭借自己的权势和手段聚敛财富，也能借助财富逃避惩罚。选译文献据洛布古典文库，阿庇安：《罗马史》（Appian, *Roman History*, VI. X. 60.）。

【译文】

加尔巴与卢库鲁斯相比更贪婪些，他分配了一点掠夺物给他的军队，分配了一点给他的朋友们，其余的都归他自己所有了，虽然他已经是罗马最富的人之一了。但是，据说，就是在平时，他也不惜利用谎言和伪誓，以求取得利益的。虽然他普遍为人们所痛恨，并且因为他的无赖而受到谴责。但是他利用其财富，逃避了惩罚。

（杨波辑录②）

Ⅱ.61

【题解】

马西尼萨是努米底亚的第一任国王，他成为国王前参加了第二次布匿战争，以罗马人盟友的身份，也是在罗马人的支持下建立了努米底亚王国。马西尼萨的功绩和遗产体现了他的富有。选译文献据洛布古典文库，阿庇安：《罗马史》（Appian, *Roman History*, VIII.

---

① 译文选自[古希腊]埃斯库罗斯等：《古希腊悲剧喜剧全集》（第四卷），张竹明、王焕生译，译林出版社，2007年，第503页。

② 译文选自[古罗马]阿庇安：《罗马史》（上卷），谢德风译，商务印书馆，1995年，第114页。

XVI. 106.)。

【译文】

他说完这些话后就死了。从各方面讲,他都是一个幸福的人。由于神明的保佑,他恢复了他祖父的王国,这个王国过去是被西法科斯人和迦太基人夺去的,并且大大地扩张了他的领土,从海边的毛利坦尼亚,深入内地,直达昔兰尼。他开垦了许多土地,过去这些地方的努米底亚人部落缺乏农业知识,以吃草维系生活。他还遗留下了大量的金银和一支颇具规模且训练有素的军队。

(杨波辑录①)

Ⅱ. 62

【题解】

苏拉(Lucius Cornelius Sulla, 138 - 78 B.C.)是古代罗马著名的军事统帅,政治家。早年在马略手下参加朱古达战争,公元前 88 年担任执政官,与马略爆发冲突率军东进,击败本都,迫使米特拉达提议和。公元前 83 年率军返回罗马,颁布"公敌宣言",肃清马略派,公元前 79 年"退隐"乡间,次年病逝。《罗马史》中,阿庇安称赞苏拉在强盛时期归隐乡间的做法,并在文中多处描述了苏拉的富有和权势。选译文献据洛布古典文库,阿庇安:《罗马史》(Appian, *Roman History*, The Civil Wars, I. 104.)。

【译文】

他这样做,不是因为他害怕在城市过私人生活,也不是因为他的体力不能够做他热心想做的事了,因为他当时还是年富力强,身体健全,在全意大利有十二万人在最近的战争中在他的部下服务,从他的手中接受了大批金钱和土地的赠予……但是我认为,因为他厌倦了战

① 译文选自[古罗马]阿庇安:《罗马史》(上卷),谢德风译,商务印书馆,1995 年,第 276 页。

争，厌倦了权力，厌倦了罗马，所以最后他酷爱乡村生活了。

（杨波辑录[①]）

Ⅱ. 63

【题解】

公元前56年，恺撒带着巨额财富回到山南高卢，他把自己从高卢、不列颠等地攫取的财富分配给许多罗马官员、贵族，以此得到他们的尊敬。可见金钱是富人谋求权力的重要手段。选译文献据洛布古典文库，阿庇安：《罗马史》（Appian, *Roman History*, The Civil Wars, II. 17.）。

【译文】

同时在高卢和不列颠建立了许多光辉武功的恺撒（这些武功我已经在凯尔特人历史中叙述过了），他带着巨大的财富回到波河流域的山南高卢，使他的军队在不断战斗后，有短暂的休息时间。他从这个地方送了巨额的金钱给罗马许多人，给那些任期一年的高级长官们和那些著名的总督和将军们，他们轮流前往那里会见恺撒。到那里去的人是这样多，所以在他的周围可以看到一百二十个侍从，有两百多个元老，有些人对他们已经收受的款金表示谢意，另一些人从这个地方为他们自己要求金钱或其他利益。

（杨波辑录[②]）

Ⅱ. 64

【题解】

屋大维当选执政官后，他是恺撒养子的事情正式得到了库里亚法

① 译文选自[古罗马]阿庇安：《罗马史》（下卷），谢德风译，商务印书馆，1997年，第88页。
② 译文选自[古罗马]阿庇安：《罗马史》（下卷），谢德风译，商务印书馆，1997年，第116页。

律的批准。这里提到恺撒的财产中有许多被释奴，他们其中很多人是富有的。这说明个人所属的社会等级并不能完全反映其财产状况，此前为奴的人也因时代变迁而发生变化。例如雅典著名的帕西恩本是一个替主人在比雷埃夫斯港经营货币兑换生意的奴隶，最终凭借丰厚的家产和对城邦的贡献获得了公民身份，贫与富的境况并非不可改变。选译文献据洛布古典文库，阿庇安：《罗马史》(Appian, *Roman History*, The Civil Wars, III. 94.)。

【译文】

在恺撒的其他许多很好的附属物之中，有为数众多的被解放的奴隶，这些被解放的奴隶中有很多人是富有的，这可能是屋大维之所以除以前根据恺撒的遗嘱所确定的过继之外，还要民众批准他的过继的主要原因。

(杨波辑录[①])

Ⅱ. 65

【题解】

特洛伊战争期间，奥德修斯和狄奥墨得斯[②]曾伪装成乞丐潜入特洛伊城，盗走雅典娜神像。欧里庇得斯在《瑞索斯》中生动重现了流浪汉的贫苦形象。选译文献据洛布古典文库，欧里庇得斯：《瑞索斯》(Euripides, *Rhesus*, 710 - 721.)。

【译文】

歌队(次节)

过去他曾经来到

① 译文选自[古罗马]阿庇安：《罗马史》(下卷)，谢德风译，商务印书馆，1997年，第312页。

② 狄奥墨得斯(Diomedes)是提丢斯(Tydeus)与珀里玻亚(Periboea)之子，后来继承了外祖父阿德拉斯托斯(Adrastus)的阿戈斯(Argos)王位。在《伊利亚特》中，狄奥墨得斯和大埃阿斯一起被认为希腊最勇猛的战士，仅次于阿基琉斯。

特洛伊:眼里淌着浑浊的泪水,
身上穿着破烂的衣裳,
他的斗篷下隐藏着一把剑,
像一个流浪汉一样四处徘徊,从盛宴的餐桌上讨要一些碎屑,
蓬头垢面,
污秽不堪。
仿佛是敌军两位首领的敌人一般,
嘴里咒骂着阿特柔斯之子的王室。
哦！他应被毁灭,在他
把弗里吉亚踩在脚下之前。

(杨波辑录)

Ⅱ. 66

【题解】

伊翁的生父是阿波罗,母亲雅典公主克瑞乌萨在他出生后不久抛弃了他,他由阿波罗神庙的女祭司抚养长大。遵照阿波罗神谕,克瑞乌萨的丈夫克苏托斯认伊翁为子,伊翁从一个隶属于神庙的奴仆变为了雅典国王权力和财富的继承人,可见,影响个人贫富最直接的因素与出身有关。同时,文中提及,克苏托斯向伊翁许诺回到雅典后将不会有人因他缺少权势和财富中的任何一样而嘲笑他,这说明,一个贫贱的穷人很难受人尊敬。选译文献据洛布古典文库,欧里庇得斯:《伊翁》(Euripides, *Ion*, 576 - 581.)。

【译文】

克苏托斯
现在,你且告别这神的地界和你无家可归的生活:
按照我的心愿到雅典去吧。
在那里等候你的是你父亲权杖所赐的福分,

和大量的财富。你不会因缺少这两者之一
而被嘲笑为出身卑微的穷人。
你会成为一个出身高贵有富有的人。

（杨波辑录）

Ⅱ. 67

【题解】

俄狄浦斯的两个儿子波吕涅克斯和埃忒奥克勒斯对忒拜王权的争夺。两人本应轮流掌握忒拜权力，但埃忒奥克勒斯长期霸占王位不愿归还兄长，流亡的波吕涅克斯则引七支阿尔戈斯军队攻打忒拜，结果在决斗中两人杀死了对方。波吕涅克斯出兵的重要目的即夺回自己财富和权力，他强调财富是“世间万物中最有力量”的，因为没人看得起穷人。这种说法古已有之且为大多数人认可。选译文献据洛布古典文库，欧里庇得斯：《腓尼基妇女》(Euripides, *Phoenician Maides*, 438－442.)。

【译文】

波吕涅克斯
古来一直这么说，我还要再说一遍：
“在人们眼中钱财最受人尊敬，
世间万物中它最有力量。”
我带来无数长矛就是为了争取这个；
因为一个人出身高贵穷了就没人能看得起。

（杨波辑录）

Ⅱ. 68

【题解】

从特洛伊返航的斯巴达国王墨涅拉奥斯遭遇风暴，损失惨重，成了遇难的水手被冲上岸，不得不向当地富有的人家祈求一些衣食。墨涅拉奥斯把自己遇难的原因归结于“必然”的力量，是不可避免的，因此他虽贵为国王，眼下却如同乞丐一般要祈衣求食。选译文献据洛布古典文库，欧里庇得斯：《海伦》(Euripides，*Helen*，408－434.)。

【译文】

墨涅拉奥斯

现在，我不幸成了落难的水手，失去了同伴，
我被抛到这陆地上：撞在岩石上，
我的船成了无数碎片。
这能工巧匠的作品就剩下了一条龙骨，
我靠它好不容易非常意外幸运地得了救，
也救了海伦，那个我从伊利昂的残骸中找回的人。
但是这片土地的名字是什么，居住的人民又是谁，
我都不知道，因为我不好意思到人群中去
打听，由于羞愧我身处困境之中
却把自己的痛苦隐藏起来，因为一个
社会地位高的人遭遇了不幸，
往往比一个不幸习惯了的人更为痛苦。
穷困煎熬着我，没有食物。
身上也没有穿的，——以此来判断
围在我身上的，是从船上冲到岸边的破布。
而从前我所穿的漂亮的服饰和体面的大衣
都被大海吞没了。我把妻子隐藏
在岩穴深处，她是我全部不幸的首要原因，
我严令活下来的朋友们
看好她之后，就到这里来了。
我只身一人前来，给留在那里的人寻找补给，

仔细找找说不定能找到什么?
因此,当我看到那边围着塔墙,
装着体面大门的富人宅邸的时候,
我走了过来:希望从这个富人家中
给我的水手们找到点希望;而从家徒四壁的人家里
不论他是否愿意,我们也是得不到帮助的。

(杨波辑录)

Ⅱ. 69

【题解】

提修斯把城邦公民按照拥有财产的多少分为三个等级,最富有的人、最贫穷的人和中间阶层,在提修斯看来:富人贪得无厌,无益于城邦;穷人勉强温饱,容易嫉妒,起而攻击富人,也不利于城邦;为城邦稳定做出贡献最大的是财富中等者,他们守护者城邦的秩序。这实际上代表着欧里庇得斯对城邦中穷人和富人的看法,他认为当拥有中等财富的中间阶层掌握城邦权力时,城邦运作最为平稳。选译文献据洛布古典文库,欧里庇得斯:《请愿的妇女》(Euripides, *Suppliants*, 238 - 245.)。

【译文】

提修斯
须知,城邦公民有三种人:——
其一是最高层的,无益的富人,他们渴望更多财富;
其二是最底层的,穷人,身处饥饿的边缘,
很可怕的,怀有过多的嫉妒,
对富有者射出恶毒的针刺,
被坏人的舌头所蛊惑,成为他们的"拥护者":
第三种人是财富中等者,是城邦的救星,

他们守护着城邦定下的秩序。

（杨波辑录）

Ⅱ.70

【题解】

安东尼在清算恺撒的财产后，为了平息此事在民众中引发的骚动，他提出不应无礼反对那些因内乱失去财产变穷的人，也不应袒护拥有过多财产的人，因为如此多的财富已经与普通公民的身份不符，财产适中是最适宜的。选译文献据洛布古典文库，阿庇安：《罗马史》（Appian, *Roman History*, The Civil Wars, III. 22.）。

【译文】

他又说，这样比较公平些：要遵守法令的精神而不要拘泥于法令的文字，不要无礼地反对这样多在内乱中丧失他们自己的和他们祖先的财产的人，不要袒护一个已经获得了大量别人财产的青年，这些财产已经和他普通公民的地位不相称，已经超过了他的希望，他不是好好地利用他的财富，而是用这些财富去干最鲁莽的冒险事业的。

（杨波辑录①）

Ⅱ.71

【题解】

普劳图斯的喜剧《波斯人》中的人物萨图里奥谈到自己家族世代充当门客，之后表达对控告人罚款的设想，言及当时有人通过控告他人来谋取私利，反映了贫富阶层的斗争和冲突。选译文献据洛布古典文库，普劳图斯：《波斯人》（Plautus, *The Persian*, 53－76.）。

---

① 译文选自［古罗马］阿庇安：《罗马史》（下卷），谢德风译，商务印书馆，1997年，第250页。

【译文】

萨图里奥:

我现在从事的是一种古老、受人尊敬的

祖传行业,坚持不懈,专心致志,关注有加。

事实上在我所有的先辈中间,从没有哪个人

以门客为生而不为自己的肚子担忧:父亲,祖父

曾祖父,高曾祖父,高高曾祖父,高高高曾祖父,

他们都一个个像耗子一样吃别人家的食物,

从来没有哪个人能在暴食方面超越过他们;

是的,他们甚至还获得一个雅号——“结实的大脑袋”①。

我继承了这种行业,占了先辈们的职位。

(拘谨地)

我既不想充当控告人,也不愿让自己

并非不冒危险去追逐他人的财产,

凡这样行事之人我都不喜欢。我说清楚了?

一个人做事是为公共事务而不是为一己利益,

这样做的人应该被称为忠实而高尚的市民。

(傲慢地)

不过我希望能这样立法,如果有谁

控告人触犯法律,就让他把罚款的

一半纳入国库;甚至还可以这样立法:

在告密者控告了某个人之后,

让那个人也同样反过来控告他,

让他以同样的风险出现在三人法庭。

若是能够这样,我就能让那些

① 指门客经常被主人捶打脑袋。

用白色罗网掠夺他人财产的人匿迹[①]。
可我这不是犯愚蠢？竟然关心起国家事务，
既然有各类官员，他们应该关心这些事情。

（汪兆祺辑录[②]）

Ⅱ. 72

【题解】

城邦有两种，一种是穷人的城邦，一种是富人的城邦。选译文献据洛布古典文库，柏拉图：《国家篇》（Plato, Volume V. *The Republic*, Ⅳ.423B.）。

【译文】

在这些城邦中，相互敌对的至少有两种，一种是穷人的城邦，一种是富人的城邦，各自还可以分成许多部分。如果你把它们都当作一回事来处理，那么你就根本不可能命中目标；但若你能分别考虑，把财产、权力、民众分别赋予不同的部分，那么你就总是拥有最多的盟友和最少的敌人。

（解光云辑录[③]）

---

① 门客的这段议论（第62－74行）是把希腊法律因素与罗马法律因素混合到一起。"充当控告人"的拉丁原文是 *quadrapulari*。按照罗马法律，控告人可以得到被告的四分之一财产。古代希腊有许多告密者，他们为了私利，诬陷无辜，以求在被告被判有罪后获得被没收财产的一定份额。不过这样做也包含风险。如果控告未获得五分之一的陪审员的支持，告密者便面临1000德拉克马的罚款。普劳图斯把希腊的告密者换成为罗马的控告人 *quadrupulator*，其意为可得被告四分之一财产的控告者。在罗马，如果控告高利贷者，控告者往往可以从中获得很大的好处，即使控告失败，也只是被视为诬告。

② 译文选自［古罗马］普劳图斯：古罗马戏剧全集《普劳图斯》（中），王焕生译，吉林出版集团有限责任公司，2015年，第573—574页。

③ 译文选自［古希腊］柏拉图：《国家篇》，王晓朝译，人民出版社，2003年，第394页。

Ⅱ. 73

【题解】

富人阶层对贫穷阶层经常存在诋毁、侮辱和谩骂。据米南达记载，斯弥克里涅斯[①]所代表的富裕阶层对穷困人进行污蔑和谩骂，这也反映了各个阶层之间的隔阂与矛盾。与此同时，斯弥克里涅斯劝说女儿潘菲拉[②]与下层女子保持距离。选译文献据洛布古典文库，米南达：《公断》(Menander, *Principal Fragments Arbitrants*, 7.)。

【译文】

斯弥克里涅斯：潘菲拉，
自由人身份的妇女很难同妓女相处。
要知道，这种女人非常狡猾无耻，
善于谄媚。

（张子翔辑录）

Ⅱ. 74

【题解】

古希腊富人有足够的财力支持举办盛大的宴会，而穷人时常还需要忍饥挨饿，为生计而烦恼，遇到一顿饱饭就暴饮暴食。当穷人来到德摩阿斯的宴会上时，德摩阿斯对这些人充满着鄙视和不解。选译文献据洛布古典文库，米南达：《萨摩斯女人》(Menander, *The Woman from Samos*, 390 - 398.)。

① 斯弥克里涅斯(Smikrines)，米南达喜剧《公断》中的人物，希腊青年卡里西奥斯的岳父。
② 潘菲拉(Pamphile)，斯弥克里涅斯的女儿。

【译文】

德摩阿斯：
（对赫律西斯）
心高志大的人，你在城里
将会清楚地看出，你究竟是怎样一个人。
你的那些朋友，赫律西斯啊，仅仅以
十德拉克马为生计，奔波于豪华的宴筵，
暴饮未掺水的纯净美酒，醉生梦死，
或是忍饥挨饿，若是不可能迅速找到
现在的事物。我知道你也明白这一点。
你将会理解，你为什么陷入了迷误。
你就站在这里吧！

（张子翔辑录①）

Ⅱ.75

【题解】

据埃斯库罗斯记载，阿伽门农的女儿——埃勒克特拉，在献祭时向女奴们寻求建议，还称呼她们为“朋友们”，这说明在当时的古希腊城邦，富裕阶层和奴隶阶层之间也时而存在比较友善的交流。选译文献据洛布古典文库，埃斯库罗斯：《俄瑞斯忒亚》（Aeschylus, *Oresteia*, 84 - 105.）。

【译文】

埃勒克特拉：女奴们，你们在宫中是我的好助手，现在伴随我来这里作这次献祭，愿你们能为我提供有益的建议。为亡者作祭奠，我该

① 译文选自[古希腊]埃斯库罗斯等：《米南德喜剧》，《古希腊悲剧喜剧全集》，张竹明、王焕生译，译林出版社，2007 年，第 143—144 页。

说些什么？我怎样祝祷？怎样向父亲祈求？我应该说祭品来自亲爱的妻子，献给亲爱的丈夫？我没有这样的勇气，我找不到合适的词语，祭奠于父亲的坟前。或者我这样说，按照通常惯例：愿亡灵根据先前的行为给以同等的回报，给恶行者应有的惩处？或者默默地不尽礼数，如昔日我父亲被杀死那样，仅酹酒于地，好像有人泼去污水，即转身离开，抛下器皿，也未曾回眸一顾？朋友们，你们怎样想，请帮我拿主意。因为在宫中我们同样怀有憎恶，但请你们不要因恐惧把话藏心里。无论是自由人或是处于他人的权力之下，都得受命运的主宰。请你说说，你有什么好主意。

（张子翔辑录）

Ⅱ. 76

【题解】

主奴双方存在着不平等的关系。索弗罗娜是潘菲拉的奶妈，在社会地位和经济关系上属于贫困阶层。斯弥克里涅斯的威胁反映出双方不平等的主仆关系。主人不仅在经济地位上处于优势地位，还会侮辱、谩骂，甚至用残忍手段对待受佣者或奴隶。经济关系决定不平等的社会地位。选译文献据洛布古典文库，米南达：《公断》（Menander, *Principal Fragments Arbitrants*, 1062－1075.）。

【译文】

斯弥克里涅斯：索弗罗娜，我如果不砸烂你的脑袋，
我就不得好死。你居然也来规劝我？
盗庙的老婆子，我领女儿回家是轻率？
难道我就白白地等待我那个女婿
把钱财耗光？或者我得和他商量
如何处理我的财产？你也这样劝我？
及时进行处理不会更好？你要再啰嗦，

你会永远后悔。我需要和索弗罗娜商量?
见到我女儿,你就劝说她改变主意。
也许对于我这样更好,索弗罗娜,
回家时——你看见了路过一个池塘?
我把你泡进去一整夜,把你淹死,
我就是要你在这些事情上完全听从我,
不得随便和我争论。

(张子翔辑录[①])

Ⅱ.77

【题解】

奴隶们还会在一起算计如何要挟主人。例如,哈布罗托农是卡里西奥斯的奴隶,奥涅西摩斯[②]是歌女,从二者的身份和职业看,此二人都属于当时希腊社会的贫穷阶层。从叙述中看,此二人正在盘算着如何利用弃婴的秘密要挟主人。如此,古希腊社会主奴之间的矛盾显而易见。奴隶迫切希望尽一切可能抓住主人的弱点,以为自己争取重获自由的可能。选译文献据洛布古典文库,米南达:《公断》(Menander, *Principal Fragments Arbitrants*, 512 - 541.)。

【译文】

哈布罗托农:奥涅西摩斯,你听着,
但愿你也能喜欢我这样一个计谋。
我把那件事装作就发生在我身上,
我带上那只截至现在就发生在我身上,

① 译文选自[古希腊]埃斯库罗斯等:《米南德喜剧》,《古希腊悲剧喜剧全集》,张竹明、王焕生译,译林出版社,2007年,第255页。

② 奥涅西摩斯(Onesimos),卡里西奥斯的奴隶。

我戴上那只戒指现在就进屋里去，
直接去找他。
奥涅西摩斯：你继续往下说，我在领会
你的意思。
哈布罗托农：他看见我戴着那只戒指，会询问
我从哪里得到它。我会说："陶罗波利斯节上，
当时还是个姑娘。"我把对那个姑娘发生的事情，
全部揽到我身上，当时大部分情况我都清楚。
奥涅西摩斯：太好了，能把人蒙住。
哈布罗托农：他要是真的
与那件事情有关，他便会直接承认
干了那羞耻的事，他现在正醉醺醺的，
会首先说出一切，情绪会非常激动，
我会附和他的话，我不能首先说话。
那样会出错。
奥涅西摩斯：请赫利奥斯作证，太妙了！
哈布罗托农：这样说时还得装模作样，不能出错，
我得说一些常说的话："你这个人真的无耻，
真鲁莽。"
奥涅西摩斯：太好了！
哈布罗托农："你把我推到在地上，真野蛮；
我真不幸；把我那么好的衣服弄坏了。"
为此我现在得进去，抱过那个孩子，
痛哭流涕，亲亲他，询问那个妇女，
她是从哪里得到那孩子。
奥涅西摩斯：赫拉克勒斯啊！
哈布罗托农：直到最后，我会对她说："这个孩子

就是你生的。”这是我把那个弃婴
给他看。
奥涅西摩斯：哈布罗托农，真机敏，真狡猾。
哈布罗托农：如果这样做获得成功，证明他就是
那孩子的父亲，那时我们就立即寻找
那个姑娘。
奥涅西摩斯：有一点你没有说，那就是
你将会获得自由，因为在他知道你是
孩子的母亲后，现在他会立即释放你。
哈布罗托农：不知道；我真希望能这样。

（张子翔辑录①）

Ⅱ.78

【题解】

对于古代希腊而言，奴隶劳动力的使用具有一定的普遍性，奴隶是家庭财产的重要组成部分。选译文献据洛布古典文库，亚里士多德：《家政学》(Aristotle, *Oeconomica*, 1344^{a} 24–26.)。

【译文】

在财产方面，首要的和最不可或缺的东西，同时也是最好和最适合于家务劳动的东西，就是奴隶。我们首先要获取优秀的奴隶。奴隶分为两种；被我们所信任的人（担任监工）和劳动者。

（杨波辑录②）

---

① 译文选自[古希腊]埃斯库罗斯等：《米南德喜剧》，《古希腊悲剧喜剧全集》，张竹明、王焕生译，译林出版社，2007年，第230—233页。

② 译文选自[古希腊]亚里士多德：《亚里士多德全集》（第九卷），崔延强、李秋零译，人民大学出版社，1994年，第292页。

Ⅱ. 79

【题解】

奴隶是主人的私有财产。奴隶达奥斯的话可以反映当时社会底层的生活处境。选译文献据洛布古典文库，米南达：《公断》(Menander, *Principal Fragments Arbitrants*, 250 - 256.)。

【译文】

达奥斯：好，我说。
我把那个孩子抱了起来，带回家去，
打算抚养他。这是我开始时的想法。
晚上我思考起来，人们都经常这样，
于是我自己和自己说话："我为什么
要抚养孩子？这岂不是自讨苦吃？
我从哪里弄来钱？我为何操这份心？"

（张子翔辑录①）

Ⅱ. 80

【题解】

奴隶的生存状况异常艰苦，获取生存资料异常艰难，仅能从奴隶主那里获得最基本的食品、水等物资，有时候甚至还会遭受奴隶主的残忍对待。选译文献据洛布古典文库，埃斯库罗斯：《阿伽门农》(Aeschylus, *Agamenon*, 1035 - 1046.)。

---

① 译文选自[古希腊]埃斯库罗斯等：《米南德喜剧》，《古希腊悲剧喜剧全集》，张竹明、王焕生译，译林出版社，2007年，第208页。

【译文】

克吕泰莫斯特拉：你也进去，卡珊德拉①，我说你。
既然宙斯仁慈地让你来我家，
共享祭礼净水，同众多的
奴仆们一起站在家神的祭坛旁，
那就请下车来吧，不要太傲慢。
据说阿尔克墨涅的儿子②也曾经
卖身为奴，不得不吃奴隶的大麦饼。
一个人若被这样的命运所迫，
那他应庆幸去到有祖业之家。
有些人意外地获得丰富的收成，
对待奴隶却总是很残忍苛刻。
你已经知道我们怎样待奴隶。

（张子翔辑录③）

Ⅱ.81

【题解】

公民阶层在因为各种情况丧失财富后，有沦落为奴隶的风险。一些材料显示，在古希腊城邦中，有些有公民身份的父母在丧失财富之后，他们的孩子可能被卖为奴隶。这些奴隶的境况有时十分凄惨。选译文献据洛布古典文库，雅典的菲洛斯特拉图斯：《智者的生活》(Philostratus of Athens, *Lives of the Sophists*, 593.)。

---

① 卡珊德拉(Cassandra)：古希腊神话中的女先知，曾正确预言特洛伊战争，以及特洛伊会是失败的一方。但是没有人相信她，她也没有办法阻止战争的发生。

② 阿尔克墨涅的儿子，即古希腊的大力神赫拉克勒斯。

③ 译文选自[古希腊]埃斯库罗斯等：《埃斯库罗斯悲剧》，《古希腊悲剧喜剧全集》，张竹明、王焕生译，译林出版社，2007年，第332—333页。

【译文】

结语如下："身在大陆上的一位男孩给他的父亲写信：'我是国王的奴隶；是一名总督送给他的礼物，我从来没骑过米底的马，也没张过波斯的弓，我从来没有像一个真正的男人一样去打仗或是打猎。我只能坐在妇女的位子上伺候国王的嫔妃。又由于我是一个太监，所以国王也对此并不抱怨。我向他们叙述希腊的海洋，向他们阐述希腊一切美好的事情，伊利斯①的节庆活动是如何举办的，德尔菲的神谕是怎么来的，雅典的祭坛在何处。但是，父亲，请您回信告诉我，何时拉克代梦人庆祝了他们的海辛西亚②、科林斯地峡运动会③；何时德尔菲举办皮提亚运动会④；何时雅典人在海战中取得了胜利。另外，若是我的弟兄还没有卖出去，就替我向他问好。'"

（张子翔辑录）

Ⅱ. 82

【题解】

奴隶，作为古希腊社会中贫困阶层，吃饱肚子是更加切合实际的目的，金钱若不能填饱肚子在他们眼中事实上没有意义。另外，奴隶通过帮助主人干活，完成主人交给他完成的工作，可以获得一定程度的奖赏，但是富人们往往吝啬小气，奴隶们会随时被他们打发掉。选译文献据洛布古典文库，米南达：《割发》(Menander, *Perikeiromene*, 284－289.)。

---

① 伊利斯(Eils)，伯罗奔尼撒半岛西北部的希腊城邦。

② 海辛西亚(Hyacinthia)，斯巴达人的重要节日，在每年初夏举行，内容包括祭祀、举行节庆仪式等。

③ 科林斯地峡运动会，古希腊四大泛希腊运动会之一，通常在科林斯地狭的乡间圣地举行，每2年1届，以纪念海神波塞冬。

④ 皮提亚运动会，古希腊四大泛希腊运动会之一，每四年在德尔斐一次，以纪念太阳神阿波罗。

【译文】

达奥斯:我倒愿意坐在市场上卖,
摩斯赫昂,随便买什么东西,甚至干酪。
我告诉你们,我对财富一点都不喜欢,
那样于我更适宜,更令我高兴。
摩斯赫昂:亵渎之言。
我知道你的意思,你想又如那卖蜂蜜的虔婆。
达奥斯:我宁愿能吃饱肚子,我向你报告的事情
应得这样的奖赏。

摩斯赫昂:请宙斯作证,你缺少头脑,你还是去卖干酪吧,辛苦点儿。

(张子翔辑录[①])

Ⅱ. 83

【题解】

在富人家庭中,奴隶不仅在经济和社会关系上依附主人,而且还常会遭到主人的武力惩罚,主人甚至会使用鞭打、火烙这种残忍的方式伤害奴隶。在德摩阿斯的故事中,他想让奴隶帕尔摩斯承认,自己和萨摩斯女人赫律西斯所生的私生子是摩斯赫昂的。但是,当了解真相的奴隶有意让主人承认自己罪行的时候,竟遭到了恼羞成怒的主人的暴力威胁。另外,奴隶与奴隶之间,也没有形成团结的力量以对抗主人,他们对主人,通常会唯命是从,作为主人施暴的帮凶,殴打其他奴隶。选译文献据洛布古典文库,米南达:《萨摩斯女人》(Menander, *The Woman from Samos*, 304 - 306; 319 - 324.)。

---

① 译文选自[古希腊]埃斯库罗斯等:《米南德喜剧》,《古希腊悲剧喜剧全集》,张竹明、王焕生译,译林出版社,2007年,第325—326页。

【译文】

德摩阿斯：帕尔墨农，你听着。

我以十二大神的名义起誓，有许多原因，

使得我不想鞭打你。

帕尔墨农：（吃惊）

鞭打我？我干什么了？

……

德摩阿斯：什么“隐瞒”？

你们谁快把鞭子递给我，

好揍这个捣蛋的家伙。

（德摩阿斯向自己的屋子走去，朝外喊出了着最后一句话。）

帕尔墨农：别揍，看在神明的面子上。

（这时从德摩阿斯屋子里可能走出一个奴隶，手里拿着一个鞭子。在德摩阿斯发出下一个威胁之前，帕尔墨农开始向舞台的另一个方向移动。）

德摩阿斯：请赫利奥斯作证，我给你烙印。

帕尔墨农：给我烙印？

德摩阿斯：是的，就现在。

帕尔墨农：我完了！

（帕尔墨农说完后，转身找出口躲避。）

德摩阿斯：你往哪里跑？挨鞭子的。

（拿来鞭子的奴隶跑去追帕尔墨农。）

（张子翔辑录①）

---

① 译文选自[古希腊]埃斯库罗斯等：《米南德喜剧》，《古希腊悲剧喜剧全集》，张竹明、王焕生译，译林出版社，2007年，第132页；135—136页。

Ⅱ. 84

【题解】

下则材料反映德摩阿斯对自己的家奴棍棒相加。选译文献据洛布古典文库，米南达：《萨摩斯女人》(Menander, *The Woman from Samos*, 440－443.)。

【译文】

德摩阿斯：我会抓起木棍，狠狠地把你们揍得

泪流满面。怎么这么愚蠢？不侍候

厨师干活？请宙斯作证，你们完全应该

痛哭流涕，因为你们的大恩人已经离开家。

(张子翔辑录①)

Ⅱ. 85

【题解】

摩斯赫昂——这个富家子弟，对待家奴的态度与父亲德摩阿斯的方式无异，同样是粗暴加残忍。选译文献据洛布古典文库，米南达：《萨摩斯女人》(Menander, *The Woman from Samos*, 674－682.)。

【译文】

摩斯赫昂：你没有拿来？

帕尔墨农：人们正在为你准备婚礼：

调酒，焚香，安排典仪，焚烧祭品。

摩斯赫昂：喂，你没有拿来？

帕尔墨农：相信我，大家早就在等你。

---

① 译文选自[古希腊]埃斯库罗斯等：《米南德喜剧》，《古希腊悲剧喜剧全集》，张竹明、王焕生译，译林出版社，2007年，第181—183页。

你不想去接新娘？你运气好，所有不快
都已消除，鼓足勇气。你在想什么？
摩斯赫昂：（愤怒异常，打了帕尔墨农一耳光）
卑鄙之徒，需要你来提醒我？
帕尔墨农：啊呀，你干什么？
摩斯赫昂：还不快进屋，
那我要你拿的东西？
帕尔墨农：（悲伤地摸着自己的嘴唇）
你把我的嘴唇都打破了。
摩斯赫昂：你还啰嗦？
帕尔墨农：（准备走，但是还摸着自己的嘴唇）
好，我去，神明作证，我这是自找不幸。
摩斯赫昂：还不走？
帕尔墨农：人们确实在准备婚礼。

（张子翔辑录①）

Ⅱ. 86

【题解】

普劳图斯的戏剧《凶宅》中菲勒玛提恩②和菲洛拉切斯打情骂俏，其间谈到伴妓③的赎身费用，反映了伴妓的生活状态。选译文献据洛布古典文库，普劳图斯：《凶宅》(Plautus, *The Haunted House*, 284 - 303.)。

---

① 译文选自[古希腊]埃斯库罗斯等：《米南德喜剧》，《古希腊悲剧喜剧全集》，张竹明、王焕生译，译林出版社，2007年，第181—182页。

② 普劳图斯的戏剧《凶宅》中的人物，菲洛拉切斯的宠姬。

③ 伴妓是普劳图斯喜剧中的重要女性形象，多出身自贫困家庭和外邦人，主要依靠他人包养为生。

【译文】

斯卡发:我告诉你,菲洛拉切斯只花钱买他喜欢的东西;他不要的东西你又何必向他显示呢?漂亮女人没有衣饰比穿得花花绿绿的更好看,一个人长得漂亮,不用打扮就够了。

菲洛拉切斯:(旁白)我已经在一旁看了很久了……(走到她们旁边)你们在这儿干什么?

菲勒玛提恩:(扑进他的怀里)我在打扮让你喜欢。

菲洛拉切斯:(含情脉脉地盯着)你够漂亮了。(对着斯卡发,粗声地)斯卡发进去吧,把这些带进去(指着化妆品)。我的亲爱的菲勒玛提恩,我想同你喝点酒。(斯卡发下)

菲勒玛提恩:我也想同你喝点酒;因为你高兴怎样干,我也高兴怎样干(靠得更近),亲爱的。

菲洛拉切斯:(着迷地)为了这句话就是花20明那也便宜。

菲勒玛提恩:(朝他微笑)而你给我10明那吧,我愿意廉价卖给你。

菲洛拉切斯:(轻声地)那样你算算,你还欠我10明那。我给你赎身花了30明那呢。

菲勒玛提恩:(难受地)你为什么这样挖苦我?

菲洛拉切斯:我挖苦你?我宁可挖苦我自己。谁也没有像我花的钱这么值得。

菲勒玛提恩:(高兴地)我也认为我爱你比什么都值得。

(汪兆祺辑录①)

---

① 译文选自[古罗马]普劳图斯等:《古罗马戏剧选》,杨宪益、杨周翰、王焕生译,人民文学出版社,2000年版,第15—16页。

Ⅱ. 87

【题解】

普劳图斯的戏剧《凶宅》中的人物塞奥普卢皮德斯通过和方尼斯库斯[1]交谈，从而得知儿子花费巨款为伴妓赎身。选译文献据洛布古典文库，普劳图斯，《凶宅》（Plautus, *The Haunted House*, 970 - 975.）。

【译文】

方尼斯库斯：我认识路，我也知道这地方。菲洛拉切斯住在这里；他的父亲是塞奥普卢皮德斯。他父亲出去经商了，他就给一个妓女赎了身。

塞奥普卢皮德斯：（心里一惊）你说是菲洛拉切斯？

方尼斯库斯：不错，就是菲洛拉切斯。

塞奥普卢皮德斯：（激动地）用了多少钱？

方尼斯库斯：30 明那。

塞奥普卢皮德斯：（惊骇地）塔兰特？

方尼斯库斯：哪有那么多，是 30 明那。

塞奥普卢皮德斯：他赎了那妓女？

方尼斯库斯：可不是，用了 30 明那。

塞奥普卢皮德斯：你说菲洛拉切斯为一个女人花了 30 明那！

方尼斯库斯：对。

塞奥普卢皮德斯：他赎了这女人。

方尼斯库斯：对。

（汪兆祺辑录[2]）

---

① 戏剧角色，菲洛拉切斯之友加利达马提斯的奴隶。

② 译文选自[古罗马]普劳图斯等：《古罗马戏剧选》，杨宪益、杨周翰、王焕生译，人民文学出版社，2000 年，第 48—49 页。

Ⅱ. 88

【题解】

根据朱维那尔的《讽刺集》,罗马城中穷人与富人的生活条件形成鲜明对比。选译文献据洛布古典文库,朱维那尔:《讽刺集》(Juvenal, *Satires* 3.232 - 248; 254 - 261; 268 - 314)。[①]

【译文】

在罗马,许多人因为失眠而患病。噪音使他们无法入睡,他们便得了消化不良和胃肠溃疡。但什么使出租的房中的人无法入睡?因为在这个城市中,睡眠只光顾富裕人家。大车隆隆驶过狭窄而弯曲的街道,而驾车人在交通堵塞时的咒骂声使聋子也无法入睡。(恺撒第一次立法,禁止车辆在白天穿过罗马的街道,公共工程建筑材料的运输车例外。)

富人会被高大的利古里安的轿夫们高高地抬起,他可以很快地到达目的地,……在轿子里,他可以读书、写作或睡觉……而我们,尽管饥肠辘辘,前面有人群挡路,后面的人群簇拥。肘关节顶疼了我,棍子碰了我,木杆打了我的头,酒罐碰了我的头。我的腿上溅满污泥。四周的人用大脚踩了我,士兵军靴中的钉子刺伤了我……

一辆大车满载杉木,另一辆满载松木。车上的木头摇摇晃晃,对人群来说是个巨大的威胁。如果一辆满载石头的大车侧翻,而石头倾倒在拥挤人群的头上,谁能保全性命?谁能找到四肢和尸骨?被挤压的身体会完全消失,就像灵魂一样……

你想象一下晚上的种种危险吧:高耸的屋檐会掉下瓦片,多少破罐子会从窗户落下……如果你外出赴宴而没有留下遗嘱的话,是多么

① 朱维那尔(Juvenal),又译尤维纳利斯(Decimus Junius Juvenalis, c. 55 - c. 140),罗马帝国后期的讽刺诗人。

的粗心大意啊。你在晚上经过多少个窗户就会有多少个潜在的灾难。因此你必须祈祷上天并带着你的可怜的愿望：人们从窗户里倾倒在你的头上的东西是出自一只宽口的罐子(窄口的罐子是马桶)。

（石庆波辑录）

Ⅲ. 借贷与债务

高利贷既是贫富差距的产物，又是加剧贫富差别的重要因素之一。经营高利贷是富有阶层获利的重要途径和手段。在古希腊和罗马城邦的历史上，公民因欠债而失去人身自由的问题曾经比较突出。废除债务奴役制度一直是古希腊和罗马城邦社会改革的重要内容之一。

Ⅲ. 1

【题解】

梭伦改革前，寡头制统治下的雅典穷人遭受富人的剥削和奴役，沦为“六一汉”乃至债务奴隶，平民对社会各方面深感不满，显贵阶层与平民阶层社会矛盾激化。选译文献据洛布古典文库，亚里士多德：《雅典政制》(Aristotle, *The Athenian Constitution*, II. 1－3.)。

【译文】

在此之后，发生了显贵阶层与大众之间长时间的派别之争。因为他们的政体在各个方面都是寡头制的，事实上穷人们本人连同其子女和妻室全都为富人们所奴役，他们被称为“附庸”或“六一汉”，因为他们按这一比率为其所耕作的富人们的土地交租(所有的土地均为少数人所瓜分)。要是他们未能交纳地租，他们本人及其子女就会被掳去，并且，所有的借款均是以债务人的人身为担保，直到梭伦的时代为止；梭伦第一个成为人民领袖。就大多数人而论，在政体方面最为残酷和苛虐的事情就是他们身处奴隶地位。非但如此，他们对其他各方面亦觉不满，因为他们觉得他们自己实际上什么事情都没有参与。

（汪兆祺辑录①）

Ⅲ. 2

【题解】

墨尼珀斯②出身奴隶，凭借巧取豪夺致富，主要是从事海运高利贷积累财富，但最终破产。说明发放高利贷利润极高但也潜在巨大风险。选译文献据洛布古典文库，第欧根尼·拉尔修：《名哲言行录》(Diogenes Laertius, *Lives of Eminent Philosophers*, VI. 99 - 100.)。

【译文】

墨尼珀斯也是一位犬儒，在血统上是腓尼基人。据阿凯科斯在《伦理学》一书中说，他是一名奴隶。狄俄克勒斯则说，他的主人是旁托斯人，名叫巴同。墨尼珀斯凭着他的贪婪和巧取豪夺变得富有起来，并由此取得了忒拜公民的身份。

他没有留下任何严肃的作品，他的论著充满荒诞可笑的内容，这同他的同时代人墨勒阿格洛斯的作品相似。③

赫尔米珀斯说，他每天放贷，并由此得了一个绰号。他做海运方面的贷款，同时又加强防范，从而积累了大量的财富。然而，最后他中了他人的圈套，失去了全部家产，绝望之余上吊而死。我们关于他有这样一首打油诗：

这人生于腓尼基，却成了克里特的狗，

---

① 译文选自[古希腊]亚里士多德：《雅典政制》，日知、力野译，商务印书馆，1999 年，第 4—5 页。

② 墨尼珀斯(Menippus)，活跃于公元前 300 年左右，犬儒学派讽刺作家，其作品对瓦罗和卢西恩影响较大，但均已失传。

③ 参见 Athenaeus, *Banquet*, 502C.

一条每日发放高利贷的狗——人们就这样称呼他，
或许你知道他就是墨尼珀斯。
在忒拜，这个人遭了劫，
失去了一切。他对狗的本性一无所知，
只好悬梁自尽。

（汪兆祺辑录[①]）

Ⅲ.3

【题解】

阿里斯托芬喜剧《阿卡奈人》里的角色狄开俄波利斯[②]谈到有人因为欠债而付不起公摊款，遭到朋友鄙视。选译文献据洛布古典文库，阿里斯托芬：《阿卡奈人》(Aristophanes, *The Acharnians*, 607 - 617.)。

【译文】

狄开俄波利斯：可是为什么
你们总有办法支官俸，
（指歌队）
而这些人却一点不支？马里拉得斯啊，
你头发已经白了，你当过使节没有？
他摇摇头；可他是个清白勤劳的人呀。
德拉库洛斯、欧福里得斯，或普里尼得斯又怎么样？
你们中谁见过埃克巴塔那或卡奥尼亚？
他们说没有。可是科绪拉的儿子麦加克勒斯[③]和拉马科斯见过，

---

① 译文选自[古希腊]第欧根尼·拉尔修：《名哲言行录》，徐开来、溥林译，广西师范大学出版社，2010年，第303页。

② 《阿卡奈人》角色，一位阿提卡农民。

③ 麦加克勒斯(Megacles)是大贵族。这里泛指一般贵族子弟。

虽然不久前因偿不清债务，付不出公摊款①，被朋友们大叫“滚开”，

遭到不堪入耳的辱骂。

（汪兆祺辑录②）

Ⅲ. 4

【题解】

阿里斯托芬喜剧《云》里的角色斯特瑞普西阿得斯，抱怨儿子费狄庇得斯挥霍浪费、沉迷赛马而导致家庭负债累累，遭到诉讼，被迫抵押财产。选译文献据洛布古典文库，阿里斯托芬：《云》（Aristophanes, *The Clouds*, 12 - 34.）。

【译文】

斯特瑞普西阿得斯：（自语）

真糟糕，我睡不着，

我叫挥霍、浪费、马槽和债务

害苦了，祸根就在这儿子。

他蓄着长发，赛车赛马，

连做梦都看见马。倒霉的是我，

眼看这个月到了下旬，

利息又到期了③。

（唤仆人）

小子，把灯点上，把账簿拿来，

① 一种为救济贫苦社员的定期捐款。

② 译文选自［古希腊］阿里斯托芬：《阿里斯托芬喜剧》（上），《古希腊悲剧喜剧全集》，张竹明、王焕生译，译林出版社，2007 年，第 51—52 页。

③ 利息是在每个月的第一天支付的，到了下旬二十号过后没有几天就到期限了。

看我欠谁的钱，算算利息是多少。
让我看看，到底欠多少？“欠帕西阿斯十二明那。”
欠他十二明那？这十二明那是怎么花掉的？
原来是为了买那匹印花马[①]。哎呀，
但愿一块石头先打瞎了我的眼睛！
费狄庇得斯：（呓语）
菲洛，你犯规了！你该在你自己的跑道上跑。
斯特瑞普西阿得斯：（自语）
瞧，就是这个害了我，
他连做梦都在赛马！
费狄庇得斯：（呓语）
一辆战车应该赶多少圈？
斯特瑞普西阿得斯：你倒把我，把你自己的父亲“赶”了许多圈了！
（自语）
除了欠帕西阿斯的，还欠谁的钱？
“为了买车身和轮子欠阿米尼阿斯三明那。”
费狄庇得斯：（呓语）
叫马儿打打滚再牵回家去！
斯特瑞普西阿得斯：可怜的孩子，你把我的钱财全都“滚”掉了！
我已经遭了诉讼，有的债主要求
扣押我的财产来保证他们的利息。

（汪兆祺辑录[②]）

---

① 科林斯产名马，人们在马身上打上“科林斯”的第一个字母为标志。
② 译文选自[古希腊]阿里斯托芬：《阿里斯托芬喜剧》（上），《古希腊悲剧喜剧全集》，张竹明、王焕生译，译林出版社，2007年，第231—233页。

Ⅲ. 5

【题解】

阿里斯托芬喜剧《云》里的角色斯特瑞普西阿得斯，抱怨儿子费狄庇得斯沉迷赛马而导致家庭负债累累，因而迁怒于妻子，指责其生活奢侈，毁掉了原本舒适的生活。选译文献据洛布古典文库，阿里斯托芬：《云》(Aristophanes, *The Clouds*, 35－48.)。

【译文】

费狄庇得斯：(醒来)

真的，爸爸，

什么事使你气愤，使你彻夜无眠？

斯特瑞普西阿得斯：

有一个德莫长①从褥子底下爬出来咬我。

费狄庇得斯：

好爸爸，让我再睡一会儿吧！

斯特瑞普西阿得斯：

你睡吧，可是别忘了，

这些债务会完全落到你自己头上。

唉，但愿那媒婆，那劝我

娶了你母亲的媒婆，不得好死！

我原享受着一种快乐的乡下生活，

虽然肮脏简陋，却是自由自在，

我养着成群的蜜蜂与绵羊，还堆着许多橄榄渣饼子，

后来我娶了麦加克勒斯②的侄女。

---

① 德莫长官负责征收赋税，有权没收居民财产。

② 麦加克勒斯(Megacles)是雅典的名门望族阿尔克迈翁家族男性常用名。

我是一个乡下人，她却是骄奢的
城市姑娘，一个十足的贵族女人。

（汪兆祺辑录[①]）

Ⅲ.6

【题解】

逃避债务也是常见的现象。阿里斯托芬喜剧《云》里的角色斯特瑞普西阿得斯向苏格拉底求助，试图通过学习诡辩术来赖账，并承诺付给苏格拉底高昂的学费。[②] 选译文献据洛布古典文库，阿里斯托芬：《云》（Aristophanes, *The Clouds*, 238 - 244.）。

【译文】

苏格拉底：为什么事情来的？
斯特瑞普西阿得斯：为了学习口才。
因为我欠人家的债，受到债主的追逼，
他们要抢劫掠夺、瓜分我的财物。
苏格拉底：你怎么不当心欠下了债？
斯特瑞普西阿得斯：是我的儿子爱马，这害得我不浅。
来吧，请教给我那种歪的理论——
我可以用它们赖账——至于学费，
我对众神发誓，你要多少我给多少。

（汪兆祺辑录[③]）

---

① 译文选自[古希腊]阿里斯托芬：《阿里斯托芬喜剧》（上），《古希腊悲剧喜剧全集》，张竹明、王焕生译，译林出版社，2007年，第233—235页。

② 暗指公元前5世纪中叶雅典社会诉讼成风，出现了诡辩学派。他们收取高额学费传授诡辩术给富家子弟，人们学会这种本领可以在法庭上赢得诉讼，在公民大会上压倒对手，得到政治和经济上的好处。

③ 译文选自[古希腊]阿里斯托芬：《阿里斯托芬喜剧》（上），《古希腊悲剧喜剧全集》，张竹明、王焕生译，译林出版社，2007年，第251—252页。

Ⅲ. 7

【题解】

既没有没收财产的残酷斗争，又没有废除债务、重新分配财产的问题，这对城邦来说是好运。选译文献据洛布古典文库，柏拉图：《法律篇》(Plato, *Laws*, Ⅴ. 736E.)。

【译文】

总会有一些改革者拥有大量地产和大量负债人，如果不免除债务和重新分配财产，负债人就不可能以一种自由精神享有他们的权益，因此，改革者希望他们获得某种适度的财产，确信贫困的产生更多地在于人们的贪婪，而不是更多地在于个人财产的减少。这样的信念确实是社会安全最稳定的根源，使人们保持这样的信念是后来建立一切政治制度的最稳固的基础。如果这些最初的条件不具备，那么，政治家后续的行为总是困难重重。

(解光云辑录①)

Ⅲ. 8

【题解】

阿里斯托芬喜剧《云》里的角色斯特瑞普西阿得斯向苏格拉底学习诡辩术来赖账，苏格拉底引导他思考。选译文献据洛布古典文库，阿里斯托芬：《云》(Aristophanes, *The Clouds*, 747－756.)。

【译文】

斯特瑞普西阿得斯：我想起了一个赖利息的好主意。

苏格拉底：说出来听听！

---

① 译文选自[古希腊]柏拉图：《柏拉图全集》(第三卷)，王晓朝译，人民出版社，2003年，第495页。

斯特瑞普西阿得斯：告诉我——
苏格拉底：什么呀？
斯特瑞普西阿得斯：如果我雇了一个帖撒利的巫婆，
在夜里把月亮取下来，
关在一个圆盒子里，
当一面镜子好好地保存起来——
苏格拉底：这于你有什么用处？
斯特瑞普西阿得斯：什么用处？
如果月亮永远不再起来，
我就可以不付利息了。
苏格拉底：为什么可以不付呢？
斯特瑞普西阿得斯：为什么？难道借贷银钱不是按月付息吗？

（汪兆祺辑录[①]）

Ⅲ.9

【题解】

偿还债务往往有时间限制。阿里斯托芬喜剧《云》里的角色斯特瑞普西阿得斯在"新旧日"来临之际，联想到债主们的追债时限和讨债的场景。选译文献据洛布古典文库，阿里斯托芬：《云》(Aristophanes, *The Clouds*, 1131－1144.)。

【译文】

斯特瑞普西阿得斯：二十六、二十七、二十八、二十九，
接着"新旧日"立刻就到了，那正是我最讨厌、最害怕、
怕得发抖的日子：因为我的债主们

---

① 译文选自［古希腊］阿里斯托芬：《阿里斯托芬喜剧》(上)，《古希腊悲剧喜剧全集》，张竹明、王焕生译，译林出版社，2007年，第293—294页。

全都会提出追债诉讼，
要逼死我！我请求他们
宽恕："好朋友，
别逼我吧，这一笔延期几天，
那一笔就饶了我吧！"他们会说
"那么你是一定不还了。"他们骂我
没信用，说要去告我！
现在由他们去告吧！我一点不在乎了，
只要我的儿子已经学会了说理。
我赶快到"思想所"去敲门。

（汪兆祺辑录①）

Ⅲ. 10

【题解】

普劳图斯的戏剧《凶宅》中的人物高利贷主米沙居里德斯出门讨债时，遇见主人的家奴特拉尼奥，便向其讨债，但遭到拒绝。选译文献据洛布古典文库，普劳图斯，《凶宅》(Plautus, *The Haunted House*, 535 - 546.)。

【译文】

米沙居里德斯：做放账生意，我从来没有见过比今年更倒霉的。我从早上到城里讨到晚上，连一块钱也讨不到。

特拉尼奥：（自言自语）现在这真是糟到极点了。放账的也来了，就是他借给我们钱，用来吃喝和给那女人赎身的。一切都要暴露了；除非我先下手，不让老头子明白过来。我就向着他走过去。（见塞奥

① 译文选自[古希腊]阿里斯托芬：《阿里斯托芬喜剧》(上)，《古希腊悲剧喜剧全集》，张竹明、王焕生译，译林出版社，2007年，第326页。

普辟德斯回来)可是老头子怎么这么快又回来了？恐怕他是听到这件事了。我还是先向他进攻吧。我怕我要倒霉了。没有比良心更让人受罪的;我的良心就正在责备我。事情既然如此,我还是把事情搞得更混乱吧。形势要求我这么办。您从哪儿来？

(汪兆祺辑录①)

Ⅲ. 11

【题解】

普劳图斯的戏剧《凶宅》中的人物高利贷主米沙居里德斯向特拉尼奥讨债,特拉尼奥拒不还债,双方争执不休。选译文献据洛布古典文库,普劳图斯,《凶宅》(Plautus, *The Haunted House*, 575－607.)。

【译文】

米沙居里德斯:我要你还我的钱,你这样骗我已经不少天了。你要是嫌我麻烦,那就还我钱好了;那我就走开。你只要一句话就把问题都解决了。

特拉尼奥:(似乎准备付钱)你连本钱也拿去吧。

米沙居里德斯:我只要利钱,我要你先付利钱。

特拉尼奥:你说什么,最可恶的东西？你是到这儿来讹诈吗？你爱怎么办就怎么办吧。他不欠你钱,也不给你钱。

米沙居里德斯:也不欠我钱？

特拉尼奥:一个利钱也不能给你。给了你本钱,你难道还怕不付利钱逃走吗？

米沙居里德斯:我不是要本钱,我要先付我利钱。

特拉尼奥:你不要麻烦我。你爱怎么样就怎么样,反正没有人给

---

① 译文选自[古罗马]普劳图斯等:《古罗马戏剧选》,杨宪益、杨周翰、王焕生译,人民文学出版社,2000年,第28—29页。

你钱。难道只能是你一个放高利贷的吗？

米沙居里德斯：给我利钱，还我利钱，你们两个人还我利钱吧。你到底还不还我利钱？给不给我利钱？

特拉尼奥：开口利钱，闭口利钱，他大概只会说“利钱”。去你的吧，我从来没有见过比你更可恶的畜生。

（汪兆祺辑录①）

Ⅲ. 12

【题解】

在《关于墨涅克勒斯的遗产》中，演讲者提到墨涅克勒斯的遗产很少，而他参加这场争辩并非为了财富，只是为了荣誉，以此争取陪审员的支持。而墨涅克勒斯遗产数目很少的重要原因之一就在于偿还债务。选译文献据德克萨斯大学古典希腊演说辞集（第11卷），伊萨乌斯：《关于墨涅克勒斯的遗产》（Isaeus, *On the Estate of Menecles*, Vol.11.2.28－29.）。②

【译文】

到了墨涅克勒斯不得不把钱还给孤儿的时候③，却没有足够的资金来偿还，而利息已经积累了很长一段时间，于是他试图出售土地。我的对手抓住了这个机会，想把愤怒发泄在他的身上，因为他收养了我，想要阻止土地被出售，这样土地将继续作为抵押物，而墨涅克勒斯必须把它交给孤儿。因此，他向墨涅克勒斯认领了一部分土地，他以

---

① 译文选自[古罗马]普劳图斯等：《古罗马戏剧选》，杨宪益、杨周翰、王焕生译，人民文学出版社，2000年版，第30—31页。

② Isaeus, *On the Estate of Menecles*, The Oratory of Classical Greece Vol. 11, trans. Michael Edwards, Austin: University of Texas Press, 2007.

③ 墨涅克勒斯是尼西阿斯（Nicias）的孩子们的监护人，在他们未成年的时候墨涅克勒斯用他们继承得来的财产偿还妻子的嫁妆。

前从未提出过这样的要求，还试图阻止买家购买土地。当然，墨涅克勒斯很沮丧，他被迫保留了我的对手要求的那部分土地。把剩余的土地卖给了皮托斯的菲利普斯，卖了 70 明那，用这些钱偿还了孤儿，从出售土地得来的钱中支付了 1 塔兰特 7 明那；接下来他向我的对手提起了限制销售的诉讼。经过多次讨论与对抗，没人能说我爱钱，虽然他们是兄弟，钱却使他们反目成仇，我们应把此事委托给我的对手的姐夫和我们的朋友们来仲裁。

（杨波辑录）

Ⅲ. 13

【题解】

有罗马公民因无力偿还贷款而变为债务奴，马可·曼利乌斯主动替其偿还债务，免除了借贷者欠自己的债务，主张取消所有债务，此举提高了他的声誉。选译文献据洛布古典文库，阿庇安：《罗马史》（Appian, *Roman History*, II. IX.）。

【译文】

马可·曼利乌斯①挽救了罗马，使之免于高卢人的侵略（前 384 年），他受到了最高荣誉。后来当他看到一个常为祖国作战的老人被一个高利贷者变为奴隶的时候，他为之偿还债务。因为这件事情，他受人称赞，因此，他免除了他自己所有债务人的债务。他的光荣因此大大增加，他又代替其他许多人偿清债务。因为他煽动伎俩的成功，他更加得意扬扬，甚至建议所有债务都应取消，或者人民出卖那些尚

---

① 马可·曼利乌斯（Marcus Manlius Capitolinus），生于贵族家庭，在公元前 390 年（或前 387 年）高卢人围攻罗马时，保证了卡皮托尔山的安全。曾向陷入贫困的罗马民众提供大量金钱，李维称他为首位站在平民一侧的贵族。前 385 年，被指控有追求王权的野心，次年被扔下塔尔佩安山（Tarpeian Rock）处死。

未分配的土地，利用这笔收入来救济债务人。

（杨波辑录①）

Ⅲ. 14

【题解】

苏拉向亚细亚城市征收巨额税款，亚细亚行省各个城市只能以公共建筑乃至城墙作抵押，借高利贷支付税款，已经陷入贫穷的城市变得更加困苦，第二次米特拉达提战争就是在这个时候开始的（前83年）。选译文献据洛布古典文库，阿庇安：《罗马史》（Appian, *Roman History*, XII. IX. 63.）。

【译文】

在苏拉这样说完了之后，就分摊罚款于各代表，派遣人员去征收这些款项。这些已经陷入贫穷的城市以高利贷借贷款项，抵押了他们的剧场、他们的体育馆。他们的城墙、他们的港口和其他每一片公共财产，因为它受到士兵的无礼追索。金钱就是这样凑起来，送到苏拉哪里去，亚细亚行省充满了悲惨。

（杨波辑录②）

Ⅲ. 15

【题解】

这里提及坎帕尼亚地方居民的富有，奢侈放纵的生活，也反映了罗马军队中公民家境贫困，负债累累，在嫉妒心的驱使下，罗马人计划掠夺坎帕尼亚地方居民的财富。选译文献据洛布古典文库，阿庇安：《罗马史》（Appian, *Roman History*, III. I. 1.）。

---

① 译文选自[古罗马]阿庇安：《罗马史》（上卷），谢德风译，商务印书馆，1995年，第34—35页。

② 译文选自[古罗马]阿庇安：《罗马史》（上卷），谢德风译，商务印书馆，1995年，第463页。

【译文】

当罗马将军科尼利乌斯和科维努斯以及平民狄西乌斯已经打败了萨莫奈人之后，他们在坎帕尼亚留下一支驻军，以防萨莫奈人的袭击。这些军士共同享受了坎帕尼亚人奢侈放纵的生活，他们的生活习惯腐化了，开始嫉妒这些人民的财富，因为他们自己是贫穷的，在罗马有惊人的负债。最后，他们商量，阴谋杀害那些款待他们的人，夺取他们的财产，强占他们的妻室。

（杨波辑录①）

Ⅲ. 16

【题解】

根据阿庇安的说法，罗马人本厌恶放债取息，因为这样不利于穷人，容易引发争端与仇恨。但是，实际上放债并没有被禁止，一方面债权人压迫债务人；另一方面，债务人以战争、内乱乃至法律为借口拖延还债。选译文献据洛布古典文库，阿庇安：《罗马史》（Appian, *Roman History*, The Civil Wars, I. 54.）。

【译文】

在罗马城中，债务人与债权人之间发生了纠纷，因为债权人逼迫索要他们的钱和利息，虽然古老的法律明白地禁止放债取息，凡是放债取息者必受处罚。似乎古代的罗马人也和希腊人一样，厌恶放债取息，认为这是不正当的，对贫民是刻薄的，容易引起争端和仇恨；因为同样的一种理论，波斯人认为放债本身就有欺骗和说谎的倾向。但是长期以来实际上是允许放债取息的，因此债权人根据习惯要求利息。在另一方面，债务人以战争和内乱为借口拖延偿付，当然有些人威胁着，将法律上的处罚加于收取利息者的身上。

---

① 译文选自［古罗马］阿庇安：《罗马史》（上卷），谢德风译，商务印书馆，1995年，第37页。

管理这些事务的大法官阿塞里奥，因为他不能够调解他们的纠纷，允许他们在法庭上彼此进行诉讼。这样，由于法律与习惯间的矛盾，引起了法官们的一个难题。放贷者因为久已废弃的法律现在又恢复起来，深为愤怒，因而这样杀害了那个大法官。……元老院悬赏凡能够提供证据确定杀害阿塞利奥的凶手者，如果是自由民，则给以金钱；如果是奴隶，则给以自由；如果是同谋者，则免予处罚。但是没有人提供一点消息来，高利贷者把一切都隐瞒起来。

（杨波辑录①）

Ⅲ. 17

【题解】

恺撒出身高贵，但是并不富裕，他为了争取官职，收买民心而负债累累。这里说明并非只有贫民才会负债，一些有权势的人可能同样负担着巨额债务，并拿这些钱来换取政治资源。选译文献据洛布古典文库，阿庇安：《罗马史》（Appian, *Roman History*, The Civil Wars, II.）。

（1）Appian, *Roman History*, The Civil Wars, II. 1.

【译文】

恺撒还是一个青年，但是在口才和行动上强而有力，在任何方面敢作敢为，随便作什么事，信心百倍，为了追求荣誉，不惜钱财，耗尽他的家产。当他还是营造官和大法官的时候，他已经背负了很多债务，群众非常喜欢他，因为群众总是歌颂那些浪费无度的人的。

（杨波辑录②）

---

① 译文选自[古罗马]阿庇安：《罗马史》（下卷），谢德风译，商务印书馆，1997年，第45—47页。

② 译文选自[古罗马]阿庇安：《罗马史》（下卷），谢德风译，商务印书馆，1997年，第104页。

（2）Appian, *Roman History*, The Civil Wars, II. 8.

【译文】

恺撒已当选为西班牙的大法官，但是他被他的债权人截留在罗马城中，因为由于他的政治费用，他所负担的债务远不是他所能还清的。据说，他需要两千五百万塞斯退斯①才能还清他的所有债务。但是他尽可能地和那些截留他的债权人商量好，然后到西班牙去了……他也送了很多金钱给罗马的国库。因为这些缘故，元老院允许他举行一次凯旋仪式。他在城外准备举行一次最豪华的游行，在这几天里，正是执政官候选人必须亲自出席竞选的时候。

（杨波辑录②）

Ⅲ. 18

【题解】

公元前49年恺撒平定了意大利北部普莱森奇亚的叛乱回到罗马。恺撒任执政官期间，虽然拒绝废除债务，但是推行以货抵债，一定程度上缓解了负债人的压力，也没有过度损害债权人的利益，缓解了债务人和债权人之间的矛盾。选译文献据洛布古典文库，阿庇安：《罗马史》（Appian, *Roman History*. The Civil Wars, II. 48.）。

【译文】

他把谷物分配给饥饿的民众，应民众的请求，他允许米洛以外的一切流亡者回国。当民众以战争和叛乱使物价降低为理由，请求他下令废除债务的时候，他拒绝了，但是他任命一些估价官对可卖的货物

---

① 约合25,000英镑。

② 译文选自[古罗马]阿庇安：《罗马史》（下卷），谢德风译，商务印书馆，1997年，第109—110页。

进行估值，债务人可以把货物偿还给债权人。

（杨波辑录①）

Ⅲ. 19

【题解】

罗马和希腊城邦一样，需要尽力缓和和减轻平民的债务负担。选译文献据洛布古典文库，西塞罗：《论共和国》（Cicero, *On the Republic*, Ⅱ. 58.）。

【译文】

在我们的祖辈面对严重的债务问题时，也许存在过某种解救措施，那种解救措施在那之前不久曾经引起雅典梭伦的注意，过了一些时间之后，也曾引起我们的元老院的注意，当时由于一个人的横暴②，市民们的全部债奴契约被取消了，而后这种债务制度又被废除了。

（解光云辑录③）

Ⅲ. 20

【题解】

贫穷奴隶因生活所迫会向主人借债，富裕的主人看起来特别吝啬，每次不会借给奴隶太多的钱财。为了偿还债务，奴隶有时需要做工以还债。选译文献据洛布古典文库，米南达：《英雄》（Menander, *Heros*, 27 - 38.）。

---

① 译文选自[古罗马]阿庇安：《罗马史》（下卷），谢德风译，商务印书馆，1997 年，第 142 页。

② 指高利贷者卢基乌斯·帕皮利乌斯（Lucius Papilius）残暴地对待自己的债务人，参见 Livy, *History of Rome*, Ⅷ. 28.

③ 译文选自[古罗马]西塞罗：《西塞罗文集》（政治学卷），王焕生译，中央编译出版社，2008 年，第 79 页。

【译文】

达奥斯:正是他。他们的父亲提彼奥斯
业已年迈,为了抚养他们,向我家主人
借了一明那债,但是仍然饥饿难熬,
又借了一明那,后来就去世了。
革塔斯:当他想第三次借贷时,你的主人没有借给他。

达奥斯:是这样。为了给亡故的父亲举行葬礼,
戈尔吉阿斯又向我加主人借了一点钱。
在按照习俗办完丧事后,他带着妹妹,
来到我们这里,希望能楼下来做工,
以便偿还债务。
革塔斯:普兰贡呢,她干什么?
达奥斯:一直同我家的女主人一起纺绩羊毛,
在内屋照顾她。

(张子翔辑录①)

Ⅲ. 21

【题解】

债主对债务人的态度往往苛刻吝啬,但是也会有免去债务的事情发生。作者讽刺瓦鲁斯不知天高地厚,但同时也反映出 2 世纪前后罗马社会中存在的经济现象。首先,富人和穷人之间存在财物上的债务关系。穷人因为生活贫困经常有偿还不起债务的时候,法庭的做法往往对富人更加偏袒。其次,债主也有可能通过各种方式免掉债务人的

① 译文选自[古希腊]埃斯库罗斯等:《米南德喜剧》,《古希腊悲剧喜剧全集》,张竹明、王焕生译,译林出版社,2007 年,第 406—407 页。

债务或利息，这有益于缓和双方之间的经济矛盾。选译文献据洛布古典文库，雅典的菲洛斯特拉图斯：《智者的生活》(Philostratus of Athens, *Lives of the Sophists*, 540-541.)。

【译文】

现在，这个年轻人的名字叫做瓦鲁斯，他被依附于他的寄生者宠溺坏了，以至于自信的坚称它是美中之美、高中之高，是摔跤场最高贵、最有经验的年轻人，若他高声吟唱，甚至缪斯众神都不能够演奏出比他演奏得更加优美的乐曲。他对于诡辩家也有这类似的看法，也就是说，只要他张口讲话，那这些诡辩家们也比不过他的口舌。事实上，他也曾经慷慨激昂地演讲，只有那些欠他钱的人才会过去听他的演讲，以抵消他们欠钱的利息。甚至当时仍然年轻，没有疾病的波列蒙也因为欠他的钱，而去给他捧了场，表达了他对其的尊敬。当他不去献殷勤地听他演讲的时候，年轻人就以收回债务而相威胁。这个传票是有法庭出示的，宣读对未能偿还债务的债务人的缺席审判。因此，有的朋友就批评波列蒙偏执而无礼，因为他们看到只要波列蒙点头同意，就可以免于起诉，并继续从年轻人的财物中获利。他不愿意这样做，反而会激怒债权人。听到这样话之后，波列蒙的确来听他的演讲，那个年轻人的宣讲正在滔滔不绝地进行，但是他的话中充满着错误、粗鲁和矛盾。波列蒙跳起来，伸出双手，大嚷道："瓦鲁斯，把你的法庭传票拿来吧。"

（张子翔辑录）

Ⅲ. 22

【题解】

根据李维《罗马史》记载，公元前326年，罗马废除了债务奴隶制，即波提利阿法案。选译文献据洛布古典文库，李维：《罗马史》(Livy, *History of Rome* 8.28)。

【译文】

这一年是平民获得自由权的新时代的标志;因为他们不再成为债务的奴隶。由于盖约·普比利乌斯的父亲欠债并且以自己的儿子(盖约)人身作为抵押,而债主、高利贷者卢奇乌斯·帕庇瑞乌斯的情欲与残酷导致了法律的重大变革。这个债务人的年轻与美貌,本应让人产生怜悯之心,但却激起了债主的情欲和凌辱。他看到可以以债务为借口占有这个年轻人,起初他用下流的言语勾引他,但年轻人对他的丑恶行为不予理睬,他又用威胁来恫吓他,并以他的身份为要挟。后来,当他看到这个年轻人更看重自己的名誉而不是身份的时候,他扒光了他的衣服并鞭打他。饱受鞭刑的年轻人忍无可忍,跑到大街上大声控诉了高利贷者的丑恶与残酷。人们聚集起来,同情这个年轻人,并痛恨高利贷者的冷酷,他们也想到了自己孩子的生活状况,他们冲向中心广场,向元老院请愿。由于这个突发事件,执政官召开了元老院会议,当元老们进入元老院的时候,民众向元老展示了年轻人鞭痕累累的后背,并下跪请愿。由于个人过度的疯狂行为,债务奴隶制的顽固锁链被打破。元老院命令执政官向人民宣布:除非等待接受刑罚的刑事罪犯,否则任何人不得被囚禁羁押。只能用财物而非人身作为债务的抵押。这样债务奴隶制度被取缔,以后也禁止任何人成为债务奴隶。

(石庆波辑录)

Ⅲ. 23

【题解】

为了切实推行法案,格拉古设立了分配土地的三人委员会。富人不能收买别人的份地,责难穷人分享了他们的农场,因为富人们已经把地价付给了他们的邻居。但是,贫民的境遇并没有改变,他们抱怨没有得到服兵役应得的报酬,指责富人使用太多奴隶。选译文献据洛布古典文库，阿庇安：《罗马史》（Appian, *Roman History*, The Civil Wars, I. 9－10.）。

【译文】

高利贷者拿出以这些土地作为抵押的债务证据来。各种痛哭流涕和悲愤的言辞都可以同时听到。在另一方面，可以听到贫民的悲哀——说他们由相当的家产降到贫穷的绝境，又由贫穷的绝境降到断子绝孙，因为她们没有能力抚养他们的儿女。他们详述他们所负担的兵役，这些土地正是因为他们服兵役而取得的，他们对于公共财产中他们应得的部分被剥夺甚为愤怒。他们责难富人不应该使用奴隶，因为奴隶总是不忠实的，心怀叵测的，因此在战争中不可能替代自由民、公民和士兵的。

（杨波辑录①）

Ⅲ. 24

【题解】

在罗马社会的商业贸易中，贷款是一种比较常见的经济现象。贷款者向普通公民放贷，有时放贷数额巨大，造成贫富差距拉大。据加图称，放贷比盗窃的罪行更大。罗马法律对放贷者会采取非常严厉的惩罚。选译文献据洛布古典文库，加图：《农业志》（Cato, *On Agriculture*, Prologue 1.）。

【译文】

有时经商逐利，如不十分危险，那是很好的；贷款取利，如果非常公道时亦然。盗贼处罚两倍，贷款取利者四倍，我们的先人们持这种观点，并这些写在法律中。从而可以断定，他们认为贷款取利者是比

① 译文选自［古罗马］阿庇安：《罗马史》（下卷），谢德风译，商务印书馆，1997 年，第 8—10 页。

盗贼坏得多的公民。……但我认为商人是勤奋和热衷于逐利的,然而如上所述,却是多冒风险和易遭灾难的。

(张子翔辑录)

Ⅲ. 25

【题解】

高利贷是一种灾难,是社会动荡和混乱的根源,即便在帝国初期史家塔西佗的笔下,同样有如此描述。选译文献据洛布古典文库,塔西佗:《编年史》(Tacitus, *Annals*, Ⅵ.16.)。

【译文】

必须承认,高利贷这样一种灾难在罗马可以说是根深蒂固的,它是叛乱与不和的经常的源泉;甚至在较早的,还不是那样腐化堕落的社会里,人们已经想办法对它采取抑制的措施了。在最初,是有钱的人随意地规定贷款的利息,继而十二铜表法规定年息不得超过百分之一,后来,一名保民官的法律又把这样的利率降低了一半。最后,放高利贷这样一个行道无条件地被禁止了。同时,还有许多平民的法令力图制止各种诈骗行为,这种诈骗行为虽然在过去也一直受到镇压,但它们总是在临时回避一下之后,便再度出现了。

(解光云辑录[1])

---

① 译文选自[古罗马]塔西佗:《编年史》(上册),王以铸、崔妙因译,商务印书馆,2013年,第313—314页。

Ⅳ. 行业与劳动力

古希腊和罗马城邦时期的社会分工，虽然不像现代社会那样精细和复杂，但是，经济社会生活中已经有了基本的社会分工，劳动者大致可以按照农业、牧业、手工业、商业、渔业、采矿业等行业划分，也可以按照其劳动角色或身份划分为哲学家、智者、医生、雕塑家、报信人、艺人、矿工、建筑师、木匠、祭司、占卜师等各类劳动者。

Ⅳ. 1

【题解】

《伊利亚特》中，阿喀琉斯之母忒提斯恳求火神赫菲斯托斯为阿喀琉斯制造盾牌和盔甲。赫菲斯托斯应允后开始锻造一面盾牌，在上面绘制了精美的图案，其中涉及农业和畜牧业的生产劳作场景，包括牛耕、收割麦子、采摘葡萄、放牧白绵羊等。选译文献据洛布古典文库，荷马：《伊利亚特》(Homer, *The Iliad*, XVIII, 541 - 572,587 - 589.)。

【译文】

他又附上柔软、肥美的宽阔耕地，
在作第三次耕耘。许多农人在地里
赶着耕牛不断来回往返地耕地。
当他们转过身来耕到地的一头，
立即有人迎上去把一杯甜蜜的美酒
递到他的手里。他们掉转身去

继续耕耘，希望再次到达尽头。
黄金的泥土在农人身后黝黑一片，
恰似新翻的耕地，技巧令人惊异。

他又在盾面附上一块王家田地，
割麦人手握锋利的镰刀正在收割。
割下的麦秆有的一束束躺倒地上，
有的被捆麦人用草绳迅速一束束捆起。
那里站着三个捆麦人，男孩们不断
从他们后面抱起麦秆送给他们。
国王也在他们中间，手握权杖，
站在地里，默默的喜悦充满心头。
远处橡树下侍从们正在准备午饭，
他们在烤制一头刚刚宰杀的肥牛，
妇女们把洁白的面粉撒向割麦人的餐肴，
作为劳作者的午餐。

他又附上一片藤叶繁茂的葡萄园，
用黄金雕镌，串串葡萄呈现深暗，
用银子作成根根整齐排列的棚柱，
四周灰暗的护沟围圈着锡铸栏杆。
只有一条曲折的小径通进园里，
收获季节人们沿着它把葡萄采集。
无忧无虑的少男少女们心情欢畅，
精编的篮筐提着累累甜美的硕果。
有个男孩走在他们中间，响亮地
把竖琴弹奏，一面用柔和的嗓音唱着

优美的利诺斯歌，大家欢快地跟着他，
和着那节奏舞蹈，跺踏整齐的脚步。
……
著名的跛足神又做上了一个大牧场，
在优美的山谷间，牧放着一群白绵羊，
还建有多处畜栏、草舍和带顶的棚圈。

（汪兆祺辑录①）

Ⅳ. 2

【题解】

色诺芬认为，最富足的人也离不开农业。农业是其他技艺的母亲和保姆。农业繁荣，其他一切技艺才会繁荣。选译文献据洛布古典文库，色诺芬：《经济论》(Xenophon, *The Oeconomicus*, Ⅴ.2－4.)。

【译文】

苏格拉底继续说："我告诉你这些话，是因为最富足的人也不能离开农业。因为从事农业在某种意义上是一种享乐，也是一个自由民所能做到的增加财产和锻炼身体的手段。因为第一，土地给种地的人生产人们赖以生活的食粮，此外，土地也生产人们所享用的奢侈品。第二，他供给人们装饰祭坛、雕像和他们自己的一切东西，并且提供最优美的景色和香味。第三，它生产和供给许多美味食品的原料；因为饲养牲畜的技艺与农业密切相关联，所以人们就有了祭神所用的牺牲和自己使用的牲畜。"

（解光云辑录②）

---

① 译文选自[古希腊]荷马：罗念生全集《荷马史诗〈伊利亚特〉》(第五卷)，罗念生译，上海人民出版社，2004 年，第 480—482 页。

② 译文选自[古希腊]色诺芬：《经济论 雅典的收入》，张伯健、陆大年译，商务印书馆，1981 年，第 16 页。

Ⅳ. 3

【题解】

依靠农业谋生是最光荣、最好和最愉快的事情。选译文献据洛布古典文库，色诺芬：《经济论》(Xenophon, *The Oeconomicus*, Ⅵ. 8 – 10.)。

【译文】

我们得出结论。对于一个高尚的人来说，最好的职业和最好的学问就是人们从中取得生活必需品的农业。因为这种职业似乎最容易学，而且从事这一职业也最为愉快，它能在最大程度上使身体健美，它能给心力留出最多的空闲时间去照管朋友和城市的事情。而且，由于庄家在城外生长，农场的牲畜也在城外放牧，我们觉得农业在某种程度上可以使从事这种工作的人勇敢刚毅。所以这种谋生方法似乎应该受到我们国家的最大重视，因为它可以锻炼出最好的公民和最忠实于社会的人。

(解光云辑录①)

Ⅳ. 4

【题解】

阿里斯托芬的喜剧《地母节妇女》中妇女们在地母节上批判欧里庇得斯，一位寡妇控诉欧里庇得斯破坏了自己编织花冠的生意，致使自己生活更加困难。选译文献据洛布古典文库，阿里斯托芬：《地母节妇女》(Aristophanes, *The Thesmophoriazusae*, 443 – 458.)。

---

① 译文选自[古希腊]色诺芬：《经济论 雅典的收入》，张伯健、陆大年译，商务印书馆，1981年，第20页。

【译文】

女乙：姐妹们，我站出来只有几句话要说，
因为别的方面，她[①]已经很有力地控告了他。
我只想讲一讲我个人的遭遇。
我丈夫死在塞浦路斯，
留下五个小儿女，我好不容易
靠在桃金娘市场上编织花冠养活他们。
以前我还能养活一家人，尽管是半饥半饱；
但如今，这家伙写悲剧，
向观众宣称没有神，
因此我的花冠连一半也卖不出去了。
因此我也提议惩办他，
根据这坏蛋的全部罪恶。
诸位女士，这家伙曾经对我们犯下
“野蛮的罪行”[②]，因为他是吃野菜长大的。
我的话完了，现在我要到市场去，
给买主编织二十顶订购的花冠了。

（汪兆祺辑录[③]）

Ⅳ. 5

【题解】

《安提戈涅》中，当克瑞翁决定杀死埋葬哥哥的安提戈涅时，面对先知忒瑞西阿斯的劝诫，他固执地认为是先知收取了贿赂。这里克瑞

① 指首先发言的妇女。

② 戏拟欧里庇得斯的悲剧《福尼克斯》中诗句“女人犯过最野蛮的罪行”。

③ 译文选自[古希腊]阿里斯托芬：《阿里斯托芬喜剧》(下)，《古希腊悲剧喜剧全集》，张竹明、王焕生译，译林出版社，2007年，第312页。

翁将先知比作买卖商品赚钱的小商贩，言语中充满蔑视。选译文献据洛布古典文库，索福克勒斯：《安提戈涅》(Sophocles, *Antigone*, 1033－1038.)。

【译文】

克瑞翁
老家伙，你们一起向我射击，
就像弓箭手对准了靶子一样；
你们想用预言术扰乱我。你们都是小商贩吗？
我其实就是你们买卖的商品。
去吧，去你想去的地方赚钱，
用萨尔迪斯的白银去换印度的金子；

（杨波辑录）

Ⅳ.6

【题解】

《菲罗克忒忒斯》中，依据奥德修斯的嘱托，两名水手前去寻找涅奥普托勒摩斯，其中一人扮成路过的商人。这个商人并不富裕，自称是一个穷人，通过向希腊联军出售货物获得利益。虽然“商人”是奥德修斯命令船员假扮的，但是他的身份并未被菲罗克忒忒斯质疑，说明当时确实会有一些商人随军出行，通过与战士们贸易来获取利润，但他们并不富裕。选译文献据洛布古典文库，索福克勒斯：《菲罗克忒忒斯》(Sophocles, *Philoctetes*, 542－553.)。

【译文】

商人
阿基琉斯之子啊，我的船
和你的船停泊在了同一个地方(偶然的
不是故意的)，我询问你的船上伙伴，

当时他正在和其他两人一起
看守你的船，告诉了我哪里可以找到你。
我是一艘商船的船长，
正在回家途中，从伊利昂
驶往佩帕瑞托斯，它因盛产葡萄而闻名；
当我得知在岸上遇到的船员
都是你的伙伴时，我想
在我返航之前，我应该
把我知道的消息告诉你，以赢取报酬。

（杨波辑录①）

Ⅳ. 7

【题解】

人类中的大多数是在耕种土地，栽培植物，依靠劳动收获维持生计。在亚里士多德看来，人类中最懒散的是牧人或游牧民族。选译文献据洛布古典文库，亚里士多德：《政治学》（Aristotle, *politics*, Ⅰ. 1256^a20 - 39）。

【译文】

维持生活的食料有许多种类。动物和人类都需要食料来维持生命，于是，不同的食料使人类和动物形成了不同的生活方式。在动物界，有些群居，有些独处，有些食肉，有些食草，有些二者全吃，……人类生活方式也同各种动物类似，相互间差异也很大。人类中最懒散的是牧民（他们以驯养的动物为食，免于辛苦劳作，但他们为了牧草的丰盈而被迫随牧群到处迁徙，犹如在持续不断地耕种一块生长活物的田

① 译文选自[古希腊]埃斯库罗斯等：《古希腊悲剧喜剧全集》（第二卷），张竹明、王焕生译，译林出版社，2007 年，第 652 页。

园),另一些靠狩猎为生,不同的人有不同的狩猎方式,例如,有些人一劫掠为生;有些聚居于湖畔、河边、沼泽或海滨等一些易于渔猎的地方,则以捕鱼为生。还有一些人则以捕猎野鸟和野兽为生。不过,人类中的大多数依靠土地和耕种所获为生。由此,最终可以将那些凡是依靠自己的劳力,而非凭借交换和零售买卖以获取生活资料的人们分类如下:以游牧为生的牧民、以农作为生的农夫、以劫掠为生的盗匪、以扑鱼为生的牧民、以狩猎为生猎人。

(解光云辑录①)

Ⅳ.8

【题解】

罗马发动第三次布匿战争,面对迦太基人的乞怜,肯索里努斯做出答复,其中提到"海洋提供了便利,也使人产生了贪多的欲望"②,在海上拓展势力就如同商人,利润不会恒久。在内陆从事农业生产获得的利益少一些却要稳定得多。古代帝国的所在地通常都在内地。选译文献据洛布古典文库,阿庇安:《罗马史》(Appian, *Roman History*, VIII. XII. 87.)。

【译文】

"由于这个缘故,雅典人当他们成为海洋民族的时候,大大地发展起来了,但是也同样地突然崩溃了。海上的势力正好像商人赚钱一样——今天获得厚利,明天全部丧失。无论如何,你们知道,就是我所说的这个民族,当他们已经把他们势力从爱奥尼亚海扩展到西西里的时候,还不能节制他们的贪欲,直到最后他们丧失他们的整个帝国,被迫而把他们的海港和他们的舰船交给敌人,在他们的城内接受驻军,

① 译文选自[古希腊]亚里士多德:《政治学》,吴寿彭译,商务印书馆,1997年,第22页。
② Appian, *Roman History*, VIII. XII. 86.

拆毁他们自己的长城,几乎变成一个内地的民族。正是这一件事情使它能够长久存在。迦太基人啊,请你们相信我,内地生活有农业和宁静的乐趣,要平稳得多。虽然农业的利益可能比商业的利益少一些,但比较靠得住,同时也安全得多。在我看来,一个靠海的城市实际上很像一艘船,而不像一个坚固的陆地,因为它在惊险的波涛中颠簸,容易受到意外变化的影响;而一个内地城市则享受一切坚硬土地的安稳,因为这个缘故,古代帝国的所在地通常都在内地的。这样米底人、亚述人、波斯人以及其他许多民族的帝国变得强大了。"

(杨波辑录①)

Ⅳ. 9

【题解】

《瑞索斯》中的赫克托尔提到战场并非乡下牧人这样身份贫贱者应该涉足的地方,责备乡下人总是呆气愚钝。这不禁令人联想到《伊利亚特》中提及的一位普通战士忒尔西特斯,他身形丑陋、言语饶舌②,与健美机敏的名门之后形成了鲜明对比。选译文献据洛布古典文库,欧里庇得斯:《瑞索斯》(Euripides, *Rhesus*, 264 - 277.)。

【译文】

牧羊人

陛下,我希望将来永远能够

像现在这样向主人报告这样的消息。

赫克托尔

乡下人总是呆气,

我看你是昏了头,走错了地方,

① 译文选自[古罗马]阿庇安:《罗马史》(上卷),谢德风译,商务印书馆,1995年,第259—260页。

② Homer, *Iliad*, 2.211 - 277; Sophocles, *Philoctetes*, 438 - 445.

竟把你羊群的消息送给了正在打仗的将军。
你难道不知道我的宫殿和我父亲的王位在哪里?
你应当把羊群繁殖很快的消息传递到那里去。
牧羊人
我们乡下人是愚钝,我不否认:
可是,我还是给你带来了好消息。
赫克托尔
别再告诉我羊群是如何大量繁殖的,
我们在打仗,挥舞着长矛。
牧羊人
我正是为了这样的事情才赶来的。
一位勇猛的领袖率领着一支庞大的军队
正在靠近——你的朋友,这片土地的盟友。

(杨波辑录①)

Ⅳ. 10

【题解】

克吕泰莫斯特拉伙同埃吉斯托斯杀害丈夫阿伽门农,为防止其子女复仇,悬赏追杀流亡在外的儿子奥瑞斯特斯,把女儿埃勒克特拉嫁给了一位迈锡尼农夫,他的家族原本高贵,但时下已穷困潦倒。埃勒克特拉希望减轻这位名义上的农夫丈夫的负担。两人的对话反映了贫困的农民家庭为了维持生计所付出的辛苦劳作。尽管如此,这位农夫却有着高尚的品行,本着节制的原则,农夫维持着埃勒克特拉的清

① 译文选自[古希腊]埃斯库罗斯等:《古希腊悲剧喜剧全集》(第五卷),张竹明、王焕生译,译林出版社,2007年,第22—23页。

白。选译文献据洛布古典文库，欧里庇得斯：《埃勒克特拉》(Euripides, *Electra*, 30－53.)。

【译文】

农夫
但是杀害孩子她却害怕遭到世人的憎恨：——
为此，埃吉斯托斯提出了如下计划：
阿伽门农的儿子逃离了这片土地，
他悬出赏格，任何杀了他的人都能获得黄金。
对于埃勒克特拉呢，把她嫁给了
我做妻子，——一个祖先是迈锡尼人的农夫，
我这不是在贬低我自己；
我的家族原本高贵，但是后来
的确穷了，高贵的门第也跟着完了，——
使他对她的配偶毫无畏惧。
因为，假如她嫁给了一个有声望的人，
这个人就会唤醒阿伽门农沉睡着的仇恨，
那么报应也会随之降临到埃吉斯托斯身上。
但是我从不曾——库普洛斯的女神①为证——
玷污她的床榻：她还是名处女。
因为我羞于娶王公贵族的女儿，
辱没了她——我的出身比她低。
是的，我以亲属的名义为他哀叹，
可怜的奥瑞斯特斯，若是有一天
他返回阿尔戈斯，看到了他姐姐不幸的婚姻。

① 库普洛斯的女神(Cypris)指阿芙洛狄忒，神话中她出生于库普洛斯岛附近的海水中。

如果有人说我是傻瓜，娶了一位年轻的
姑娘放在家里，却不碰她一下，
我会告诉他，他这是在用卑劣的
心灵标准，他自己的标准，度量我有节制的行为。

（杨波辑录[1]）

Ⅳ. 11

【题解】

色诺芬在《经济论》中力图描述农业是优于其他行业，认为手工艺会损害一个人的身体和精神，是粗俗的技艺，而农业则赋予了从事农事活动的人强健的体魄，督促他们保卫自己的家园，是农业带来了公正，也教会人们如何去领导他人，因为优秀的农人必须能够做到说服他的帮工乐于做农活。但是，正如克里托布勒斯向苏格拉底发出的提问："当人们耕种同样的土地时，为何一些人很贫困，宣称是农业害了他们，而另外一些人则种的很好，丰衣足食？"[2]不论色诺芬如何说明农业的重要性，雅典农民间贫富差异仍旧显而易见。通过苏格拉底和伊斯霍玛霍斯[3]的对话，色诺芬给出了自己的答案，土地对于每个人而言都是公正的，只要照料好它就会有收获，而大部分人又熟谙耕作技巧，虽然一些作家在农业理论上写作极为精细，但是作者本身不是从事农业的农民，他们所谓的农业中最复杂的问题实际上是一件简单的事情。因此，造成农民贫富差异的主要原因只能是土地的主人有没

---

① 译文选自[古希腊]埃斯库罗斯等：《古希腊悲剧喜剧全集》（第四卷），张竹明、王焕生译，译林出版社，2007 年，第 74—75 页。

② Xenophon, *The Oeconomicus*, Ⅲ.5－6.

③ 伊斯霍玛霍斯，苏格拉底的友人，富有的土地主，善于经营家业，可被视为苏格拉底眼中雅典优秀公民的代表，"一向被认为是公民中最好的骑手和最富有者之一。"详见 Xenophon, *The Oeconomicus*, Ⅺ.20.

有勤恳的劳作。对于小农而言，绝不能懒惰，要仔细地照料自己的土地；对于富有的土地主而言，同样应该重视农耕，督促土地上的劳动者好好工作，为此就需要训练、利用一个优秀的管家。① 选译文献据洛布古典文库，色诺芬：《经济论》（Xenophon，*The Oeconomicus*）。

（1）Xenophon，*The Oeconomicus*，Ⅲ.5 - 6.

【译文】

"还有，当人们耕种同样的土地时，一些人很贫困，并宣称是农业害了他们，而另外一些人则种的很好，丰衣足食？"

"当然是的，也许是因为有些人没有把钱用在必要的地方，而只是用在了对于所有者和财产有害的事情上面了。"

"或许有这种人。但是我所指的还是那些虽然以农业为业，可是没有钱去支付即使是必要开支的人。"

（杨波辑录②）

（2）Xenophon，*The Oeconomicus*，Ⅴ.1 - 3.

【译文】

苏格拉底继续说道："我告诉你这些话，是因为最富裕的人也离不开农业。从事农业从某种意义上说是一种奢侈的享受，也是一个自由民所应该做到的增加财产和锻炼身体的手段。因为第一，土地提供给耕种的人们赖以生存的粮食，同时也提供用于享受的奢侈品。第二，她提供给人们装饰祭坛、雕塑和他们自己所需要的一切东西，并且提供令人愉悦的景色和香气。第三，她生产和提供许多美味的食品的原料；因为饲养牲畜的技艺与农耕密切相关，因此人们有了祭神所用的

① 管家应该忠于主人和主人的家庭，具备小心谨慎、公正诚实的美德，不应该沉溺于爱情或是贪图利益，还要善于管理劳动者。而这一切很大程度上依赖主人的训练，因为一个"不好的主人也不会有好的仆人"。详见 Xenophon，*The Oeconomicus*，Ⅻ.5 - 14.10.

② 译文选自［古希腊］色诺芬：《经济论 雅典的收入》，张伯健、陆大年译，商务印书馆，1981年，第10页。

牺牲和自己使用的牲畜……”

(杨波辑录①)

(3)Xenophon, *The Oeconomicus*, Ⅵ.11.

【译文】

“苏格拉底,我觉得我听到的已经足以使我相信农业是最光荣、最好和最令人愉快的谋生方式了。但是你告诉过我,你已经弄清楚了为什么一些农民很成功,农业使他们丰衣足食,而另外一些人却很不中用,认为耕种没有什么益处。我很乐于听取造成这两种情况的原因,好使我们趋利避害。”

(杨波辑录②)

(4)Xenophon, *The Oeconomicus*, Ⅺ.14–18.

【译文】

“‘好吧,苏格拉底’,伊斯霍玛霍斯回答道,‘我起床很早,如果我要去看什么人,我确信这时候他还待在家里。如果城镇里有生意,我就把它当作散步的机会。如果城里没有急需办理的事情,我的仆人就把我的马带到田野里,而我自己步行前往。苏格拉底,这或许比我在两旁有店铺的街道上溜达一趟更有好处。我到了田野后,我可以看栽秧、除草、播种或收获的工作正在进行着。我监督这种工作的每一个细节,用我可能提出的方法加以改良。做了这些事情以后,我往往会骑上马进行锻炼,尽可能地模仿战争中的操练。我既不避开斜坡和陡坡,也不避开沟渠和河道,但是当我的马越过这些东西的时候,我尽可能地当心,不让它扭伤脚。我骑完马后,由仆人给它一束草料,然后带它回家,使它从田里驮回城里偶然缺乏的一些东西。我把归程分为两

① 译文选自[古希腊]色诺芬:《经济论 雅典的收入》,张伯健、陆大年译,商务印书馆,1981年,第18页。

② 译文选自[古希腊]色诺芬:《经济论 雅典的收入》,张伯健、陆大年译,商务印书馆,1981年,第20页。

部分,一半走,一半跑。回家后我用刮皮具洗澡,然后吃午饭,我吃的不多不少,使后半天既不空肚子,也不太饱。’”

(杨波辑录①)

Ⅳ. 12

【题解】

《经济论》中,富农伊斯霍玛霍斯与苏格拉底的谈话中提到优秀的管家和奴仆对于农民的重要性,好的仆役能使主人的收获增加。选译文献据洛布古典文库,色诺芬:《经济论》(Xenophon, *The Oeconomicus*, Ⅻ.2 - 4.)。

【译文】

"'但是我向你保证,苏格拉底,我也没有忽视你说的那些事情,因为我确保我的各个田地都有管家。'"

"伊斯霍玛霍斯,当你需要一个管家的时候,你是先搜寻有资格做这种工作的人,然后设法购买他——当你需要一个建筑工,你一定是先去找符合要求的人,再设法去得到他——还是你自己训练自己的管家呢?"

"苏格拉底,我当然是自己训练他们。因为我不在的时候他们一定要能够管理事情,那么,为什么不能让他知道我自己知道的事情呢? 如果我能够很好的管理自己的农场,我就能把我所知道的教给别人。"

(杨波辑录②)

---

① 译文选自[古希腊]色诺芬:《经济论 雅典的收入》张伯健、陆大年译,商务印书馆,1981年,第38页。

② 译文选自[古希腊]色诺芬:《经济论 雅典的收入》,张伯健、陆大年译,商务印书馆,1981年,第61页;第40—41页;第46页。

Ⅳ. 13

【题解】

《家政学》中，亚里士多德提出通过农业劳作获得财富是最符合自然规律的，是最公正的，利于锻炼公民的体魄，增强他们的勇气。不论是城邦还是个人，获取财富的首要方式都应是从事农业生产。选译文献据洛布古典文库，亚里士多德：《家政学》(Aristotle, *Oeconomica*, $1343^a26-1344^b5$.)。

【译文】

我们首先应该关注的是出于自然的财富，处于首位的是农业，其次是那些从大地掘取物产的行业，如采矿业。农业处于第一位是因为它是最为公正的，它带来的财富不是来自其他人。区别于贸易和雇佣工作，这些工作通过他人的同意从别人那里获得财富；也不像战争，没有经过他人的同意就谋得好处。这也是一种合乎自然的职业，因为万物从母亲那里得到养料都是合乎自然的，同样人类也从大地之中收获生活必需品。此外，农业有利于练就阳刚之气，不像操纵机械使得身体虚弱不堪，而是使身体暴露在野外，经受劳作的历练。农业使人铤而走险，敢于应敌，因为不像别人，农民的财富都在城市之外。

(杨波辑录①)

Ⅳ. 14

【题解】

古希腊戏剧中常见报信人因为及时传达了消息，或者汇报了喜人的消息而得到奖励，或向听者索取报酬。墨涅拉奥斯假扮的遇难水

---

① 译文选自[古希腊]亚里士多德：《亚里士多德全集》(第九卷)，苗力田主编，崔延强、李秋零译，人民大学出版社，1994年，第290页。

手，仅因为向埃及国王汇报了海伦丈夫的死讯，就可以摆脱缺衣少食的困境。选译文献据洛布古典文库，欧里庇得斯：《海伦》(Euripides, *Helen*, 1280 - 1284.)。

【译文】

忒奥克吕墨诺斯
我也不会让你空手离开此处的，
因为你对她友好的行为。为你给我带来了
好消息，你将得到衣服，不再衣不蔽体
也会得到食物，好让你回到
希腊，我看见你现在的处境着实可怜。

（杨波辑录）

Ⅳ. 15

【题解】

酒神狄奥尼索斯根据宙斯的指命，率领着狂欢队伍返回忒拜。忒拜国王彭透斯试图阻止这场狂欢，抓捕狄奥尼索斯。年迈的先知忒瑞西阿斯和卡德摩斯试图劝阻彭透斯，说服他接受狄奥尼索斯和对他的信仰，彭透斯并未听从。在与忒瑞西阿斯的对话中，彭透斯提及先知可以通过占卜获取报酬。在他看来，先知获取财富的手段带有欺骗性。选译文献据洛布古典文库，欧里庇得斯：《酒神的伴侣》(Euripides, *Bacchanals*, 255 - 257.)。

【译文】

彭透斯
忒瑞西阿斯，这事是你叫他做的：
你想给人们引进一位新的神灵，
这样你就可以进行占卜并从中获取报酬！

（杨波辑录）

Ⅳ. 16

【题解】

参与军事行动是士兵获取财富最基本的手段。与士兵一同分享、掠夺战利品也是苏拉、恺撒等军事统帅激励军队、稳定军心的重要举措。选译文献据洛布古典文库,阿庇安:《罗马史》(Appian, *Roman History*, IX. XVIII. 2.)。

【译文】

当盖塔人[1]渡过多瑙河的时候,他们要求给予他们的领袖克罗琉斯一千斯塔提尔金币,每个骑兵十个金币,每个步兵五个金币,总共十万五千金币多一点。

(杨波辑录[2])

Ⅳ. 17

【题解】

阿里斯托芬喜剧《财神》中的人物克瑞米洛斯和友人布勒普西得摩斯商议找医生帮财神复明,以使正直人士发家致富,谈到当时因为城邦财经紧张而废除医生这一公职。选译文献据洛布古典文库,阿里斯托芬,《财神》(Aristophanes, *The Plutus*, 400 - 406.)。

【译文】

克瑞米洛斯:没有,因为我们必须首先——

布勒普西得摩斯:做什么?

克瑞米洛斯:使他眼睛复明。

---

① 盖塔人(Getae)早在希罗多德时代就居住在色雷斯地区,被希罗多德称为色雷斯人中"最勇敢和公正守法"的,曾英勇抵抗波斯人的入侵。亚历山大时代,他们迁移至色雷斯地区多瑙河对岸,被亚历山大驱逐。哥特人认为盖塔人是自己的先祖。

② 译文选自[古罗马]阿庇安:《罗马史》(上卷),谢德风译,商务印书馆,1995 年,第 324 页。

布勒普西得摩斯：使谁眼睛复明？你说。

克瑞米洛斯：用尽一切办法使财神同从前一样。

布勒普西得摩斯：他真是瞎子吗？

克瑞米洛斯：的的确确如此。

布勒普西得摩斯：难怪他一直不曾到我跟前来过。

克瑞米洛斯：但是马上他就要来了，如果众神愿意。

布勒普西得摩斯：我们不去请个医生来吗？

克瑞米洛斯：现在城里哪里有医生？

因为没有薪金，①所以也就没有医生了。

（汪兆祺辑录②）

Ⅳ. 18

【题解】

阿里斯托芬喜剧《骑士》中的角色腊肠贩（新的正派当权者）和德莫斯（人民）商议如何支付海军水手的军饷，腊肠贩提醒他注意提防帕弗拉孔（野心家），并表示自己会筹集资金。选译文献据洛布古典文库，阿里斯托芬：《骑士》（Aristophanes, *The Knights*, 1063 - 1080.）。

【译文】

腊肠贩：这儿有一道关于海军的神示，

你得注意听着。

德莫斯：我注意听，你念吧！首先，

① 当时雅典医生是一种公职，从政府领薪。内战后雅典财政紧张，停止这一措施，医生便到国外去另谋生计了。

② 译文选自[古希腊]阿里斯托芬：《阿里斯托芬喜剧》（下），《古希腊悲剧喜剧全集》，张竹明、王焕生译，译林出版社，2007 年，第 538—540 页。

水手们的军饷怎样才付得清?
腊肠贩:"埃勾斯的儿孙啊,小心狐狗[1]欺骗你,
它狡猾奸诈,偷偷地咬人。"
你懂得这是什么意思吗?
德莫斯:狐狗菲洛斯特拉托斯?
腊肠贩:这里说的不是他,说的是帕弗拉孔,
他时常要求你给他三层桨快船去催收贡款[2],
洛克西阿斯不准你给他。
德莫斯:
三层桨战船又为什么叫作狐狗?
腊肠贩:
为什么吗?
因为船快狗也快。
德莫斯:
但是他为什么在"狗"字头上加一个"狐"字呢?
腊肠贩:
神把水兵比作狐狸,
因为它们满田里扯葡萄。
德莫斯:对。
但是哪里有军饷来发给这些"狐狸"呢?
腊肠贩:
三天以内我就弄得到钱。
且听这一道神示,阿波罗发出的,

---

① 一个妓院老板绰号"狐狗"。

② 船被派去收取贡款。参见修昔底德:《伯罗奔尼撒战争史》(Thucydides, *History of the Peloponnesian War*, BOOK III. LXIX.; BOOK III.XIX.)。

他叫你注意库勒涅，谨防上当[①]。

（汪兆祺辑录[②]）

Ⅳ. 19

【题解】

阿里斯托芬喜剧《骑士》的角色腊肠贩（新的正派当权者）将德莫斯（人民）放入锅中煮后使其返老还童，恢复了理智，并指出德莫斯过去受野心家蛊惑而目光短浅，将造战船的钱用来发津贴。醒悟后的德莫斯表示将付清水手们的欠饷。[③] 选译文献据洛布古典文库，阿里斯托芬：《骑士》（Aristophanes, *The Knights*, 1349－1368.）。

【译文】

德莫斯：我变得这样老朽，这样糊涂吗？
腊肠贩：真的，向神发誓，如果有两个发言人提出建议，
一个说造军船，一个说
把钱用来作陪审津贴，那提议发津贴的人
总是胜过那提议造三列舰的人。
喂，你为什么低下头，移动了你的地方？
德莫斯：我为过去的错误羞愧。
腊肠贩：这可不能怪你，不必在意，
只怪他们欺骗了你。现在告诉我，
如果有一个卑鄙的演说者这样说：
"不判定被告有罪，你们

---

① 库勒涅(Cyllene)，伊里斯一港口。发音近似"中空的手心"。
② 译文选自[古希腊]阿里斯托芬：《阿里斯托芬喜剧》(上)，《古希腊悲剧喜剧全集》，张竹明、王焕生译，译林出版社，2007年，第195—197页。
③ 以上两则材料实际上反映了阿里斯托芬的理想化的政治主张，消除野心家的不良影响，使得民众不再受其蛊惑而只顾眼前利益，从而正确分配公共财产。

这些陪审员别想得到每天的津贴!”
告诉我,你会怎么处理这个演说者?
德莫斯:我就把许佩尔波洛斯吊在他的颈脖子上,
把他举起来扔到罪人坑里去①。
腊肠贩:你现在说得对,说得有理。
至于那些别的事情呢,让我想想看。
告诉我,你怎样处理政事?
德莫斯:首先,水兵一回来,有多少人,
我就把欠饷全额发给多少人。
腊肠贩:多少磨光了的屁股会感激你啊!

(汪兆祺辑录②)

Ⅳ. 20

【题解】

苏格拉底和两位青年在讨论哲学时以木工为例,谈到当时木匠和一流的建筑师的身价差距,反映了这两种职业的收入差距。选译文献据洛布古典文库,柏拉图:《爱人》(Plato, *The Lovers*, 135B-135D.)。

【译文】

我问道,那么现在你的意思是这和木工一样吗?你是知道的,你可以花五六个明那买一个木匠,但是你花一万德拉克马都请不来一流的建筑师;事实上,这样的事实在整个希腊都有目共睹。这就是你的意思吗?当他听到我这样说时,他承认自己的意思就是如此。

(汪兆祺辑录)

---

① 在雅典城外长堤和城墙之间的墙角、普尼克斯一处岩石的悬崖下面。

② 译文选自[古希腊]阿里斯托芬:《阿里斯托芬喜剧》(上),《古希腊悲剧喜剧全集》,张竹明、王焕生译,译林出版社,2007年,第221—222页。

Ⅳ. 21

【题解】

苏格拉底和友人讨论是否有传授美德的老师，他举了朋友阿尼图斯①的父亲安塞米翁的例子，指出制革工人安塞米翁凭借智慧和艰苦工作赚钱而致富。说明平民通过辛勤劳动而非出身或馈赠也能发家致富。选译文献据洛布古典文库，柏拉图：《美诺篇》（Plato, *Meno*, 89E－90B.）。

【译文】

苏格拉底：我说的是，我经常在寻找，想知道有没有美德的教师，尽管我竭尽全力，还有许多人和我一起寻找，我相信这些同伴在这方面是最有经验的，但我仍旧没能找到。但是你瞧，美诺，我们的运气来了。阿尼图斯刚刚在我们边上坐了下来。让他成为我们的同伴一起来探索，没有比这更好的事了。首先，我们得说他是安塞米翁之子。安塞米翁有很多财产，是个聪明人。他得到这些钱财不是由于出身显贵或来自馈赠，就像底比斯的伊司美尼亚②不久前碰上波利克拉特斯③般的运气，而是凭他的智力和艰苦的工作赚来的。此外，安塞米翁是个好公民，言行举止非常体面和庄重，从不傲慢、自夸和冒犯他人。还有，安塞米翁把他的儿子抚养成人，给了他恰当的教育这是雅典人交口称赞的。你瞧，他们选他担任城邦的最高公职。我们要

① 阿尼图斯（Anytus），安塞米翁（Anthemion）之子，古典时期雅典政治家。他曾在伯罗奔尼撒战争中担任将军，后来又成为雅典反对三十僭主背后寡头势力的民主运动的主要支持者，也是审判苏格拉底的主要监察官之一。

② 伊司美尼亚（Ismenias），底比斯的一位民主领袖，就在阿尼图斯和其他流亡的雅典民主派人士返回雅典和该假定的对话时间（约公元前 402 年）前不久，伊司美尼亚帮助了他们。参见柏拉图：《理想国》（Plato, *Republic*, I, 336A.）。

③ 大约公元前 530 年萨摩斯的僭主，参见 Herodotus, *The Persian Wars*, III. 39.

找的就是这样的人，我们可以问他有没无美德的教师，如果有，他们是谁。

（汪兆祺辑录[①]）

Ⅳ. 22

【题解】

第欧根尼[②]和父亲曾经营钱庄，制造假币，后受到追究被迫流亡。说明在古典时期就有制造假币骗取财富的行为。选译文献据洛布古典文库，第欧根尼·拉尔修：《名哲言行录》(Diogenes Laertius, *Lives of Eminent Philosophers*, VI. 20 - 21.)。

【译文】

第欧根尼是西诺珀[③]人，钱庄老板希刻西俄斯的儿子。狄俄克勒斯说，第欧根尼因他的父亲在管理公共钱币时造赝币而被迫流亡他乡。而欧布里德斯在一本关于第欧根尼的书中说，是第欧根尼本人做了这件事而同父亲一起流亡。事实上，第欧根尼本人在其《珀尔达洛斯》(*Pordalus*)中承认他自己造了赝币。一些人说，他在成为监管者以后，受到技师们的怂恿，于是前往德尔斐神庙——也许去的是本国提洛岛上的神庙，询问阿波罗他是否可以做那件事情。

神允许改变城邦的习俗，但他没有理解这句话的意思，于是就在钱币上做了手脚。据一些人说，当事情败露后，他逃亡了；而另一些人则说，他是因为害怕而自愿流亡的。还有一些人说，他从他父亲那里

---

① 译文选自[古希腊]柏拉图：《柏拉图全集》(第一卷)，王晓朝译，人民出版社，2002年，第523页。

② 第欧根尼(Diogenes)，公元前404—前323年，犬儒学派哲学家，他把贫穷当作美德，以乞讨为生。他以赫拉克勒斯为榜样，认为美德在行动中比在理论中表现得更好，以自己简单的生活方式和行为来批判他眼中腐败、混乱的社会价值观和制度。他还宣称自己是一个世界主义者和世界公民，而不是仅仅效忠于某一个地方。

③ 西诺珀(Sinope)，是位于黑海南岸中部的一个城市。

接手钱币后，向里面掺了假，结果他父亲下了大狱并死在那里，他则逃到了德尔斐，打听的不是他是否可以造赝币，而是问他是否会声名显赫。就这样他得到了那个神谕。

（汪兆祺辑录①）

Ⅳ. 23

【题解】

普劳图斯的喜剧《商人》中的卡里努斯，叙述父亲得弥福年轻时在其父亲指导下勤勉地经营农业、之后买下船只从商并致富的经历，指出自食其力的劳动能带来快乐。选译文献据洛布古典文库，普劳图斯：《商人》(Plautus, *Mercator*, 61－79.)。

【译文】

卡里努斯：他在进入青春年龄之后，
并没有像我这样无所事事地
沉湎于爱情，当时他也不可能。
因为受到他父亲的严格管教：
不得不一直在农场干着污浊繁重的农活，
若不是通常每过五年②可以进一趟城市，
看一眼神圣的华丽外袍③，
然后便立即被父亲赶回农场。
他是所有劳动力中最出色的，
总是听见父亲这样说：

---

① 译文选自[古希腊]第欧根尼·拉尔修：《名哲言行录》，徐开来、溥林译，广西师范大学出版社，2010年，第263页。

② 即参加泛雅典节。

③ 指五年一度的泛雅典节。这是雅典人的全民节日，节日期间最隆重的场面是给雅典保护神雅典娜穿上由专门指定的妇女纺制的新袍和随后举行的祭仪游行。

“你给你自己耕田、耙地，插秧，收割，
这些劳作最后也是给你自己带来乐趣。”
在他父亲的生命离开了躯体之后，
他把农场卖了，用卖得的那笔钱
购买了一条船，装载量为15吨，
装载了商品航行到各处去出售，
直到赚得后来拥有的那些财富；
我也应该一如果可能一成为应该成为的人。

（汪兆祺辑录①）

Ⅳ. 24

【题解】

苏格拉底与友人讨论经营农业，友人指出应当谨慎勤勉劳作，通过垦荒使得土地变得肥沃，可以带来巨大收益。反映希腊人以勤勉从事农业为荣，农业也是主要财富来源。选译文献据洛布古典文库，色诺芬：《经济论》（Xenophon，*Oeconomicus*，XX. 21－24.）。

【译文】

“‘所以，这类坏事对于财产的损害要比单纯的缺乏知识严重得多。因为在财产方面的开支丝毫没有减少，而所做的工作却不足以在这种开支上得到利润；所以如果预期中的盈余变成亏损，那是无足为奇的。另一方面，对于一个小心谨慎、热心经营农业的人来说，没有比种地更能生利的事情了。我父亲教给我这句话，并且用他自己的实际行动来证实它。他从来不让我买已经耕种的很好的土地，而强迫我买由于原主懈怠或无能而未耕耘、未栽种过的土地。他总是说：“耕种得

① 译文选自[古罗马]普劳图斯：古罗马戏剧全集《普劳图斯》（中），王焕生译，吉林出版集团有限责任公司，2015年，第255—256页。

很好的土地代价大，而且不能再改进了。”他认为如果没有改进的余地，那么，从土地上就得不到很大的快乐，因为地产和牲畜都必须继续不断地一天比一天好以使人得到最大的满足。最大的改进无过于使一片荒野变成肥沃的田地了。我向你保证，苏格拉底，我们常常给一块土地增加上百倍的价值。这种办法里面有很多钱呢。’”

（汪兆祺辑录[①]）

Ⅳ. 25

【题解】

苏格拉底和贪图享乐的阿里斯提普斯[②]谈话。阿里斯提普斯想在政府谋职，苏格拉底劝说他自制（即认识自己）是政治家的必备资格，阿里斯提普斯却只想过悠闲的享乐生活。苏格拉底为证明自己的论点而叙述了普拉迪克斯[③]的寓言，其中谈到努力从事农牧业劳动以收获财富。选译文献据洛布古典文库，色诺芬：《回忆苏格拉底》（Xenophon，*Memorabilia*，II. I. 27 – 28.）。

【译文】

“但我不愿意先用一套好话来欺骗你：我要老老实实地把神明所规定的事情告诉你，因为神明所赐予人的一切美好的事物，没有一样是不需要辛苦努力就可以获得的。如果你想获得神明的宠爱，你必须向神明礼拜；如果你希望得到朋友的友爱，你就必须善待你的朋友；如果你想从一个城市获得尊荣，你就必须支援这个城市；如果你希冀因你的德行而获得全希腊的表扬，你就必须向全希腊做出有益的事情；

---

① 译文选自[古希腊]色诺芬：《经济论 雅典的收入》，张伯健、陆大年译，商务印书馆，1981年版，第62页。

② 阿里斯提普斯（Aristippus），约公元前435—前350年，昔兰尼哲学院创始人，苏格拉底的弟子，但其哲学观与苏格拉底相左，信奉“道德享乐主义”。

③ 普拉迪克斯（Prodicus），古希腊哲学家，是第一代诡辩家。他以开俄斯使者的身份来到雅典，以演说者和教师而著称。他在柏拉图的对话录中多以苏格拉底之友的形象出现。

如果你要土地给你带来丰盛的果实，你就必须耕耘这块土地；如果你决心想从羊群获得财富，你就必须好好照管羊群；如果你想通过战争而壮大起来，取得力量来解放你的朋友并制服你的敌人，你就必须向那些懂得战争的人学会战争的艺术并在实践中对它们作正确的运用；如果你要使身体强健，你就必须使身体成为心灵的仆人，用劳力出汗来训练它。”

（汪兆祺辑录①）

Ⅳ. 26

【题解】

在古希腊时代，医术是能够获得生计的技能之一。医生的职业道德也包括向其他从业者的子女传授医术技能，以防止其失去生活来源。希波克拉底认为，对于医生而言，有义务将自己从师父处学来的技艺，无偿地传授给其子女。选译文献据洛布古典文库，科斯的希波克拉底：《誓言》(Hippocrates of Cos, *The Oath*, 4－17.)。

【译文】

在传授技艺这件事情上，老师的地位与父母的地位相同，要将他看成是生命中的伴侣；当他需要钱的时候，要懂得将自己的钱拿出来与其分享。要把他的家人看成自己的同胞，也要能够将技艺传授给他们，如果他们想学的话，不可以收取费用，也不得签订合同。要向老师对你那样向他们传授戒律，心口相传，但是这些技能不能向他人外传。

（张子翔辑录）

① 译文选自[古希腊]色诺芬：《回忆苏格拉底》，吴永泉译，商务印书馆，1986年，第49页。

Ⅳ. 27

【题解】

古希腊渔业劳作包括围鱼、抓鱼等。另外，所用的生产工具也有很大区别，包括围鱼使用的筐、网、阱等，而抓鱼则使用三叉耙。抓鱼还有白天和夜间之分，夜间进行的渔猎活动叫作火渔，白天进行的渔猎活动叫作钩渔。选译文献据洛布古典文库，柏拉图：《智者篇》(Plato, *The Sophist*, 220A－221B.)。

【译文】

陌生人：生物猎捕也可分为两类：一类是猎取陆行的动物(这一类又分成许多类，有许多名称)，叫做陆上猎取术；另一类是猎取水居的动物，叫作水上猎取术？

泰阿泰德罗斯罗斯：对极了。

陌生人：水居动物中，一类是有翅能飞的，一类是常在水里的？

泰阿泰德罗斯罗斯：可不是？

陌生人：猎取有翅能飞的水居动物统称为捕禽术。

泰阿泰德罗斯罗斯：是的。

陌生人：凡猎取常在水里的动物，差不多一概称为捕鱼术。

泰阿泰德罗斯罗斯：是的。

陌生人：这种猎取不是又可分为两大类？

泰阿泰德罗斯罗斯：按什么分？

陌生人：按围网的办法和击打的办法分。

泰阿泰德罗斯罗斯：这是什么意思，如何分法？

陌生人：所有为了阻止和限制某个东西而用来包围的东西几乎都可命名为罗网。

泰阿泰德罗斯罗斯：的确。

陌生人：笼、网、套、簏以及类似这些，我们必须称之为罗网，除此还会有别的什么东西吗?

泰阿泰德罗斯罗斯:不会。

陌生人:我们可以把这种捕捉说成"网罗猎取术",或者类似某个说法。

泰阿泰德罗斯罗斯:可以。

陌生人:另一类:凡用钩和三叉耙扑取者,必须统称为抓渔术或击打式猎取;或者另有什么更好的名称,泰阿泰德罗斯?

泰阿泰德罗斯罗斯:让我们别在意名称,因为这个名称就够好了。

陌生人:一类:夜间在火光之下扑取者,我想渔夫们一致叫作火渔术。

泰阿泰德罗斯罗斯:完全对的。

陌生人:另一类是白天扑取者,用钩或三叉耙,三叉耙上也有钩,便统称为钩渔术。

泰阿泰德罗斯罗斯:是叫作这个。

陌生人:由上往下钩的,我想因为总是用三叉耙钩取,所以大家称之为三叉耙钩渔。

泰阿泰德罗斯罗斯:是有人这么称呼。

陌生人:其余只有一类了。

泰阿泰德罗斯罗斯:哪一类?

陌生人:这样的一类:不用三叉耙有由上往下扑中鱼身的任何部位;而用钩抛于水里,扑中鱼头与嘴,然后举竿向上拉之。这种方向相反的扑法应当叫作什么名称?

泰阿泰德罗斯罗斯:我们方才认为必须经过一番探讨的,现在似乎已告结束了。

陌生人:现在,关于"钩术",你我不仅就其名称达成了共识,而且充分地领会了这事情本身的定义。一切技艺中,一半是聚敛;聚敛中一半是强取;强取中,一半是猎取;猎取中,一半是生物猎;生物猎中,一半是水猎；水猎中，所有取于水底的部分都叫作捕鱼术；捕鱼术中，一半是抓鱼或击打捕鱼术；抓鱼中，一半是钩鱼术；钩鱼中，钩后由下往上拉的，名副其实叫作钩拉鱼术。它的名称跟行为本身相像，也就是当前所探寻的“钓术”。

泰阿泰德罗斯罗斯：这可完全弄清楚了。

陌生人：来吧，按照这个范例，让我们努力去发现智者：它究竟是什么。

（张子翔辑录[1]）

Ⅳ. 28

【题解】

波利比乌斯讨论新迦太基附近银矿的位置、生产方式、工人数量以及为罗马政府带来的收益。选译文献据洛布古典文库，波利比乌斯：《历史》(Polybius, *The Histories*, XXXIV.V.9.8 - 9.11.)。

【译文】

波利比乌斯在谈到新迦太基附近的银矿时说，这些银矿范围非常广阔，离该镇大约有 20 斯塔迪昂之遥，周长则有 400 斯塔迪昂。4 万名矿工生活在这里，在该时期，他们每天一共为罗马政府生产了 25000 德拉克马。更不用说矿井在其他方面的工作了，因为这是一个漫长的过程。他谈到，被溪流冲走的银矿块被压碎了，并且穿过筛子流入水中。然后再将沉积物粉碎和过滤，当水流失时，再进行第三次压碎。这项工作总共做了五次，经过第五次沉淀、铅被抽干之后即可生产纯白银。

（汪兆祺辑录）

---

① 译文选自[古希腊]柏拉图：《智者》，詹文杰译，商务印书馆，2011 年，第 9—11 页。

Ⅴ. 交换与市场

以市场为依托的经商和交换活动,如同农业、牧业、渔业一样,是获取财富的重要方式之一。城邦时期的贸易大致可分为海外贸易、陆上贸易和当地贸易等。智者等在传授知识的同时收取学费,同样被视为一种交换行为。

Ⅴ. 1

【题解】

为何有些人富足,有些人穷困甚至负债?这其中还应考虑到认认真真劳作的因素,不能偷懒。富足与贫穷也是好好工作与偷懒之间的差别。粮谷商人的利益得益于其对交换与市场的用心把握。选译文献据洛布古典文库,色诺芬:《经济论》(Xenophon, *The Oeconomicus*, ⅩⅩ.27-28.)。

【译文】

商人非常喜爱粮谷,一听到什么地方有丰收的消息,就会航海去寻找它;他们将度过爱琴海、黑海、西西里海;当他们得到尽可能多的东西以后,就带着这些东西漂洋过海。实际上他们把这些东西就装载在他们自己乘坐的船只里。当他们需要钱的时候,他们并不是无目的地随意在什么地方抛售他们的粮谷。而是把它运到他们听说粮谷最值钱、人民对于粮谷评价最高的地方去,在那里把它卖给这些人。

（解光云辑录[①]）

V.2

【题解】

梭伦曾经改革度量衡制。选译文献据洛布古典文库，亚里士多德：《雅典政制》（Aristotle, *The Athenian Constitution*, X. 1-3.）。

【译文】

梭伦在立法之前，他的民主改革是取消债务，而以后则是提高度量衡制和币制的标准。因为就在他的时代，标准变得比斐冬[②]的大，一个明那，原来重七十德拉克马，被扩大为整整一百。古代的标准钱币是两德拉克马值一个明那。梭伦又适应币制而制定衡制，一塔兰特重六十三明那，而斯塔提尔和其他衡制也按照这样增加三明那的比例，分别增加。

（王晓雨辑录[③]）

V.3

【题解】

普罗泰戈拉[④]擅长辩论，据称是第一个向学习辩论者收取学费的

---

① 译文选自[古希腊]色诺芬：《经济论 雅典的收入》，张伯健、陆大年译，商务印书馆，1981年，第63页。

② 大约在公元前7世纪，阿尔戈斯的僭主，其制定的币制和衡制标准曾经流行于大部分希腊地区。

③ 译文选自[古希腊]亚里士多德：《雅典政制》，日知、力野译，商务印书馆，1999年，第12—13页。

④ 普罗泰戈拉（Protagoras），公元前481—前411年，前苏格拉底哲学家，智者学派的主要代表人物，提出了著名观点"人是万物的尺度"，柏拉图把他列为诡辩家之一。他曾多次到达雅典，与民主派政治家伯里克利结为挚友，曾为意大利南部的雅典殖民地图里城制定过法典。一生旅居各地，收徒传授修辞和论辩知识。

人。选译文献据洛布古典文库，第欧根尼·拉尔修：《名哲言行录》(Diogenes Laertius, *Lives of Eminent Philosophers*, IX, 52.)。

【译文】

正因为该书的这一开头，他被驱逐出了雅典。他的著作被传令官从每个拥有它的人那里收缴，然后在广场加以焚毁。

他是第一个向学生索取一百明那学费的人，也第一个分析了动词时态的次序，强调抓住正确时机的重要性，他还第一个创设了辩论比赛，并向参与辩论的人传授辩论的诀窍。此外，他将思想本身抛在了一边，看重的只是言辞上的取胜，是他开启了时下还盛行着的这种浅薄论争的风气，以至于提蒙这样说他：

普罗泰戈拉，社交圈的能人，擅长论辩。

(汪兆祺辑录①)

Ⅴ.4

【题解】

奴隶作为财产被充公、拍卖较为常见。拍卖奴隶由公共事务官负责。拍卖奴隶的平均价格可能要低于市场价格。选译文献据R.梅格斯与D.刘易斯：《希腊历史铭文选》(Russell Meiggs & David Malcolm Lewis, *A Selection of Greek Historical Inscriptions to the End of the Fifth Century B.C.*, Clarendon Press, 1969, pp.241－247.)。

【译文】

科菲索多洛斯，比雷埃夫斯之侨民。

二德拉克马；一百六十五德拉克马：色雷斯女子②。

---

① 译文选自[古希腊]第欧根尼·拉尔修：《名哲言行录》，徐开来、溥林译，广西师范大学出版社，2010年，第459页。

② “二德拉克马”为第一栏，意指购买奴隶所应缴纳的税额；第二栏“一百六十五德拉克马”为奴隶的拍卖价；第三栏“色雷斯女子”为奴隶所属的地区和性别，下同。

一德拉克马又三奥波尔；一百三十五德拉克马：色雷斯女子。

[二]德拉克马；一百七十德拉克马：色雷斯男子。

二德拉克马又三奥波尔；二百四十德拉克马：叙洛斯男子。

[一]德拉克马又三奥波尔；一百零五德拉克马：卡里亚男子。

二德拉克马；一百六十一德拉克马：伊吕里亚男子。

二德拉克马又三奥波尔；二百二十德拉克马：色雷斯男子。

一德拉克马又三奥波尔；一百一十五德拉克马：色雷斯男子。

一德拉克马又三奥波尔；一百四十四德拉克马：西徐亚男子。

一德拉克马又三奥波尔；一百二十一德拉克马：伊吕里亚男子。

二德拉克马；一百五十三德拉克马：科尔基斯男子。

二德拉克马；一百七十四德拉克马：卡里亚儿童。

一德拉克马；七十二德拉克马：卡里亚幼儿。

[三]德拉克马又一奥波尔；三百零一德拉克马：叙洛斯男子。

[二]德拉克马；一百五十一德拉克马：迈利特内[男子或女子]。

一德拉克马；⊠⊠⊠⊠⊠□□[①]德拉克马又一奥波尔：吕底亚女子。

（解光云辑录[②]）

Ⅴ. 5

【题解】

与智者希庇亚的对话中，柏拉图谈到衡量智慧的标准是挣钱的能力。选译文献据洛布古典文库，柏拉图：《大希庇亚篇》(Plato, Volume IV. *Greater Hippias*, 283B.)。

① “⊠”为可辨识之字母个数的示意符号，一字母一个“⊠”，“□”为所能确定的缺失字母个数的示意符号，一字母一个“□”，下同。

② 译文选自张强译注：《古希腊铭文辑要》，中华书局，2018 年，第 124—125 页。

【译文】

苏格拉底：你智慧的证言确实令人肃然起敬，我们这个时代的智慧确实远远超过古人的智慧！按照你的解释，早先那些思想家确实跌落在无知的陷阱中，据说阿那克萨戈拉的命运和你的命运完全相反，他本来可以继承一大笔财产，但他竟然放弃了，这样做真是太愚蠢了。从前那些伟大人物也有类似的故事。我承认，你获得的成功是最好的证据，可以用来说明当今时代的智慧确实可以与从前那些时代的智慧相比，现在人们普遍认为聪明人必须为自己打算，衡量智慧与否的标准则是挣钱的能力。

（解光云辑录①）

Ⅴ.6

【题解】

关于金融投资与获利，阿里斯托克色诺斯②声称苏格拉底擅长投资本金来挣钱。③ 选译文献据洛布古典文库，第欧根尼·拉尔修：《名哲言行录》(Diogenes Laertius, *Lives of Eminent Philosophers*, II, 20.)。

【译文】

此外，按色诺芬的说法，三十僭主④禁止他教授论说技艺。阿里斯托芬在其喜剧中嘲讽他把差的理论弄得较好。犹如法弗里诺斯在其《历史杂记》(*Miscellaneous History*)中所说，苏格拉底和他的学生

---

① 译文选自[古希腊]柏拉图：《柏拉图全集》(第四卷)，王晓朝译，人民出版社，2003年，第27—28页。

② 阿里斯托克色诺斯(Aristoxenus)，约公元前375—前335年，古希腊哲学家，亚里士多德的学生，作品多涉及音乐、哲学及伦理。

③ 公元前470—前399年。

④ 公元前404年，雅典在伯罗奔尼撒战争中战败后被迫建立的亲斯巴达寡头政治，主要领袖是克里提亚斯和塞拉门尼斯，仅维持了八个月的统治。但他们的统治导致了5%的雅典人被杀、公民财产被没收，并流放了其他民主支持者。

埃斯基涅斯[①]是率先教授修辞学的人；伊多美纽斯在论苏格拉底学派的著作中，也持这种说法。而且，苏格拉底是第一个就生活主题展开论述的人，也是第一个受审并被判处死刑的哲学家。斯皮塔洛斯[②]的儿子阿里斯托克色诺斯说他很会赚钱：他先把本金投资出去，把利息一点点积累起来，然后花光利息，又放出本金。

（汪兆祺辑录[③]）

V.7

【题解】

亚里士多德谈到城邦粮食问题，强调进出口的重要性，认为不能冒犯与本城邦有贸易关系的城邦，贸易是雅典城邦财富的重要来源。选译文献据洛布古典文库，亚里士多德：《修辞术》（Aristotle, *Rhetoric*, I.IV. 11.）。

【译文】

关于粮食问题，演说者必须了解，多大量的开支足以维持城邦的生存，邦内自己生产或进口哪种粮食，哪些出口和进口是必需的，从而才能知道应同有关地方签订什么样的契约与合同。他必须清楚，有两种城邦不能冒犯：比本邦强大的城邦和在贸易往来有益于本邦的城邦。

（汪兆祺辑录[④]）

---

① 埃斯基涅斯（Aeschines），约公元前389—前314年，希腊政治家和阿提卡十大演说家之一。

② 斯皮塔洛斯（Spintharus），古希腊著名音乐家。

③ 译文选自［古希腊］第欧根尼·拉尔修：《名哲言行录》，徐开来、溥林译，广西师范大学出版社，2010年，第77页。

④ 译文选自［古希腊］亚里士多德：《修辞术》，颜一译，苗力田主编：《亚里士多德全集》（第九卷），中国人民大学出版社，1994年，第351页。

Ⅴ.8

【题解】

普劳图斯戏剧《商人》中的人物卡里努斯决心经商，在父亲资助下前往罗德岛售卖货物，成功赚了一大笔钱。[①] 选译文献据洛布古典文库，普劳图斯：《商人》（Plautus, *Mercator*, 80 - 97.）。

【译文】

卡里努斯：我看出了自己引起了父亲的反感
和憎恶，尽管我是应该令他喜欢，
于是让疯狂地陷入爱情的我坚定心灵，
声称我愿意去经商，如果父亲希望，
我决定抛弃爱情，只要能取悦他。
父亲感谢我，称赞我的天性；
很重视我跟随他经商的允诺。
他建造了快船，备办了许多货物，
把它们装上船，此外他还数了
一塔兰特银币亲手交给我；
派了个奴隶陪伴我，我早年孩提时
他是侍者，现在有如我的监护。
一切准备就绪，我们启航。
我们来到罗得斯岛，把运来的货物
像希望的那样全部出售一空。

① 卡里努斯父亲的弃农经商行为并非偶然。卡里努斯的祖父是典型的罗马农民，带领家人在乡间劳作，希望儿子继承父业，时代相袭。但卡里努斯父亲在他祖父去世后很快变卖地产，买船经商，并且要求自己儿子从商，这一情节符合当时罗马社会经济现状和发展趋势。当时罗马商人同时也是土地所有者，在郊外有田庄，包括输入贸易的商业掌握在大土地所有者手里，因为他们同时掌握了船舶运输，这是与希腊进行贸易的条件。

我获得了一大笔利润，远远超出
父亲对货物的估量，我从中分出
不小的一部分。

（汪兆祺辑录[①]）

Ⅴ.9

【题解】

苏格拉底讲述自己和希波克拉底[②]讨论关于普罗泰戈拉等智者的问题，认为智者如同出售粮食的批发商或零售商那样靠出售自己的知识来谋利，还认为购买知识的风险远大于购买粮食。选译文献据洛布古典文库，柏拉图：《普罗泰戈拉篇》(Plato, *Protagoras*, 313C－314B.)。

【译文】

苏格拉底："那么，希波克拉底，我们可以说智者真是一名批发或零售灵魂粮食的商人吗？我觉得智者就是这样的人。"

"但是，什么是灵魂的粮食？"

"可能就是灵魂要学习的东西，"我说道，"我们一定不要让智者在夸耀自己的货色时把我们给骗了，就像那些出售身体的粮食的批发商或零售商。这些商人并不知道他们提供的货物对身体是好还是坏，但在销售它们时不加区别地夸耀；那些购买粮食的人也不知道它们对身体是否有益，除非购买者正好是体育教练或医生。所以那些带着各种知识周游列邦的人也是这样，夸耀他们所销售的所有知识，把它们卖给需要这些知识的人。但是，我亲爱的希波克拉底，这些人中间也有一些人并不知道他们拿来出售的东西对灵魂是否有益，那些购买者也

---

① 译文选自[古罗马]普劳图斯：古罗马戏剧全集《普劳图斯》(中)，王焕生译，吉林出版集团有限责任公司，2015年，第256页。

② 希波克拉底(Hippocrates)，苏格拉底的朋友，阿波罗多洛斯之子。

不知道，除非他们中间正好有人是灵魂的医生。因此，如果你是一名识别好坏的专家，那么你向普罗泰戈拉或其他人购买知识是安全的；但若你不是专家，那么就得小心，因为你是在拿你最珍贵的东西作危险的赌博。你购买知识所冒的风险确实要比购买粮食大得多。如果你买了食物和饮料，那么你会从商店或铺子里把它们拿回家，在把它们吃下去或喝下去之前，你可以把它们储藏起来，然后向行家询问自己应当吃什么和喝什么，不应当吃什么和喝什么，应当吃多少，在什么时候吃，因此，真正的购买所冒的风险并不大。但是知识不能装在包裹里带走。你一旦付了钱，就得马上把它接受到灵魂中去。你离开的时候就已经学会了知识，要么大得其益，要么大受其害。”

（汪兆祺辑录①）

Ⅴ.10

【题解】

苏格拉底在与朋友的交谈中引用了普罗泰戈拉的言论。普罗泰格拉认为自己传授知识收取学费的行为是非常正当的。选译文献据洛布古典文库，柏拉图：《普罗泰戈拉篇》(Plato, *Protagoras*, 328B - 328C.)。

【译文】

苏格拉底：“我要宣布我就是这样的人，能比其他人更好地帮助一个人获得善良和高贵的品质，我完全配得上我收的那些学费，甚至认为应该收得更多，我的学生也这样认为。由于这个原因我采取这样的方式来接受我的报酬。任何人要来向我学，他可以支付我索取的费用，也可以去一座神庙，如果他愿意的话，发誓相信自己配得上我的教

① 译文选自[古希腊]柏拉图：《柏拉图全集》(第一卷)，王晓朝译，人民出版社，2002年，第434页。

导，把学费存在那里。”

（汪兆祺辑录[1]）

V. 11

【题解】

苏格拉底和阿尼图斯讨论美德是否可以学习时举例说，如果让美诺[2]去学习各类技艺，必须找各行各业的行家，其间也谈到各种行业教师都会向学生收取学费。选译文献据洛布古典文库，柏拉图：《美诺篇》(Plato, *Meno*, 90C－90E.)。

【译文】

苏格拉底：现在是另一个相关的问题。当我们说要使美诺成为一名医生应当把他送到医生那里去的时候，我们心里应该明白要送他去见懂行的人，而不是去见不懂行的人。这些并不懂行的人教人学手艺要收费，还声称无论谁愿意来学，他们都准备教他。是吗？

阿尼图斯：是的。

苏格拉底：对吹笛子和其他行当来说肯定也一样。如果你想使某人成为一名吹笛手，但又拒绝送他去见教这门技艺的人，拒绝付费，反而要去麻烦其他那些并不想做这方面的教师、不愿收学生的人，想从他们那里学到我们想要我们的青年学习的技艺，那么这样做是很愚蠢的。这样说不是非常合理吗？

（汪兆祺辑录[3]）

---

① 译文选自[古希腊]柏拉图：《柏拉图全集》(第一卷)，王晓朝译，人民出版社，2002 年，第 449 页。

② 美诺(Meno)，公元前 423—前 400 年，阿勒西得谟的儿子，帖撒利的政治人物，可能来自法萨卢斯。著名智者高尔吉亚的学生。以柏拉图写的同名对话和他作为色诺芬的《长征记》中领导不同希腊雇佣军的将军之一而闻名。

③ 译文选自[古希腊]柏拉图：《柏拉图全集》(第一卷)，王晓朝译，人民出版社，2002 年，第 523—524 页。

Ⅴ.12

【题解】

苏格拉底和阿尼图斯讨论学习美德的问题时指出，以普罗泰戈拉为代表的智者们传授美德知识并收取学费，认为他们是在腐蚀青年，并通过与建筑师、手工业者收入的对比，谴责智者们牟取暴利。选译文献据洛布古典文库，柏拉图：《美诺篇》(Plato，*Meno*，91B－91E.)。

【译文】

苏格拉底：……我们刚才说的话似乎表明应当把他送去见那些自称为美德教师的人，他们愿意为任何愿意来学的希腊人提供服务，并为他们提供的教育收取额定的学费。

……

苏格拉底：你在说什么，阿尼图斯？他们竟会如此不同，不仅不能像其他行业的人那样，用知识对他人托付给他们保管的东西行善，反而要糟蹋它们，并且还要厚颜无耻地为这种行为收费？我感到很难相信你。我只知道智者中有一位普罗泰戈拉，他当智者挣到的钱比一个像斐狄亚斯这样杰出的建筑师再加十个雕刻匠挣到的钱还要多。修鞋匠和裁缝，如果过了一个月还不能补好鞋子和衣服上的洞，甚至把它们弄得更破了，那么他很快就得饿死。而普罗泰戈拉在整个希腊招收学生40年，腐蚀他们，学生离开他时比刚来的时候还要坏，这确实令人难以置信。我相信他死的时候已近70岁，从事这个行业也已经有40年，从那时起到今天为止，他的声誉一直很高。除了普罗泰戈拉以外还有许多智者，有些在他之前，有些到现在还活着。照你看来，他们是在故意欺骗和败坏青年，还是并不明白自己在干些什么？这些极为能干的人这样做，是像有些人所认为的那样发疯了吗？

（汪兆祺辑录[①]）

Ⅴ. 13

【题解】

苏格拉底向克力同[②]讲述自己被欧绪德谟[③]和狄奥尼索多洛[④]兄弟的辩论技艺所折服，向二人表示钦佩并建议他们收取学费以传授知识，还提议自己和克力同及克利尼亚向他们学习，认为这种学习不妨碍挣钱。选译文献据洛布古典文库，柏拉图：《欧绪德谟篇》（Plato, *Euthydemus*, 303C; 304B.）。

【译文】

苏格拉底：……我自己也打算承认以前从未见过如此能干的人。他们的技艺完全征服了我，于是我开始赞扬他们，向他们表示祝贺。我说，噢，幸福的哥俩，你们真是神奇的天才！在如此短暂的时间里你们迅速地完成了这项艰巨的工作。

……如果我可以大胆地向你们提建议，那么请你们不要对公众讲话，否则他们可以学得很快而忘了对你们表示感谢。你们俩最好在私下里争论，如果需要第三个人在场，那么就让一个能向你们交学费的

---

① 译文选自[古希腊]柏拉图：《柏拉图全集》（第一卷），王晓朝译，人民出版社，2002年，第524—525页。

② 克力同（Crito），约公元前469—前4世纪，是一位雅典农学家和富翁。据说他十分仰慕苏格拉底的才智，在柏拉图和色诺芬的关于苏格拉底的著作中被描绘为苏格拉底的忠实的门徒。

③ 欧绪德谟（Euthydemus），常与兄弟狄奥尼索多洛作为对话者记载于柏拉图和色诺芬的著作中，生于开俄斯，曾作为殖民者到达图里伊，后被驱逐来到雅典。

④ 狄奥尼索多洛斯（Dionysodorus），约公元前430—前5世纪晚期或4世纪早期，希腊诡辩派哲学家，教授军事技艺和演说的教师，他和兄弟欧绪德谟常被记载于柏拉图和色诺芬的著作中。

人参加。我还要向你们的学生提出同样的建议,如果你们是谨慎的,那么决不要去和其他人争论,只能和你们的老师争论,或者在你们之间争论。欧绪德谟,物以稀为贵,而如品达所说,水是最好的,也是最贱的。我说道,如果你们愿意,请接受我和克利尼亚做你们的学生。

克力同,说完这番话没一会儿,我们就散去了。你肯定会和我们一起去接受那两个人的教育,你知道他们宣称能教任何愿意付学费的人,无论年纪与智力如何——任何人都欢迎,每个人都能轻易地学会他们那种能干的方法——为了你的利益,我还得特别强调,他们说过这种学习并不妨碍人们去挣钱。

(汪兆祺辑录①)

Ⅴ. 14

【题解】

阿里斯提普斯作为苏格拉底的弟子,曾经作为智者收取学费,还送钱给老师,招致老师和他人不满,但他认为收取学费是生活的必要之举。选译文献据洛布古典文库,第欧根尼·拉尔修:《名哲言行录》(Diogenes Laertius, *Lives of Eminent Philosophers*, II. 65, 72, 74.)。

【译文】

阿里斯提普斯按其出生而言,是昔兰尼人,但按照埃斯基涅斯的说法,苏格拉底的名声把他吸引去了雅典。如逍遥学派成员厄瑞索斯人斐尼阿斯所说,他做过智者,在苏格拉底的众多追随者中,他是索取学费并送钱给老师的第一人。有一次,他送给苏格拉底的二十明那给退了回来,苏格拉底声称,是他心中的那个灵异不允许他收钱;但实际

① 译文选自[古希腊]柏拉图:《柏拉图全集》(第二卷),王晓朝译,人民出版社,2003年,第50—51页。

上，是这次送钱惹他生了气。色诺芬与他的关系很不友好，因此，他在一篇谴责快乐的讨论中安排苏格拉底驳斥阿里斯提普斯。① 如我们已在别处所说明的，不仅忒俄多洛斯在其《论学派》中辱骂了他，柏拉图在《论灵魂》中也这样做了。②

……

他对他女儿阿勒特给予的最好建议，是教育她要鄙视过多的东西。当有人问他以什么方式教育儿子更好时，他回答："再没有比这种方式更好的了，即当他在剧场时，坐在那儿不像一块石头之上的石头。"有人把儿子送来跟他求学，他索要了500德拉克马的学费。那个人说："用这一大笔钱，我都能买一个奴隶了。"他回答："去买吧，这样你将拥有两个奴隶。"他说，他之所以向熟人索要银币，并不是为了他自己花费，而是为了让他们知道，应当把银币花在什么地方。当有人谴责他聘请修辞学家来处理案件时，他回答说："是啊，在我有宴会时，我会雇请厨师的。"

……

对于"尽管他是苏格拉底的学生，却在收取银币"这样的指责，他说："我的确收了学费，因为苏格拉底也这样做了，只不过当某些人给他送去谷物和酒时，他总是拿很少一点，把剩下的都退回去了。因为他有一些一流的雅典人做他的财务管理者，而我只有用银币买来的奴隶欧提赫德斯。"

（汪兆祺辑录③）

① 参见 Xenophon, *Memorabilia*, II.1.

② 参见 Plato, *Phaedo*, 59c.

③ 译文选自[古希腊]第欧根尼·拉尔修：《名哲言行录》，徐开来、溥林译，广西师范大学出版社，2010年，第99页；第101—102页。

Ⅴ. 15

【题解】

斯多葛学派哲学家们抨击伊壁鸠鲁，提及他通过教授文法赚取微薄报酬。选译文献据洛布古典文库，第欧根尼·拉尔修:《名哲言行录》(Diogenes Laertius, *Lives of Eminent Philosophers*, X. 4.)。

【译文】

攻击伊壁鸠鲁的人还有那些追随斯多葛主义者珀塞多尼俄斯的人，以及尼科拉俄斯、索提翁和哈利卡尔纳索斯的狄俄尼西俄斯；索提翁是在其《狄俄克勒斯的反驳》一书的第十二卷中做了这件事的，该书一共二十余卷。他们说他经常同他母亲一道四处转悠，到一些小村舍施行洁净仪式，还同其父亲一道通过教文法而赚取一点点微薄的报酬。

(汪兆祺辑录①)

Ⅴ. 16

【题解】

提蒙②擅长辩论，他作为智者讲学并收取学费，实现了名利双收，积累了丰厚财富。选译文献据洛布古典文库，第欧根尼·拉尔修:《名哲言行录》(Diogenes Laertius, *Lives of Eminent Philosophers*, IX. 109 - 110.)。

【译文】

尼西亚③人阿波罗尼德斯是我们当中的一员，他在献给提比略·

---

① 译文选自[古希腊]第欧根尼·拉尔修:《名哲言行录》，徐开来、溥林译，广西师范大学出版社，2010年，第490页。

② 提蒙(Timon)，约公元前320—前230年，皮洛主义哲学家、早期怀疑主义代表人物、皮洛的门徒，其著作大多轶失。

③ 尼西亚(Nicaea)，位于小亚细亚西部的一个城市。

恺撒的《讽刺诗评注》的第一卷中说,提蒙是提马尔科斯的儿子,弗利阿西奥斯人。他年轻时父母就死去,起初学习舞蹈,后来放弃了这一行当,前往麦加拉拜访斯提尔波。他在那儿待了一段时间,然后重返故里,并结了婚。后来他又携妻前往埃利斯拜访皮浪①,他一直待在那里直到他的孩子们降生。……他在加尔西顿②作为智者开课讲学,在赢得声望的同时也赚了许多钱。在积累了丰厚的家财后,他前往雅典,待在那里直到死,其间仅仅短时间前往过忒拜。

(汪兆祺辑录③)

Ⅴ. 17

【题解】

商人在雅典的地位可能取决于他对城邦的贡献,通过政策支持和给予荣誉的手段能够吸引更多的商人前往雅典进行贸易活动,这无疑有利于增加城邦和一些从事商业贸易活动的公民的财富。选译文献据洛布古典文库,色诺芬:《雅典的收入》(Xenophon, *Ways and Means*, Ⅲ.3－4.)。

【译文】

然而,如果我们对于商事法庭的法官奖励,奖励那些最公正和迅速解决争端的法官,从而使愿意出航的人不受阻碍,就会有更多的人愿意与我们贸易。也可以计划为商人和船主在剧院预留前排的座位,并热情款待他们,当他们的船舶运来高质量的产品时,他们可以有资格被认为是城邦的"恩人"。有了这些荣誉的前景,他们会把我们视为

---

① 皮浪(Pyrrho),约公元前360—前270年,被认为是第一位希腊怀疑论哲学家和皮浪主义的创始人,主张"不做任何决定,悬搁判断"。

② 位于小亚细亚的城市,与拜古庭隔海相望。

③ 译文选自[古希腊]第欧根尼·拉尔修:《名哲言行录》,徐开来、溥林译,广西师范大学出版社,2010年,第485—486页。

朋友,赶紧来我们这里赢得荣誉和利润。

(杨波辑录[①])

Ⅴ.18

【题解】

古希腊城邦存在多种商业形式以获得商业利益,城邦中有坐商和行商之别。智者被视为贩卖学问的人。智术是一种技艺贩卖术。选译文献据洛布古典文库,柏拉图:《智者篇》(Plato, *The Sophist*, 223C - 223D.)。

【译文】

陌生人:要不要说交易也有两种:一种礼物相往来,一种商贾相往来?

泰阿泰德罗斯:就这么说罢。

陌生人:可以说商贾也分为两部分。

泰阿泰德罗斯:怎么分?

陌生人:一方面,把自产者的技艺划分为"自营术";另一方面,把交易他人产品的技艺划分为"交易术"。

泰阿泰德罗斯:的确。

陌生人:贩卖中,几乎一半在本城里的,不是叫作坐商吗?

泰阿泰德罗斯:是的。

陌生人:此处买别处卖,从一个城市转到另一个城市,不是叫做行商吗?

泰阿泰德罗斯:可不是?

陌生人:我们是否觉察到在商贸术之中,通过交换现金的方式,

---

① 译文选自[古希腊]色诺芬:《经济论 雅典的收入》,张伯健、陆大年译,商务印书馆,1981年,第69页。

其中一个贩卖供养身体所用的东西,另一个贩卖供养灵魂和为灵魂所用的东西。

泰阿泰德罗斯:你这话的意思是什么?

陌生人:或许我们不认识灵魂方面的,但另一方面的你必定晓得。

泰阿泰德罗斯:对。

陌生人:让我们说,各种“文化-艺术”从一个城邦不断被购买到另一个城邦,从一个地方被运往另一个地方(并且被出售),如“绘画”和“魔术”,以及许多其他与灵魂相关的东西。它们有些迎合消遣之需,有些迎合严肃之需而被运送出售。这些运送者和出售者可以被正确地说成商人,就像那些食物和饮料的贩卖者。

泰阿泰德罗斯:说得非常正确。

陌生人:如果有人收购“学问”并从一个城邦到另一个城邦交易这些学问以赚取钱财,你岂不称呼他为同样的名称?

泰阿泰德罗斯:确实如此。

(张子翔辑录①)

Ⅴ. 19

【题解】

在柏拉图看来,智术也是古希腊人获得财富或钱财的手段之一。选译文献据洛布古典文库,柏拉图:《智者篇》(Plato, *The Sophist*, 221D－222A.)。

【译文】

陌生人:泰阿泰德罗斯,现在把我们所寻究的这一位认为不学无术,或者真是各方面的智者?

① 译文选自[古希腊]柏拉图:《智者》,詹文杰译,商务印书馆,2011年,第15—16页。

泰阿泰德罗斯：当然不无一技之长；我懂得你的意思：他名为智者，其名称去实甚远。

陌生人：似乎我们必须假定他有一种技艺。

泰阿泰德罗斯：到底这是什么技艺？

陌生人：我的上帝，咱们难道不晓得，这人同那人本是一丘之貉吗？

泰阿泰德罗斯：谁同谁？

陌生人：钩拉渔夫同智者。

泰阿泰德罗斯：怎么样？

陌生人：我觉得他们同是猎人。

泰阿泰德罗斯：后一个是什么猎人？关于钩拉渔夫，我们已经说过了。

陌生人：我们方才把所有猎取分为两部分：猎取水居者和陆行者。

泰阿泰德罗斯：是的。

陌生人：猎取水居的部分，我们已经探讨过；猎取陆行者，不曾加以分析，只提到种类繁多。

泰阿泰德罗斯：的确。

陌生人：由聚敛技艺起，到此为止，智者和钩拉渔夫同在一条路上。

泰阿泰德罗斯：他们俩似乎是的。

(张子翔辑录①)

Ⅴ. 20

【题解】

通过对智者与钩渔之人的类比，柏拉图进一步借陌生人之口阐明

① 译文选自[古希腊]柏拉图：《智者》，詹文杰译，商务印书馆，2011 年，第 11—12 页。

智术之人就是凭借演说技艺，获取钱财之人。选译文献据洛布古典文库，柏拉图：《智者篇》(Plato, *The Sophist*, 222D－223B.)。

【译文】

陌生人：法庭上的辩论、公开演讲、私人谈话、这些我们统称为说服术。

泰阿泰德罗斯：对的。

陌生人：说服术也可以说有两种。

泰阿泰德罗斯：哪两种？

陌生人：一种施于私下，一种施于公众。

泰阿泰德罗斯：的确出现了这两种不同类型。

陌生人：在私下猎取术中，其中一个是“酬金赚取术”，另一个是“礼物赠予术”，难道不是吗？

泰阿泰德罗斯：我不懂。

陌生人：你似乎从不注意到恋爱者怎样追求对方。

泰阿泰德罗斯：什么意思？

陌生人：他们不是不断地给所追求的对象送礼物吗？

泰阿泰德罗斯：你说得千真万确。

陌生人：把这种当作“爱的技艺”。

泰阿泰德罗斯：可以。

陌生人：在酬金赚取术当中，其中一个在交谈中取悦于人，用“快乐”作为诱饵，为他自己的生计而营取酬金。我认为，我们所有人都会断言它是“奉承术”或某种“娱悦术”。

泰阿泰德罗斯：可不是。

陌生人：与人讨论进德修身，而要求以钱帛为报的，这种不是应当另起一名吗？

泰阿泰德罗斯：当然。

陌生人：起个什么名称？你试说说。

泰阿泰德罗斯：明显得很。我想咱们已经发现智者是什么。这么说，我相信给他这个名称是适当的。

陌生人：根据此刻的话，泰阿泰德罗斯呀，智者是属于控制的、猎取的、猎取动物的、猎取陆上动物的、猎取驯服动物的、猎取人类的、通过说服来猎取的、私下里猎取的、赚取酬金的、宣称提供教育的专门技艺，它把富有和显贵的青年当作猎物——我们的论证得出的结论，它应该被称为“智术”。

（张子翔辑录①）

Ⅴ.21

【题解】

柏拉图在指出智者的聚财目的之后，又说这些人在进行争辩时并无“公正”“不公正”之分，目的单纯就是为了赚钱。进而，他对“智者”作出更加全面的定义，即智者与商贾，或其他掌握技艺之人无异，同样是将致富、敛财等作为唯一追求的目的。选译文献据洛布古典文库，柏拉图：《智者篇》(Plato, *The Sophist*, 225D－226A.)。

【译文】

陌生人：诡辩中，一类是费钱的，一类是赚钱的。

泰阿泰德罗斯：完全对。

陌生人：我们试说每类应得什么名称。

泰阿泰德罗斯：必须的。

陌生人：我觉得，由于这种消遣带来的快乐而疏忽自己的业务，并且这种谈话方式让许多听众不高兴，就我所知这没别的说法，就叫做“饶舌术”。

泰阿泰德罗斯：人们大致是这么说的。

---

① 译文选自[古希腊]柏拉图：《智者》，詹文杰译，商务印书馆，2011年，第13—14页。

陌生人：与此相反的、从私下的辩论中赚钱的那个类型，现在轮到你尝试把它说出来。

泰阿泰德罗斯：除了那个正在追访而要第四次再出现的神奇的怪人——智者——以外，还能另说其他答案而免于错误吗？

陌生人：没有了。显然，现在这个论证已经揭示：智者属于占有、竞争、战斗、论战、争论中辩论技艺当中赚钱的种类。

泰阿泰德罗斯：确实如此。

（张子翔辑录①）

Ⅴ. 22

【题解】

根据波利比乌斯《罗马史》记载，罗马与迦太基订立的第一个条约，对双方的贸易规则进行了规定。选译文献据洛布古典文库，波利比乌斯：《罗马史》(Polybius, *Histories* 3.22.1 - 26)。

【译文】

罗马与迦太基所订立的第一个条约是在布鲁图斯和赫拉提乌斯为执政官时订立的，他们是在驱逐国王之后的第一代执政官……

罗马与其同盟以及迦太基与其同盟将建立友好关系，条约如下：罗马与其同盟国，除了受到敌人打击或遭遇风暴之外，均不得航行驶入精灵海岬（迦太基东北部）之外的地区。他们中如有人被迫上岸，除必要的维修船只或为了仪式的目的外，不得购买或带走任何东西，且必须在五日内离开。

来进行贸易的人，除非有市民传令官在场，否则将会被推定为非商业性质的。而且在这种情况下，如果售卖发生在利比亚或撒丁岛，无论是售卖何物，其售价都将由国家向卖主做出担保。

---

① 译文选自[古希腊]柏拉图：《智者》，詹文杰译，商务印书馆，2011年，第19页。

如果罗马人来到西西里的迦太基行省，他将享有与其他人平等的权利。

（石庆波辑录）

Ⅴ. 23

【题解】

在西塞罗《论共和国》的谈话中，对陆地和临海地区建国的优劣有较多的叙述。临海城市在语言、制度和货物交换和交流的同时，经商和航海的欲望以及外来制度和习俗会深刻影响临海国家。选译文献据洛布古典文库，西塞罗：《论共和国》（Cicero, *On the Republic*, Ⅱ. 6.）。

【译文】

（小西比阿说）临海城市会发生风俗的堕落和蜕变，因为它们会接触他族的语言和制度，给它们送来的不仅有他国的货物，还有他国的习俗，从而使本国制度的各个方面不可能不发生变化。居住在这些城市的居民也不会留恋他们故有的居所，展翅翱翔的希望和想象力会把他们从家园引向远方，甚至他们即使身在故地，心灵早已远处游荡。事实上，不是什么别的东西比市民们的这种漫游和散居更有力地摧毁了早已摇摇欲坠的迦太基和科林斯，因为经商和航海的欲望使他们放弃了农作，荒废了习武。

此外，还会从海上得到许多会导致有害的奢侈的诱人物品，它们或是被抢夺来的，或是被运进来的。城市的优美条件本身便蕴含着许多可能导致铺张和懒散以满足人的欲望的诱惑因素。我刚才说的有关科林斯的话显然也完全适用于整个希腊。伯罗奔尼撒差不多完全被海包围，除了弗利阿西奥斯人①的居住地外，没有一处地方不临海。

---

① 居住于伯罗奔尼撒半岛东北部的阿尔戈斯内陆。

在伯罗奔尼撒地区之外，只有艾尼阿涅斯人、多利亚人和多洛佩斯人居住的远离大海。至于各希腊岛屿，我还需要说什么呢？它们被海波包围，差不多是海岛本身连同其国家制度和习俗一起在海中游泳。

我刚才谈的是古代希腊。至于说到希腊人在亚细亚、色雷斯、意大利、西西里和阿非利加建立的殖民地，除了马格涅西亚一地外，有哪一处不受海波的荡击？就这样，希腊人的地域看起来似乎是黏合在外族人的土地上，因为在这之前，除了伊托鲁里亚人和布匿人，他们一个是为了经商，另一个是为了海上劫掠，其他没哪个民族居住在海边。这就是由于我上面简单地谈到的海边城市的那些不足而在希腊发生的那些不幸和变化的原因。不过，这些不足中也包含着巨大的方便：不管是哪里生产的东西，都可以用船只运进你所居住的那座城市；同时，想把自己土地上生产的东西运往什么国家，也就可以运往什么国家。

（解光云辑录①）

① 译文选自[古罗马]西塞罗：《西塞罗文集》（政治学卷），王焕生译，中央编译出版社，2008年，第54—55页。

Ⅵ. 性别、婚姻与家庭

古希腊和罗马城邦的社会生活基本上以男性为中心，男、女社会地位具有不平等性，男性和女性之间的隔离、社会生活对女性的限制和排斥等，构成一幅幅丰富多彩的经济社会史图景。

Ⅵ. 1

【题解】

男人和女人的资质不同。选译文献据洛布古典文库，色诺芬:《经济论》(Xenophon，*The Oeconomicus*，Ⅶ.29－31.)。

【译文】

神分派给我们每一个人的责任，我们每一个人就必须努力把我们所担负的责任尽量做好。而且法律也认可这些责任，因为它把男人和女人结合在一起。神使男人和女人成为他们养育儿女的合作者，所以法律也指定他们为家庭的合作者。此外，法律还宣布男女双方各做神使他们各有所长的工作是光荣的。例如，对于女人来说，呆在家里要比住在田野里更光荣。但是对于男人来说，呆在家里就不如去照料外面的工作体面了。

(解光云辑录①)

① 译文选自[古希腊]色诺芬:《经济论 雅典的收入》，张伯健、陆大年译，商务印书馆，1981年，第25页。

Ⅵ. 2

【题解】

克力同向苏格拉底讲述自己在养育孩子方面的困惑，他试图娶贵族妇女给孩子们做继母，并且多挣钱以保障他们的生活。尽管他重视儿子的教育，但不知道如何让孩子们学习哲学。选译文献据洛布古典文库，柏拉图：《欧绪德谟篇》(Plato，*Euthydemus*，306D－306E.)。

【译文】

克力同：好，苏格拉底，你知道我老是跟你讲，我对自己的儿子感到困惑，不知该如何对待他们。我的小儿子还很小，但是克力托布洛斯已经长大成人，需要有人帮助他。事实上，每当我遇见你，我就想起自己所碰到的种种麻烦，全都是为了这个孩子，好比说找个出身高贵的妇女结婚给他们做后娘，多挣些钱让他们能够富裕。总之，要我放弃他们的教育在我看来简直是发疯。但是每当我看到这些自称能教育人的人，我就感到可怕。说实话，他们在我看来没有一个适宜做这项工作，所以我不知道如何让我的孩子去学哲学。

（汪兆祺辑录①）

Ⅵ. 3

【题解】

墨涅德谟斯②虽然出身高贵，但最初生活贫困，后来成为城邦统治者并与富有的女子结婚，拥有大量财富。墨涅德谟斯喜欢宴请宾客，但并不铺张浪费，聚餐十分节俭。选译文献据洛布古典文库，第欧根尼·拉尔修：《名哲言行录》(Diogenes Laertius，*Lives of Eminent*

---

① 译文选自[古希腊]柏拉图：《柏拉图全集》(第二卷)，王晓朝译，人民出版社，2003年版，第54页。

② 墨涅德谟斯(Menedemus)，活跃于公元前300年前后，犬儒学派哲学家。

Philosophers, II.139 - 140.)。

【译文】

他常以这样的方式会饮朋党:提前和两三个朋友吃完早餐,慢慢地等到天色渐晚,然后有人会召集那些已经到达的和已经自己用过餐的客人。如果有人来得太快,就会散散步,询问那些从屋子里走出来的人,桌上摆着什么,什么时间了。如果桌上只有蔬菜或咸鱼,他们就会离开;而如果有肉,他们则会走进屋子去。在夏天,每条长凳上都放着一块草席,冬天则放羊皮。客人带上自己的垫子。转圈轮饮的酒杯不会比一品脱的杯子大。餐后甜点是羽扇豆或黄豆,有时则是水果,如梨、石榴、浅黄色豆或干无花果。所有这些情况,都是吕科佛隆在他写的名为《墨涅德谟斯》的讽刺剧中告诉我们的,该剧本是对这位哲学家的颂词。下面是其中的一段:

吃过节俭的聚餐,一只小酒杯在他们中间审慎地转圈传递,甜点则是这训导者给他们乐于倾听的谈论。

(汪兆祺辑录①)

Ⅵ. 4

【题解】

墨涅克勒斯的首任妻子逝世后,迎娶了友人伊珀尼墨斯的女儿,两次婚姻均膝下无子,一段时间后两人离婚,她的两兄弟把她嫁给了伊利厄斯。后来墨涅克勒斯收养了伊珀尼墨斯的一个儿子作为养子,23年后,墨涅克勒斯去世,墨涅克勒斯的兄弟质疑收养的有效性,并宣称自己是逝者的近亲,应继承财产。墨涅克勒斯的养子请他的岳父菲

① 译文选自[古希腊]第欧根尼·拉尔修:《名哲言行录》,徐开来、溥林译,广西师范大学出版社,2010年,第133页。

洛尼德斯为证人[①]，墨涅克勒斯的兄弟随即起诉菲洛尼德斯作伪证，养子为此发表了本篇演说。其间演讲者提到，自己曾随伊菲克拉底(Iphicrates)在外邦服役，并在返回前有所积蓄，可见，对于一些公民而言，从军也是获取收入的一种手段。选译文献据德克萨斯大学古典希腊演说辞集(第 11 卷)，伊萨乌斯:《关于墨涅克勒斯的遗产》(Isaeus, *On the Estate of Menecles*, 2.6.)。[②]

【译文】

所以当我们安排好姐妹们的婚姻后，先生们，我们加入了军队，正值我们处于服兵役的年龄。我们随伊菲克拉底在色雷斯服役[③]，在那里我们证明了自己的价值，并在返回雅典前有所积蓄。此时我们年长一些的姐妹已生育有两个孩子，但是年轻一些的姐妹，即墨涅克勒斯的妻子，还没有孩子。

(杨波辑录)

Ⅵ. 5

【题解】

斯巴达制度，父亲可以凭个人意志分配遗产给子女；嫁女也可以凭个人意志为之选婿。因此，富家女常被嫁入富室，富室因得奁赠而更加富有，贫穷之家不易同富家婚配，或反而因陪嫁而更为贫困。雅典法规定，嗣女的取得遗产者必须在近亲间选择配偶，依照长幼亲疏

---

① 在雅典法律中，直系男性继承人(包括养子)可以在不经法庭审判的情况下自动继承遗产，如果有人对此向执政官表示反对(*diadikasia*)，直系继承人可以通过发表一份声明(*diamartyria*)阻止此行为，但是声明中要有证人(*martys*)来证明他的合法性。在这种情况下，反对者有权控诉证人作伪证，如果反对者败诉，直系继承人继承遗产，反之，继承人要放弃继承权。

② Isaeus, *On the Estate of Menecles*, The Oratory of Classical Greece Vol. 11, trans. Michael Edwards, Austin: University of Texas Press, 2007.

③ 公元前 383 年，伊菲克拉底率军前往色雷斯，支持柯提斯(Cotys)王子。

而选婿,不得任意出嫁于无关系的男子。克里特制度规定,奁赠不得超过遗给诸子各份财产的半数。斯巴达的习俗崇尚盛奁,致使本家本族常有丧失财产的现象出现,不利于男子的财产继承。因此,斯巴达城邦一度有不重生男而重生女的习俗。对于妇女的纵容,不仅直接养成她们的放逸习性而使全邦的政治结构陷于失调,而且又间接培育了贪婪这一恶德。斯巴达的贫富不均问题就是这样的典型,而且当地盛行奁赠的习俗,妇女由此成了邦内的大财主。选译文献据洛布古典文库,亚里士多德:《政治学》(Aristotle, *Politics*, Ⅱ.1270ª15－40.)。

【译文】

那里,有些人家产甚巨,而另一些人则颇为寒酸,从而土地渐渐为少数人所兼并。在这方面斯巴达的法制是有缺点的。立法者规定每一公民所有的土地都不得作任何买卖,这当然不错;但他同时又许可各人凭自己意愿将财产给予或遗传于任何个人——这在长期以后就形成全邦的财产不均,恰好和自由兼并的结果相同。事实上,全邦五分之二的土地归属于少数家族和一些妇女;斯巴达嗣女继承遗产的特别多,而且当地有盛行奁赠的习俗,于是她们成了邦内的大财主。奁赠实际上不是良法,最好是不给陪嫁,如果必需的话,也应限于少数或某些适当的财物。依照斯巴达的法律,一位公民可以把继承他产业的女儿嫁给任何或贫或富的男子;倘使在他死前女儿尚未出嫁而遗嘱又未经言明,这个女儿的合法保护人也可以把她嫁给他所选中的任何男子。

……斯巴达的立法者,希望族类繁衍,鼓励生育,曾经订有制度,凡已有三子的父亲可以免除服兵役,要是生有四子,就完全免除城邦的一切负担。鼓励增殖的律令实际上不利于财产的平衡:多子的人家,田地区分得更小,许多公民必然因此日益陷于贫困。

(解光云辑录①)

① 译文选自[古希腊]亚里士多德:《政治学》,吴寿彭译,商务印书馆,1997年,第85—87页。

Ⅵ. 6

【题解】

阿尔克西拉俄斯[①]家庭富裕，他为人慷慨，乐善好施，热心资助患病的友人、为他人募集捐款、不计较得失，同时也愿意花钱享受生活。选译文献据洛布古典文库，第欧根尼·拉尔修：《名哲言行录》(Diogenes Laertius，*Lives of Eminent Philosophers*，Ⅳ，37－38.)。

【译文】

在生活中，他则极为慷慨，随时乐意帮助他人，而且最不傲慢，以免使人觉得他是在施恩。例如，有一次他前往探访生病的克特西比俄斯[②]，了解他缺什么，还悄悄地在他枕头下面塞了一个钱袋。克特西比俄斯发现后，他说："这是阿尔克西拉俄斯开的玩笑。"但在其他场合，他送了克特西比俄斯 1000 德拉克马。

还有，他把阿卡狄亚人阿尔基阿斯介绍给尤美尼斯[③]，使他获得了很高地位的官职。由于他非常慷慨，最不吝啬钱财，所以他第一个参加了要花钱才能观看的演出；他最为渴望参加阿尔喀克拉特斯和卡里克拉特斯的演出，虽然费用很是昂贵，要一块黄金。他帮助过很多人，还为他们募集捐款。有一次，有人借他的银制餐具去招待朋友，后来再没还他，他也没向那个人要，就好像根本就没被借走似的。另一些人的说法则是，他是有意借出的，所以，当借者归还时，他就作为礼

---

① 阿尔克西拉俄斯(Arcesilaus)，约公元前 318—前 242 年，希腊哲学家，柏拉图哲学怀疑论主义创始人。

② 克特西比俄斯(Ctesibius)，大约生于公元前 300 年，生活于托勒密埃及的亚历山大里亚，希腊发明家、数学家。

③ 尤美尼斯(Eumenes Ⅰ)，小亚细亚帕加马统治者，菲勒泰洛斯的侄子和养子。公元前 261 年，他率军在吕底亚首都萨尔迪斯附近起义，打败了塞琉古国王安条克一世。尤美尼斯使得帕加马脱离塞琉古控制，并大大增加了他所控制的领土。

物送给了那人,因为那人很穷。他在彼塔涅[①]拥有充裕的家产,他的兄弟皮拉德斯从中送了很多东西给他。此外,菲勒泰洛斯的儿子尤美尼斯送给他大笔钱财,正因如此,尤美尼斯是同时代的国王中得到他赠送著作的唯一一位。

(汪兆祺辑录[②])

Ⅵ.7

【题解】

婚姻是公民的一种义务,拒绝结婚者将处以罚金。嫁妆和结婚喜宴必须按限定标准办。选译文献据洛布古典文库,柏拉图:《法律篇》(Plato, *Laws*, Ⅵ. 774B-775B.)。

【译文】

但若有任何人拒绝自愿地服从城邦的要求,疏离城邦,到了三十五岁还不结婚,那么如果他属于最富裕的等级,他每年要交纳一百德拉克马的罚金,第二等级的交纳七十德拉克马,第三等级的交纳六十德拉克马,第四等级的交纳三十德拉克马,这种罚金将会献给赫拉。拒绝或拖延交纳罚金的人要负上十倍于罚金的债务。收缴罚金的事务由这位女神(赫拉)的司库负责,他在非强制的情况下收缴,所有违法者都要当众交纳。这就是拒绝结婚者在金钱方面受到的惩罚。

……

接受或者提供嫁妆不得超过五十德拉克马的价值,或者不超过一个明那,或者不超过半个明那,最富裕的阶层不超过这个数目的两倍,如果超过这个标准提供或接受嫁妆,那么超过标准的部分应当献给赫拉和宙斯,这些神祇的司库要像我们说过的那位赫拉的司库那样强制收取罚

① 位于在小亚细亚西北部沿海地区的伊奥利斯的一个城镇。

② 译文选自[古希腊]第欧根尼·拉尔修:《名哲言行录》,徐开来、溥林译,广西师范大学出版社,2010年,第195页。

金,或在不强制的情况下让独身者从自己的私人钱袋把罚金交出来。

……

关于结婚喜宴,男女双方家庭邀请的朋友不能超过五人,亲戚也不能超过五人,喜宴开支要与家庭境况相称,最富裕等级的不能超过每人一明那,第二等级的是第一等级的一半,其他等级按照这个比例递减。服从这条法规将受到所有人的赞扬,不遵守这条法规的将由执法官给予惩处,把他们当作从来没有听到过缪斯婚礼之歌的乡巴佬。至于酗酒问题,这种情况除了在庆祝酒神节的宴会上会发生,其他场合不太会有,但对婚宴来说,酗酒毕竟是危险的,尤其是对要结婚的人。新郎和新娘最好是在头脑清醒的时候相见,因为他们此刻面临着人生道路的重大转折。

(解光云辑录①)

Ⅵ. 8

【题解】

普劳图斯的戏剧《凶宅》中的人物菲勒玛提恩和女仆斯卡发讨论菲洛拉切斯为其赎身之事,菲勒玛提恩表达对菲洛拉切斯的爱意和感激,斯卡发从中挑拨离间,认为菲洛拉切斯不知节俭,几乎败光家产。选译文献据洛布古典文库,普劳图斯:《凶宅》(Plautus, *The Haunted House*, 205 - 236.)。

【译文】

菲勒玛提恩:他花了自己的钱给我赎身,我认为我应该只听他的话。

菲洛拉切斯:(旁白)老天爷!这真是一个又聪明又纯洁的好姑娘;我真作对了,就是倾家荡产也情愿。

① 译文选自[古希腊]柏拉图:《柏拉图全集》(第三卷),王晓朝译,人民出版社,2003年,第530—531页。

……

斯卡发:你已经自由了,你已经得到你要求的东西。除非他爱你到底,不然他花掉那许多银子就白费了。

……

菲勒玛提恩:我现在已经称心如意。我应该同样爱他,就像我过去没有得到自由时候那样的爱他。

菲洛拉切斯:(旁白)上天见证,为了这句话,我情愿再一次给你赎身,同时把斯卡发弄死。

……

菲勒玛提恩:一个人能不能有收入,都看他的名誉怎么样;只要保持良好的名声,我就会有足够的钱用。

菲洛拉切斯:(旁白)真的,我就是卖掉我的亲爸爸,也不能让你受穷讨饭,只要我活在世上。

斯卡发:那些从前爱你的人以后会怎么样呢?

菲勒玛提恩:当他们看到我怎样报答我的恩人,他们就会更爱我。

菲洛拉切斯:(旁白,狂喜)我希望现在就听见我父亲去世的消息,那我就放弃全部家产,让她来承继。

斯卡发:反正他的财产就要花光了,白天晚上大吃大喝,也没有人注意节俭,简直是填鸭子。

(汪兆祺辑录①)

Ⅵ.9

【题解】

普劳图斯喜剧《吹牛的军人》中的人物佩里普勒克托墨努斯向普

① 译文选自[古罗马]普劳图斯等:《古罗马戏剧选》,杨宪益、杨周翰、王焕生译,人民文学出版社,2000年,第12—13页。

勒西克勒斯及其奴隶帕勒斯特里奥讲述自己对养育后代的看法，主张过着舒适的享乐生活，自己无需养育后代，并打算把遗产留给亲戚。选译文献据洛布古典文库，普劳图斯：《吹牛的军人》(Plautus, *The Braggart Warrior*, 701－715.)。

【译文】

帕勒斯特里奥：

真是神明保佑你！先生，你一旦

失去这种自由，你便很难恢复原先的日子。

普勒西克勒斯：

可是一个名门殷实之家的人生育儿女应该受称赞，

无论对家族或者对他本人都是理所当然的好事情。

佩里普勒克托墨努斯：

当我有许多亲属的时候，我又何必需要孩子？

我现在生活舒适幸福，如我希望和向往的那样。

我临死时会把财产遗赠亲人，在他们之间分配。

（咯咯笑）

天还没有亮，他们便来到，询问我夜里睡得好不好。

他们献祭时分给我的比给他们自己的还要多，

邀请我赴宴。他们请我去用早餐，用午餐。

若有谁给我的礼物最少，他会认为自己最不该

他们在送礼方面互相竞争，而我则心里明白：

他们对我的财产张大着嘴，才这样照顾我，馈赠我。

（汪兆祺辑录①）

① 译文选自[古罗马]普劳图斯：古罗马戏剧全集《普劳图斯》(中)，王焕生译，吉林出版集团有限责任公司，2015年，第395—396页。

Ⅵ. 10

【题解】

父亲死后,西庇阿行使对遗产的处分权。为了显示自己的慷慨,他将巨额遗产分给兄弟,并自己支付父亲葬礼上角斗士表演的演出费,这反映了罗马大贵族雄厚的财力。选译文献据洛布古典文库,波利比乌斯:《历史》(Polybius, *The Histories*, XXXI. IX. 28.1 - 28.5.)。

【译文】

两年后,当他的父亲埃米利乌斯去世,并把遗产时留给他和他的兄弟法比乌斯时,西庇阿再次以一种值得提及的高尚态度行事。埃米利乌斯没有孩子,因为他把他的几个儿子交给其他家庭收养,留下继承遗产的儿子都死了,因此他把自己的财产留给了西庇阿和法比乌斯。① 西庇阿知道他兄弟在附近,无论如何,为了使法比乌斯拥有一笔相当于他自己的财产,他把估计超过60塔兰特的全部遗产都让给了法比乌斯。这一点广为人知,他现在更加显眼地证明了他的慷慨。他兄弟想在父亲的葬礼上举行一场角斗士表演,但他自己没能力支付那笔巨额费用。西庇阿从自己的财产中贡献了一半。如果按照宏大的规模举办,这样一场演出的总费用就不少于30塔兰特。

(汪兆祺辑录)

---

① 昆图斯·法比乌斯·马克西姆斯·埃米利安努斯(Quintus Fabius Maximus Aemilianus),罗马政治家,曾任公元前145年的执政官。曾随生父参与第三次马其顿战争,并将胜利消息带回罗马。他是波利比乌斯的学生和保护人。

Ⅵ. 11

【题解】

在听取苏格拉底的建议后，阿里斯托哈斯借贷筹款并发动亲属从事劳动，家境开始好转，人们关系和睦。选译文献据洛布古典文库，色诺芬：《回忆苏格拉底》(Xenophon, *Memorabilia*, II. VII. 11 - 12.)。

【译文】

阿里斯托哈斯说，"的确，苏格拉底，我看你的忠告非常美好，过去我是不喜欢借钱的，因为知道当我把借来的钱花完的时候，我将无法偿还人家，但现在为了获得必要的资金以便开始工作起来，我想我是可以这样做的了"。

结果，必要的资金凑足了，羊毛也买来了。妇女们吃午饭的时候一边工作一边吃饭，只是在收工以后才吃晚饭。她们兴致勃勃，脸上不再带愁容了，过去的互相嫉视变成笑脸相迎了。她们热爱阿里斯托哈斯；把他当作自己的保护人，阿里斯托哈斯也因为她们有用而很爱她们。阿里斯托哈斯终于来到了苏格拉底跟前，把他家中的这种欢欣鼓舞的情况告诉了他。并说，妇女们认为遗憾的事，就是唯有他自己还在吃白饭。

(汪兆祺辑录①)

Ⅵ. 12

【题解】

埃斯基涅斯生活贫困，依靠向听众收取费用、写法庭辩词来谋生。选译文献据洛布古典文库，第欧根尼·拉尔修：《名哲言行录》(Diogenes Laertius, *Lives of Eminent Philosophers*, II. 61 - 63.)。

---

① 译文选自[古希腊]色诺芬：《回忆苏格拉底》，吴永泉译，商务印书馆，1986 年，第 77 页。

【译文】

……有些人说，由于贫穷，他去了西西里，到了狄俄尼西俄斯的宫廷。柏拉图没有注意到他，但他被阿里斯提普斯引荐了，因为贡献了某些对话而得到了狄俄尼西俄斯的礼品。后来他回到了雅典，但此时，由于柏拉图和阿里斯提普斯已声名鹊起，他没有勇气公开授课。他从听众那里收取费用，后来他为那些受到不公正伤害的人写法庭辩辞。正因如此，提蒙才这样谈到他："……或者埃斯基涅斯，他写的东西并非没有说服力。"人们说，苏格拉底在看到他深受贫穷困扰时，就劝说他通过节衣缩食的方式来向自己借钱。阿里斯提普斯也怀疑他的那些对话的真实性。有些人说，当阿里斯提普斯在麦加拉读到他的一篇对话时，用这样的话语作了嘲讽："你这个贼，是在哪里弄来这东西的？"

（汪兆祺辑录①）

Ⅵ. 13

【题解】

克拉特斯②为了投身犬儒哲学，散尽家财，过着艰苦朴素的生活；他和钱庄老板就处理财产问题定下协议。选译文献据洛布古典文库，第欧根尼·拉尔修：《名哲言行录》(Diogenes Laertius, *Lives of Eminent Philosophers*, Ⅵ. 87 - 88.)。

【译文】

他的鼎盛年在第113届奥林匹亚运动会期间。安提斯泰尼斯在

---

① 译文选自[古希腊]第欧根尼·拉尔修：《名哲言行录》，徐开来、溥林译，广西师范大学出版社，2010年，第97页。

② 克拉特斯(Crates)，约公元前368/365—前288/285年，忒拜犬儒学派哲学家，主张苦行禁欲，曾捐出自己的财产，在雅典街头过着贫困的生活。

其《师承》中说，有一次，当克拉特斯在一个悲剧中看见特勒福斯[①]提着个小篮子，完全一副悲惨相，他就决定投身到犬儒哲学中。他将他的全部家产变卖成钱——因为他出身名门，积攒了两百塔兰特，然后将它们分给了城邦的公民。他如此坚定地献身哲学，以至于喜剧诗人菲勒蒙[②]都提及过他，他这样写道：

> 他为了练习忍受各种艰苦，夏天披着粗糙的斗篷，冬天则衣衫褴褛。

而狄俄克勒斯则说，是第欧根尼说服克拉特斯抛弃家产和牧场，并将钱扔进大海。

他还说，克拉特斯的家曾被亚历山大所毁，就像希帕基娅[③]的家曾为腓力所毁一样。他的一些亲戚常去看他，尽力劝他改变主意，他就用他的棍子将他们赶走，依然坚定不移。

马格涅西亚的德米特里乌斯曾讲，克拉特斯将他的钱存在一个钱庄老板那里，并订下协议：如果他的孩子们长大后如普通人，就将钱归还给他们；如果他们成了哲学家，就将钱分给民众，因为如果他们从事哲学，将别无所需。

（汪兆祺辑录[④]）

Ⅵ. 14

【题解】

阿里斯托芬喜剧《马蜂》中的角色菲洛克里昂在宴会上调戏吹笛女，声称要娶其为妻，但当时他的财产受到儿子管控，不能肆意花费。

---

① 特勒福斯(Telephus)，赫拉克勒斯的儿子，密西亚王。

② 菲勒蒙(Philemon)，约公元前 362—前 262 年，雅典诗人，著名的新喜剧作家。

③ 希帕基娅(Hipparchia)，克拉特斯的妻子。

④ 译文选自[古希腊]第欧根尼·拉尔修：《名哲言行录》，徐开来、溥林译，广西师范大学出版社，2010 年，第 295—296 页。

选译文献据洛布古典文库，阿里斯托芬：《马蜂》(Aristophanes, *The Wasps*, 1341－1363.)。

【译文】

菲洛克里昂：……

(歌完)

(向吹笛女)

上这儿来，我的小金龟子！

抓住这根索子。

但要当心；它不牢，它老了……

不过，还经得起摩擦。

你看，正当酒友们要玩你的时候，

我巧妙地把你拖了出来。

因此你应当感激我的索子。

可是，我知道，你不但不会感谢，放我进来，

反而会欺骗我，讥笑我，

你曾经对许多别的老头子这样干过。

小猪婆，只要你不变成一个坏女人，

等我的儿子一死，我就

替你赎身，娶你做小老婆。

我现在还不能掌握自己的财产，

因为我还年轻，被看管得很紧。

我的儿子监视着我，他是那么吝啬，

恨不得把一个铜钱劈成两半使用。

他害怕我堕落放荡，

因为我是他唯一的父亲①。

---

① 此处是一句笑话，通常是儿子说："我是父亲唯一的儿子。"

他来了，好像是在跟踪咱们俩。
拿住这火把，快过来。
我要狠狠地挖苦他一顿，
正像他在我参加秘礼以前挖苦我那样。

（汪兆祺辑录①）

Ⅵ. 15

【题解】

阿里斯托芬喜剧《云》角色斯特瑞普西阿得斯命令儿子费狄庇得斯向苏格拉底学习诡辩术，并指责他无知、奢侈浪费，费狄庇得斯则认为父亲疯了，思考是否要提起诉讼、剥夺他的财产权。选译文献据洛布古典文库，阿里斯托芬：《云》（Aristophanes，*The Clouds*，832－846.）。

【译文】

费狄庇得斯：你怎么疯狂到这个地步，
竟相信了这些疯狂的人？
斯特瑞普西阿得斯：嘘！
别放肆侮辱这些有头脑的聪明人！
他们为节约起见，从来不剃发
抹油，从来不到澡堂里去洗澡；
而你呢，却当我是死了，
要把我的财产“洗”个干净。
——你快去代替我入学吧。
费狄庇得斯：我可以从他们那儿学得什么有用的知识？

① 译文选自[古希腊]阿里斯托芬：《阿里斯托芬喜剧》（上），《古希腊悲剧喜剧全集》，张竹明、王焕生译，译林出版社，2007年，第467—468页。

斯特瑞普西阿得斯：不是真的吗？你可以学得人们称之为智慧的一切。

你可以明白你自己多么无知缺乏教养。

你且在这儿等一会儿，我马上就回来。

（斯特瑞普西阿得斯进入左屋）

费狄庇得斯：（自语）

哎呀，我的爸爸疯了，怎么办呢？

到底是申报法庭说他疯了呢①，

还是通知棺材匠说他得了精神病？

（汪兆祺辑录②）

Ⅵ. 16

【题解】

阿里斯托芬喜剧《吕西斯特拉特》的角色雅典妇女吕西斯特拉特号召妇女们团结反对战争，占领卫城并打败男人们后，她们向男人要求掌管城邦金库，并且指出家庭里一直是妇女掌管财务。选译文献据洛布古典文库，阿里斯托芬：《吕西斯特拉特》（Aristophanes, *The Lysistrata*, 486 - 498.）。

【译文】

非常委员会成员：宙斯作证，你们说得很对，

我想问她们的首先就是，

（向众女）

你们为何要占据卫城，

① 一个儿子可能会提起诉讼，宣布他的父亲没有能力管理家务，可以剥夺他的财产支配权。参见 Plato, *The Laws*, 928D.

② 译文选自[古希腊]阿里斯托芬：《阿里斯托芬喜剧》（上），《古希腊悲剧喜剧全集》，张竹明、王焕生译，译林出版社，2007 年，第 302—303 页。

并把大门关得紧紧?

吕西斯特拉特:为了保存好所有金钱,不让你们沾手,

为了不再因金钱而发生战争。

非常委员会成员:什么! 难道你以为金钱是战争的根源?

吕西斯特拉特:一切荒唐都因金钱而起,这一点无可争议!

佩珊德罗斯①,还有其他当政者,

为了能积聚钱财,

总是想挑起人们相互仇视。

从现在起即便他们绞尽脑汁,

也休想再得到一分一厘!

非常委员会成员:你们想拿这些钱怎么办?

吕西斯特拉特:这话问得多奇怪。

这批金钱将由我们自己来掌管。

非常委员会成员:什么? 由你们掌管金钱?

吕西斯特拉特:理所当然,你何必大惊小怪!

家里的钱财不也一直是我们掌管?

非常委员会成员:那是另一回事,岂能混为一谈!

吕西斯特拉特:你说怎么不一样?

非常委员会成员:我们需要金钱是为了战争,亲爱的。

吕西斯特拉特:但你们根本不应该去作战!

非常委员会成员:不打战我们怎能保卫自己?

吕西斯特拉特:我们自会将你们拯救。

(汪兆祺辑录②)

---

① 为了私利而鼓吹战争的政治家,当时他正在策划推翻民主制度。

② 译文选自[古希腊]阿里斯托芬:《阿里斯托芬喜剧》(下),《古希腊悲剧喜剧全集》,张竹明、王焕生译,译林出版社,2007年,第195—197页。

Ⅵ. 17

【题解】

柏拉图在遗嘱中对自己拥有的两处地产、金银器具以及家奴等财产进行安排，并指定了遗嘱执行者。[1] 选译文献据洛布古典文库，第欧根尼·拉尔修：《名哲言行录》(Diogenes Laertius, *Lives of Eminent Philosophers*, III. 41 - 43.)。

【译文】

……他被葬在阿卡德米，在那里，他耗费了生命的大部分时光致力于哲学研究。正因如此，人们把他创立的这个学派称作阿卡德米学园。那里的所有学生都参加了他的葬礼游行。他以这种方式留下了遗嘱：

以下诸项是由柏拉图留下并安排处置的。在伊菲斯提亚德的地产，其界限北起于从克菲西亚神庙出来的道路，南起于伊菲斯提亚德的赫拉克勒斯神庙，东至弗勒阿里的阿尔赫斯特拉图的地产，西[2]到荷勒德的菲利珀斯的地产。任何人都不得将这块地出售和交换，到阿得曼托斯这个小孩有能力时，它将是他的。我还有一处地产，是从卡里马科斯那里买来的，在埃勒西德，其界限北起于穆里努斯的优普麦顿的地产，南起于克苏佩特的德谟斯特拉托斯的地产，东至穆里努斯的欧儒美冬的地产，西[3]至克菲索斯的地产。3明那银币。一个重165德拉克马的银质器皿；一个重45德拉克马的杯子；一个金质印环和耳饰，共重4德拉克马又3奥波儿。采石商欧几里德斯欠我3明那。我允许阿耳特米斯自由。我留下的家奴是：图孔、彼克塔斯、阿波罗尼阿

① 约公元前348年或前347年。
② 这里原文是“东”，但根据内容应译为“西”。
③ 同上。

德斯和狄俊尼西俄斯。衣饰器具……[1]都已登记在册，德米特里乌斯有抄本。我不欠任何人的任何东西。我托付的遗嘱执行人是勒俄斯特涅斯、斯彪西珀斯[2]、德米特里乌斯、赫格阿斯、欧儒美冬、卡里马科斯和忒拉希珀斯。

（汪兆祺辑录[3]）

Ⅵ. 18

【题解】

亚里士多德的遗嘱，指定了遗嘱受托人，安排了女儿的婚事及他人的事务，并且对金钱、仆人、房产等各项财产进行了详细地分配和安排。选译文献据洛布古典文库，第欧根尼·拉尔修：《名哲言行录》(Diogenes Laertius, *Lives of Eminent Philosophers*, V. 11 - 16.)。

【译文】

以上就是这位哲学家的生平。我碰巧发现了他的遗嘱，大致内容有如下述：

但愿一切安好，如若发生什么不测，亚里士多德已经作出如下一些安排。安提帕特[4]是遗嘱的受托人，总管一切事务；在尼卡诺尔[5]到来之前，阿里斯托美涅斯、提马尔科斯、希帕尔科斯、狄俄特勒斯和忒俄费拉斯托斯（假如他愿意并且可能的话）要照管我的孩子们、赫尔普莉丝和所遗财产。等我女儿长大后，她要嫁给尼卡诺尔；但如若在她成婚之前或虽已成婚但还没有生孩子之前，有什么不测降临在她身

---

① 原文有缺漏。

② 斯彪西珀斯(Speusippus)，约公元前 407—前 339 年，柏拉图之后的阿卡德米学园主持。

③ 译文选自[古希腊]第欧根尼·拉尔修：《名哲言行录》，徐开来、溥林译，广西师范大学出版社，2010 年，第 152—153 页。

④ 亚历山大麾下大将，亚里士多德与他私交很好。

⑤ 尼卡诺尔(Nicanor)，亚里士多德的姐夫和监护人（因为在亚里士多德才 13 岁时，其父母就去世了），普诺克塞洛斯的儿子。

上——但愿这样的事情不会发生——尼卡诺尔完全有权按照对他自己和对我们都合适的方式，处置这个孩子以及其他一切。尼卡诺尔要像父亲和兄长那样，以他认为对他们合适的方式，照顾我的这个女孩和男孩尼科马科斯。如若尼卡诺尔在和我这个女孩结婚之前或虽已成婚但还没有生孩子之前，有什么不测发生在他身上——但愿不会发生这样的事情——只要他作出过什么安排，都依然有效；如若泰奥弗拉斯托斯愿意和我这个女孩生活在一起，他将拥有如同我对尼卡诺尔许下的权利，如若他不愿意，各受托人要与安提帕特磋商，以看来是对孩子们最好的方式照料我的女孩和男孩。为纪念我以及赫尔普莉丝[①]对我产生的真挚感情，各受托人和尼卡诺尔要在其他一切方面照顾她。如若她想嫁人，要确保她所嫁之人不无价值。除了她以前已经得到的东西外，再从庄园的财产中拿出一塔兰特银子给她，以及，除了她身边拥有的女仆和男仆皮尔奈俄斯之外，再送给她她所喜欢的任意三个侍女；如果她愿意住在卡尔基斯，就把靠近花园的小屋给她；如果她要去斯塔吉拉，则把我父亲的房子送给她。无论她选择这两所房子中的哪一所，各受托人都要用他们认为很好的以及赫尔普莉丝本人认为适当的家具装备房屋。尼卡诺尔要照顾密尔谟克斯这个男孩，且应以一种与我相称的方式把他，连同我们收到的他自己的财产托付给他的朋友。要给安布拉基丝以自由，并且在我女儿成婚时，还要把五百德拉克马和她现在拥有的那名女仆给她。对于塔勒，除她现在拥有的买来的那名女仆外，再给她1000德拉克马和一个女仆。西蒙，除了以前付给他的涉及另一个仆童的银子之外，再为他买一个仆童，或者再给他一笔银子。在我女儿出嫁时，图孔、菲洛、厄吕姆匹俄斯和他的孩子应得到自由。服侍过我的所有仆童，一个都不能卖掉，而应当继续

---

① 赫尔普莉丝(Herpyllis)是亚里士多德在妻子死后的一个情人，两人育有一子尼科马科斯。

雇佣他们；当他们长到成年时，如果值得的话，就给他们自由。各受托人要注意，一旦我委托给格儒利翁雕刻的那些雕像完成，必须把它们竖立起来，这些雕像包括尼卡诺尔的、普洛克塞诺斯的（我是有意要雕刻他的这尊雕像），以及尼卡诺尔母亲的；也要竖起为阿利涅司托斯制作的半身像，以对他表示纪念，因为他死后绝嗣；还要把我母亲的雕像供奉到涅墨亚的得弥忒耳神庙，或者他们认为合适的其他地方。无论他们把我葬在何处，都要按照皮提阿丝本人的指示把她的骨灰安置在那里。为了兑现我代表他立下的誓言，在庆贺尼卡诺尔安全返回时，他们要在斯塔吉拉树立与他一样大小的石像，献给宙斯和雅典娜。

（汪兆祺辑录[1]）

Ⅵ. 19

【题解】

泰奥弗拉斯托斯[2]的遗嘱，指定了遗嘱受托人，对重建雕塑馆等事务进行了安排，并且对金钱、仆人、器物、房产等各项财产进行了详细地赠予和分配安排。选译文献据洛布古典文库，第欧根尼·拉尔修：《名哲言行录》(Diogenes Laertius, *Lives of Eminent Philosophers*, V. 51 - 57.)。

【译文】

我也发现了他的遗嘱，内容是以如下方式写成的：

但愿一切都好，但如若发生什么不测，我作出以下这些安排。我

---

① 译文选自[古希腊]第欧根尼·拉尔修：《名哲言行录》，徐开来、溥林译，广西师范大学出版社，2010 年，第 215—216 页。[古希腊]第欧根尼·拉尔修：《名哲言行录》(上)，马永翔、赵玉兰、祝和军、张志华译，吉林人民出版社，2011 年，第 256 页。

② 泰奥弗拉斯托斯(Theophrastus)，公元前 370—前 286 年，希腊哲学家，年轻时来到雅典，最初在柏拉图学园。柏拉图死后，他与亚里士多德结下友谊，当亚里士多德离开雅典后，泰奥弗拉斯托斯接管了学园，达 36 年之久。

把家乡[1]的所有财产遗赠予勒翁的儿子美兰特斯和潘克勒翁。我希望从我委托给希帕尔科斯处理的钱财中完成我的如下意愿。首先,完成缪斯女神雕像馆的重建工作,并进行另外的某种装饰,以使其更加雄伟和漂亮。其次,把亚里士多德的雕像安放到神庙中去,连同以前存放在神庙里的那些剩余祭品。再次,重建连接缪斯馆的小画廊,且要建得至少不比以前差;再把挂在上面的那些画有旅行家们所游国家地图的匾额放到下面的画廊中。此外,要整修祭坛,使它有着完美而雅致的外观。我也希望尼科马科斯的雕像能完成得和他本人一样大小。这尊雕像本身的钱我已付给普拉克西特勒斯,其余花费则需在上述钱财中支出。这尊雕像应立在受托人认为适当的地方。我还委托这些受托人执行我写下的其他安排。凡涉及神庙和祭品的事情都按这种方式安排。我把在斯塔吉拉的属于我的地产遗赠给卡利洛斯。我把全部书卷遗赠给涅疏斯。我把花园、散步长廊以及连接花园的房屋全都遗赠给我下面提及的这些朋友,只要他们愿意总在那里共同研究文学和哲学,既然不可能所有人老是住在一起。当然,任何人都不得转让这些财产或据为己有,而只是方便使用,就像公共庙宇一样,大家亲密友好地住在一起,只要恰当和公正就行。这个共同体的成员包括希帕尔科斯、涅琉斯、斯特拉托、卡利洛斯、德谟提谟斯、德马拉托斯、卡里斯特勒斯、美兰特斯、帕潘克勒翁、尼基珀斯。美特洛多洛斯和皮提阿丝的儿子亚里士多德只要愿意,也有权和他们在一起研究哲学,其中的年龄最长者要从各方面给他以关照,以使他最大限度地精通哲学。请把我埋葬在花园里看来最为适当的地方,不要在我的葬礼或纪念碑上过于破费钱财。根据以前的约定,在我死后,要让珀姆匹洛斯住在附近,负责看护神庙、纪念碑、花园和散步长廊,并像以前那样就其他事情发挥经管作用;而那些占有这些地方的人要照顾他的利

① 即伊勒索斯。

益。珀姆匹洛斯和忒瑞普特很久以前就已获得自由，他们也服侍了我很久；无论他们以前从我这里得到过什么，也无论他们自己挣得过什么，都应当从希帕尔科斯那里再资助他们2000德拉克马，这笔钱是我现在遗赠给他们的，而且，我也就此和美兰特斯、潘克勒翁谈过多次，他们全都表示了同意。我还把女仆索马塔勒斯赠给他们。在我的童奴中，我即刻给予墨隆、提蒙和帕尔美农以自由；但对马涅斯和卡里阿斯，则要他们在花园里继续待四年，一起在那儿工作，而且行为要没有失误，才能给予自由。至于我房间里的器物，按受托人认为合适的数目送给珀姆匹洛斯，剩下的都卖掉。我把卡利翁遗赠给德谟提谟斯，把多纳克斯赠给涅琉斯，但要把欧波伊俄斯卖掉。让希帕尔科斯给卡利洛斯支付3000德拉克马。如果我没有发现希帕尔科斯为美兰特斯和潘克勒翁以及以前为我提供过很大帮助，加之现在他又在个人事务中遇了海难，我本来是会指派美兰特斯和潘克勒翁与他一起来取走我的这些钱财的。但是，因为我发现对于他们来说要与他一起共同管理并不容易，所以我以为，让他们从希帕尔科斯那里得到一笔固定数目的钱更有好处，我让希帕尔科斯付给美兰特斯和潘克勒翁每人一个塔兰特，并让希帕尔科斯为各受托人提供资金，以在我所留遗嘱的各项开支到期时予以支付。希帕尔科斯只有在做完这些事情时，才会解脱对我担负的全部立约责任。如果希帕尔科斯在卡尔基斯以我的名义缴纳了什么，只由他本人承担。我让希帕尔科斯、涅琉斯、斯特拉托、卡利洛斯、德谟提谟斯、卡里斯特勒斯和克特萨尔荷斯做我的遗嘱受托人。本遗嘱一式三份，用泰奥弗拉斯托斯的印环封缄，其中一份由希帕尔科斯的儿子赫格希阿斯保存，见证人是帕勒留斯的卡里珀斯、优俄律谬斯的菲洛麦洛斯、呼巴德斯的吕桑德洛斯和来自阿罗伯克的菲洛。另一份由厄吕姆匹俄多洛斯保存，见证人与上相同。第三份由阿得曼托斯收存，送信人是儿子安德罗斯特涅斯，见证人是克勒俄布洛斯的儿子阿利涅司托斯、塔索斯人斐多的儿子吕希斯特拉托斯、朗泼撒克洛斯的阿尔克西拉俄斯的儿子斯特拉托、来自克拉梅的忒希珀斯的儿子忒希珀斯、厄庇克菲西亚的狄俄尼西俄斯的儿子狄俄斯库里德斯。

（汪兆祺辑录①）

Ⅵ. 20

【题解】

伊壁鸠鲁的遗嘱，指定了遗嘱受托人，并对房产、书籍、奴隶等各项财产的归属、分配及使用方式等进行了详细安排。选译文献据洛布古典文库，第欧根尼·拉尔修：《名哲言行录》(Diogenes Laertius, *Lives of Eminent Philosophers*, X.16 – 21.)。

【译文】

……他的遗嘱如下：

根据这份遗嘱我将我的全部财产赠给从巴特来的菲洛克拉特斯的儿子阿密诺马科斯②，和德米特里乌斯的儿子波塔谟斯的提谟克拉特斯；保存在美特若翁的赠予协定规定了他们两人各自应得的份额，条件是他们必须将花园及其所有属于花园的东西提供给阿格谟尔托斯的儿子，密提勒涅的赫尔马尔科斯③和那些追随他钻研哲学的人，以及他选定为继承者的那些人，让他们能在那里从事哲学研究，并依照哲学进行生活。我将我的花园永远托付给那些依照我的教导进行哲学研究的人，他们当尽其所能地协助阿密诺马科斯和提谟克拉特斯管理好花园里的生活，他们的后继者也当以最稳妥的方式看护好花

---

① 译文选自[古希腊]第欧根尼·拉尔修：《名哲言行录》，徐开来、溥林译，广西师范大学出版社，2010年，第231—234页。

② 阿密诺马科斯(Amynomachus)，活跃于公元前3世纪，他和提谟克拉特斯都是伊壁鸠鲁的遗产继承人，至于他们是否为伊壁鸠鲁学派成员尚不得知。

③ 赫尔马尔科斯(Hermarchus)，约公元前325—前250年，伊壁鸠鲁学派哲学家，伊壁鸠鲁之后的学派领袖，但其著作已经轶失。

园，就像那些随我进行哲学研究的前辈们所托付的后继者们一样。我在美里忒的那所房子，在赫尔马尔科斯的有生之年，阿密诺马科斯和提谟克拉特斯都要提供给他及跟随他一起进行哲学研究的人居住。

我所遗赠给阿密诺马科斯和提谟克拉特斯的那些财产所产生的收益，他们应善待之，要同赫尔马尔科斯相商量，做到物尽其用。要将其中的一部分用于祭奠我的父亲、母亲和兄弟；一部分用于我的诞辰纪念——那是每年阿提卡历第七月的第十天，以及每月第二十天所例行的哲学聚会，该聚会用来纪念我和美特洛多洛斯①。还要如我生前所做的那样，在阿提卡月的第六月②的海神节纪念我的兄弟们，在阿提卡月的第二月③纪念珀吕埃诺斯。

阿密诺马科斯和提谟克拉特斯要负责抚养美特洛多洛斯的儿子伊壁鸠鲁，和珀吕埃诺斯的儿子，直到他们长大同赫尔马尔科斯一起学习哲学和生活为止。同样，他们也要抚养美特洛多洛斯的女儿直至成年，如果那时她品行端正，且听从赫尔马尔科斯，那就将她许配给赫尔马尔科斯从那些随他一道学习哲学的人中所挑选的人。阿密诺马科斯和提谟克拉特斯在同赫尔马尔科斯相商后，每年还要从我遗产的收益中拿出他们认为合适的一部分赠给这对夫妇，以维持他们的生计。

阿密诺马科斯和提谟克拉特斯要让赫尔马尔科斯同他们一起成为遗产收益④的管理者，以便赫尔马尔科斯对每件事都能给予过问。这个人随我研究哲学到老，在我死后他就是那些随我研究哲学的人的领袖。至于我女儿的嫁妆，当她成年后，在征得赫尔马尔科斯的同意下，阿密诺马科斯和提谟克拉特斯根据当时条件的允许，从我财产的

① 这一习俗在学校里延续了几个世纪。参见 Cicero, *De Finibus*, II. 101.; Pliny, *Natural History*, xxxv. 5.

② 阿提卡月的第六月，相当于公历的 12 月下半月到 1 月上半月。

③ 阿提卡月的第二月，相当于公历的 8 月下半月到 9 月上半月。珀吕埃诺斯(Polyaenus)，约公元前 340—前 278 年，伊壁鸠鲁的朋友，数学家。

④ 这些资金是伊壁鸠鲁的朋友们筹集的。

收益中为她筹办。他们还要如我生前所做的那样，照顾尼卡诺尔。总之那些在哲学研究中以各自的方式给予我帮助的人，在各方面向我显示友谊并随我一道在哲学的道路上终老一生的人，我都会尽己所能地让他们避免陷入生活的困顿中。

我将我的所有书籍都赠予赫尔马尔科斯。

如果在美特洛多洛斯的孩子们成年以前赫尔马尔科斯就不幸死去，只要孩子们品行端正，阿密诺马科斯和提谟克拉特斯就要尽其可能地从我所留下的遗产的收益中，给他们提供各种生活之必需。阿密诺马科斯和提谟克拉特斯还要如我所安排的那样照料其余的一切，只要可能，每一件事都要贯彻实行。我给奴隶密斯、尼基阿斯和吕孔以自由，也给女奴斐德里翁以自由。

（汪兆祺辑录①）

Ⅵ. 21

【题解】

斯特拉托②的遗嘱，指定了遗嘱受托人，并且对金钱、仆人、器物等各项财产的赠予、分配和使用方式进行了详细安排。选译文献据洛布古典文库，第欧根尼·拉尔修：《名哲言行录》（Diogenes Laertius, *Lives of Eminent Philosophers*, V. 61－64.）。

【译文】

……还是回到这位自然学家。有一份他的遗嘱，内容如下：

若我遭遇什么不测，我作出下面一些安排。我屋子里的一切财产

① 译文选自［古希腊］第欧根尼·拉尔修：《名哲言行录》，徐开来、溥林译，广西师范大学出版社，2010年，第495—497页。

② 斯特拉托（Strato），逍遥派哲学家，也是泰奥弗拉斯托斯死后学园的继任者，公元前286—前268年任学园主持。他致力于自然科学的研究，并在亚里士多德的思想中增加了自然主义的元素，被誉为“自然学家”。

都留给拉姆普里翁和阿尔克西拉俄斯。我的各位受托人首先要用我在雅典的钱财安排我的葬礼，以及葬礼之后习俗要求做的那些事情，既不要奢侈也不能吝啬。按照遗嘱，我的受托人由下列人士组成：厄吕姆匹科斯、阿里斯特德斯、墨涅希格涅斯、希波克拉底、厄皮克拉特斯、高尔古洛斯、狄俄克勒斯、吕孔、阿塔尼斯。我把学校留给吕孔，既然其他人有些年龄较老，另一些事情太忙。但如果其他人愿意给他以帮助，那会很好。我遗赠给他的东西有：除我自己所写之外的一切书籍、餐厅里的所有器具，还有垫子和酒杯。各受托人要给厄皮克拉特斯 500 德拉克马，另经阿尔克西拉俄斯认可给他一个仆童。首先，拉姆普里翁和阿尔克西拉俄斯要取消代普斯代表伊奈俄斯所签订的协议。他既不欠拉姆普里翁的，也不欠拉姆普里翁继承人的任何债务，而是完全免除对整个合同的责任。其次，各受托人要给他 500 德拉克马银钱和一个仆童(经阿尔克西拉俄斯认可)，以便作为与我共担的许多劳苦以及给我的所有服侍的回报，使他足以维持自己的体面生活。我允许狄俄方托斯、狄俄克勒娅和阿布斯获得自由，把西米阿斯送给阿尔克西拉俄斯。我也允许德洛谟获得自由。一旦阿尔克西拉俄斯到达，伊奈俄斯就要和厄吕姆匹科斯、厄皮克拉特斯以及其他受托人一起，准备一份用于葬礼和其他习俗开支的账目。剩余的钱，阿尔克西拉俄斯要从厄吕姆匹科斯那里收回，但不要不分时间和场合去搅扰他。阿尔克西拉俄斯还要取消斯特拉托跟厄吕姆匹科斯和阿美尼阿斯签订的协议，这些协议由提萨谟诺斯的儿子菲洛克拉特斯保存。至于我的纪念碑，它要雕刻得如阿尔克西拉俄斯、厄吕姆匹科斯和吕孔所认可的那样。

(汪兆祺辑录①)

① 译文选自[古希腊]第欧根尼·拉尔修：《名哲言行录》，徐开来、溥林译，广西师范大学出版社，2010 年，第 236—237 页。

Ⅵ. 22

【题解】

斯特拉托的遗嘱，指定了遗嘱受托人，并且对金钱、仆人、器物和房产等各项财产的赠予、分配和使用方式进行了详细安排。选译文献据洛布古典文库，第欧根尼·拉尔修：《名哲言行录》（Diogenes Laertius, *Lives of Eminent Philosophers*, V. 69－74.）。

【译文】

我也遇到了这位哲学家的遗嘱，内容如下。

如果我挺不过眼下的这场疾病，我对我的财产作如下一些安排。我把我屋子里的所有东西都送给我的兄弟阿斯图阿那克斯和吕孔。我想，也应当从这些钱财中拿出一部分来清偿我在雅典的花销，无论是找人借的还是买的，并用于我的葬礼和其他习俗开支的费用。我把我在镇上和在埃吉那的财产送给吕孔，因为他取了和我一样的名字，而且长时间地跟我住在一起，我对他完全满意，甚至把他当做自己的儿子对待。我把漫步的长廊留给我的朋友中那些愿意使用它的人，留给布隆、卡利洛斯、阿里斯通、安菲翁、吕孔、普宋、阿里斯托马科斯、赫拉克勒俄斯、吕科美德斯和我的侄儿吕孔。他们要把它传给那种在他们看来会坚持学园的研究工作，并最有能力使其发扬光大的人。我的其他朋友应当带着对我和对这个地方的感恩之情相互帮助，携手合作。布隆和卡利洛斯要和他们的同事一起，经管我的葬礼和火化事宜，以使其既不吝啬也不奢侈。在我死后，吕孔要从我在埃吉那的橄榄林中把橄榄油转运过来，供给年轻人使用——只要他们需要，以这种合适的方式纪念我自己和给予我荣誉的人。他还要把我的雕像竖起来，地点选在与此情形相配的合适地方，要请狄俄方托斯和德米特里乌斯的儿子赫拉克勒德斯观察和帮助。吕孔离家后，要从我在镇里的财产中首先拿出一部分偿还给所有我从他们那儿借过东西的人。布隆和卡利洛斯要提供花在我的葬礼和其他习俗开支上的那笔钱。这笔钱,他们将从我遗赠给他们俩共用的房子中的钱得到补偿。他们也要酬谢医师帕希特米斯和美狄阿斯,因为他们给了我照顾,而且技艺高超,值得给予很高的报酬。我把一对色里克勒安杯子遗赠给卡利洛斯的孩子,遣赠给他妻子的是:一对罗底亚器皿、一块平滑地毯、一块两边都有绒毛的小地毡、一个沙发罩和剩下的两个最好的垫子,以此表明,只要我有报偿他们情意的东西,我并不是忘恩负义之徒。对于那些服侍过我的仆人,我的安排是这样的:我免除德米特里乌斯的赎金,给他过去已享有的自由,并遗赠给他 5 明那和一件外套、一件贴身长袍,以确保他有体面的生活,作为他为我付出的许多辛劳的回报。我也免除卡尔克同的克力同的赎金,并遗赠给他 4 明那。我也给米克洛斯以自由,而且吕孔要抚养他,并在从现在起以后的 6 年时间中教育他。我给卡瑞斯以自由,吕孔也要抚养他,我还遗赠给他 2 明那和我已确认的书籍。至于那些还未面世的书,我委托给卡利洛斯,以便他仔细审编。我给已经获得自由的苏洛斯 4 明那;至于美诺多拉,无论欠我什么债务,都予以免除。我给希拉拉 5 明那,以及一块两边都有绒毛的小地毡、两个垫子、一个沙发罩和她希望得到的任何一张床。我给予自由的还有米克洛斯的母亲、诺俄蒙、狄翁、忒翁、欧弗拉诺尔和赫尔米阿斯。阿伽同要继续服侍两年才能获得自由,轿夫厄斐里翁和珀塞多尼俄斯则要再服侍四年。我给德米特里乌斯、克力同和苏洛斯每人一张床及被褥之类,如要把这些东西拿出去,需要有吕孔认为合适的理由。之所以把这些东西给予他们,是为了使他们真切地完成各自的任务。关于我的墓地,如果吕孔愿意,就把我埋在这儿;如果他更想把我埋在家乡,也让他那样做。因为我相信,他对仪规的了解并不比我少。他安排好所有这些事情后,就有权支配赠予给他的财产了。本遗嘱的见证人是赫尔米俄涅的卡利洛斯、克俄斯的阿里斯通、派阿尼亚的优弗若里俄斯。

（汪兆祺辑录①）

Ⅵ. 23

【题解】

吕孔曾谈到，贫困少女因为缺少嫁妆②而成为父亲的沉重负担。选译文献据洛布古典文库，第欧根尼·拉尔修：《名哲言行录》(Diogenes Laertius, *Lives of Eminent Philosophers*, V. 65.)。

【译文】

斯特拉托的继任者是特洛阿斯③的阿斯图阿那克斯的儿子吕孔，这个人极善言辞，在教育孩子方面循序渐进，十分了得。因为他常说，羞耻心和对荣誉的热爱是孩子们的必要装备，犹如刺棒和笼头之于马。他的雄辩和声音的洪亮从下述事实可以表现出来：谈及一个贫穷的少女时，他是这样说的："对一位父亲来说，女孩是个沉重的负担，由于缺少嫁妆，她的充满青春活力的最佳年华就逝去了。"

（汪兆祺辑录④）

Ⅵ. 24

【题解】

根据罗马法有关规定，西庇阿必须履行父亲曾经的诺言，支付父

① 译文选自[古希腊]第欧根尼·拉尔修：《名哲言行录》，徐开来、溥林译，广西师范大学出版社，2010年，第240—242页。

② 嫁妆是缔结婚姻的必要基础，一般包括钱币、生活用品、奴隶、房产等。一位父亲或者法定监护人必须为女儿提供嫁妆，否则女子可能无法出嫁。

③ 特洛阿斯，小亚细亚西北部的一处多山的偏僻之地，其名称据说来源于这一整片地区都曾被特洛伊人统治。

④ 译文选自[古希腊]第欧根尼·拉尔修：《名哲言行录》，徐开来、溥林译，广西师范大学出版社，2010年，第238页。

亲的女儿们应得的嫁妆，西庇阿十分慷慨地提前兑现诺言，反映西庇阿家族此类贵族关于婚姻嫁妆的数额。选译文献据洛布古典文库，波利比乌斯：《历史》(Polybius, *The Histories*, XXXI. IX. 27. 1－27.5.)。

【译文】

他必须付给他养父的女儿——大西庇阿的女儿们一半的钱。她们的父亲答应给女儿每人五十塔兰特，他们的母亲在她们结婚的时候立刻把这一半给了她们的丈夫，但在她死后留下了另一半的欠款。因此，西庇阿不得不替他父亲的女儿们偿还这笔债。……根据罗马人的习惯，个人财产首先在十个月内移交。但是西庇阿立刻命令他的钱庄主在十个月内把全部二十五个月的钱都付给她们。十个月过后，两位女士的丈夫提比略·格拉古和西庇阿·纳西卡向钱庄主提出申请，问他是否收到了西庇阿关于那笔钱的命令。当钱庄主要求他们去领这笔钱，向他们每人转25塔兰特时，他们说他错了，因为根据法律，他们只应该得到三分之一而不是立即收回全部钱款。但是当钱庄主告诉他们这是西庇阿的命令时，他们不敢相信。

（汪兆祺辑录）

Ⅵ. 25

【题解】

普劳图斯戏剧《吹牛的军人》中的人物佩里普勒克托墨努斯向普勒西克勒斯和奴隶帕拉斯特里奥[①]讲述自己的婚姻观念，认为应当娶贤惠的妻子，并认为娶妻不慎会造成家庭开支过多。选译文献据洛布古典文库，普劳图斯：《吹牛的军人》(Plautus, *The Braggart Warrior*, 684－700.)。

① 戏剧角色，雅典青年伯雷希克勒斯的奴隶。

【译文】

佩里普勒克托墨努斯:
我发誓,获得自由的乐趣这会更为令人愉快。
帕勒斯特里奥:
先生,你既为自己,也为他人考虑。
佩里普勒克托墨努斯:
能够令人心满意足地娶个善良的妻子,那是件好事,
只要世上能找到这样的女人;难道我会把一个女人
娶回家,从不会对我这样说:"亲爱的,买点羊毛,
我给你织一件披逢,既柔软,又暖和,冬天作长袍,
使你不会感冒。"你肯定永远听不到妻子这样说,
而是公鸡还没有打鸣,她便会把我从睡梦中吵醒,
对我说:"好丈夫,给我女人节①赠送我母亲的礼物;
给我东西,我好招待人;给我东西,我好在弥涅尔瓦节②
送给女预言者,女圆梦者,女祭司,女占卜者。"
要是什么都不给,那会发生争吵,她会皱起眉头。
如果没有礼物,便不可能顺利地把织衣女打发走;
这时由于什么也没有得到,熨衣女也早就在生气;
接生婆也会向我索要,认为我给了她的东西太少。
怎么啦? 奶妈哺育你的家生奴隶,你却什么都不给?
正是妇女们的这些以及其他许多类似的花费,

---

① 3月1日已婚妇人为纪念马尔斯而举行的庆祝活动。
② 弥涅尔瓦是古罗马神话中的技艺女神,相当于古希腊神话中的雅典娜。弥涅尔瓦节于每年3月19日和6月13日举行。

使得我不想娶妻室，免得她们说那些话来折磨我。

（汪兆祺辑录①）

Ⅵ. 26

【题解】

赫拉克勒斯最后一次远行前曾把一块写字板留给妻子德阿涅拉，其中提及如果他不幸丧生，遗产应如何分配。选译文献据洛布古典文库，索福克勒斯：《特拉基斯少女》(Sophocles, *Trachiniae*, 160－168.)。

【译文】

德阿涅拉

（他曾多次外出冒险）去建立功勋而不像是去送死。

可是这次，像是一个临终之人那样，指示到

他的财产哪一部分归我，他的遗孀，用以维持生计，

以及他的儿子们如何划分

他的土地遗产；他还规定了日期，

说到了整整一年零三个月

从他离家出行后算起，

死亡一定会把他带走，或者，如果他得以幸存，

那么他从此往后都会过着无忧无虑的生活；

（杨波辑录）

Ⅵ. 27

【题解】

美狄亚抱怨婚姻关系的不平等，女方要付出相当数量的嫁妆却无

① 译文选自[古罗马]普劳图斯：古罗马戏剧全集《普劳图斯》（中），王焕生译，吉林出版集团有限责任公司，2015年，第394—395页

法挑选自己的夫君，且婚后女子无法反抗自己的丈夫。相比于困窘中帮助过他的美狄亚，伊阿宋最终倾心于能够带来财富和权势的科林斯公主。可见女性高贵的出身和高昂的嫁妆对男性的吸引力。选译文献据洛布古典文库，欧里庇得斯：《美狄亚》(Euripides, *Medea*, 230-237.)。

【译文】

美狄亚
在一切有生命有智慧的生物中，
我们女人是最不幸的，
首先，我们必须要用重金购买
一个丈夫——但是比这更糟糕的是，
他反而成了我们的主人！
这里还有可怕的风险——我们得到的这个主人
是邪恶的还是善良的？离婚？——于我们
是不名誉的：我们甚至不能拒绝一个追求者！①

(杨波辑录②)

Ⅵ. 28

【题解】

特洛伊被毁后，赫克托尔的妻子安德洛玛刻沦为战俘，成了阿基琉斯之子涅奥普托勒摩斯的女奴。两人育有一子名为摩洛索斯，然而涅奥普托勒摩斯的妻子，斯巴达国王墨涅拉奥斯之女赫尔弥奥涅认为自己被丈夫厌弃的原因正在于安德洛玛刻，企图杀害安德洛玛刻与她的儿子摩洛索斯。赫尔弥奥涅声称自己成婚时带来了昂贵的嫁妆，目

① 古希腊女子的丈夫是由其父母挑选的。

② 译文选自[古希腊]埃斯库罗斯等：《古希腊悲剧喜剧全集》(第四卷)，张竹明、王焕生译，译林出版社，2007年，第461—462页。

的是使自己享有更高的家庭地位。选译文献据洛布古典文库，欧里庇得斯：《安德洛玛刻》(Euripides，*Andromache*，147－153.)。

【译文】

赫尔弥奥涅
我头上戴着华丽的金冠，
身上穿着刺绣的华丽长袍，
来到这里：——它们不是
阿基琉斯或佩琉斯家的聘礼；
而是我从拉哥尼亚的斯巴达带来的，
我父亲墨涅拉奥斯赠予我的
昂贵的嫁妆，好让我的舌头不被束缚。

（杨波辑录）

Ⅵ. 29

【题解】

对于古希腊人来说，不论贫富，婚礼对他们而言都是一件大事。米南达笔下，尼克拉托斯为了女儿能够顺利出嫁，不顾妻子的反对，在市场上购买了只羊以作祭祀之用。此段材料表明，宗教对古希腊人的生活往往意义重大。每当在举办重要节日之前，他们都要祭拜神灵，以求平安和神的护佑。选译文献据洛布古典文库，米南达：《萨摩斯女子》(Menander，*The Woman from Samos*，399－404.)。

【译文】

尼克拉托斯[1]：按照习惯，把我现在牵着的这只羊
全部用来献祭，祭献何为男神和女神。

---

① 尼克拉托斯(Nikeratos)，米南达戏剧《萨摩斯女子》中摩斯赫昂的邻居。文中该场景记录的摩内容大致是，摩斯赫昂的父亲德摩阿斯原本准备为儿子迎娶尼克拉托斯的女儿普兰贡，故而尼克拉托斯从市场上购买了羊，以作为婚礼上的祭祀之用。

将把血用来祭献，胆囊、骨头都适宜，
肝脏很大，奥林波斯神明需要它们。
我会把这只羊切成小块，把他们分送
朋友们品尝，剩下的则属于我自己。

（张子翔辑录①）

Ⅵ. 30

【题解】

不论对于富裕还是贫困的人来说，婚礼都是值得投入金钱、花费金钱的大事。但是，婚礼的花费对于贫穷家庭而言，容易产生纷争。选译文献据洛布古典文库，米南达：《萨摩斯女子》（Menander, *The Woman from Samos*, 189－205.）。

【译文】

德摩阿斯：帕尔墨农②，帕尔墨农，
……花冠、各种祭品、芝麻蜜饼。
[你提上篮子]，快去市场，把这些东西
统统买回来。
帕尔墨农：买所有这些东西？德摩阿斯，
要是有人忘了给我——
德摩阿斯：快去，我告诉你。
再找个厨师。
帕尔墨农：还要找个厨师？那些东西
都需要买？

① 译文选自[古希腊]埃斯库罗斯等：《米南德喜剧》，《古希腊悲剧喜剧全集》，张竹明、王焕生译，译林出版社，2007年，第144页。
② 帕尔墨农（Parmenon），德摩阿斯的奴隶。

德摩阿斯:都需要买。

帕尔墨农:我带上钱就走。

(帕尔墨农不慌不忙地走进德摩阿斯的屋子,德摩阿斯发现尼克拉托斯仍然在场上。)

德摩阿斯:尼克拉托斯,你还没走?

尼克拉托斯:我先进屋去,
告诉妻子,让她把一切都准备好,
然后就立即去市场。

(尼克拉托斯离开进了自己的房子,帕尔墨农由屋内提着篮子上)

帕尔墨农:除了主人吩咐的,
我其他什么都不知道。我现在就努力
去办事情。

(帕尔墨农直着通往市场的入口,准备不紧不慢地向这走去。)

德摩阿斯:让尼克拉托斯去劝说妻子,
我不需要在这件事情上花时间,
费唇舌。
(对帕尔墨农)你怎么还在这里磨蹭?快去。

(帕尔墨农这才匆匆离去,尼克拉托斯从房间里出来,抱怨他同妻子的讨论。)

这妇人(一个劲地吵着挖苦我,)
还说"求求(你)",这到底是在干什么?
她怎么(这样了!)

(张子翔辑录①)

① 译文选自[古希腊]埃斯库罗斯等:《米南德喜剧》,《古希腊悲剧喜剧全集》,张竹明、王焕生译,译林出版社,2007 年,第 124—126 页。

Ⅵ. 31

【题解】

据恺撒的记载，高卢人的嫁奁钱财属于夫妻共有财产。选译文献据洛布古典文库，恺撒：《高卢战记》(Caesar, *The Gallic War*, Ⅵ.19.)。

【译文】

丈夫们不管从妻子那边接到多少作为嫁奁的钱财，计算过后，也在自己的财产中取出相等的一份，放在一起，所有这笔款子的出入，全都记在一本公账上，连利息也都积存在一起。两个人中谁死得迟，这笔双方共有的钱，连带一向积起来的利息，就都归他。丈夫对妻子们也像对他们的孩子们一样，有生杀大权。

(鲍红信辑录①)

Ⅵ. 32

【题解】

婚姻在讲求门当户对的同时，更应关注妻子的品行。迎娶善良的人，即使身份卑微，家庭也能收获幸福，反之，一个放荡的妻子虽门第高贵，却只能给家庭带来不幸，《埃勒克特拉》和《安德洛玛刻》作品中对此观点均有体现。在欧里庇得斯看来，相比于出身和财富，德性更为重要，比起富有却品行低劣的亲友，一个贫穷但是有德性的姻亲或朋友要好得多。选译文献据洛布古典文库，欧里庇得斯：《埃勒克特拉》(Euripides, *Electra*, 1097－1101.)；《安德洛玛刻》(Euripides, *Andromache*, 205－214; 632－642; 1279－1283)。

① 译文选自[古罗马]凯撒：《高卢战记》，任炳湘译，商务印书馆，2010年，第141页。

(1) Euripides, *Electra*, 1097－1101.

【译文】

埃勒克特拉
[不论谁看重财富和门第,如果娶了
一个放荡的妻子,都是蠢人:贤惠的妻子
虽然门第卑微,却比出身高贵的要好。
歌队
女人的婚姻全凭运气,因为我看到
人世间的婚姻,有的好运有的不幸。]①

(杨波辑录②)

(2) Euripides, *Andromache*, 205－214.

【译文】

安德洛玛刻
你得丈夫厌恶你,不是因为我的法术,
而是因为你本性上不是他何时的配偶。
媚药是有的——夫人啊,不是美貌
才能得到丈夫的好感,而是德性。
一生气你就说你的拉哥尼亚城邦
是一个伟大的城邦,而不把斯库罗斯放在眼里!
你炫耀你的财富,把墨涅拉奥斯
看得比阿基琉斯伟大:这正是你的丈夫憎恨你的原因。
一个女人即使嫁了一个卑微的丈夫,

① 有学者认为这部分是伪作,削弱了作品的戏剧性,主张删除。
② 译文选自[古希腊]埃斯库罗斯等:《古希腊悲剧喜剧全集》(第四卷),张竹明、王焕生译,译林出版社,2007年,第144页。

也应该知足，不应提出狂妄的要求。

（杨波辑录①）

（3）Euripides，*Andromache*，632－642.

【译文】

佩琉斯

现在你到我孙子家里来，趁他外出，
在他的家里制造灾难，无耻地想要
杀害一个不幸的女人和她的孩子？——这个孩子总有一天
会使你和你在家的女儿后悔的，
尽管他纯粹是个庶子。贫瘠土地
上的收获常常超过肥沃的泥土；
许多庶出的儿子胜于嫡子。
把你的女儿带走！对于一个凡人而言，
能得到一个贫穷但是有德的姻亲
或朋友，比得到一个富有的恶人做亲友好得多：——至于你，简直一无是处！

（杨波辑录②）

（4）Euripides，*Andromache*，1279－1283.

【译文】

佩琉斯

一切明智的人选择他的妻子，
或他孩子的伴侣，一定要找出身高贵者，
千万不要看中了一个坏的配偶，

① 译文选自[古希腊]埃斯库罗斯等：《古希腊悲剧喜剧全集》（第五卷），张竹明、王焕生译，译林出版社，2007年，第317—318页。

② 译文选自[古希腊]埃斯库罗斯等：《古希腊悲剧喜剧全集》（第五卷），张竹明、王焕生译，译林出版社，2007年，第342页。

即使她能给家里带来一份昂贵的嫁妆。

这样他们便不会从神那里得到灾祸。

(杨波辑录①)

Ⅵ. 33

【题解】

在色诺芬看来，对于家庭财产的保持，妻子和丈夫起着同样重要的作用。如果夫妻能够各司其事，家庭的财富就会增加。对于妻子而言，应该管理家什、合理地安排吃穿用度、照顾家庭的财产。选译文献据洛布古典文库，色诺芬:《经济论》(Xenophon, *The Oeconomicus*, Ⅲ.15.)。

【译文】

我认为妻子如果在家庭中是一个好的配偶，那么她对于家庭幸福的贡献和她的丈夫一样多；因为(一个家庭)的大部分收入是丈夫辛勤劳作的结果，但是对于支出的控制则大多由妻子掌控。如果他们各尽本分，财产就会增加；如果他们做得不好，财产就会损失。

(杨波辑录②)

Ⅵ. 34

【题解】

一个家庭的贫富和男女主人是否善于管理家业密切相关，这一点也是色诺芬所强调的。财产规模较小的雅典公民也会把一定数量的收成投入市场换成钱币后购买其他东西，这在一定程度上反映了雅典市场贸易的繁荣，也是雅典人“家政术”的一部分，是普通家庭维持生

① 译文选自[古希腊]埃斯库罗斯等:《古希腊悲剧喜剧全集》(第五卷)，张竹明、王焕生译，译林出版社，2007年，第378页。

② 译文选自[古希腊]色诺芬:《经济论 雅典的收入》，张伯健、陆大年译，商务印书馆，1981年，第12页。

计的有效手段。选译文献据洛布古典文库,亚里士多德:《家政学》(Aristotle, *Oeconomica*, $1344^{b}31-34$; $1345^{a}7-9$.)。

【译文】

为了安全地保管我们的财产,我们应该采取波斯人或者拉哥尼亚人的方法。雅典人的家政术也是有一些益处的。雅典人会立即用他们销售产品的收益购买别的东西,且在较小的家业中也无需设置储存室。……男主人和女主人都应该按照自己的分工来监督检查不同的家务劳作事务。对于家业比较小的家庭,这种检查偶尔进行即可,在雇佣监工劳作的情况下则要时常进行检查。

(杨波辑录①)

Ⅵ. 35

【题解】

墨涅克勒斯收养了伊珀尼墨斯的一个儿子作为养子继承人,23年后,墨涅克勒斯去世,墨涅克勒斯的兄弟质疑收养的有效性,并宣称自己是逝者的近亲,应继承财产。墨涅克勒斯的养子请他的岳父菲洛尼德斯为证人,墨涅克勒斯的兄弟随即起诉菲洛尼德斯作伪证,养子为此发表了本篇演说。控方认为墨涅克勒斯是在"女人的影响下收养的养子",应判无效。② 发言人主要就此进行了驳斥,并探讨了控方的动机。发言人在说明自己被墨涅克勒斯收养时,他的姐妹已改嫁并生育有两个儿子,提到了嫁妆价值。选译文献据德克萨斯大学古典希腊演说辞集(第11卷),伊萨乌斯:《关于墨涅克勒斯的遗产》(Isaeus, *On*

---

① 译文选自[古希腊]亚里士多德:《亚里士多德全集》(第九卷),崔延强、李秋零译,人民大学出版社,1994年,第295—296页。

② 根据梭伦的一条法律,收养养子的行为在以下三种情况下不成立:一、收养人精神错乱;二、收养人年老糊涂;三、收养人在女人的影响下收养养子。参见 Isaeus, *On the Estate of Menecles*, 2.1. Arist., *Ath. Pol.*, 35.2. Dem., 46.14.

the Estate of Menecles, Vol.11.2.3 – 5.)①。

【译文】

先生们，我的父亲阿卡奈的伊珀尼墨斯是墨涅克勒斯的朋友和知己，两人十分亲密。他有四个孩子，两个儿子和两个女儿。父亲去世后，我们把年长一些的姐妹嫁给了卢科劳弗斯，在她年龄适当的时候，嫁妆是20明那。四、五年后，我们年幼一些的姐妹到了结婚年龄，此时墨涅克勒斯的第一任妻子已经去世了。当他按照惯例举行葬礼时，他向我们的姐妹求婚，提醒我们他和我们父亲之间的友谊，以及他对我们的友好感情。我们知道，把她嫁给其他任何人父亲都不会更乐意，因此我们把她嫁给了他。并非像我的对手说的那样，没有任何嫁妆，而是出了与年长一些的姐妹出嫁时同样数量的嫁妆；这样，我们就不再是他的朋友，而是他的亲戚了。首先，我想提出以下证人陈述，墨涅克勒斯确实从我姐妹那里收到了20明那的嫁妆。

（杨波辑录）

Ⅵ. 36

【题解】

在《关于皮洛士的遗产》中，演讲人论证菲勒并非皮洛士的合法女儿的另一重点在于，菲勒的母亲并非皮洛士的合法妻子，其中一条论据就在于富有的皮洛士成婚后，并没有按照习俗在其所属德莫举办宴席。选译文献据德克萨斯大学古典希腊演说辞集（第11卷），伊萨乌斯：《关于皮洛士的遗产》（Isaeus, *On the Estate of Pyrrhus*, Vol.11.3.80.）。②

---

① Isaeus, *On the Estate of Menecles*, The Oratory of Classical Greece Vol. 11, trans. Michael Edwards, Austin: University of Texas Press, 2007.

② Ibid.

【译文】

在他的德莫，由于他所拥有的财产价值3塔兰特，如果他已经结婚了，他将不得不代表他已婚的妻子在忒斯摩福瑞亚节为妇女们举办宴席，并在他所属的德莫代她履行一些其他的公共服务，因为拥有如此规模财产的人有义务这样做。但是很明显，这些事从未发生过。他的胞族成员可以向你们证明；现在请把他同德莫成员的证词也拿出来。

（杨波辑录）

Ⅵ. 37

【题解】

古希腊私生子的社会经济地位十分低下。据米南达记载，在摩斯赫昂离家之后，他未娶进门的萨摩斯女人居然怀孕了，父亲德摩阿斯于是便要求将这女人和私生子赶出家去，并认为私生子如同奴隶一样。选译文献据米南达：《萨摩斯女人》(Menander，*The Woman from Samos*，139－143.)。

【译文】

摩斯赫昂

请阿波罗佐证，我是认真说的。

因为在我看来，出身不是区分人的条件，

如果有人公正地做判断，那么高尚之人

应是合法全权的，邪恶之徒应是私生的

和奴隶。

（杨波辑录①）

① 博德默纸莎草143a左页的被撕掉或者减掉，但是其他纸莎草保存了此后12行的开头(143b－143m)，这些内容显示摩斯赫昂和德摩阿斯明显还继续着有关克里西斯和她孩子的对话。但是每一段的内容都太少了，没办法完整呈现这一论点的主旨。

Ⅵ. 38

【题解】

古希腊女性在婚嫁方面经常得不到应有的尊重，她们会像“奖品”一样被赠送给别人，成为男人之间可以交换、相互赠送的财物。选译文献据洛布古典文库，埃斯库罗斯：《乞援人》（Aeschylus, *Suppliants*, 1024 - 1033.）。

【译文】

歌唱多子女的河流，
把甘露洒遍整个国家，
用饱含生机的水流灌溉
辽阔大地的肥田沃土。
愿圣洁的阿尔忒弥斯①
保护这群哀戚的女子，
愿库特瑞拉不强婚嫁，
愿这种奖励只能在阴间获得！②

（张子翔辑录③）

Ⅵ. 39

【题解】

古希腊社会中男、女之间存在着极为不平等的财产关系，以及男尊女卑的社会关系。据米南达记述，狠心的德摩阿斯将自己的错误完全嫁祸给赫律西斯，而且，作为富人阶层，还不愿意对这对母子负担哪

① 阿尔忒弥斯（Artemis），古希腊神话中的狩猎女神。

② 意为不要成为不幸的奖品。

③ 译文选自[古希腊]埃斯库罗斯等：《埃斯库罗斯悲剧》，张竹明、王焕生译，《古希腊悲剧喜剧全集》，译林出版社，2007年，第67—68页。

怕一点点责任，尽管最终还是给了赫律西斯一些女奴，但还是污蔑这个萨摩斯女人是为了钱财来到他家的。选译文献据洛布古典文库，米南达：《萨摩斯女人》(Menander, *The Woman from Samos*, 376 - 383.)。

【译文】

德摩阿斯：显然你不喜欢财富。

赫律西斯：我不喜欢财富？你这话什么意思？

德摩阿斯：然而当你来我们家时

你穿着极细薄的抹布衣服，赫律西斯，

你明白吗？

赫律西斯：那又怎么啦？

德摩阿斯：那时你需要我。

你当时处境不妙。

赫律西斯：我现在需要谁？

德摩阿斯：别啰嗦。

带上你所有的东西。我把这些女奴

也都给你，赫律西斯，你现在就离开

这个家。

(张子翔辑录①)

Ⅵ. 40

【题解】

德谟克利特分得 100 多塔兰特现金的家产，并将之用于外出旅行。选译文献据洛布古典文库，第欧根尼·拉尔修：《名哲言行录》(Diogenes Laertius, *Lives of Eminent Philosophers*, IX. 35 - 36.)。

---

① 译文选自[古希腊]埃斯库罗斯等：《米南德喜剧》，《古希腊悲剧喜剧全集》，张竹明、王焕生译，译林出版社，2007 年，第 141—142 页。

【译文】

……据德米特里乌斯在《同名人》中和安提斯泰尼斯[1]在《师承》中所说，他曾前往埃及向那里的祭司学习几何学，也曾前往波斯拜访迦勒底人，并抵达过红海。一些人说，他还同印度的裸体派哲学家[2]相熟，并前往过埃塞俄比亚。作为三兄弟之一，他也分得了家产。许多人说，他选择的是较少的那部分——它们是现金，因为他外出旅行需要钱；而他的那两位兄弟也狡诈地猜到了这一点。德米特里乌斯说他分得了一百多塔兰特，并花得干干净净。

（汪兆祺辑录[3]）

Ⅵ. 41

【题解】

李维笔下富有戏剧性地描述了罗慕洛斯统治时期，几乎只由男性公民组成的团体劫持萨宾妇女。罗马人希望把血统和种族与人融合在一起，传宗接代，让罗马的伟大代代相传。但当时罗马国家缺少妇女。选译文献据洛布古典文库，李维：《建城以来史》(Livy, *From the Founding of the City*, Book I. Ⅸ. 1－5.)。

【译文】

罗马国家已如此强大，在战争中可与任何邻邦抗衡；但是，由于缺少妇女，他们的伟大只能持续一代之久；因为城内既没有传宗接代的希望，又与邻人不通婚。当时罗慕洛斯按照元老们的意见，派使节周游邻族，为这一新民族寻求结盟和通婚。他们称，城，如同其他事情一

---

① 罗德岛的安提斯泰尼斯，大约活跃于公元前200年左右，希腊历史学家。据说他写了关于希腊哲学家的《师承》一书，这些哲学家经常被第欧根尼·拉尔修提及。

② 很可能是指当时的印度苦行僧。

③ 译文选自[古希腊]第欧根尼·拉尔修：《名哲言行录》，徐开来、溥林译，广西师范大学出版社，2010年，第450—451页。

样，是由很低微的状态兴起的。然后自身的美德与神相助的这些城会为自己创立伟大的权利和伟大的名字。他们十分清楚，而且美德页不会缺少；所以，作为人，应该毫不犹豫地把血统和种族与人融合在一起。

（解光云辑录①）

Ⅵ. 42

【题解】

西塞罗再娶一位年轻的妻子，是为了用她的嫁妆还清债务。选译文献据洛布古典文库，迪奥：《罗马史》（Dio Cassius, *Dio's Roman History* , BOOK XLVI.18. 1 - 4.）。

【译文】

在那里，有谁看不到你这些精致的斗篷？谁闻不到你精心梳理灰色的锁的气味？谁不知道你把生了两个孩子的第一任妻子，在你年事已高的时候，又娶了一个单纯的女孩，好让你从她的财产中还清你的债务呢？②

（江琴辑录）

Ⅵ. 43

【题解】

透过塔西佗笔下的描述可以窥见，在古代罗马，女性被认为易于奢侈浪费，甚至影响军事战斗力。但帝国初期，情况发生变化，有些罗马长官们的妻子甚至在军队里"称王称霸"。选译文献据洛布古典文

① 译文选自[古罗马]李维：《建城以来史》（前言・卷一），张强、傅永东、王丽英译，上海人民出版社，2005年，第41—42页。

② 根据普鲁塔克的记载，西塞罗以战争期间其妻特伦提娅（Terentia）忽略妻子职责而与其离婚，不久，再娶了一位出身于贵族家庭的年轻女子普波莉莉娅（Publilia）。特伦提娅认为西塞罗是爱上她年轻貌美；而提罗（Tiro），西塞罗的自由奴则将此事的目的记录为西塞罗想要获得普波莉莉娅的家产以偿还债务。参加 Plutarch, *Cicero* . XLI. 2 - 3.

库，塔西佗:《编年史》(Tacitus, *The Annals*, Ⅲ.33.)。

【译文】

在古时便有这样一项规定，禁止女人带到行事或是外国去：跟随前往的一群妇女在和平时期易于造成奢侈浪费，在战时又易于引起人们的畏惧，并且会使罗马的行军队伍，看来像是东方的队伍。女人的缺点还不仅仅在于柔弱和缺乏毅力：如果放松她们的话，她们又会变得残忍、诡计多端和野心勃勃。她们会在士兵中间跑来跑去，随便指使那些百人队长。最近就有一个女人主持步兵中队的操演和军团的检阅。让在场的人们都想一想，每当一位高级长官因渎职而受到审判的时候，大多数的控诉都是针对他的妻子的。在行省那边，最坏的分子首先都是阿谀长官的妻子的。管事情和处理事情的也是长官的妻子。她们外出时也要带着一批长官的扈从，她们自立一个行政中心，而且从她们那里发出的是更加任性的和专制的命令。她们过去还曾受到欧庇乌斯法①和其他法律的约束，但是现在她们打破约束，不仅仅在家里、法庭里、甚至在军队里都称王称霸了。

(解光云辑录②)

① 欧庇乌斯法(Lex Oppia)是在罗马人对汉尼拔作战时，为节约的目的而通过的一项法令。公元前215年，有保民官盖约·欧庇乌斯颁行。该法令对女性的衣着、占有金子和马车使用加以限制。但在二十年后(公元前195年)被取消。详见 Simon Hornblower and Antony Spawforth, *The Oxford Classical Dictionary*, Third editiaon revised, Oxford University Press, 2003, p.1069.

② 译文选自[古罗马]塔西佗:《编年史》，王以铸、崔妙因译，商务印书馆，2013年，第177—178页。

Ⅶ. 政治与经济

古希腊和罗马城邦的政治是以财产为基础的，公民因财产多寡而享有不同的权利。对于寡头政治和民主政治来说，是少数人统治还是多数人统治纯属偶然——无处不是富人少而穷人多。民主政治和寡头政治的真正区别是贫穷和富有。一个城邦内，全部都是自由的公民，但是，富有财产的人只是少数。自由和财富是城邦统治权力的实际基础。[①]

Ⅶ. 1

【题解】

《伊利亚特》中的人物阿喀琉斯决定举行竞技赛会来悼念战死的帕特罗克洛斯，并设置了妇女、马匹、黄金等丰厚的奖品。选译文献据洛布古典文库，荷马：《伊利亚特》(Homer, *The Iliad*, XXIII. 258 - 275.)。

【译文】

这时阿喀琉斯叫他们坐成圆圈留待，
从船上搬来丰富的奖品：大锅、三脚鼎，
许多快捷的马匹、驮骡、强壮的肥牛，

---

① W.L.Newman, *The Politics of Aristotle* (4 vols., Oxford 1887 - 1902), Oxford: the Clarendon Press, 1902, Ⅲ. 1279b38 - 1280a5.

还有许多腰带美丽的妇女和灰铁。
他首先为战车竞赛优胜者提出奖励：
把一个精于各种手工的妇女和一只
能盛二十二升的带耳三脚鼎奖给第一名；
奖给第二名的奖品是一匹六龄母马，
从未接触过辕轭，腹中还怀着马驹；
奖给第三名的奖品是一只精制大锅，
四升容量，晶莹闪亮从未见过火；
奖给第四名的奖品是两塔兰特黄金，
奖给第五名的奖品是双耳罐，也未见过火。
阿喀琉斯站起来对阿尔戈斯人这样说：
"阿特柔斯之子和列位胫甲精美的
阿该亚将士，这些奖给战车优胜者，
如果我们今天为别的人举行竞赛，
我定然会夺得第一名带着奖品回营。"

（汪兆祺辑录①）

Ⅶ. 2

【题解】

《伊利亚特》中的人物阿喀琉斯将一个铁块作为掷铁饼比赛的奖品，该铁块能够保障五年不缺铁。选译文献据洛布古典文库，荷马：《伊利亚特》(Homer, *The Iliad*, XXIII, 826 - 835.)。

【译文】

珀琉斯之子又取出一个沉重的铁块，

---

① 译文选自[古希腊]荷马：《荷马史诗〈伊利亚特〉》(第五卷)，罗念生译，《罗念生全集》，上海人民出版社，2004年，第576页。

力大的埃埃提昂以前把它当铁饼投掷，
神样的捷足阿喀琉斯杀了埃埃提昂，
把铁块同其他财物一起装运上船。
阿喀琉斯站起来对阿尔戈斯人宣布：
“谁想赢得这件奖品，请站出来！
即使他的肥田沃地离家宅很远，
有了这铁块他五年不用担心缺铁。
如果他的牧人或耕夫需要铁用，
他们用不着进城去取，就贮在手边。”

（汪兆祺辑录[①]）

Ⅶ.3

【题解】

德拉古立法规定官职等级与财产多寡相挂钩，并规定对任职者进行卸任检查，对不参加议事会的议员处以不同数额的罚款。经济手段成为维系政制运行的有力保障。债务奴役仍维持原状。选译文献据洛布古典文库，亚里士多德：《雅典政制》（Aristotle, *The Athenian Constitution*, IV. 1 - 4.）。

【译文】

此后过了不长一段时间，到了阿里斯泰喀摩斯执政期间[②]，德拉古订立了他的法规，其制度如下：凡能自备武装的人有公民权利，这些人进行选举，九执政官和一些司库官由财产不少于10明那且无负债的人们中选出，其余低级官吏由能够自备武装的人们中选出，司令官和骑兵司令则由财产不少于100明那、又无负债、且有年在10岁以上

① 译文选自[古希腊]荷马：《荷马史诗〈伊利亚特〉》（第五卷），罗念生译，《罗念生全集》，上海人民出版社，2004年，第597页。

② 阿里斯泰喀摩斯于公元前621年任名祖执政官，德拉古可能是司法执政官之一。

婚生合法儿子的人们中选出。新任官吏必须允许卸任的主席①、司令官和骑兵司令在账目检查以前交保离职,接受和司令官及骑兵司令同等级的四个保证人。议事会议员由公民集体中抽签选举,凡四百零一人,这种议事会成员和其他官吏的抽签均以年在30岁以上的公民为限;直到每一人都已轮到,且从头开始抽签之时为止,任何人不得连任官职。当议事会或民众会举行会议时,任何议事会议员如不出席,属于五百斗级者,罚金三德拉克马,属于骑士级者,二德拉克马,属于双牛级者,一德拉克马。战神山议事会是法律的保护人,它监督各长官,使之按照法律执行职务。一个人如受到不公正的待遇,便可向战神山议事会提出申诉,说明他所遭受的这种不公正待遇所违反的法律。正如上面所说及的,借款是以人身为担保,而土地则集中在少数所有者手里。

(汪兆祺辑录②)

Ⅶ. 4

【题解】

梭伦制定法律,按照财产划分阶层和分配官职,以财产多寡确定职官等级,财产越多,官职越高。给神献礼,也可以提升自己的等级。选译文献据洛布古典文库,亚里士多德:《雅典政制》(Aristotle, *The Athenian Constitution*, VII.1－4.)。

【译文】

他建立了一个政体,并另行制订了新的法律,人们停止使用德拉古除关于凶杀之外的各种法令。这些法律被写在木板上③,竖立在巴赛勒斯柱廊里,所有人都发誓恪守这些法令,9名执政官还要对那

---

① 梭伦时代之前,大概是指各执政官。

② 译文选自[古希腊]亚里士多德:《雅典政制》,日知、力野译,商务印书馆,1999年,第7—8页。

③ 旋转在枢轴上的三面(或者四面)木(或者石头)结构;建立在阿果拉西侧的王者执政官庭院的巴赛勒斯柱廊上。

块石头①起誓，如果他们僭越了某条法律，他们将献塑一座黄金人像；由此，执政官们甚至现今还用这样的誓言来宣誓。梭伦决定，这些法律要实行百年不变。他以这种方式来创立他的政体：他依照以前人民的分等，按财产估价把人民分作四个等级，五百斗者、骑士、双牛者和日佣，各种官职，如九执政官、司库官、公卖官、警吏和国库监，他分配给五百斗者、骑士和双牛者三级，按各级的财产估价比率，指定以相应的官职；至于列在日佣级的人，他只允许他们充当民众会和法庭的成员。任何人的地产产品共有干质斗和流质斗者，应评估为五百斗级，而有三百斗者，或如一般人所说的，能保养马匹者，应评估为骑士级——人们认为这一级的名目本身便可证明它是由养马而来的，此外，还有古人誓愿献礼一事可为佐证，因为卫城里竖立着献礼的狄腓卢斯的雕像，上边刻着这样的诗句：

狄腓卢斯之子安塞密嗡献这个像给神

……他已经变日佣级为骑士了——

在雕像的旁边还立着一匹马，可见，骑士是指能够保养马匹的那个等级。然而，更可能的是，骑士也像五百斗级那样，是以他们的产品总额来作区别的。凡有干质、流质一起共二百斗的人，应评估为双牛级；其余则属于日佣等级，不得担任任何官职。因此，甚至到了现在，任何人当抽签充任某一官职时，问他属于何等级，他也绝不回答说他属于日佣级。②

（汪兆祺辑录③）

① 可能是宙斯·阿戈莱奥斯的祭坛(The altar of Zeus Agoraios)。

② 这说明，按照财产资格划分职官等级可能不是那么严格，尤其是对于低等级的限制，有时候比较宽松。

③ 译文选自[古希腊]亚里士多德：《雅典政制》，日知、力野译，商务印书馆，1999 年，第 9—11 页。

Ⅶ. 5

【题解】

伯利克里在阵亡将士葬礼上的演说中说，雅典国家绝对不会使任何人因为贫穷而在政治上湮没无闻。选译文献据洛布古典文库，修昔底德：《伯罗奔尼撒战争史》（Thucydides, *History of the Peloponnesian War*, BOOK Ⅱ. XXXVII－XL.）。

【译文】

我们的制度是别人的模范，而不是我们模仿任何其他的人的。我们的制度之所以被称为民主政治，因为政权是在全体公民手中，而不是在少数人手中。解决私人争执的时候，所考虑的不是某一个特殊阶级的成员，而是他们有的真正才能。任何人，只要他能够对国家有所贡献，绝对不会因为贫穷而在政治上湮没无闻。

……

我们爱好美丽的东西，但是没有因此而至于奢侈；我们爱好智慧，但是没有因此而质疑柔弱。我们把财富当做可以适当利用的东西，而没有把它当做可以自己夸耀的东西。至于贫穷，谁也不必以承认自己的贫穷为耻，真正的耻辱是不择手段以避免贫穷。在我们这里，每一个人所关心的，不仅是他自己的事务，而且也关心国家的事务。就是那些最忙于他们自己事务的人，对于一般政治也是很熟悉的——这是我们的特点：一个不关心政治的人，我们不说他是一个注意自己事务的人，而说他根本没有事务。

（解光云辑录①）

① 译文选自［古希腊］修昔底德：《伯罗奔尼撒战争史》（上册），谢德风译，商务印书馆，1997年，第130—132页。

Ⅶ. 6

【题解】

柏拉图的理想城邦体现了财产共有的理念。他认为拥有最佳体制和法典的理想社会,如同"朋友的财产确实是公共财产"。选译文献据洛布古典文库,柏拉图:《法律篇》(Plato, *Laws*, Ⅴ. 739C–E.)。

【译文】

假如用某种方法消灭了我们生活中用"所有权"这个词来表示的一切事物,假如用一切可能的办法使我们天然拥有的东西都成了某种意义上的公共财产,……简言之,假如一种社会体制使其成员变得完全像一个人,那么,我们再也找不到比这个标准更真实、更好、更能衡量他们品质的标准了。假定在某个地方有这样的城邦,这个城邦的居民是诸神或诸神的子孙,他们在那里过着无比幸福的生活。

(郭瑞启辑录①)

Ⅶ. 7

【题解】

贫富差别与政体密切相关。亚里士多德认为,僭主政体以一人为治,一切以其个人的利益为依归,寡头政体以富室的利益为依归,民主政体则以穷人的利益为依归。三者都不照顾城邦全体公民的利益。公民都是自由民,但其政治权利因受财产多寡的影响而难以一律平等。选译文献据洛布古典文库,亚里士多德:《政治学》(Aristotle, *Politics*, Ⅲ.$1279^{b}40$–$1280^{a}5$.)。

① 译文选自[古希腊]柏拉图:《柏拉图全集》(第三卷),王晓朝译,人民出版社,2003年,第498页。

【译文】

一般的城邦既然常常是富户少而穷人多，那么，上述的特殊例子只是偶然的事件而已：寡头和平民政体的主要分别不在于人数的为少为多。两者在原则上的分别应该为贫富的区别。任何政体，其统治者无论人数多少，如以财富为凭，则一定是寡头政体；同样地，如以穷人为主体，则一定是平民政体。

恰如方才所言，世上常常是富户少而穷人多。前者因有权有钱而有势，后者是占据多数的人身自由的穷人。少数人拥有富足的财富，多数人拥有的则是自由。财富和自由，这些就是寡头和民主两派所各个据以争取统治权力的实际基础。

（解光云辑录①）

Ⅶ. 8

【题解】

组成城邦的因素，有质和量之分。所谓“质”是指自由身份、财富、文化教育和门第；所谓“量”是指人数的多少。质和量之间应当加以平衡。对此，亚里士多德提出三条建议。选译文献据洛布古典文库，亚里士多德：《政治学》(Aristotle, *Politics*, Ⅳ.1296^{b}15－39)。

【译文】

（一）倘若穷人为数众多，在量方面的优势实际超越了另部分人在质方面的优势，这里自然就得建立一个民主政体；至于在民主政体中应该选取哪一个类型，这就得按照各该邦民主势力所以优胜的个别情况而定。……（二）倘若使富户和贵族阶级在质方面的优势足以抵偿自己在量方面的劣势而有余，这就会产生寡头政体；至于在寡头政体中应采取何种类型，这也相似地应按照各该邦寡头部分所以为优胜

① 译文选自[古希腊]亚里士多德：《政治学》，吴寿彭译，商务印书馆，1997年，第135页。

的个别程度而定。……(三)倘若中产阶级的人数超过其他两个部分,或仅仅超过两者之一,就可能建立一个持久的共和政体。这里,富人联合贫民来反对中产阶级的事情是不会发生的,贫富既不相容,谁也不肯做对方的臣属,他们要是想在共和政体以外,另外创立一类更能顾全贫富两方利益的政体,这必然是徒劳的。

(解光云辑录①)

Ⅶ. 9

【题解】

一个城邦,不论采取何种类型的政体,立法家都应当注意各种政体所以保全和倾覆的种种原因,应当尽心创制一个足以持久的基础,必须特别重视一切为之保全的方法。选译文献据洛布古典文库,亚里士多德:《政治学》(Aristotle, *Politics*, Ⅵ.1320ª30 - 35)。

【译文】

应该有一些措施保证人民维持某种程度的兴旺。这些打算应照顾到所有各个部分,包括原来的富室在内。正当的方法是,把盈余积蓄成大宗的款项,然后以趸数济助贫民。理想的趸数必须是足够让每一穷人购置一块耕地;倘使积蓄还不充分,也该使所济助的款项可能用以从事商贩或开始务农。如果这样的济助不能对全邦贫民同时发放,可以依照部族或其他区分挨次地分批次发放。此外,富室仍应贡献其资财于城邦,以供贫民参加某些必不可少的公民大会的津贴,为酬谢富室的这种贡献,同时就豁免他们各种无补于实际的公益捐献。

(解光云辑录②)

---

① 译文选自[古希腊]亚里士多德:《政治学》,吴寿彭译,商务印书馆,1997年,第210—211页。

② 译文选自[古希腊]亚里士多德:《政治学》,吴寿彭译,1997年,第325页。

Ⅶ. 10

【题解】

伯罗奔尼撒战争全面爆发之前,在局部战争创伤下,贤能之士缺乏,执政官等高级官职的财产资格限制被打破,双牛级也可担任执政官。据学者们的估算,公元前 431 年,雅典四个等级的公民总数大约是 4.5 万—5 万人,其中按梭伦人口统计中的头三个等级公民(重装部队)约 2.5 万—3 万人,第四等级公民(轻装步兵和桡手)约 2 万人。[①] 选译文献据洛布古典文库,亚里士多德:《雅典政制》(Aristotle, *The Athenian Constitution*, XXVI.1 - 2.)。

【译文】

战神山议事会就这样失去了支配国事的地位。在此之后,由于平民领袖们之急功近利,政纲日益衰弛。此时,贤能之士一个领袖也没有,其中领头者米泰亚德斯[②]的儿子客蒙[③]尚是一位涉入政事较晚的相对年轻的人;此外,大多数人饱受战争创伤;因为那时候征战的士兵选自公民名册,而指挥他们的司令官并无军事经验,只是凭借门第名声而有资格成为将领,于是往往出征一次,死亡 2000 或 3000 人,弄得贫民与富人中的贤能之人趋于枯竭。于是,在其他所有方面都不像先前那样遵照法律来行事,不过选举 9 位执政官的办法并未更改。只是

---

① 这一估算包括雅典帝国各处的拓殖者或被征服领地的海外居民,他们来自较穷的等级,数量在 6000—1 万之间。减去这些人,雅典的成年男性公民的人口大致是 4.4 万人,或最少 3.5 万人。参见[英]阿尔弗雷德 · E.齐默恩:《希腊共和国》,上海人民出版社,2011 年,第 138 页。

② 米泰亚德斯(Miltiades),公元前 550—前 489 年,雅典著名政治家和将领,曾领导雅典军队取得攸里梅敦河战役的胜利。

③ 客蒙(Cimon),公元前 510—前 450 年,雅典著名政治家和将领,米泰亚德斯之子,曾参与萨拉米斯海战。

在厄菲阿尔忒[1]死后五年,曾决定双牛级也有担任抽签选举的九执政官候选人的资格,出身于双牛级的第一个执政官是穆涅西赛德斯。[2]在这之前,所有执政官均出自骑士或500斗级,如果不是法律的某些条款为人所忽略,双牛级仅能担任普通的行政职务而已。[3]

(汪兆祺辑录[4])

Ⅶ. 11

【题解】

雅典设立主卖官,主要职责包括出租一切公共事业、出包矿藏及赋税等。选译文献据洛布古典文库,亚里士多德:《雅典政制》(Aristotle, *The Athenian Constitution*, XLVII. 1-5.)。

【译文】

10名主卖官,从每一部落抽签选出一人。他们在议事会参与下,在军事基金司库官和当选管理观剧基金者的合作下,出租一切公共包揽事业,出包矿坑和赋税,批准经议事会投票许可的人承包国家出租的矿坑,包括出租三年的采掘矿山和出租……年[5]的矿山租让权。他们又在议事会参与下,拍卖战神山议事会所驱逐的人的和他人的财产,但拍卖须经九执政官批准。他们并给议事会草拟和准备一种写在

---

① 厄菲阿尔忒(Ephialtes),约公元前500—前461年,雅典著名政治家、民主运动领袖,实行改革剥夺了战神山议事会对政事的监督权。

② 穆涅西赛德斯(Mnesitheides),雅典政治家,前457—前456年任雅典执政官。

③ 据维拉莫威兹的测算,公元前5世纪时期,雅典成年男性人口中约有7500人,或六分之一多的人口参与城邦的日程事务,1500人为文职行政人员,6000为士兵、桡手和城市警卫。这还包括6000名陪审法官。如果加上这些陪审法官,参与公共事务的人口比例则高达四分之一甚至三分之一。参见[英]阿尔弗雷德·E.齐默恩:《希腊共和国》,上海人民出版社,2011年,第138页。

④ 译文选自[古希腊]亚里士多德:《雅典政制》,日知、力野译,商务印书馆,1999年,第31页。

⑤ 租期可能是十年或三年。

敷有白粉的白板上的出包一年租税的表，其中说明承包者和他应付的价额。他们制定十个分开的表，记着在每届主席团任期内需要付款的人，另一些分开的表，记着一年中必须付款三次的人，附以指明每一次付款的日期表，还有一些分开的表，记着在第九届主席团必须付款的人。他们又制订一个表，记载着在陪审法庭中注销（即登记没收）和拍卖的田地和房屋；因为这些拍卖也是这些官吏所应办的事。买房屋的人须在五年内付款，买田地的须在十年以内；他们在第九届主席团任期内付款。同时，三者执政官的出租领地事，也在白板上做一个表提出。这些领地租期也是十年，地租在第九届主席团任期内交付；所以在那一届主席团任期中有极大笔的收入。写着付款表的白板交给议事会，由一个事务员保存；当有人付款时，他就从柱上取下这些记着这个付款人和付款日期的板，交给收款官，把记载擦除，但是，别的板分开保藏，务使在付款之前不至被人提前抹去付款记载。

（汪兆祺辑录①）

Ⅶ. 12

【题解】

“三十寡头”统治期间，修改了财产赠予的规定，大肆屠杀富人和有名望的人士以掠夺财富。选译文献据洛布古典文库，亚里士多德：《雅典政制》(Aristotle, *The Athenian Constitution*, XXXV.1 - 4.)。

【译文】

这“三十人”就以此种方式上台了。在皮索多罗斯任执政官时，“三十人”成为城邦的主宰者后，便不顾大部分曾经通过的和政体有关的法令，而从预先由一千人中选出的人里面委派五百个议员和其他官

① 译文选自[古希腊]亚里士多德：《雅典政制》，日知、力野译，商务印书馆，1999 年，第 51 页。

职，此外，还给他们自己选任了10名比雷埃夫斯港的长官，11名狱吏，300名“执鞭”侍从，如此，把城邦控制在自己手中。起先，他们对公民们的态度是谦和的，似乎是在遵照先例行事，他们从战神山议事会中去掉了厄菲阿尔忒和阿尔喀斯特拉图斯所制定的关于战神山议事会议员的那些法律，以及删减梭伦立法中不明确的部分，取消陪审官所具有的最高权，声称要匡正政体和清除其疑义之处，例如关于赠予，一个人可以一次性有效地把自己的财产馈赠给他愿赠的任何人，他们取消了“只要并非由于神志失常、年老昏聩或者受妇人诱劝”这类赘加的限制条件，从而不给那些诬告者开方便之门。在其他方面他们也照此行事。一开始时他们做的就是这些事惰，惩除诬告者、违心地逢迎平民以取宠而实乃坏蛋和歹徒的那些人；整个城邦为这些举措大感欢悦，觉得他们这样做乃是出于最良好的动机。然而，待到他们更为牢靠地控制了城邦时，没有一位公民能逃脱其监控，他们把富于资财或门第显贵或有名望的人都处以死刑，目的是在扫除这些危险的源泉，同时还想夺取他们的地产；在短短的一段时间里，他们处死了不下1500人。

（汪兆祺辑录①）

Ⅶ. 13

【题解】

雅典城邦设有收款官、会计员和查账员等，严格管理账目。选译文献据洛布古典文库，亚里士多德：《雅典政制》（Aristotle, *The Athenian Constitution*, XLVIII. 1－5.）。

① 译文选自［古希腊］亚里士多德：《雅典政制》，日知、力野译，商务印书馆，1999年，第40—41页。

【译文】

收款官10人,每部落1人,由抽签选出;他们管理这些白板,并在议事会办公的厅中,在议事会参与下拭去还款的数目,而后把这个板交还给事务员;任何人拖延不付款,就记录在板上,他就必须加倍付还拖欠的款额,否则就要下监狱;判处罚金和下监狱的法律权力都属于议事会。因此,在第一天,他们收进到期的款,就把这些款分配给各长官,到第二天,他们提出所分配款额的报告,写在一块木板上,在议事会办公的厅里复核,如有人知道任何一个人,无论是官吏或私人,弄错了分配之款额,就向议事会提出,如果发现任何人犯了错误,就用投票决定处理。

议事会又从他们自己集团内抽签选出会计员10人,为每届主席团登记官吏的账目。他们又以抽签法选举查账员,每部落1人,同时又以抽签法选助理员,每一查账员有两个助理员,他们应依照每部落所由以命名的英雄名字分属于部落会议,如果任何人为了私事或公事要对任何一个已在陪审法庭报告账目的官吏提起诉讼,他应在其报告账目之日起三天内,把他自己的和被告人的名字,以及他控诉此人的罪,加上他所认为适当的罚金数目,记在一片木板上,把它交给查账员;查账员接受它和读它之后,倘若认为起诉可以成立,如是私人案件,即将此板交给乡村中为这一部落提出案件的陪审官,如是公众案件,即把它向司法执政官登记。司法执政官如接受它,即再将此种账目向陪审法庭提出,而陪审法庭的判决便是最后决定。

(汪兆祺辑录①)

① 译文选自[古希腊]亚里士多德:《雅典政制》,日知、力野译,商务印书馆,1999年,第51—52页。

Ⅶ. 14

【题解】

雅典城邦的议事会检查私人所有的马匹饲养情况，对不合格者予以罚款。议事会还考察步兵，不合格者停止领取薪饷。选译文献据洛布古典文库，亚里士多德，《雅典政制》(Aristotle, *The Athenian Constitution*, XLIX.1－2.)。

【译文】

议事会还检查城邦的马匹；假如一个人拥有骏马却被发现在胡乱喂养，他将被处以喂养饲料费用的罚金。马如果不能保持马队的地位，或不肯留在马队里而前后跳动，议事会即在马口边烙上一个车轮记号，这样的马，检查就不通过。议事会又检查骑马的哨兵，看他是否适合于议事会所考虑的哨兵的职务，任何被议事会投票否决的人即被革职。议事会又检查在骑兵等级内作战的步兵，任何被投票反对的，即停止支领他的薪饷。

(汪兆祺辑录①)

Ⅶ. 15

【题解】

呈案人向法庭呈报一个月内要审理的讼案，包括妆奁、借款、钱庄等涉及私人经济纠纷的案件。收钱人负责呈报针对佃农或由佃农提起的案子，这些案件处理的合理与否之间关系到当事人的经济利益。选译文献据洛布古典文库，亚里士多德：《雅典政制》(Aristotle, *The Athenian Constitution*, LⅡ. 2－4.)。

① 译文选自[古希腊]亚里士多德：《雅典政制》，日知、力野译，商务印书馆，1999年，第52—53页。

【译文】

人们还抽签选出 5 名呈案人，他们呈报须在一个月内审理的讼案，每人负责两个部落。一个月内审理的讼案包括因不付寡妇财产应得之份而起的控告，因收回一德拉克马利息①的借款诉讼，以及收回一方向另一方借来在市场经商的本金；还有暴行、友好社交借贷、合伙、奴隶、牲畜、三列桨船职务和钱商案件等诉讼。因此，这些官吏要在一个月内把这些案件向法庭提出和裁判；但是，收款官在决定纳税农民所提出的或对他们提出的案件时，如款额在 10 德拉克马以下，有权立即处理，但超过此数额则应在一个月内送往陪审法庭。

（汪兆祺辑录②）

Ⅶ. 16

【题解】

“三十寡头”统治期间，雅典选出 40 个乡村巡回法官处理讼案，可以立即处理 10 德拉克马以内的案子，超过此数额的移交仲裁人裁断，或直至由陪审法庭处理。选译文献据洛布古典文库，亚里士多德：《雅典政制》(Aristotle, *The Athenian Constitution*, LIII. 1-3.)。

【译文】

人们还抽签选出 40 人，每一部族出 4 人，各类讼案均呈传至这些人面前；早先曾为 30 人，巡行于各个村社审案，而自从三十寡头制后，他们的人数增加到了 40。他们对裁决 10 德拉克马以内的案子拥有立即裁判权，超过这一数额的案子则须移交给仲裁人。后者接手后，假如不能够促成和解就进行裁断，假如双方都对其裁断感到满足并愿服从，诉讼即告终止。但若其中某一方向陪审法庭申诉，他们就把证词、

---

① 一明那月息一德拉克马，即年息百分之十二。

② 译文选自[古希腊]亚里士多德：《雅典政制》，日知、力野译，商务印书馆，1999 年，第 55 页。

讼辩和有关的法律置入瓶中，控方的与辩方的分别置入一瓶，并把这两只瓶密封起来，在它们上面附上写在写字板上的仲裁人的裁断，再把它们移交给为被告者部落呈案的四名法官。这些法官接手后再将其呈报陪审法庭，如在1000德拉克马以内的讼案，呈入有201名陪审员的法庭，如超过1000德拉克马的讼案，呈入有401名陪审员的法庭。除了经仲裁人所提交的放在证件箱内的法律、答辩或证据外，诉讼人不得另外放进别的东西。正如执政官和名祖规则中所见的那样，年满59岁的人可以担任仲裁人。

（汪兆祺辑录①）

Ⅶ. 17

【题解】

雅典城邦选出稽核人及其助手，审查即将离任的官员呈交的账目报告，检查官员是否侵吞公款或接受贿赂。选译文献据洛布古典文库，亚里士多德：《雅典政制》（Aristotle, *The Athenian Constitution*, LIV. 1－2.）。

【译文】

以抽签法选出10个会计员和10个他们的助手，所有卸任官吏都要把账目对他们报告。因为这些人是核算负责账目官吏的报告并将核算结果提交陪审法庭的仅有的一些官员。如果官吏被他们证明曾经侵吞公款，陪审官判决他侵吞公款，罚金将是他犯罪数目的10倍；如果他们证明有人受贿，而经陪审法官判决，估算受贿的价值，在这种情形下，罚金也是数目的10倍；但是，如果他们发现他有行政恶劣的罪，他们就估算损失，其应付罚金，如在第九届主席团任期前交纳，只

① 译文选自[古希腊]亚里士多德：《雅典政制》，日知、力野译，商务印书馆，1999年，第55—56页。

以损失的数目为限，否则加倍。但，10 倍于总额的罚金是不再加倍的。

（汪兆祺辑录①）

Ⅶ. 18

【题解】

雅典的司法执政官受理要收缴费用的控案，涉及贿赂、假记公债等经济案件。选译文献据洛布古典文库，亚里士多德：《雅典政制》(Aristotle, *The Athenian Constitution*, LIX. 1-7.)。

【译文】

司法执政官们还要向民众会提起公诉，并提出一切撤职的决定，民众会所发出的先期告发，不法程序弹劾，违法法案起诉，以及对主席或总主席的控告，对司令官的账目审查。他们又审问纳费的起诉，如被控外邦人出生，外邦人行贿（即被控外邦人出生而以贿赂消除外邦人身份），恶意告密，贿赂，虚记公家债款，冒充证人，阴谋，撤销未付款项，奸淫。他们并提出所有官职的审查案件，被村社投票否决的公民权的断定案，经议事会通过的罪状的判决案。他们又提出商业和采矿案件的私人诉讼，以及奴隶诽谤自由人的诉讼。他们又以抽签对于各长官指派公事和私事的陪审法庭。他们批准和他国订立的合约，并将根据这些合约发生的案件，将战神山议事会提出的伪证控告，向法庭起诉。

由全部 9 位执政官再加上一个法官的书记员共 10 人，抽签选出陪审员，每人选他自己部落的人。

（汪兆祺辑录②）

---

① 译文选自［古希腊］亚里士多德：《雅典政制》，日知、力野译，商务印书馆，1999 年，第 56—57 页。

② 同上书，第 62—63 页。

Ⅶ. 19

【题解】

希腊城邦的神庙中一般贮存着可观的财富，并设有相应的官员进行管理。当城邦面临危机时，这里的财物也会被用于保卫国土。伯罗奔尼撒战争前夕，伯利克里就曾将雅典娜宝库中的财物算作雅典取胜的资本，而德尔菲的阿波罗神庙作为希腊最为著名的圣地之一，更是贮藏着不菲的财富，因此，当奥瑞斯特斯散布涅奥普托勒摩斯将洗劫神庙的谣言时，德尔菲人并没有太多质疑。选译文献据洛布古典文库，欧里庇得斯：《安德洛玛刻》(Euripides, *Andromache*, 1090 - 1099.)。

【译文】

报信人

阿伽门农的儿子满城走来走去，
在每个人耳边低语着致命的暗示：——
“看见那个家伙了吗，他走进了神殿，
满是黄金的神殿，国家的宝库，
他第二次到这里了，还是为了
同样的目的，抢劫福波斯的宝库。”
从那里传出的谣言席卷了全城：
他们的长官们聚集在议事会厅；
掌管财物的人则秘密地
在围着廊柱的庙里布置了卫兵。

（杨波辑录）

Ⅶ. 20

【题解】

斯巴达国王墨涅拉奥斯认为自己有权惩处涅奥普托勒摩斯家中

的奴隶安德洛玛刻,依据的是斯巴达的财产公有制度。选译文献据洛布古典文库,欧里庇得斯:《安德洛玛刻》(Euripides, *Andromache*, 374 - 377.)。

【译文】

墨涅拉奥斯
涅奥普托勒摩斯有权管我的奴隶,
我和我的亲人也有权管他本人:
如果朋友是真正的朋友,他们便没有
什么是私人的;他们共同拥有一切财富。

(杨波辑录①)

Ⅶ. 21

【题解】

这是一段非常著名的关于民主政治和僭主政治孰优孰劣的辩论,双方是雅典英雄提修斯和忒拜来的传令官。传令官认为民众易受人蛊惑,无法做出有利于城邦的决策,一个贫苦的农民,即使了解政治也会因为劳作辛苦而无法顾及公共事务。而提修斯明确指出,在民主制下,公民论贫富,轮流政治,受法律保护,享有同等权利。在这种体制下,贫民可以回击富人,对城邦有贡献的即使是个贫民也能扬名天下。僭主制下城邦公民为一人服务,青年才俊遭到嫉妒打击,是不可取的。欧里庇得斯赞美民主制度的优越性,其中的一个重要原因就在于,公民不论贫富,在城邦中都有对等的权利且受法律保护。选译文献据洛布古典文库,欧里庇得斯:《请愿的妇女》(Euripides, *Suppliants*, 403 - 462.)。

---

① 译文选自[古希腊]埃斯库罗斯等:《古希腊悲剧喜剧全集》(第五卷),张竹明、王焕生译,译林出版社,2007 年,第 327 页。

【译文】

提修斯
首先,陌生人,你开口的第一句就错了,
在这里寻找僭主。我们的城邦不是被
一个人统治着:雅典是自由的。
她的人民轮流执政,
年复一年,不给富人
优势,穷人享有同等权利。
传令官
这里你给了我一个便宜,就像
下棋时那样:我所从来的那个城邦
由一个人统治着,而不是民众,摇摆不定。
那里没有谁用言语来吹捧民众,
为自己的利益骗得她们这边那边地乱转,
刚才还是受人欢迎,谦恭迁就的;
现在就对别人进行新奇的诽谤,
以掩盖自己先前的错误,从正义的网中溜走。
民众无法做出正确地判断,
又怎么有能力正确地引导城邦前行呢?
须知,时间会使人更好地了解事情,
匆促是不成的。一个贫苦的农民
即便并非无知,但是因为辛劳的工作
他也无法照管公共事务。
在聪明人眼中这是毛病,
一个能说会道的坏人凭借民众的支持
得到了荣誉,而这人在此之前一文不值。
提修斯

这个传令官真是能言善辩,一场演说满是胡言乱语!
但是既然你已陷入了这场竞赛,就请听我说:
须知,是你向我挑起了这场辩论啊。
对城邦而言没有什么比僭主更有害了,
在僭主统治下,首先,就没有公共的法律,
只有一条准则,把法律掌握在
自己的手里:于是平等不复存在。
但是当法律修订成文后,穷人
和富人便有了同等的权利。
是的,即使弱者也可以回敬
富人以嘲笑,如果他被辱没的话;
并且,以权利作为武器,弱者也能变得强大。
从这句话里你可以看到自由:"有谁愿意带来
对城邦有益的主张要向民众提出?"
想要说话的人都可以出名:不想说话的
可以保持沉默。城邦里有什么比这更平等的?
此外——当民众领导这片国土的时候,
她更喜欢土生土长的年轻公民:
但是在国王眼中这是最可恨的;
是的,国土上的优秀者,那些智力杰出的人,
都会被国王杀死,因为他担心他们动摇他的王权。
试问这样的城邦如何能够强大?
如果有人排除勇敢的年轻人,
就像摘掉春天绽放的花朵那样,
人们怎会为了子女去获取财富和存货呢?
当一个人的辛苦劳动只落得增加僭主的财富时,
或是抚育的贤惠少女

却成了国王的甜点，只因为他的意愿，
为她的父母带来悲哭？
我宁愿在我看到女儿们惨遭蹂躏前死去！
以上就是我对你所作的答复。
但是你，你要从我们国土上得到什么？
除非是你的城邦派你来的，否则你会因为
你这无礼的发言而懊恼！因为一个传令官
应说完他带来的信息，然后迅速
返回。从今往后让克瑞翁派一个
比你话少的使者来我的城邦吧。

（杨波辑录①）

Ⅶ. 22

【题解】

《经济论》中提到，贫富是相对的，并不断地变化。雅典富人需要负担诸多公共开支、公益捐献来维持社会声望，加之日常的挥霍，稍有不慎就会陷入贫困，而穷人只要得到很少的钱就很快乐。选译文献据洛布古典文库，色诺芬：《经济论》（Xenophon, *The Oeconomicus*, Ⅱ. 5－8.）。

【译文】

"怎么会这样呢？"克里托布勒斯大声说。

"因为，第一，"苏格拉底解释道："我知道你必须贡献许多份丰富的祭品，否则，我想神和人都会找你麻烦。第二，你必须慷慨大方地招待很多外来的陌生人。第三，你必须经常宴请公民并资助他们，否则

① 译文选自［古希腊］埃斯库罗斯等：《古希腊悲剧喜剧全集》（第五卷），张竹明、王焕生译译，林出版社，2007 年，第 189—191 页。

你会失去你的追随者。而且,我知道国家已经在强制你付出几笔巨额捐款:你必须养马,支付合唱队和体育竞赛的费用,并且担任会长的职务;战争一旦爆发,我知道他们会让你维持一条船的开支,并且让你缴纳几乎让你破产的税款。只要你一露出不能满足他们希望的样子,雅典人就会惩罚你,就好像你在抢劫他们一样。除此之外,我知道你自认为自己是一个阔绰的人;你不在乎钱,还向那些轻佻的女人求爱,好像这种开支对你而言无所谓。所以我可怜你,怕你会遭遇不幸而陷入贫困。毫无疑问,你和我一样清楚:在我缺钱的时候,帮助我的人不会少,他们只需要拿出极少的钱就可以使我快乐了。但是你的朋友,虽然他们有比你多得多的收入来维持家庭,但是仍旧希望得到你的帮助。”

(杨波辑录①)

Ⅶ. 23

【题解】

在德摩斯提尼斯提尼的演说辞中,时常提及公益捐助制度,此制度可谓是向富有公民征收的一种特殊税。选译文献据洛布古典文库,德摩斯提尼:《演说集》(Demosthenes, *Speeches*, 18 - 19, Series Introduction XXI, Government and Law in Classical Athens)。

【译文】

雅典公民没有一般意义上的税。公共资金的来源包括公元前五世纪盟邦的年贡、各种进口税和异邦人的税。但在演说辞中最引人注目的是雅典的公益捐制度,富人通过这种制度定期轮换为某些特殊的公共需求提供资金,其中主要的公益捐助是用于公共节日中歌舞队和

① 译文选自[古希腊]色诺芬:《经济论 雅典的收入》,张伯健、陆大年译,商务印书馆,1981年,第6—7页。

三层桨战舰一年期内的设备和日常维护费。即便如此，一些人为了宣传自己兼顾公共事业，其所花费的钱财远远超过了实际需要的数额。

（鲍红信辑录）

Ⅶ.24

【题解】

苏拉和庞培曾在民众会议上提出建议，恢复以往的森都利亚会议，一切事务未经元老院讨论不得在民众面前提出，因为富裕而头脑冷静的人比轻率的贫民的决断更加合理。这实际上剥夺了罗马民众百年以来在反对贵族斗争中取得的成果。选译文献据洛布古典文库，阿庇安：《罗马史》(Appian, *Roman History*, The Civil Wars, I. 59.)。

【译文】

他们建议，以后凡是元老院没有事先考虑的问题，不再向民众提出，这是一个早已被废弃的古老习惯；又建议以后不要按照部落来表决，而依据塞尔维乌斯·图里乌斯的规定按照森都利亚来表决。[①] 他们认为利用这两个办法——即一切法案非事先经过元老院考虑，不得在民众面前提出，和由富裕而头脑清醒的人控制投票，而不是由轻率的贫民阶级控制投票——以后就不会有内斗的开端了。

（杨波辑录[②]）

Ⅶ.25

【题解】

为了切实推行法案，格拉古设立了分配土地的三人委员会。富人不能收买别人的份地，责难穷人分享了他们的农场。贫民的境遇并没

① 部落会议以人数计票，平民占有优势；森都利亚（百人队）会议，以规定的等级计票，前两个等级的票数占有绝对多数的优势。

② 译文选自[古罗马]阿庇安：《罗马史》（下卷），谢德风译，商务印书馆，1997年，第51页。

有改变，他们抱怨没有得到服兵役应得的报酬。选译文献据洛布古典文库，阿庇安：《罗马史》(Appian, *Roman History*, The Civil Wars, I. 9－10.)。

【译文】

直到最后一个著名的人物提比略·塞姆普罗尼阿斯·格拉古，他热心追求光荣，是一个最有力的演说家，并且因为这些原因人人都知道他，当他为保民官的时候他发表了一篇关于意大利人种的动人听闻的演说，他为意大利人而悲伤，因为意大利人在战争中这样勇敢，和罗马人的血统关系如此密切，但是逐渐衰落，陷入贫穷与人口稀少的境遇中而毫无补救的希望……他这样说了之后，又提出那个法案，规定每人占有公有土地不得超过500尤格，但是他在这个法律上附加了一个条款：占有公有土地者的儿子们每人可以占有这个数量的一半，其余的土地应由三个选出的委员①分配给贫民，这个三人委员会每年应更换一次。

这样使富人们大为不安，因为有了三人委员会的缘故，他们不能和过去一样，不理会这个法律了；他们也不能收买别人的份地了，因为格拉古已经规定份地不得买卖。他们集合成群，痛哭流涕，责难贫民不应该分享他们的耕地、葡萄园和他们住宅的成果。有些人说他们已经把地价支付给他们的邻居了。难道他们的金钱会和土地一起消失吗？另外一些人说，他们祖先的坟墓在那些土地上，那些土地是他们父辈分给他们的产业。另外一些人说，他们妻子的妆奁花费在这些土地上，或者说，这些土地已经作为妆奁赠予他们的女儿了。高利贷者拿出以这些土地作为抵押的债务证据来。各种痛哭流涕和悲愤的言辞都可以同时听到。在另一方面，可以听到贫民的悲哀——说他们由相当的家产降到贫穷的绝境，又由贫穷的绝境降到断子绝孙，因为她

① 分配土地的三人委员会(*Triumviri agris dividendis*)。

们没有能力抚养他们的儿女。他们详述他们所负担的兵役,这些土地正是因为他们服兵役而取得的,他们对于公共财产中他们应得的部分被剥夺甚为愤怒。他们责难富人不应该使用奴隶,因为奴隶总是不忠实的,心怀叵测的,因此在战争中不可能替代自由民、公民和士兵的。

(杨波辑录①)

Ⅶ. 26

【题解】

提比略温和的分配土地改革措施引起富有的有产者的反对。选译文献据洛布古典文库,普鲁塔克:《提比略传》(Plutarch, *Tiberius Gracchus*, IX. 1 - 3.)。

【译文】

他(提比略·格拉古)并不是自己起草的法律,而是与那些具备最高的美德和名誉的公民进行了协商,其中包括大祭司克拉苏、时任执政官的法学家穆林斯·斯卡瓦拉,以及他的岳父克劳狄乌斯。人们认为,一项如此伟大的处理不公正和贪婪的法律从来没有使用过宽容和温和的语言。……然而,有财富和产业的人,被贪婪、愤怒和蔑视所引导,仇恨法律,并试图劝阻人民,声称提比略将引入重新分配土地法案,以制造政治混乱,激起一场革命。

(江琴辑录)

Ⅶ. 27

【题解】

格拉古兄弟改革失败后,新的法令出台,允许出卖有争议的土地,这样加速了富人兼并穷人的份地,贫民的处境更加恶劣。选译文献据

① 译文选自[古罗马]阿庇安:《罗马史》(下卷),谢德风译,商务印书馆,1997年,第8—10页。

洛布古典文库，阿庇安：《罗马史》(Appian, *Roman History*, The Civil Wars, I. 27.)。

【译文】

小格拉古的暴动就这样结束了。不久之后，制定了这样一条法律，允许占有土地的人出卖他们有争执的土地：因为连这一点，大格拉古的法律也是禁止的。富有的人马上开始收买贫民的份地，或者找出各种借口以暴力夺取他们的份地。所以贫民的情况比以前更加恶劣了，直到最后平民保民官斯普里乌斯・索罗斯提出一个法案，规定分配国有土地的工作应该停止，但是土地应当是属于那些目前占有的人，占有者应交付地租给民众，从地租收入得来的金钱应当分配。这个分配对于贫民而言只是一种安慰，对于人口增加也没什么帮助……不久之后，由于另一个保民官的建议，这种地租本身也被废除了。所以平民丧失了一切，结果，公民和士兵的人数，土地的收入和土地收入的分配，以及份地本身更加减少了。格拉古的法律制定以后大约15年，由于一系列诉讼案件的缘故，平民下降到失业的地步。

（杨波辑录①）

Ⅶ. 28

【题解】

公元前59年，恺撒推行的土地法令，分配土地，救济贫民，把最优质的土地分给那些家里至少有三个孩子的父亲们，虽遭到元老院反对，却起到了收买民心的作用。选译文献据洛布古典文库，阿庇安：《罗马史》(Appian, *Roman History*, The Civil Wars, II. 10.)。

① 译文选自[古罗马]阿庇安：《罗马史》(下卷)，谢德风译，商务印书馆，1997年，第25页。

【译文】

他向元老院提出分配公有地、救济贫民的法案。这些土地最好的部分，特别是伽普亚附近的土地，过去是为公家利益而出租的，他建议把这些土地给予那些至少有3个孩子的父亲们。他利用这个办法，使他自己得到群众的好感，因为那些每人仅有3个孩子的人就有2万人跑来了。

（杨波辑录①）

Ⅶ.29

【题解】

波吕阿尔库斯之子克利奥尼穆斯死后无嗣，只留下了一份遗嘱来处理自己的财产，该遗嘱的有效性遭到克利奥尼穆斯侄子们②的质疑，其中一人发表了本篇演说。发言人的依据有二：第一，他们与逝者的亲缘关系近。第二，他们与逝者的友情更为深厚。克利奥尼穆斯侄子们的父亲死后，父亲的兄弟迪尼亚斯成了他们的监护人，但是他们的父亲和迪尼亚斯与克利奥尼穆斯之间发生了一场争吵，导致克利奥尼穆斯担心自己在侄子们成年之前去世，那样自己的财产就成了迪尼亚斯的，于是立下遗嘱。迪尼亚斯死后，侄子们的日子过得很艰难，克利奥尼穆斯把侄子们抚养长大，把他们的事务当成自己的事务对待，当他因疾病而虚弱的时候，他想要撤销遗嘱，于是派自己的一个侄子波塞迪普斯去请市政官来见证，后者没能完成嘱咐，克利奥尼穆斯十分生气，又让另一个侄子狄俄克勒斯次日去找市政官，不幸的是，克利奥尼穆斯于当晚去世。判决结果无从得知。演讲者在开篇强调，对

---

① 译文选自[古罗马]阿庇安：《罗马史》（下卷），谢德风译，商务印书馆，1997年，第111页。
② 克利奥尼穆斯姐妹的孩子们。

方剥夺自己财产的原因在于注意到我们极度贫穷。可见在司法审判中,穷人可能处于劣势地位。选自德克萨斯大学古典希腊演说辞集(第 11 卷),伊萨乌斯:《关于克利奥尼穆斯的遗产》(Isaeus, *On the Estate of Cleonymus*, 1.2.)。①

【译文】

他们的亲友认为我们应和他们享有同等份额的遗产,即使克利奥尼穆斯留下的遗产是无可争议的,但是我们的对手已经变得如此无耻,以至于他们在也试图剥夺属于我们的遗产,先生们,他们这么做并非是出于对公正的无知,而是由于注意到我们极度贫困。

(杨波辑录)

Ⅶ. 30

【题解】

优克特蒙是一个富裕的地主,生育有三个儿子和两个女儿,两个女儿均成婚且育有子女,儿子们都没有子嗣,且三人均先于父亲逝世,兄弟三人中最后去世的是菲洛克特蒙。他立下遗嘱,收养了侄子卡雷斯特拉图斯。优克特蒙去世时,一个旁系亲属安多克勒斯对继承权提出质疑,声称优克特蒙一个女儿的丈夫去世后,他迎娶了她,并以亲缘关系更近为由宣称对财产拥有继承权。于是卡雷斯特拉图斯起诉安多克勒斯和他的朋友安提多洛斯作伪证,卡雷斯特拉图斯的一位友人阿里斯多美奈斯为辩护人,但是因为优克特蒙与卡利佩还生育有两个儿子,所以阿里斯多美奈斯主要在论证这两个孩子的合法性,认为他们实际上是一位妓女和被释奴的孩子。结尾处阿里斯多美奈斯强调

---

① Isaeus, *On the Estate of Cleonymus*, The Oratory of Classical Greece, Vol. 11, trans. Michael Edwards, Austin: University of Texas Press, 2007.

不要因为贫富差异而偏袒对方，因为卡雷斯特拉图斯的钱财更多的花在了城邦上。选自德克萨斯大学古典希腊演说辞集（第11卷），伊萨乌斯：《关于菲洛克特蒙的遗产》（Isaeus，*On the Estate of Philoctemon*，5.59－61.）。①

【译文】

……他明确地证明了孩子们是合法的，他认为你会满足于离题的言辞，如果他甚至不想证明这一点，或者只想简单地提到它，但是大声地辱骂我们，说我的朋友们在他穷的时候是富有的，这将会使你们认为孩子是合法的。但是先生们，我朋友的财富，花在城邦上的要比花在他自己身上的多得多。法诺斯特拉图斯②曾七次成为战舰捐助人；他参与了所有公共演出服务，并在大多数时候获得了优胜。这里的卡雷斯特拉图斯，尽管他还年轻，也已经是战舰捐助人，他还担任悲剧比赛的合唱队捐助人和火炬赛跑的体育官。作为三百名最富有的公民之一，他支付了战争税。一段时间只有两人出了钱，但是这里这位年轻的儿子既是悲剧比赛的合唱队捐助人，也已登记在三百位最富有的公民名册中，还缴纳了战争税。所以你们不应对他们有所不满，宙斯和阿波罗为证，你们更应该嫉妒那些得到了本不属于他们的东西的人。如果菲洛克特蒙的遗产被判给我的朋友，他会为了你们的利益来管理它，履行必要的公共服务，就像他正在做的那样，而且将会做得更多；但是如果这些人得到了遗产，他们会挥霍光这些钱财，然后去阴谋反对其他人。

（杨波辑录）

① Isaeus, *On the Estate of Philoctemon*, The Oratory of Classical Greece Vol. 11, trans. Michael Edwards, Austin: University of Texas Press, 2007.

② 卡雷斯特拉图斯（Chaerestratus）的父亲。

Ⅶ. 31

【题解】

阿里斯托芬喜剧《骑士》中的角色帕弗拉孔[①]向观众们呼救，指出公民作为陪审员可获得3个奥波儿的工资，歌队长则指责帕弗拉孔等当权人物剥夺离职官员的财产，并且侵吞公款。选译文献据洛布古典文库，阿里斯托芬，《骑士》(Aristophanes, *The Knights*, 255-265.)。

【译文】

帕弗拉孔：

(向观众)

陪审老人们，领三个奥波儿的一族啊，

你们是多亏我大声疾呼才好歹养活着的，

快来救我，这些叛徒在打我呢！

歌队长：

打得好，因为公款还没有分配你就侵吞了！

你就像摘取橄榄时一样。

捏捏那些办离职交代的官吏，看

哪一个是生的没有熟，哪一个熟了。

你要是看见他们里头有一个傻张着嘴的本分人，

就会把他从克索涅索斯召回来，抓住他[②]，用脚钩住，

然后扭过他的臂膀来，把他一口吞下去。

你还在公民里头寻找傻瓜——

① 《骑士》中的角色，德莫斯(雅典人民的化身)的家奴，暗指克里昂等野心家当权者。

② 指诬告。

有钱、不狡猾、遇见麻烦事儿就发抖的。

（汪兆祺辑录①）

Ⅶ. 32

【题解】

阿里斯托芬喜剧《骑士》中的角色帕弗拉孔（野心家当权派）和腊肠贩（争权者）争相向德莫斯邀功以赢取支持。选译文献据洛布古典文库，阿里斯托芬：《骑士》（Aristophanes, *The Knights*, 769－776.）。

【译文】

腊肠贩：德莫斯啊，如果我不爱你，不敬你，
你可以把我切成碎肉煮了吃；若是你还不相信我的话，
你可以在这个摊桌上把我的肉刮下来，掺一点干酪制成杂烩，
再用铁钩钩住这肾囊，把我的尸骨拖到坟场上去。
帕弗拉孔：德莫斯啊，哪里有一个公民比我更爱你？
首先，我替你管家期间，曾经搜刮了多少钱财放进你的宝库里。
有一些人我逼着要，有一些人我掐着脖子敲，
还有一些我就向他们讨，
只要能够讨你喜欢，我不顾别人的背后议论。

（汪兆祺辑录②）

Ⅶ. 33

【题解】

阿里斯托芬喜剧《马蜂》中的角色菲洛克里昂讲述陪审员的职权，谈到陪审员可以凭借喜好干涉公民家庭的财产婚姻问题，如抛开父亲

---

① 译文选自[古希腊]阿里斯托芬：《阿里斯托芬喜剧》（上），《古希腊悲剧喜剧全集》，张竹明、王焕生译，译林出版社，2007年，第134页。

② 同上书，第172页。

遗嘱、决定作为财产继承者的女儿的婚姻归属。陪审员滥用职权侵犯公民财产权利。选译文献据洛布古典文库，阿里斯托芬：《马蜂》(Aristophanes, *The Wasps*, 576 - 589.)。

【译文】

布得吕克里昂：

(记下)我把这第二点——嘲弄财富——记下来。

可是，请你告诉我，你自夸统治着希腊，你们从中得到什么好处？

菲洛克里昂：

小伙子们在受检阅的时候①，我们高兴看看他们裸体。

如果奥阿格罗斯成了被告，要等他从《尼奥贝》剧中

选一段最漂亮的台词念给我们听了之后，我们才判他无罪。②

如果有吹笛者打赢了官司，他必须向我们这些陪审员

谢恩，戴着口套吹一支曲子，送我们离庭。

如果有父亲在临终时把他的独生女儿

——他的财产继承人——许配给某人，我们就叫

他的遗嘱和那只赫然地印着封记的匣子去撞头痛哭，

而把他的女儿许配给一个能讨我们喜欢的人。

我们这样干了，谁也看不出；别的官吏却没有这种权力。

布得吕克里昂：

在你提到的权力之中，只有这一种真的值得祝贺；

不过你把那女继承人保存遗嘱的匣子弄破了，就害了她了。

(汪兆祺辑录③)

① 年满20岁的雅典男子在阿帕图里亚节第三日举行成年礼，接受检阅，获得公民权。

② 奥阿格罗斯是个著名的演员，扮演过埃斯库罗斯或索福克勒斯写的《尼奥贝》中的角色。

③ 译文选自[古希腊]阿里斯托芬：《阿里斯托芬喜剧》(上)，《古希腊悲剧喜剧全集》，张竹明、王焕生译，译林出版社，2007年，第409—410页。

Ⅶ.34

【题解】

阿里斯托芬喜剧《马蜂》中的角色布得吕克里昂向父亲菲洛克里昂证明陪审员表面风光、实际上遭受当权者欺骗奴役，指出陪审员津贴只占城邦岁入极少数，其余全被克里昂等当权者侵吞。选译文献据洛布古典文库，阿里斯托芬：《马蜂》(Aristophanes, *The Wasps*, 653－679.)。

【译文】

菲洛克里昂：
得了；别叫“爸爸”了！
你要是不赶快证明我是个奴隶，我就要把你
弄死，尽管我从此再也吃不成祭牲的内脏。①
布得吕克里昂：
亲爱的爸爸，请别生气，舒展眉头，听我说。
你大概地计算一下——只用手指，不用石子
——盟邦缴纳的贡款一共有多少②，
此外还有税款、各种百一税、讼费、
矿税③、市场税、港口税、租金、
没收品变卖金。总数将近两千塔兰特。
从这里面提出陪审员的津贴，人数是六千
——我们的城邦从来没有多过此数的陪审员，
——因此你们得到的是一百五十塔兰特。

---

① 古希腊人在祭神的时候，把牺牲的心肝肾肺等留下来自己吃，但是杀人犯不得参加祭宴。
② 以雅典为首的提洛同盟，最初为了抵抗波斯侵略而成立，由盟邦出贡款，雅典用这笔钱来建立海军。贡款的总数起初是460塔兰特，内战初期增加到600塔兰特。
③ “矿税”指银矿税。阿提卡东南部的劳里昂有银矿，开采人必须缴纳矿税。

菲洛克里昂：

我们的津贴还不到岁入的十分之一！

布得吕克里昂：

不到十分之一，宙斯作证。

菲洛克里昂：

其余的钱哪里去了？

布得吕克里昂：

到那些口口声声说“我绝不背弃雅典群众，

我要为人民的利益而斗争”的人腰包里去了。

父亲，你是上了这些花言巧语的当，把他们捧出来统治你。

这些家伙向盟友索取五十塔兰特的贿赂，

他们威胁他们，恐吓他们说：

“快交纳贡款，否则我就要大发雷霆，摧毁你们的城邦。”

可是你啃到了一口你自己的权力的碎屑，就已心满意足了。

盟友看到雅典群众在投票箱前过着可怜的生活，没有吃的，

他们就认为你不过是孔那斯的——判决票①罢了。

他们把腌鱼、葡萄酒、毯子、干酪、蜂蜜、芝麻糖、

枕头、酒盅、小外套、花冠、项圈、酒杯，

以及一切足以健身致富的礼物都送给了那些家伙。

至于你，尽管你统治着盟友，在陆上作战，在海上划船，

劳苦功高，却没有人送一颗蒜头给你作烹鱼的佐料。

（汪兆祺辑录②）

---

① 当时称无意义的声音和无价值的东西为孔那斯或孔诺斯的“特里昂”（本义是“无花果树叶”）；观众以为布得吕克里昂会说出“特里昂”，哪知他却说出“判决票”。

② 译文选自[古希腊]阿里斯托芬：《阿里斯托芬喜剧》（上），《古希腊悲剧喜剧全集》，张竹明、王焕生译，译林出版社，2007年，第413—415页。

Ⅶ.35

【题解】

阿里斯托芬喜剧《马蜂》中的角色布得吕克里昂向父亲菲洛克里昂证明陪审员遭受当权者欺骗奴役，当权者及其党羽大肆中饱私囊，贿赂成风，腐败盛行，而陪审员津贴十分微薄。选译文献据洛布古典文库，阿里斯托芬：《马蜂》(Aristophanes, *The Wasps*, 680－695.)。

【译文】

菲洛克里昂：

没有人送给我；我只好派人向欧卡里得斯①买了三颗蒜头。

可是你烦死我了，你怎么还不证明我遭受奴役！

布得吕克里昂：

所有这些当权者和拍他们马屁的人都拿薪俸，

而你呢，只要能拿三个奥波儿津贴就心满意足了，

这笔钱原是你在海上劈波斩浪、陆上攻城拔寨、

辛辛苦苦挣来的，难道这还不是最大的奴役吗？

况且你还要奉命到法院去，这一点最叫我憋屈。

那时候有个淫荡的小子，开瑞阿斯②的儿子来到你家里，

张开双腿，扭着屁股，娇声娇气，他叫你前去，

黎明时参加审判。他说："你们当中任何人

在悬旗③以后到庭，就拿不到三个奥波儿。"

而他本人即使迟到，却照领检察员④的薪俸——一个德拉克马。

---

① 欧卡里得斯(Eucharides)是一个蔬菜贩。

② 开瑞阿斯(Chaereas)是一个侨民，曾冒充雅典公民。

③ 悬旗表示法庭即将开庭。

④ 即公诉人。

如果有被告送他贿赂，他就和另一个官吏平分。
他们两人商定这样办理这件案子：就像
锯木头一样，一个拉一个推。你却张着嘴
望着司库，他们捣的什么鬼，你一点都看不出。

（汪兆祺辑录①）

Ⅶ. 36

【题解】

阿里斯托芬喜剧《公民大会妇女》中，雅典妇女们计划女扮男装参加公民大会，抨击政治腐败，事先排练演讲时，珀拉克萨戈拉批判民众听任城邦掌权者以权谋私，提议由妇女们掌管财政等城邦事务。选译文献据洛布古典文库，阿里斯托芬：《公民大会妇女》（Aristophanes, *The Ecclesiazusae*, 205－210.）。

【译文】

珀拉克萨戈拉：
这一回你可说对了。
（继续演说）
公民们，这一切都要怪你们！
你们把人民的钱袋交给了那些官员，
他们每个人都只惦记着自己的利益，
而让国家像瘸子埃希姆斯那样跛行。
我们大家都可以得救，
只要能听从我的意见！
我提议把国家的权柄交给妇女，

① 译文选自[古希腊]阿里斯托芬：《阿里斯托芬喜剧》（上），《古希腊悲剧喜剧全集》，张竹明、王焕生译，译林出版社，2007年，第415—416页。

你们都知道,在家里是妇女操持家务。

(汪兆祺辑录[①])

Ⅶ. 37

【题解】

阿里斯托芬喜剧《公民大会妇女》中,赫勒梅斯向布勒庇洛斯讲述自己在公民大会上的见闻,谈到有人提议“劫富济贫”,让布商、皮货商及面包商等救济贫民。这实际上反映了一些平民对贫富差距的不满,强烈要求改变这一现象。选译文献据洛布古典文库,阿里斯托芬:《公民大会妇女》(Aristophanes, *The Ecclesiazusae*, 408－426.)。

【译文】

赫勒梅斯:

接着发言的是欧阿昂[②],一个非常聪明的人。
他是光着膀子站出来的,至少
我们大多数人都有这样的感觉,
但他自己强调他是穿着衣服的,只是没有大氅。
他用这样的话来吸引听众:
“大家看到,我本人也在寻求
一笔金钱来拯救自己。
但我还是可以告诉你们
如何拯救城邦和同胞公民。
让布商们给一半公民发放厚呢大氅,
到那时我们谁也不会感冒伤风。
让那些既无床垫也无毡子的人

---

① 译文选自[古希腊]阿里斯托芬:《阿里斯托芬喜剧》(下),《古希腊悲剧喜剧全集》,张竹明、王焕生译,译林出版社,2007年,第400页。

② 一个穷光蛋,衣衫褴褛。

痛痛快快洗个澡，
然后找个皮货商家里去睡觉。
他要是在严寒中把家门关得紧紧，
我们就拿走他的毛皮权充罚金。”
布勒庇洛斯：
他说得对，谁也不会反对这样的建议。
还应该补充一点：让面包商①
按三倍份额给穷人发放食品。
谁不照办，就把他处死！
那个坏蛋诺西库得斯②
对我们简直就是一毛不拔。

（汪兆祺辑录③）

Ⅶ. 38

【题解】

雅典祭神庆典游行时，执政官将征收来的橄榄油等交由司库保管。橄榄油、银币、金器和盾牌等是各类竞赛的奖品。选译文献据洛布古典文库，亚里士多德：《雅典政制》（Aristotle, *The Athenian Constitution*, LX. 1–3.）。

【译文】

关于9位执政官的职责即如上述。人们还抽签选出10人作为竞技裁判官，每一部落1人。这些人通过考查后任职4年，主管泛雅典娜节的游行和音乐竞赛、体育比赛及赛马，备办女神罩服并与议事会

① 指那些大量收购、囤积面粉然后再高价卖出的大商人。
② 靠经营谷物而发财；参见 Xenophon, *Memorabilia*, II, 7.
③ 译文选自[古希腊]阿里斯托芬：《阿里斯托芬喜剧》（下），《古希腊悲剧喜剧全集》，张竹明、王焕生译，译林出版社，2007年，第415—416页。

一道监造奖壶[①]，并把橄榄油分给竞赛者们，这些橄榄油采集自圣树，由执政官向生长圣树的田地主人征收这种油，每株为四分之一品脱。先前由城邦出售圣树的果实，任何掘起或砍倒一株圣橄榄树的人将由战神山议事会来审判，若经判罪就会处以极刑。但是，自从橄榄油已经由田主纳租供应之后，这条法律虽说还存在着，审讯和判决却名存实亡了，而城邦根据地产计算，征收橄榄油，不再按照树的棵数计算征收，所以执政官征集他那一年所征得的橄榄油，交给卫城的财务官，放入卫城中，他若是未能向卫城的司库们交足橄榄油数量，便不得进入战神山议事会。这些司库们经常把油保存在卫城里，到泛雅典娜节日时，他们才将它分配给竞技裁判官，而裁判官分发给竞赛的胜利者。音乐得胜者，奖品为银钱和金器，以健美得胜者，奖品为盾，体育竞赛和赛马得胜者，奖品为橄榄油。

（汪兆祺辑录[②]）

Ⅶ. 39

【题解】

庇西特拉图僭主统治时期十分开明，以借钱资助、设置法官以及免税等措施帮助农民发展农业，并通过对各种产品征收什一税从中获利。选译文献据洛布古典文库，亚里士多德：《雅典政制》（Aristotle, *The Athenian Constitution*, XVI. 3－6.）。

【译文】

在城邦事务方面，庇西特拉图奉行一种谦和的政策，比僭主制更为开明；他在其他各方面都较仁爱而温和，并且对过失者甚为宽容，并且拨款借贷贫民，以供他们产业之需，使他们能够依靠农耕，自食其

① 体育竞赛的奖品是一壶油和一串来自神圣橄榄树的花环。

② 译文选自[古希腊]亚里士多德：《雅典政制》，日知、力野译，商务印书馆，1999年，第63—64页。

力。他这样做有两个目的，即为了让他们不在城市中逗留而是散居于乡间，以及如此使他们适当地富足并安心于私务，从而既没有欲望也没有时间来料理公共事务①，而且土地的充分耕耘也给他带来了大量的收益；因为他对各种产品征收什一税(tithe)。为着同样的理由，他还设置了乡村法庭，而且时常亲自去乡村巡视并消解各种纠纷，以使人们进城，荒废农事。

(汪兆祺辑录②)

Ⅶ. 40

【题解】

阿里斯托芬喜剧《马蜂》中的角色布得吕克里昂向父亲菲洛克里昂谈到当权派没有兑现分配土地的承诺，分配粮食也是缺斤少两。选译文献据洛布古典文库，阿里斯托芬：《马蜂》(Aristophanes, *The Wasps*, 713－724.)。

【译文】

菲洛克里昂：

哎呀，我的手麻木了，

再也握不住剑了；

(剑落地)

我已经变得软绵绵的了。

布得吕克里昂：

当他们害怕的时候，他们答应把尤卑亚的土地分配给你们，

答应给你们每人五担小麦，但是从来没有给过，直到最近

才给了五麦地姆诺斯。就是这点粮食也得来不易，因为你曾经

---

① 参见 Aristotle, *Politics*, 1311^{a}13.

② 译文选自[古希腊]亚里士多德：《雅典政制》，日知、力野译，商务印书馆，1999 年，第 19 页。

被人

控告是外邦人①;而且你是一升升地领,领的还是大麦。

(唱)

所以我愿意赡养你,

我一直把你关在家里,

免得你被那些大言不惭的人耻笑。

你想吃什么,

我愿意给你什么,只是不让你

再喝那司库的奶了

(汪兆祺辑录②)

Ⅶ. 41

【题解】

阿里斯托芬喜剧《公民大会妇女》中,雅典城邦事务交由妇女管理,妇女珀拉克萨戈拉发出倡议,将巧取豪夺者的财产收归公库,实行公有制改革,实现人人富足的愿景。选译文献据洛布古典文库,阿里斯托芬:《公民大会妇女》(Aristophanes, *The Ecclesiazusae*, 590–610.)。

【译文】

珀拉克萨戈拉:

请你们不要妨碍、不要打断我的发言,

不要争论,也不要时不时地叫喊,

请耐心倾听、努力理解

我所提出计划的目的和方向。

---

① 人们必须花费功夫来证明自己的主张,就像因欺诈性地行使公民权利而被起诉一样。

② 译文选自[古希腊]阿里斯托芬:《阿里斯托芬喜剧》(上),张竹明、王焕生译,《古希腊悲剧喜剧全集》,译林出版社,2007年,第417页。

我想颁布和宣传的规则是，
是人人平等，平等分享一切财富和愉悦，
而不是有人富可敌国，有人号寒啼饥。
不要让一些人坐拥良田千顷，
另一些人找不到一块葬身之地。
不要让一些人奴仆成群，
另一些人却没有一个奴隶。
我想修正的所有内容是，
现在开始所有人有福同享，
同舟共济。
布勒庇洛斯：
那怎样才能让所有的人命运相连呢？
珀拉克萨戈拉：
首先，我要规定，银子和土地，
以及每一个人所拥有的一切，
都将是共享和免费的，
为公众设立一个金库，
我们要让土地成为公有，
像管家一样供养人们，
分配、节俭、照顾人们。
布勒庇洛斯：
有的人虽然没有一寸土地，
却拥有大量金币银币和秘而不宣的财宝，
对这样的人你怎么说？
珀拉克萨戈拉：
他必须把一切交给公库。
布勒庇洛斯：

他要是不肯交并且发假誓呢？
要知道他的一切家产都是不义之财。
珀拉克萨戈拉：
你说的有道理，
但从今往后这些财富将毫无用处，
他将不再需要这些东西。
布勒庇洛斯：
为什么？
珀拉克萨戈拉：
人们将不再有需求压力，
所有的人都将丰衣足食，应有尽有：
面包、干果、葡萄酒，鱼虾、甜饼、豌豆汤，
还有花冠和服装——人人都各取所需，
隐瞒、藏匿财产又有何用？
你应该动脑筋，好好想一想！
布勒庇洛斯：
眼下不正是那些最富有的人最坏、最狡猾，
而且劣迹昭彰，罄竹难书吗？
珀拉克萨戈拉：
我的朋友，如果我们还按旧的方式生活，
这一切就司空见惯，习以为常。
而现在生活即将变样，
他们巧取豪夺得来的一切都将归公。

（汪兆祺辑录①）

---

① 译文选自[古希腊]阿里斯托芬：《阿里斯托芬喜剧》（下），张竹明、王焕生译，《古希腊悲剧喜剧全集》，译林出版社，2007年，第433—435页。

Ⅶ. 42

【题解】

阿里斯托芬喜剧《公民大会妇女》中，雅典城邦开始实行公有制，男子赫勒梅斯决定将财务交公，另一男子[1]表示反对，谈及食盐法、铜币和税制等，不希望城邦政策朝令夕改。选译文献据洛布古典文库，阿里斯托芬：《公民大会妇女》（Aristophanes，*The Ecclesiazusae*，812－829.）。

【译文】

丈夫：

可怕什么？你是否在想，

我们的法规往往是朝令夕改？

我想你一定还记得不久前颁布的食盐法。

赫勒梅斯：

那还用说！

丈夫：

那有关铜币的决议

我们是怎样通过的，你还记得吗？[2]

赫勒梅斯：

怎么不记得！

这件事对我来说太糟糕。当时

我把葡萄卖了，让铜钱塞满腮帮，

然后去市场购买大麦。

但我刚刚解开袋子，就听见

---

① 《公民大会妇女》中的角色，雅典妇女乙的丈夫。

② 在《蛙》演出前不久，卡里阿斯任执政官时发行了铜币，因为雅典人由于战争而无法获得他们的银矿。参见 Aristophanes, *Frogs*, 725.

传令官在叫喊:“铜币不准用。
只有银币可以流通。”
丈夫:
难道我们不曾发誓,按四十分之一
向国家交纳五百塔兰特税金?①
当时所有人都称赞欧里庇得斯②,
把这位新税法的倡议者奉若神明。
但结果发现这只是一派胡言,
一个美丽而不切实际的童话,
欧里庇得斯本人也被浑身涂上柏油,
并粘上羽毛作为惩罚。

(汪兆祺辑录③)

Ⅶ. 43

【题解】

色诺芬设想设立一项基金用于城邦事业,增加公共收入,而捐献基金者也可得到丰厚回报。选译文献据洛布古典文库,色诺芬:《雅典的收入》(Xenophon, *Ways and Mean*, III. 7 - 11.)。

【译文】

为了获得其他似乎可以到手的收入,我认为需要设立一种基金。当我回忆到在赖西斯特拉图斯的指挥下以及在希吉西劳斯的指挥下援助阿卡狄亚人的时期里④全国捐输了多少时,我依旧未绝望于公民

---

① 指一些紧急提案,通过直接征收财产税来筹集资金,税率为四十分之一。

② 有个叫欧里庇底斯得人(不是悲剧作家欧里庇得斯)提议,每个雅典公民把自己财产的四十分之一捐献给国家。这一建议虽然被通过,但未能付诸实施。

③ 译文选自[古希腊]阿里斯托芬:《阿里斯托芬喜剧》(下),张竹明、王焕生译,《古希腊悲剧喜剧全集》,译林出版社,2007 年,第 459—460 页。

④ 公元前 366 年。

会欣然为此而捐款。我也知道战舰出征，耗费甚大；当远征结果是好是坏无把握时，这些战舰就已经造成，然而十分肯定的是，捐献者从不打算收回所出的钱，甚至也不打算收回一部分。但是，现在公民能够获得的收入，再也没有比从他们所捐献的这种基金所获得的收入更可靠的了；因为那些捐献十明那的人，将得到本金的五分之一，作为从船队上得到的利息，因为他每天可以收到三个奥波儿；那些捐献五明那的人，将有比三分之一还多的收入。大部分雅典人无疑每年所得将比他们捐献的还多；因为那些捐献一明那的人将有几乎两明那的收入，而且这种收入还是在城市中支付的；它也似乎是在世间财产中最安全和最经久的收入。在我看来，如果再将捐助我国的人的名字记载下来，传于后世，那么很多外国人以及某些城市都会对我们有所捐输，借此名传青史。我还认为一些国王、其他诸侯以及州长们都愿意分享这种令人满意的谢礼。

（汪兆祺辑录①）

Ⅶ．44

【题解】

雅典五百人议事会规定对贫困及残疾人士发放粮食津贴，设有一名司库官负责此事。选译文献据洛布古典文库，亚里士多德：《雅典政制》(Aristotle, *The Athenian Constitution*, XLIX.4.)。

【译文】

议事会还检查那些无力之人，因为有一条法律规定，凡财产不足三明那而又以体力衰弱不能从事任何工作者，应由议事会审查，并由议事会从公众开支中供给他粮食津贴，每人每日以2奥波尔为限。有

① 译文选自[古希腊]色诺芬：《经济论 雅典的收入》，张伯健、陆大年译，商务印书馆，1981年，第69—70页。

一个为这些人专设的司库官，由抽签选出。

（汪兆祺辑录[1]）

Ⅶ. 45

【题解】

地米斯托克利反对将银矿收入分给平民，提议将其用于建造三层桨舰。选译文献据洛布古典文库，亚里士多德：《雅典政制》(*Aristotle*, *The Athenian Constitution*, XXII.7.)。

【译文】

在尼各麦德斯担任执政官时，由于在马若内亚[2]发现了矿藏，城邦因开采该矿而获得100塔兰特的收益，某些人建议把这笔钱分给人民，但是，地米斯托克利[3]进行了阻止。他并不说明要将这笔钱用于何处，而是提议把它借给100位最富有的雅典人，每人1塔兰特，如果他们用款得当，城邦将会收益，如若使用不当，城邦可以向借款人收回这笔钱款。以此为条件，他把这笔钱拿去处理掉了，用它建造了100艘三层桨舰，100位借款人中每人建造了一艘，正是凭借这些战舰，人们在萨拉米进行了同蛮族人的海战。

（汪兆祺辑录[4]）

Ⅶ. 46

【题解】

萨拉米海战之后不久，在德摩斯提尼担任执政官的那一年，第一

① 译文选自[古希腊]亚里士多德：《雅典政制》，日知、力野译，商务印书馆，1999年，第53页。

② 马若内亚(Maronea)，劳里昂银矿附近的居民点，可能位于苏尼昂海角以北五英里处。

③ 地米斯托克利(Themistocles)，公元前525—前460年，雅典著名政治家、将领，民主派重要人物。

④ 译文选自[古希腊]亚里士多德：《雅典政制》，日知、力野译，商务印书馆，1999年，第27—28页。

次定下了各盟国捐款数额，雅典利用盟邦贡金维持军队、官员等城邦公共开支以及供养公民。选译文献据洛布古典文库，亚里士多德:《雅典政制》(Aristotle, *The Athenian Constitution*, XXIV. 1－3.)。

【译文】

在此之后，城邦气势雄壮起来，聚敛了大量的钱财，他劝说人们掌握住(联盟的)领导权，劝其丢弃农事到城镇定居；他的理由是所有人都可以得到给养，有的在军队中服役，有的充任防卫，有的承担公共事业，如此一来就可以牢牢保持领导权。人民接受了这些建议，取得了霸权，以一种更为专断的方式对待诸盟邦，只有开俄斯、列斯堡斯与萨摩斯例外；这几处被当做雅典帝国的前哨允许它们保有自己的政府并统治当时已经归它们的属地。人们还如阿里斯泰德斯所提出的那样为众人确立了富足的食物补充，因为来自盟邦的贡物及税款加起来可以养活 20000 人多人。而陪审官有 6000 人，弓箭手有 1600 人，骑兵 1200 人，议事会成员 500 人，造船区的卫兵 500 人和此外的 50 名城内卫兵，邦内官员达 700 人，邦外官员亦达 700[①] 人；当后来进入战争时，除了这些人之外，还有 2500 人的重装步兵，20 艘护卫舰以及其他运送由抽签而定的多达 200 人卫兵的船只，此外，还有市政厅[②]、孤儿和狱吏；因为所有这些都要靠公家经费来供养。

(汪兆祺辑录[③])

Ⅶ. 47

【题解】

伯罗奔尼撒战争期间，由于狄凯里亚被伯罗奔尼撒同盟占领，雅

① 这个数字可能是错误地重复了前面的一行；或许应该加上“也”。

② 市政厅，可能位于雅典卫城南边的阿果拉。

③ 译文选自[古希腊]亚里士多德:《雅典政制》，日知、力野译，商务印书馆，1999 年，第 29—30 页。

典一方势力蒙受巨大损失，加之其他方面巨额开支导致雅典财政窘迫，为此雅典调整政策，将收取盟邦贡金改为征收关税，但收入仍日渐萎缩。选译文献据洛布古典文库，修昔底德：《伯罗奔尼撒战争史》(Thucydides, *History of the Peloponnesian War*, BOOK VII. XXVII－XXVIII.)。

(1) Thucydides, *History of the Peloponnesian War*, BOOK VII. XXVII.

【译文】

自从这年夏季以来，全部侵略军首先在狄凯里亚设防，以此地作为袭扰乡村的根据地，把城市中的驻军定期换防；这使雅典人蒙受了很大的损失。事实上，狄凯里亚被占领，导致雅典财产毁坏，人力丧失，这是造成其势力衰落的主要原因之一。以前的侵略，时间都很短，并不妨碍雅典人在其余时间利用他们的土地。但是现在，敌人常年盘踞在阿提卡，有时派军队侵入乡村，有时派正规的驻防军蹂躏地方，攫夺物资。斯巴达国王阿吉斯①亲临战场，指挥作战。因此，雅典人受到巨大的损害。他们失去了全部乡村；两万多名奴隶逃走，其中的大部分人是有技艺的工匠；他们的全部羊群和役畜都丧失了。

(2) Thucydides, *History of the Peloponnesian War*, BOOK VII. XXVIII.

【译文】

由于这些原因(伯罗奔尼撒人占领狄凯里亚所造成的损失和雅典人所有的其他巨大开支)，雅典人在财政上陷于窘境。大约在这个时候，他们开始对臣属诸邦的所有从海上输入和输出的一切货物征收

---

① 阿吉斯二世(Agis II)，出身于斯巴达欧里庞提德家族的第十八位国王，在位时期领导伯罗奔尼撒同盟击败雅典。

5%的关税,以取代向他们征收的贡赋,他们认为这样这增加收入;城邦现在的支出与过去的情况不同了,当战事扩大的时候,支出随之增加,收入反而日渐减少了。

(汪兆祺辑录①)

Ⅶ. 48

【题解】

伯罗奔尼撒战争期间,针对客蒙争取民心的措施,家产有限的伯利克里设立陪审员薪饷制以博取平民支持。由此,抽签以任此职的更多的总是寻常之辈而非贤能之人。选译文献据洛布古典文库,亚里士多德:《雅典政制》(Aristotle, *The Athenian Constitution*, XXVII. 2-4.)。

【译文】

伯利克里又头一个人使服务陪审法庭成为有给薪的职位,这是平民对付客蒙财富的对抗办法。客蒙拥有足供僭主需要的大地产,所以他首先在一般公务上作风很豪华,同时又供奉许多和他同一村社的人;任何一个属于拉克阿代区②的人,只要愿意就可以天天到他家去领得一份适量的粮食,而且他的所有田园均无栅栏,任何人只要愿意,即可尽享其中成果,较之于这种奢华,伯利克里的家产相形见绌,他接受了俄厄亚的达摩尼德斯③的劝告(此人被认为是伯利克里大多数措施的主谋者,因此在后来他遭到了放逐),既然他在私人财产上不能占

① 译文选自[古希腊]修昔底德:《伯罗奔尼撒战争史》(下册),谢德风译,商务印书馆,1997年,第516—517页。

② 阿提卡地区的德莫,米泰亚德斯和客蒙家族所属区域。

③ 此处应指的是达摩尼德斯之子达蒙,公元前5世纪的一名音乐家,曾任伯利克里的老师及顾问。

据上风，就应该取之于民，用之于民，给予众人属于他们自己的东西，因此，他给陪审员们设定了薪饷；依某些批评者所言，这使得陪审法庭被败坏了，因为普通的人比高尚的人，对于抽签担任这个职位，总是更加注意。而且也就在这以后，有组织的贿赂法官的事也开始了。

（汪兆祺辑录①）

Ⅶ. 49

【题解】

阿里斯托芬喜剧《云》里的角色特瑞普西阿得斯命令儿子费狄庇得斯向苏格拉底学习诡辩术，提到公民担任陪审员最初可获得一个奥波儿津贴。选译文献据洛布古典文库，阿里斯托芬：《云》(Aristophanes, *The Clouds*, 858－864.)。

【译文】

费狄庇得斯：你的鞋子又哪里去了？你这个傻子！
斯特瑞普西阿得斯：我丢了，正像伯利克里所说的，为了必要。
我们走吧！只要你听爸爸的话，
就是不十分孝敬也不要紧。记得你还是
一个口齿不清的六岁孩子，我就听过你的话，
把第一次做陪审员得来的一个奥波儿。
在宙斯节那天给你买了一驾小马车。

（汪兆祺辑录②）

① 译文选自［古希腊］亚里士多德：《雅典政制》，日知、力野译，商务印书馆，1999 年，第 32 页。

② 译文选自［古希腊］阿里斯托芬：《阿里斯托芬喜剧》（上），《古希腊悲剧喜剧全集》，张竹明、王焕生译，译林出版社，2007 年，第 304 页。

Ⅶ. 50

【题解】

阿里斯托芬喜剧《马蜂》中的角色歌队队长拒绝儿子买无花果的要求，其中提到了陪审员的津贴是日常开支来源。选译文献据洛布古典文库，阿里斯托芬:《马蜂》(Aristophanes, *The Wasps*, 290 – 311.)。

【译文】

童子：

要是我向你讨一点东西，

爸爸，你愿意给我吗？

歌队长：

宝宝，我一定给你。告诉我，

你要我为你买什么好东西？我猜想，

孩子，你一定会说羊拐子。①

童子：

不，好爸爸，买无花果干；

它甜蜜些。

歌队长：

我决不买，哪怕你去上吊。

童子：

好，那我就决不给你带路了。

歌队长：

我得用这么一点津贴②

为一家三口买面包，

---

① “羊拐子”是羊蹠骨的俗名。羊蹠骨可以当骰子玩。

② “克里昂在公元前 425 年把陪审员每天的津贴由 2 个奥波儿提高到三个奥波儿。

买柴，买肉；
你却向我要无花果！
童子：
（第二曲次节）
爸爸，要是
执政官今天不开庭，
我们拿什么
去买午饭吃？你能不能
为我们找个美好的希望
或赫勒的神圣之“道”？①
歌队长：
哎呀，哎呀，我真不知道我们
到哪儿去弄到饭吃！

（汪兆祺辑录②）

Ⅶ. 51

【题解】

阿里斯托芬喜剧《马蜂》中的角色菲洛克里昂讲述陪审员的职权，谈到自己领取陪审员津贴后回家受到家人的殷勤接待，津贴是家庭收入重要来源。选译文献据洛布古典文库，阿里斯托芬：《马蜂》（Aristophanes, *The Wasps*, 605 - 615.）。

① “赫勒”指赫勒海峡。“赫勒的神圣之‘道’”，戏拟抒情诗人品达的诗句。在品达的原诗里，“道”字指波斯国王薛西斯在公元前480年为了向希腊进军在赫勒海峡上架起的浮桥，这里借指谋生之道。

② 译文选自［古希腊］阿里斯托芬：《阿里斯托芬喜剧》（上），张竹明、王焕生译，《古希腊悲剧喜剧全集》，译林出版社，2007年，第388—389页。

【译文】

菲洛克里昂：

那最使人开心的事，我几乎把它给忘了。
当我含着钱币回到家里的时候，一家人
都知道我带回了钱，开始巴结起我来。
女儿给我洗脚擦油，弯腰亲我的嘴，
叫一声爸爸，用舌头钓走那三个奥波儿。
我那好老婆也向我献殷勤，端出又松又软的
大麦粑，坐在旁边劝我："吃这块，
吞那块。"这些事真叫我开心；我用不着
看你和你管家的脸色——那家伙每次开饭，总是
咒骂不绝，唠叨没完——要是他不赶快给我捏一块饼的话……
我现在有了保障，不至于忍饥挨饿，这就是挡箭的护身衣。①

（汪兆祺辑录②）

Ⅶ. 52

【题解】

阿里斯托芬喜剧《马蜂》中的角色菲洛克里昂向儿子布得吕克里昂谈到自己曾经在帕罗斯担任仪仗士兵，领取两个奥波儿工资。选译文献据洛布古典文库，阿里斯托芬：《马蜂》（Aristophanes, *The Wasps*, 1186－1193.）。

【译文】

菲洛克里昂：

① "保障"和"护身衣"暗指 3 个奥波儿的钱币。

② 译文选自[古希腊]阿里斯托芬：《阿里斯托芬喜剧》（上），《古希腊悲剧喜剧全集》，张竹明、王焕生译，译林出版社，2007 年版，第 411 页。

那又该讲什么呢？
布得吕克里昂：
讲体面的事情，
讲你跟安德罗克勒斯和克里斯提尼一块儿去观礼[①]。
菲洛克里昂：
我从来没有去观过礼，只是
到过帕罗斯，每天领两个奥波儿[②]。
布得吕克里昂：
你可以讲这类的话，比如讲埃孚狄昂怎样连摔带打，
同阿斯康达斯进行了一场漂亮的摔打竞赛[③]，
他已是白发高龄，却还有
强健的肋骨、手臂、胁腹
和漂亮的胸甲。

（汪兆祺辑录[④]）

Ⅶ. 53

【题解】

阿里斯托芬喜剧《公民大会妇女》中，雅典妇女们计划女扮男装参加公民大会，抨击政治腐败。事先排练演讲时，珀拉克萨戈拉[⑤]批判

---

① “观礼”指代表城邦赴奥林匹亚等地去参加宗教节庆，观看竞技表演。

② 菲洛克里昂的意思是说，他不是代表城邦去观礼，而是去给观礼的人做仪仗队兵士，普通士兵军饷每天是两个奥波儿。

③ 埃孚狄昂(Ephudion)是阿加狄亚人，为著名的拳击家，曾在奥林匹亚竞技会上获得胜利。阿斯康达斯(Ascondas)也是个著名的拳击家。“摔”指摔跤，“打”指拳击；这里所说的是一种混合竞技。

④ 译文选自[古希腊]阿里斯托芬：《阿里斯托芬喜剧》(上)，张竹明、王焕生译，《古希腊悲剧喜剧全集》，译林出版社，2007年，第456页。

⑤ 一位雅典妇女。

城邦掌权者，大众依赖公职津贴吃喝度日。选译文献据洛布古典文库，阿里斯托芬：《公民大会妇女》（Aristophanes，*The Ecclesiazusae*，170 - 188.）。

【译文】

珀拉克萨戈拉：
走吧，走吧，回你的座位去！
还是让我亲自给你们做示范。
我戴上花环，向诸神热切祈祷，
请求赐予我们的计谋成功。
朋友们，在这个国家，
我和你们有着同等的权利和责任。
目睹国势日衰，一蹶难振，
我悲凉感慨，五内如焚。
我看到，一群坏蛋把持着国家。
别看一个人，他偶然一次行为端正，
实际上十有九次是骗子、恶棍。
你们信赖另一个，他却更加龌龊卑鄙。
想说服一帮刚愎自用的男人，
真不容易。
你们对良言劝诫的耿介之士恶语恫吓，
对包藏祸心的宵小之徒大献殷勤。
公民大会从来没有一次收获丰盛，
连阿古尔里奥我们也视为滑头小生。
现在我们竟靠公民大会吃喝，
谁抢到几文铜钱，就心满意足，谢天谢地；
得不到的人则大呼小叫：
“谁把公民大会当成了挣钱的地方，

就把他们统统处死!”

(汪兆祺辑录①)

Ⅶ. 54

【题解】

阿里斯托芬喜剧《公民大会妇女》中,雅典妇女组成的歌队抨击政治腐败,指出过去公民们不为津贴而踊跃参政,如今则醉心于领取津贴而不管政事。选译文献据洛布古典文库,阿里斯托芬:《公民大会妇女》(Aristophanes, *The Ecclesiazusae*, 300－310.)。

【译文】

我们要把那些熙熙攘攘
成群结队来的城里人挤到一边去。
要是还像从前那样,大会津贴
每个人只能拿到一个奥波儿的话②,
他们就会坐在花冠市场上去闲聊
而不来参加公民大会的。
遥想当年,米罗尼德斯当政的年代③,
没有人为参加大会能拿到
国家的钱装进自己口袋。
大家还是踊跃前来普尼克斯,

① 译文选自[古希腊]阿里斯托芬:《阿里斯托芬喜剧》(下),张竹明、王焕生译,《古希腊悲剧喜剧全集》,译林出版社,2007 年,第 398—399 页。

② 参见本剧 103 行。阿古尔里奥(Agyrhius)最初提议用一个奥波儿作为出席公民大会的费用;赫拉克雷迪斯(Heracleides)提高到两个;就在这出戏前不久,阿古尔里奥又把它提高到三个奥波儿。

③ 公元前 457 年左右,他率领一支老人和男孩组成的队伍,在麦加拉击败了科林斯人,第二年在奥诺菲塔击败了波奥提亚人。

各自在背囊里带着
面包、葱头和酒罐,
外加一把油橄榄。
现在呢虽然每人发了三个奥波儿,
一讨论起国家大事来
就只知道在会上喧嚷叫喊,
又像雇来的泥瓦杂工那样要工钱。

(汪兆祺辑录①)

Ⅶ. 55

【题解】

阿里斯托芬喜剧《公民大会妇女》中,雅典妇女们女扮男装,早起参加公民大会,致使很多男人到场已经领不到津贴,布勒庇洛斯②感伤生活艰辛。这反映公民大会有限的津贴数额,也是平民生活重要来源。选译文献据洛布古典文库,阿里斯托芬:《公民大会妇女》(Aristophanes, *The Ecclesiazusae*, 376 – 394.)。

【译文】

布勒庇洛斯:
什么! 已经结束了?
赫勒梅斯:
是啊,比往常早了点儿。
宙斯作证,看着那些人
争先恐后地涌向那根粗缆绳③,

① 译文选自[古希腊]阿里斯托芬:《阿里斯托芬喜剧》(下),张竹明、王焕生译,《古希腊悲剧喜剧全集》,译林出版社,2007 年,第 407 页。
② 雅典妇女珀拉克萨戈拉的丈夫。
③ 用来分隔准时到会的人和迟到者。

简直让我笑坏了肚子。
布勒庇洛斯：
你领到三个奥波儿吗？
赫勒梅斯：
哪里领得到！我去得太晚了。
说来惭愧，我两手空空地回来了。
布勒庇洛斯：
到底是怎么回事？
赫勒梅斯：
去普尼克斯开会的人黑压压一大片，
从来没有像今天这么多。
朝他们一看，我们觉得奇怪，
全都把他们当成了鞋匠，因为
所有人的脸白得跟牛奶一样。
于是我和许多人空手而归。
布勒庇洛斯：
要是我现在赶去，也一文都拿不到吗？
赫勒梅斯：
哪怕你鸡叫二遍赶到那里也是白搭。
布勒庇洛斯：
唉，我这不幸的人真是倒霉！
哭泣吧，安提罗科斯①，一切都完了。
哭泣吧，倒不是为我这点儿钱，
而是为这破碎的生活

① 安提罗科斯(Antilochus)，皮洛斯国王涅斯托尔之子，随父远征特洛伊，战死于城下。

一掬伤心之泪。
可到底为什么有那么多人
赶那么早去开会啊？

（汪兆祺辑录①）

Ⅶ. 56

【题解】

西西里远征失败后，雅典对战时城邦开支和政体重新进行规划，将其纳入战时轨道，除执政官和其他在任的机构负责人以外不得领取薪酬。选译文献据洛布古典文库，亚里士多德：《雅典政制》（Aristotle, *The Athenian Constitution*, XXIX. 5.）。

【译文】

其后，他们以这种方式来规划政体：城邦的收入不得花在除战争以外的其他任何方面；直至战争结束前所有的官员任职一律不受薪酬，但9位执政官与主席职位除外，这些官员每人每日领取3个奥波儿的薪酬；在战争时期，所有其他的政府职务应交给就本人和财产而论皆是最能为国效劳的雅典人，其人数不少于五千人；这个集团应有权力对他们所愿意的任何订立条约；年在四十岁以上的代表，就每一部落选出10人，他们用洁净牺牲宣誓，然后提出五千人的名单。

（汪兆祺辑录②）

---

① 译文选自[古希腊]阿里斯托芬：《阿里斯托芬喜剧》（下），张竹明、王焕生译，《古希腊悲剧喜剧全集》，译林出版社，2007年，第412—414页。

② 译文选自[古希腊]亚里士多德：《雅典政制》，日知、力野译，商务印书馆，1999年，第35页。

Ⅶ. 57

【题解】

在伯罗奔尼撒战争期间，雅典在优卑亚战役失败及优卑亚反叛后，推翻了四百人寡头政治，规定公职人员不领薪金。选译文献据洛布古典文库，修昔底德：《伯罗奔尼撒战争史》(Thucydides, *History of the Peloponnesian War*, BOOK VIII. XCVII.)。

【译文】

尽管如此，雅典人在得知这个消息(优卑亚的叛变)后，配备了20艘舰船和海员。他们也马上召集了许多会议中的第一个会议。会议是在普尼克斯①举行，过去，他们也是常在此地开会。他们废除了“四百人”议事会。他们投票决定：把政权交给“五千人”(包括所有能自备重装步兵装备的人在内)，任何担任公职的人不得享受薪金报酬，违者将遭到神的诅咒。后来他们举行了许多其他的会议，在这些会议中，他们选举起草法案的人，并采取了其他一切步骤，准备修改宪法。如此，在这个新政权的初期，雅典人似乎有了一个比以前较好的政府，最低限度在我的时代是这样的，因为这样使少数的上层阶级和多数的下层阶级有了一个合理的、适当的和解；这个和解首先使雅典在遭遇着许多方面的灾难之后，再恢复起来。

(汪兆祺辑录②)

---

① 普尼克斯位于雅典卫城西边的一个山冈上，是民众会议传统的会址所在地。开会时民众坐在山坡上，发言者面对大海。这是政变后第一次恢复普尼克斯为民众会议的场所。

② 译文选自[古希腊]修昔底德：《伯罗奔尼撒战争史》(下册)，谢德风译，商务印书馆，1997年，第633页。

Ⅶ. 58

【题解】

雅典经过 11 次政治变革后，平民成为城邦主宰。为鼓励平民积极参加公民大会，实行津贴制度，并且不断提高津贴数额。选译文献据洛布古典文库，亚里士多德：《雅典政制》(Aristotle, *The Athenian Constitution*, XLI.2 - 4.)。

【译文】

平民使自己成为所有事情的主宰，依靠决议和平民在其中作主的陪审法庭处理一切事情甚至议事会所审判的案件落到人民手里了。他们这样做显然是做得对，因为少数人总比多数人更容易受金钱或权势的影响而腐化。

(汪兆祺辑录①)

Ⅶ. 59

【题解】

雅典通过登籍制度确定公民身份。如有弄虚作假便要处以罚金，甚至被城邦卖到国外。18 岁的男丁在两年戍卫城邦期间可以免税。选译文献据洛布古典文库，亚里士多德：《雅典政制》(Aristotle, *The Athenian Constitution*, XLII.1 - 5.)。

【译文】

凡父母双方均为公民者有公民权，公民在 18 岁时，在他们村社的名簿中登记。当他们登记之时，村社成员对他们宣誓投票，作出决定，首先，他们是否达到法定年龄，如果认为未到年龄，他们便复归于儿童

① 译文选自[古希腊]亚里士多德：《雅典政制》，日知、力野译，商务印书馆，1999 年，第 46 页。

之列，其次，这个候补人是否为合法出生的自由民；然后，如果投票结果认为他没有自由民身份，他得向陪审法庭申诉，村民由自己人中选出五人对他辩论，如果判决他并无登记权利，国家便把它出卖，但如果他胜诉，村民们便必须让他登记。然后让议事会检查登记者的名单，如发现任何人未满18岁，允许他登记的村民便要受到罚金的处分。到了这些丁男已被审查通过的时候，他们的父亲便按部落举行会议，并在宣誓之后，选定年在40岁以上而被他们认为最好且最宜于监督这些丁男的部落成员三人，然后民众会以举手方式就他们中每部落选举一人为教练官，并由其他公民中选举一个将军统率他们全体。这些人把丁男集结成为队伍，在第一次巡行各神庙之后，开往比雷埃夫斯港，其中有的守卫穆尼客阿，有的守卫海角。民众会又给他们选出两个竞技的教练和一些教师，教他们重装步兵操练和使用弓、投枪和投石器。民众会并给教练官口粮，每人一德拉克马，丁男每人四奥波尔；每一教练官支领他自己部落的人员的津贴费，为全体人员购备一律的食粮(因为他们按部落实行公餐)，并监督一切别的事情。第一年，他们照这样方式生活；到了次年，民众会在剧场开会，丁男们当着人民面前举行一次操练表演，并从国家领到一只盾和一支枪；于是他们在乡村中当巡逻兵，并驻在哨兵守卫所。他们继续当巡逻兵两年；军服是一种斗篷；他们豁免一切赋税；他们不得被人起诉，也不得起诉他人，为的使他们除涉及财产，涉及与女继承人结婚，或世袭僧侣身份者涉及任何有关僧侣之事外，不得借口自行请假。等到两年期满，他们便成为普通公民集团的成员。

(汪兆祺辑录①)

① 译文选自[古希腊]亚里士多德：《雅典政制》，日知、力野译，商务印书馆，1999年，第46—47页。

Ⅶ. 60

【题解】

亚里士多德列举了在雅典城邦可以领取酬金的公务活动及相应津贴，包括参加公民大会、陪审法庭、议事会，担任议事会主席团主席、执政官、竞技裁判官等。选译文献据洛布古典文库，亚里士多德：《雅典政制》(Aristotle, *The Athenian Constitution*, LⅫ. 2.)。

【译文】

公职津贴如下：首先，人民出席民众会例会，领取1德拉克马，一次特别会议领取9奥波尔；其次，陪审法庭，3奥波尔；第三，议事会，5奥波尔；凡担任主席者，另加膳食费1奥波尔。九执政官每人也得4奥波尔为膳食费，并备有一个传令官和一个吹笛者；萨拉米执政官则一天得1德拉克马。竞技裁判官在赫卡托拜翁月中，当泛雅典娜节日，自该月四日后，在普律塔涅嗡(公共会堂)吃饭。驻提洛岛的近邻同盟代表人每天由提洛岛得1德拉克马。所有派往萨摩斯、斯库洛斯、勒莫诺斯、或伊莫布洛斯的官吏也领款以为膳食费。

(汪兆祺辑录①)

Ⅶ. 61

【题解】

庇西特拉图致梭伦的信中谈到自己遵循了梭伦制定的法律。他要求雅典公民缴纳什一税用于支付献祭、战争等城邦公共事务。选译文献据洛布古典文库，第欧根尼·拉尔修：《名哲言行录》(Diogenes Laertius, *Lives of Eminent Philosophers*, Ⅰ.53.)。

① 译文选自[古希腊]亚里士多德：《雅典政制》，日知、力野译，商务印书馆，1999年，第65页。

【译文】

庇西特拉图致梭伦

“在希腊，我并不是唯一志在建立僭主政制的人，我作为科德鲁家族的后代，也并非不适合这个角色。因为我只是收回了雅典人曾经起誓赋予科德鲁及其后裔的特权而已，虽然他们后来又把这些特权取消了。在其他所有事情上，无论是关于神的，还是关于人的，我都没有过失；相反，我允许雅典人按照你所制定的那些法律治理公共事务。他们得到了比在民主制度下更好的管理，因为我不允许任何一个人恣意妄为；尽管我是僭主，我也绝不获享任何不适当的名望和荣誉，而只是要求享有以前归属于国王的那些议定了的特权。雅典的每位公民都因其财产缴纳什一税，但并不是交给我，而是用以支付公共献祭的费用，或其他某种公共事务的花销，或者用于可能发生在我们身上的战争的支出……”

（汪兆祺辑录①）

Ⅶ. 62

【题解】

苏格拉底和友人伊斯霍玛霍斯②谈论雅典富人的义务，城邦强制要求富人承担多项公共义务，如养马、承担合唱队和体育竞赛的开支、装备战船等。选译文献据洛布古典文库，色诺芬：《经济论》(Xenophon, *Oeconomicus*, II. 5 - 6.)。

【译文】

“因为，第一，”苏格拉底解释说：“我知道你必须贡献许多丰盛的祭品，否则，我想神和人都会找你麻烦。第二，你必须款待许多外来的

① 译文选自[古希腊]第欧根尼·拉尔修：《名哲言行录》，徐开来、溥林译，广西师范大学出版社，2010年，第25页。

② 伊斯霍玛霍斯(Ischomachus)，雅典富裕农民、苏格拉底的好友，以善于经营家业著称。

客人。第三，你必须宴请和资助市民们，否则你就会失去你的支持者。此外，我知道城邦已经强制你付出几大笔捐款：你必须养几匹马，承担合唱队和体育竞赛的开支，并且接受议事长的职务；而且一旦战争爆发，我知道他们一定会要求你提供一艘战船的开支，还要缴纳几乎使你破产的重税，只要你表现出不能满足他们希望的样子，那些雅典人一定会惩罚你，就好像他们发现你在偷窃他们似的”。

（汪兆祺辑录①）

Ⅶ. 63

【题解】

雅典议事会监管已建成的三层桨舰，并选出监造人进行管理，付给薪饷。选译文献据洛布古典文库，亚里士多德：《雅典政制》（Aristotle, *The Athenian Constitution*, XLVI.1 - 2.）。

【译文】

议事会还监管业已建成的三层桨舰船及其装备，以及海军舰船系船的石墩等碇泊所，并依照民众会的投票决定建造和装备新的三列桨舰船或四列桨舰船，建造碇泊所。但船泊营造师则由民众会选举。如果卸任的议事会不能把这些工作完成，移交给新议事会，它的成员便不能领取他们的报酬金，此项报酬金本是在下一届议事会上任时才能得到。为着建造三列桨舰船，议事会选举它自己的成员10人为船舶建造者。议事会还监督一切公共建筑物，如果发现任何官员旷职，就将此人报告给民众会，如果判决有罪，就把他移交给陪审法庭。

（汪兆祺辑录②）

---

① 译文选自[古希腊]色诺芬：《经济论 雅典的收入》，张伯健、陆大年译，商务印书馆，1981年，第6—7页。

② 译文选自[古希腊]亚里士多德：《雅典政制》，日知、力野译，商务印书馆，1999年，第50页。

Ⅶ. 64

【题解】

雅典执政官要监管涉及财产方面的事务：从雅典最富有的人中委任歌咏队领班、初步审理侵害孤儿家产的案件、对财物或契据所有权的澄清、遗产诉讼、出租孤儿及嗣女的房舍并收取租金等。选译文献据洛布古典文库，亚里士多德：《雅典政制》（Aristotle, *The Athenian Constitution*, LⅥ.1－4.）。

【译文】

执政官、王者执政官和军事执政官，各有两个助理员，由他们自己选择，这些人的资格在其任职之前由陪审法庭审查，当他们卸任时，并须作报告。

执政官一经上任，首先要宣告在他上任之前凡为一个人拥有的东西直至其任期终了仍皆归其拥有及支配。接着他要任命3个雅典最富有的人为悲剧合唱队队长；以前通常他还任命5个喜剧的合唱队队长，但是，这些人现在已经由部落选出。然后他接见由各部落为成年人及儿童在狄奥尼索斯节上的竞赛，以及为喜剧和为成年人及儿童在萨格利亚节①上指定的合唱队队长（狄奥尼索斯节每部落一人，萨格利亚节每两部落1人，轮流任队长）；执政官还处理这些以交换财产取得替代的要求②，或以从前已经实行过公共服务为理由，而提出他们豁免的要求，或则因为已经实行其他的服务与豁免时期尚未终止而提请豁免，或则因为还没有达到法定年龄（一个担任儿童合唱队长的人必须年在40岁以上）。他又任命提洛节日的合唱队队长和运送青年的三十桨船的一个游行队长。他监督游行队伍，……这些监督以前是

---

① 5月份的一个节日，定期举行合唱比赛和游行。

② 一个公民被指定担负这些花钱的任何一种公职时，都可以请求说，另有人更有能力胜任此职，但这个请求人只有用与被要求者交换财产的办法，才能免去担任此职。

10人,由民众会举手选举,他们用他们自己的钱来供给游行队的经费,但是,他们现在是用抽签选举的,每部落一人,且给以一百明那以为筹备费;执政官又监督萨格利亚节竞赛的管理人,这些便是执政官所监督的节日。此外,状告及诉讼均须呈传到执政官面前,经过初步审理后,由执政官再将其提交陪审法庭……他还监管孤儿、嗣女以及在其丈夫死后声言自己已经怀上孕的那些妇女,而且他拥有对冒犯者施加罚款或者将其呈送陪审法庭的决定权。他出租孤儿及嗣女的房舍直至其年满14岁为止,并收取租金,还为小孩们向倘若没有给予其供给的监护人索要供给,以维持小孩的生活。

(汪兆祺辑录①)

Ⅶ. 65

【题解】

演说与雅典民主制。选译文献据德摩斯提尼:《演说集》(Demosthenes, *Speeches*, 18－19.Goverment and Law in Classical Athens)。

【译文】

事实上,雅典的法律体系也符合富人的利益,甚至是非常富有的人的利益,也符合普通民众的利益,因为它为竞争提供了一个论坛,因为荷马是贵族生活的重要组成部分。在这场竞争中,富人以法院为战场,虽然他们的主要武器是流行意识形态的花言巧语,鼓吹法治,宣扬节制与克制的理想。但是,那些追求政治领导地位以及随之而来的荣誉和地位的人,却一再进入法律领域,在可能的情况下对其政敌提起诉讼,在必要时为自己辩护,反对他人提起诉讼。这些公开竞赛的最终裁判是普通人,他们似乎喜欢个人与意识形态的戏剧性冲突。在这

① 译文选自[古希腊]亚里士多德:《雅典政制》,日知、力野译,商务印书馆,1999年,第59—60页。

方面，4 世纪的演说术是五世纪戏剧的文化继承者，同样受到市民的赞赏。尽管遭到柏拉图等知识分子的反对，但大多数雅典人合理地认为，他们的法律体系是他们民主的标志，是他们文化中的重要组成部分。

（鲍红信辑录）

Ⅶ. 66

【题解】

塞尔维乌斯·图利乌斯按财富多寡将公民分为五个等级，并依照不同的等级组建了百人队（森都利亚），形成罗马基本的等级与军事制度。选译文献据洛布古典文库，李维：《建城以来史》(Livy, *From the Founding of the City*, Book I. XLIII. 1 - 13.)。

【译文】

后人应称颂塞尔维乌斯为全体公民中所有差别和阶级的创立者，通过这些，在高贵和财产上的差别就显示出来。由于他创立户籍调查，一件对未来如此伟大统治极为有益的事情，因此，和平与战争的义务不再像从前按人头而是按财产状况安排；当时他按户籍调查分别组织了等级和百人队以及这一适合于和平与战争的秩序。

那些财产总额达到或超过 10 万阿司的人们，组成 80 个百人队，年轻的和年长的各 40 个，这些被称作第一等级。年长者负责守城，年轻者负责外出作战。他们自备的武器装备包括头盔、圆盾、护腿甲以及护胸甲，全部由青铜打造以用于保护身体。他们的御敌武器主要是剑和矛。两个不带武器服役的工匠百人队并入这一等级，职责是战时运送机械。第二等级由财产总额在 7.5 万到 10 万阿司之间的人组成，他们由年轻者和年长者混编，共组成 20 个百人队。除了以矩形的盾牌代替圆盾牌以及没有护胸甲之外，他们所自备的武器与第一等级一样。第三等级的成员是财产总额在 5 万阿司的人，这些人组成 20 个百人队，同样的分成年轻者和年长者，装备上唯一不同的是他们没有护腿甲。第四等级是不低于2.5万阿司的人，他们组成20个百人队，其唯一的装备是矛和投枪。第五等级数量很大，组成30个百人队，他们装备投石器和石头。此外，还包括临时编制，角号手，小号手组成的3个百人队。第五等级估计有1.1万阿司。其余剩下的人口，财产总额在限额1.1万以下的，组成1个百人队，可以免除兵役。在规定了装备和对步兵队伍进行分编之后，并对骑兵队伍进行了重新编排。塞尔维乌斯·图利乌斯挑选城邦最高等级的公民组成12个骑士百人队。为了购置马匹，从公共财政中拨付每人1万阿司，并且为了供保养马匹之需，寡妇被指定每人每年缴纳2000阿司。所有这些支出和负担都由贫穷者转到富有者，富有者因此而享有特权。以前的王都遵循罗慕洛斯流传下来的基本规定，那就是，成年男子的选任权基于同样的财产分量和享有同等的权利，不分彼此。塞尔维乌斯引进了一个分级制度。如此，没有一个人在表面上被剥夺投票权。所有的投票权都掌握在城邦首要的最高等级公民那里。因为骑兵百人队被首先召集进行投票，然后是第一等级的80个百人队。如果他们的投票产生分歧（这很少发生），将安排第二等级投票，投票延续到低等级的事情非常之少。

（江琴辑录①）

Ⅶ. 67

【题解】

普鲁塔克在《提比略·格拉古传》中提到了罗马人在分配征服土地过程中，穷人与富人之间的土地斗争。选译文献据洛布古典文库，

① 译文选自［古罗马］李维：《建城以来史》（前言·卷一），张强、傅永东、王丽英译，上海人民出版社，2005年，第113页。

普鲁塔克:《提比略·格拉古传》(Plutarch, *Parallel Lives: Tiberius and Gaius Gracchus*, 8-20)。

【译文】

罗马人把从临近地区征服的土地,一部分出售,一部分化为国家财产。他们将公有土地分配给没有土地和贫苦的公民,收取少量的租金,以充国库。但是有钱人以较高的租金承租,因而剥夺了贫穷者的机会,曾经有一个法案得到通过,规定任何人的公有地不能超过300尤格。这个法案一时遏制了富人的贪婪,帮助了穷人,穷人再次获得他们过去承租的土地。然而临近的富人用假名将土地化为己有,最后大部分的公有地都落入富人之手。穷人失去农地,不再服兵役,也不照顾子女受教育。不久,意大利自由劳动力减少,来自外地的奴隶充斥各地。富人利用奴隶开垦从自由公民那里剥夺而来的土地。

(石庆波辑录)

Ⅶ. 68

【题解】

普鲁塔克在《提比略·格拉古传》中提到了罗马士兵和将领的土地占有问题。选译文献据洛布古典文库,普鲁塔克:《提比略·格拉古传》(Plutarch, *Parallel Lives: Tiberius and Gaius Gracchus*, 8-20)。

【译文】

在意大利,连野兽都有休息和避难的巢穴,可是那些为国战斗、牺牲性命的人却只有阳光和空气。他们无处安身,携妻带子,四处漂泊。领兵的将领在鼓舞士气时,要士兵为保卫神庙和祖坟而战,他们犯了一个可笑的错误,因为许多罗马人连祖祠和坟墓的没有。他们奋斗牺牲不过是为了他人的财富和奢华生活。他们号称是世界的主人,脚下却没有一寸属于自己的土地。

(石庆波辑录)

Ⅶ. 69

【题解】

奥古斯都完成了在高卢、日耳曼尼亚、西班牙等行省的所有事务后，回到了罗马，并颁布了一系列关于公民服役的措施。选译文献据洛布古典文库，迪奥：《罗马史》(Dio Cassius, *Dio's Roman History*, BOOk LIV.25. 5 - 6.)。

【译文】

在这之后，他召集了元老院，虽然因为声音嘶哑，他没有发表自己的讲话，他把他的手稿给财务官宣读，列举了他的成就，颁布了规则，关于公民应该在军队中服务的年限，以及他们退役后应该得到多少钱，以替代他们一直要求的土地。他的目的是使士兵们从今以后以一定的条件入伍，不应成为在这一点上反抗的借口。执政官的年限是十二年，其余的年限是十六年；而要分配的钱在某些情况下较少，在另一些情况下则较多。这些措施暂时既没有给士兵带来快乐，也没有引起他们的愤怒，因为他们既没有得到他们想要的一切，也没有失败；但在其他人群中，这些措施激起了人们的信心，他们希望今后不会被剥夺财物。

(江琴辑录)

Ⅶ. 70

【题解】

安东尼曾动用大量金钱组织赛会，希望因此得到民众的支持，以实现自己的政治目的。埃涅阿斯[1]担任营造官时，财产被没收，无法

---

① 此埃涅阿斯并非罗马名祖，"后三头"时期他的父亲被宣布为公敌，埃涅阿斯冒死把他救了出来。

负担职务的开销，在民众的支持下方得以胜任，重新变得富有。说明主持赛会庆典需要丰厚的财产，在大多数情况下只有富人才能负担得起。选译文献据洛布古典文库，阿庇安:《罗马史》(Appian, *Roman History*. The Civil Wars, III. 23.)。

【译文】

盖约·安东尼将代表大法官布鲁图斯(因为布鲁图斯不再回罗马，所以安东尼也担任了大法官的其他职务)举行赛会，赛会的日期快到了。在准备这个赛会的时候，他用去了巨额的金钱，希望民众因这次表演感到满意，而把布鲁图斯和卡西乌斯召回。

(杨波辑录①)

Ⅶ. 71

【题解】

共和国晚期，当屋大维的政敌逐一消亡后，屋大维注重以和平安乐的生活赢取民心，稳固统治。但金钱往往也会腐蚀政治。选译文献据洛布古典文库，塔西佗:《编年史》(Tacitus, *The Annals*, Ⅰ.2.)。

【译文】

布鲁图斯和卡西乌斯横死以后，共和国已经丧失了武装力量；庞培在西西里已经被击败，列庇都斯已经被排除，安东尼已被杀死，到了这时，甚至优利乌斯的一派，除恺撒本人外再也没有别的领导者了。屋大维放弃了三头之一的头衔，声称自己只不过是一个普通的执政官，只要有保护普通人民的保民官的权力便感到满足。他首先用慷慨的赏赐笼络军队，用廉价的粮食讨好民众，用和平安乐的生活猎取世人对他的好感。然后在逐步地提高自己的地位，把元老院、高级长官乃至立法的职权都集于一身。反对他的力量已经荡然无存：公然反抗

① 译文选自[古罗马]阿庇安:《罗马史》(下卷)，谢德风译，商务印书馆，1997年，第251页。

的人或在战场上或在罗马公敌宣告名单的法律制裁下被消灭了；剩下来的贵族则觉得心甘情愿的奴颜婢膝才是升官发财的最便捷的道路；他们既然从革命得到好处，也就宁愿在当前的新秩序之下苟且偷安，不去留念那会带来危险的旧制度了。新秩序在各行省也颇受欢迎。元老院和人民①在那里的统治却由于权贵之间的倾轧和官吏们的贪得无厌而得不到信任；法制对于这些弊端也拿不出什么有效的办法，因为暴力、徇私枉法和作为最后手段的金钱早已把法制搅得一塌糊涂了。

(解光云辑录②)

① 元老院和人民(Senatus populusque Romanus)，代指罗马国家。

② 译文选自[古罗马]塔西佗：《编年史》(上册)，王以铸、崔妙因译，商务印书馆，2013 年，第 2—3 页。

Ⅷ. 法律与经济

古希腊和罗马城邦时期颁行过诸多法令或法律，与此相关的法律思想、法律文件、法律制度等，是城邦时期经济社会史的重要文献资料。

Ⅷ. 1

【题解】

雅典殖民萨拉米的法令约于公元前6世纪晚期颁布，为现存最早的雅典法令。据此法令，萨拉米人须向雅典纳税和服兵役。选译文献据R.梅格斯与D.刘易斯：《希腊历史铭文选》(Russell Meiggs & David Malcolm Lewis, *A Selection of Greek Historical Inscriptions to the End of the Fifth Century B.C.*, Clarendon Press, 1969, p.26.)。

【译文】

民众决定如次：

[那些在]萨拉米的[受领份地者]将获准定居在萨拉米□□□□□，□□□□□□□须向雅典纳税，并履行兵役；不得出租[萨拉米]的土地□□□□□□□，若出租，[承租人与]出租人双方均须向国库偿付□：地方官负责征兵，若不征兵，将被传讯；[须自行配备]武器，[价值]三十德拉克马①；武备毕，将由执政官负责查验，根据

① 首领份地者在境外对母邦的主要义务便是充当驻军，故每人须配备价值三十德拉克马的武器。

议事会□。

(解光云辑录①)

Ⅷ. 2

【题解】

公元前481年夏秋之际,旨在抵抗波斯的洗礼城邦联盟于科林斯成立。在这种背景下,地米斯托克利提出了雅典倾城转移、派水军驻扎萨拉米附近及阿提卡沿岸的议案,此所谓"地米斯托克利法令"。选译文献据R.梅格斯与D.刘易斯:《希腊历史铭文选》(Russell Meiggs & David Malcolm Lewis, *A Selection of Greek Historical Inscriptions to the End of the Fifth Century B.C.*, Clarendon Press, 1969, p.48.)。

【译文】

从翌日起,诸将军将从那些在雅典有[宅],有[地]、有合法子嗣的人中任命二百名三层桨船指挥官,[每船一名],年纪在五十岁以下,并将抽签决定每个人所在的船只。诸将军还讲征募二十岁以上、三十岁以下的步军,每船十名,射手四名;并在[抽签]任命三层桨船指挥官后指派桨勇;其他船员的名录将逐船记于书板之上:雅典人根据德莫的名录、外邦人根据军事执政官的登记;他们将被分作二百个船组,每组桨勇百名,并由诸将军造册、注明各分组的船名、指挥官及桨勇的名字,以便明确各船组所在的船只。全部船组分派完毕并抽得所在的三层桨船、向神威无限的宙斯、向胜利女神雅典娜、向波塞冬献祭后,议事会与诸将军将令所有人登上二百艘三层桨船;船组成员登船后,其中一百个船组将被派往优卑亚的阿尔忒弥斯海角增援,余下的一百个船组将停泊在萨拉米附近及阿提卡沿岸,守卫家园。

① 译文选自张强译注:《古希腊铭文辑要》,中华书局,2018年,第64—65页。

为使所有雅典人同心同德地抗击蛮人，那些被放逐十年的人应回到萨拉米并在[那里]等候[公民大会]对他们的裁决；……。

（解光云辑录①）

Ⅷ. 3

【题解】

公元前426年的雅典征收盟金令（Appointment of Tribute Collectors），说明了雅典城邦如何从盟邦聚敛盟金的历史。选译文献据R.梅格斯与D.刘易斯：《希腊历史铭文选》（Russell Meiggs & David Malcolm Lewis, *A Selection of Greek Historical Inscriptions to the End of the Fifth Century B.C.*, pp.184－188.）。②

【译文】

……

议事会及[民众]决定——其时科克罗普斯部落在议事会轮值，波雷马尔科斯为司书，奥纳索斯主持议事会，提议者为克雷奥尼莫斯——如次：

所有向雅典人交纳盟金的城邦③须逐一在内部进行选举以便征齐各城邦应交付给雅典人的全部盟金。[征集者]负责上交□□□□□□□□□□，当值部落则应在狄奥尼索斯节的后二十天内召集公民大会。交纳盟金的城邦、未交抑或仅交一部分者，其名单均要公布于众。五人将被遣往那些未交盟金的城邦征收盟金。赫拉斯司库官④将负责把亏欠盟金的城邦以及运币者的名字记于板上，置在

① 译文选自张强译注：《古希腊铭文辑要》，中华书局，2018年，第78页。辑录时稍作删减。

② Russell Meiggs & David Malcolm Lewis, *A Selection of Greek Historical Inscriptions to the End of the Fifth Century B.C.*, Oxford: Clarendon Press, 1969.

③ 提洛同盟成员除提供船舰者，其余盟邦每年均须向雅典交纳盟金。

④ 由雅典指定的统一掌管盟金的人员。

[英雄]造像前。一部分有关萨摩斯人及塞拉人欠款的类似法令将颁布,法令中将不提及遣往欠款的其他城邦的人选。在议事会轮值的科克罗普斯部落将勒石刊布该法令,并立于卫城之上。

……倘若有人欲使盟金法无效,抑或为了款项不被送往雅典,无论何人欲在其城邦如此行事,将会被专员以叛国罪论处。专员将把该人在证人到达的一个月内带到法庭。指控的证人要比提出诉讼的人数多两倍;如若被指控者认罪,法庭将认定他所承受的惩罚,或是所要缴纳的罚款;由当值部落成员、议事会选出的传令官——无论人数多少——将在科克罗普斯部落在议事会轮值期间被派往各城邦以便选出征集盟金的人,他们的名字将刻在议事会的大厅。立碑合同将由公共事务官(poletai)①负责城邦。

各邦敛聚盟金者名单。

(解光云辑录②)

Ⅷ. 4

【题解】

古典时期,雅典的谷物贸易遍及整个地中海世界。爱琴海北部盛产谷物的勒莫诺斯、因布诺斯、斯库洛斯三岛为雅典通往黑海贸易粮道的前哨。伯罗奔尼撒战争后,雅典失去此三岛。公元前 4 世纪初,雅典复收三岛。公元前 374/373 年,雅典针对勒莫诺斯、因布洛斯、斯库洛斯三岛出台的谷物税法,是雅典由货币税而改为实物税的一次税法改制,旨在保障雅典的粮食供给,所得税款则用于城邦的军费支出。选译文献据斯特劳德:《雅典谷物税法》(R.S.Stroud, *Hesperia*:*Sup-*

---

① 详见 Simon Hornblower and Antony Spawforth, *The Oxford Classical Dictionary*, Third editiaon revised, Oxford University Press, 2003. p.1204.*poletai* 词条。

② 译文选自张强、张楠译注:《希腊拉丁历史铭文举要》,中华书局,2016 年,第 95—96 页。辑录时稍作删减。

plements, Vol. 29.)。①

【译文】

为使民众共有谷物,将在勒莫诺斯岛、因布洛斯岛和斯库洛斯岛出赁谷物的十二一税及五十一税。

每股五百麦地姆诺斯:小麦一百,大麦四百。包税人须自负风险将谷物输入比雷埃夫斯港,并自费运进城,将谷物堆入阿伊阿克斯圣所。城邦将为阿伊阿克斯圣所置顶、设门,包税人运谷物进城须在三十天内自费替城邦度量。谷物运进城后,城邦不会收取包税人存储费用。

包税人须度量小麦,度量的小麦,六分之五麦地姆诺斯为一塔兰特;度量的大麦,一麦地姆诺斯为一塔兰特,干燥且无毒麦。一如其他商贾,包税人须采用标准量器度量。

包税人无须预付定金,但须支付销售税与拍卖人的费用,每股二十德拉克马。包税人须每股指定两名——经议事会核准——有财力的保人。

六人为一组,份额三千麦地姆诺斯。城邦向六人组——一人或全部组人征收谷物,征齐应缴谷物为止。

选举将军时,民众须在公民大会从所有雅典人中遴选十人,负责监管谷物。依成文所定度量谷物后,他们须经公民大会决议在广场出售;但不可再花月前将出售谷物事宜付诸票决。

公民大会负责制定小麦、大麦的价格,被遴选之人须照此出售。十二一税包税人须在凶月前运送谷物。公民大会遴选之人负责监督,确保谷物按时运达。

被遴选之人售完谷物后,须向公民大会呈帐,将钱款携至公民大会,并使谷物所得用于军饷。

---

① R.S.Stroud, *Hesperia*:*Supplements*, Vol. 29, The Athenian Grain - Tax Law of 374/3 B. C., 1998, The American School of Classical Studies at Athens.

收税官应分配自诸岛的定金及五十一税所得——同于上一年自什二税所得。所得现用于城邦的治理,今后所得将不再征收存款的什二税。

(解光云辑录①)

Ⅷ. 5

【题解】

吕库古立法对于婚姻和继承权的规定,可能表明斯巴达妇女依法只能与一个男子结婚,但为了生育子女,其丈夫准许她与兄弟同房。②选译文献据洛布古典文库,色诺芬:《斯巴达政制》(Xenophon, *Constitution of the Lacedaeimonians*, I. 8-9.)。

【译文】

另一方面,吕库古使如下的做法合法,某男人不愿意与某个女人同居,但又希望得到值得骄傲的后代,只要征得她的丈夫的首肯,他可以跟一个既能生养好儿女又高贵的女子生育子嗣。

并且,他还做了许多这样的让步。因为,妇女们希望掌控两个家庭,男人们则想给子女增添兄弟,他们没有继承权,却是宗族一员从而可分有宗族的财产。

(汪兆祺辑录③)

---

① 译文选自张强译注:《古希腊铭文辑要》,中华书局,2018年,第161—165页。辑录时稍作删减。

② 这种不完全继承的体制下,共妻的风俗是为了减少财产被过度分割。妇女们对两个家庭的影响视具体情况而定,从法律上讲,对生育了婚外子女的那个家庭,妇女只能通过她与那个男人共有的子女参与财富分配,而不能凭她自己的名义。增加无继承权的私生子反映了吕库古作为立法者对寡头执政者的让步,他们不希望财产被分割成若干小份,同时又生育孩子增加宗族人数。男子与妻子以外的女人生育的养子没有继承权,也可能有部分继承权,类似主人赡养的受保护人,受到宗族保护。

③ 译文选自[古希腊]色诺芬:《色诺芬〈斯巴达政制〉译笺》,陈戎女译,华东师范大学出版社,2019年,第2页。

Ⅷ. 6

【题解】

苏格拉底教导门徒热爱正义，普遍地遵守法律就能维持和谐一致。遵守神的律法就是正义。选译文献据洛布古典文库，色诺芬：《回忆苏格拉底》(Xenophon, *Memorabilia*, IV. Ⅳ.16－17.)。

【译文】

在希腊到处都有要求人民立誓同心协力的律法，而到处人们也都在立誓这样做。但我认为，其所以这样做的原因，既不是为了让人民选择同一歌咏队，也不是为了让他们赞赏同一个笛子吹奏者，也不是为了使他们都欢喜同一个诗人，也不是为了使他们都欣赏同一种事物，而是为了使他们都遵守律法。因为凡人民遵守律法的城邦就是最强大，最幸福。但如果没有同心协力，任何城邦也治理不好，任何家庭也管理不好。

(解光云辑录①)

Ⅷ. 7

【题解】

奥古斯都采取各种措施鼓励生育，并且允许一些妇女继承较多的财产，反映当时罗马妇女有一定的财产继承权。选译文献据洛布古典文库，迪奥·卡西乌斯：《罗马史》(Dio, *Roman History*, LVI.10.1－3.)。

【译文】

这是他当时对两组人说的话。后来，他增加了对那些有孩子的人的奖励，在其他情况下，通过施加不同的惩罚来区分已婚男子和未婚男子；此外，他给那些在这两方面都有过失的人一年的时间，让他们服

---

① 译文选自[古希腊]色诺芬：《回忆苏格拉底》，吴永泉译，商务印书馆，1984 年，第 166 页。

从他，从而逃脱惩罚。根据《沃克尼亚法》，任何妇女都不能继承价值超过10万塞斯特斯的财产，与此相反，他允许一些妇女继承更多的财产；又将有孩子之妇人一切的权利赐给维斯塔女祭司。后来，马库斯·帕比乌斯和昆图斯·帕比乌斯·塞孔多斯提出了《巴比和波培法》[①]，当时他们在该年中担任过一段时间的执政官。恰好他们俩不但没有孩子，甚至还没有结婚，从这种情况看来，法律的必要性是显而易见的。这就是罗马的情况。

（汪兆祺辑录）

Ⅷ. 8

【题解】

柏拉图《法律篇》[②]中的人物克里特人克利尼亚介绍克里特的公餐等制度，认为此制度为保持军事优势而设立。选译文献据洛布古典文库，柏拉图：《法律篇》(Plato, *Laws*, I. 625D－626B.)。

【译文】

克利尼亚：

……克里特人的所有这些做法都是由于备战而发展起来的，而且我认为，立法者在制定法律时恰恰就是想使它们服务于这一目的。他组织公餐的意图恐怕也是这样。他看到，当士兵们打仗时，由于军务紧迫，即为了安全，他们必须在战役期间，集合在一起吃饭。我认为，

---

① 《巴比和波培法》是公元9年为鼓励和加强婚姻而出台的罗马法，它包括禁止通奸和独身的规定。

② 《法律篇》是柏拉图的最后一部作品，在他去世前(公元前347年)若干年内写成。三位老人——一位克里特人、一位斯巴达人、一位雅典人在克里特相遇，谈论法的好坏。最后，克里特人和斯巴达人要那位表现得具有较高智慧的雅典人谈谈，一种优秀的制度应当有什么样的法。他们同意法在理想国中不会产生，因为理想的国家根本不需要法，而需要用法来统治的地方必定有不正义的现象存在。但法的统治无论如何是第二流的。这种意见表达了人们对利益共同体的真实看法，如果加以坚持，就能增进对理想共同体的理解，进而改善实际的法。

他因此而斥责普通人的愚蠢,因为他们不懂得,他们全都卷入了同其他城邦国家的无休止的战争。所以,如果你承认在战争时期为保护自己有必要集合起来吃饭,并且派定军官和士兵轮流放哨,那么在和平时期同样也应该这样做。这位立法者的立场大概是,大多数人所说的"和平"实际上只不过是一种空名而已,冷酷的事实却是,所有的城邦按本性来说是在对每一个别的城邦进行着不宣而战的战争。如果你用这一观点看事情,你就清楚地发现,克里特立法者所建立的我们所有这些公私律法,都是着眼于战争,这就是他给我们制订法律并要我们遵守的精神所在。他确信,如果我们在战争时期无法赢得胜利,那么我们在和平时期的财产和行为都是毫无用处的,因为被征服者的一切财富都被胜利者所占有了。

(汪兆祺辑录①)

Ⅷ. 9

【题解】

吕库古立法关于公餐制度的规定。选译文献据洛布古典文库,色诺芬:《斯巴达政制》(Xenophon, *Constitution of the Lacedaeimonians*, V. 3.)。②

【译文】

他定量供给用餐者食物,不致过多或过少。此外,狩猎的猎获物带来许多额外的部分,富人偶尔也捐献小麦面包。所以,共餐时餐桌

---

① 译文选自[古希腊]柏拉图:《法律篇》,张智仁、何勤华译,上海人民出版社,2001年,第2—3页。

② 富人偶尔也要捐献食物。斯巴达人的食物包括大麦面饼、饮品等主食和包括鱼、兔肉等特供食物。富人捐献的食物是小麦面包和田间收获的作物。捐献食物者是想在共餐的人面前提升威望。面饼等主食由所有斯巴达人捐献,意味着平等,而特供食物则是由狩猎和私人特别捐献而来,暗示着不平等。富人只是偶尔捐献食物,所以共餐并不依赖富人。色诺芬也承认斯巴达存在贫富之别,但平等的生活作风使得富人不愿意炫富。

上不缺少食物,但也不丰盛。

(汪兆祺辑录[①])

Ⅷ. 10

【题解】

吕库古立法关于私有财产公有制的规定。斯巴达人在必要时可使用他人的家奴、猎犬、马匹、打猎的给养、田地的农产品,人们彼此分享这些财产。选译文献据洛布古典文库,色诺芬:《斯巴达政制》(Xenophon, *Constitution of the Lacedaeimonians*, VI. 3-4.)。[②]

【译文】

此外,他(吕库古)允许他们必要时有权使唤别人的家奴。他还创造了一种将猎犬作为公共财产的制度;需要一起狩猎时,那些缺少猎犬的人就邀请有猎犬的主人一起去打猎,若猎犬主人无闲暇去,会很乐意把猎犬出借。他们以同样的方式共用马匹。若某人生病,或需要马车,或需要快速抵达某地,无论在何处他都可以牵走一匹马,用完后归还到原处即可。

此外,他还制定了下面这些在别的城邦闻所未闻的措施。人们外出狩猎被耽误,需要食物给养而没来得及提前准备食物,按照他的规定,那些准备了食物打完猎的人应该留下富余的食物备用,而那些需要给养的人可以打开别人贮藏的食物,取出所需,然后重新封藏留存原处。所以,他们以这样的方式与他人彼此共享,就连那些财产不多

---

① 译文选自[古希腊]色诺芬:《色诺芬〈斯巴达政制〉译笺》,陈戎女译,华东师范大学出版社,2019年,第7页。

② 家奴是主人的私有财产,共享家奴具有实用性,而拉哥尼亚猎犬犬种优秀,饲养十分耗时耗力。这是富人的特权,养马同样是富人的爱好。而享用他人农产品的人应当是穷人,这暗示了斯巴达经济社会上的贫富差距。当时有些斯巴达人穷得拿不出公共用餐的捐献,以至于被公共食堂除名,甚至失去公民权。这则材料实际上夸大了斯巴达的平等和私有财产公有程度。

的人，无论何时需要，也可享用到田地的农产品。

（汪兆祺辑录[①]）

Ⅷ. 11

【题解】

吕库古立法关于国王土地的规定。此材料说明斯巴达王室拥有土地特权，皮里阿西人的城镇属于斯巴达城邦。选译文献据洛布古典文库，色诺芬：《斯巴达政制》（Xenophon, *Constitution of the Lacedaeimonians*, XV, 3.）。[②]

【译文】

他赠予国王祭牲的上等部分，在毗邻的皮里阿西人城镇中划出国王精选的最好的土地，分量上让国王既不缺少适度的收入，又不至于财富过剩。

（汪兆祺辑录[③]）

Ⅷ. 12

【题解】

据斯巴达的法律，每一公民应缴纳一份共餐费用，不能支付共餐费用者即被取消公民资格，男子的穷困者大多因此失去公民籍，由此造成斯巴达户籍中军籍的人数日益衰减。斯巴达在吕库古立法初期，全邦共九千户，分地九千份，历两个世纪，至公元前 6 世纪

① 译文选自[古希腊]色诺芬：《色诺芬〈斯巴达政制〉译笺》，陈戎女译，华东师范大学出版社，2019 年，第 8 页。

② 色诺芬认为吕库古有能力左右皮里阿西人领土的割让，即斯巴达曾经干预皮里阿西人城镇土地财产的分配。国王可能将土地拨给皮里阿西人或让黑劳士耕作，从而收取固定地租来获利，但不会使国王过于富有。

③ 译文选自[古希腊]色诺芬：《色诺芬〈斯巴达政制〉译笺》，陈戎女译，华东师范大学出版社，2019 年，第 17 页。

时，份地数量依旧，以后两个世纪，兼并渐趋激烈，至公元前 4 世纪，亚里士多德生活的时代，拥有田产的公民战士大约只有一千五百户。选译文献据洛布古典文库，亚里士多德：《政治学》（Aristotle, *Politics*, Ⅱ.1271ª28 - 35）。

【译文】

他们称为菲第希亚（*Phiditia*）的共餐制度，当初的安排也是可以非议的。这种集会的费用，有如克里特的规定，应由公款来支付；但在斯巴达，不管那里有些公民极为贫困，无力负担共餐费用，却仍旧规定各人应缴的金额。这样就产生了有违创设共餐制本意的结果。共餐原来是具有民主性的措施，但照那里的规定实行时，这就适得其反；穷人没法参加食堂共餐，然而，依照斯巴达的传统，凡无经济力量参加食堂共餐的人们就不能享受一切法律制度上的权利。

（解光云辑录①）

Ⅷ. 13

【题解】

梭伦制定的其他法律，涉及赡养父母、处罚奢侈、惩治懒惰、运动会奖金、战士遗孤抚养、孤儿监护人财产继承权等问题，以及部分法律带来的积极结果。选译文献据洛布古典文库，第欧根尼·拉尔修：《名哲言行录》（Diogenes Laertius, *Lives of Eminent Philosophers*, I, 55 - 57.）。

【译文】

他似乎颁布了一些很好的法律。例如，如果有人不赡养父母，就会被剥夺公民权；再有，肆意挥霍祖产的浪子，也会受到类似的处罚。又如，不干活的懒汉被认为有罪，所有的人，只要愿意，都可以投状公

① 译文选自［古希腊］亚里士多德：《政治学》，吴寿彭译，商务印书馆，1997 年，第 90—91 页。

诉。但是,吕西阿斯在其反对尼基阿斯的演讲中,把这一法律的制定者归给了德拉古,归于梭伦的是另一条法律,即,剥夺那些放荡之徒在公民集会上演讲的权利。他缩减了参加运动赛会的运动员的奖金,把奥林匹亚赛会获胜者的津贴固定为500德拉克马,地峡赛会的获胜者则为100德拉克马,其他赛会均有相应的比例。因为他认为,给这些获胜者提高奖赏并不是好事,只有那些在战争中捐躯的人才该重奖,而且,他们的儿子应由国家来抚养和教育。

实施这一法令的结果是,许多人在战斗中英勇顽强,表现优异,如珀吕泽洛斯、库涅格洛斯、卡里马科斯以及所有那些在马拉松战役中作战的人,再如哈尔谟狄俄斯、阿里斯托格同和米尔提阿德斯等,以及其他成千上万的人。另一方面,运动员在训练时需要很多花费,即使他们获胜也是有损失的,他们之所以被表彰,是因为他们的胜利是为了国家,而不是由于他们战胜了对手;而且,当他们变老时,按欧里庇德斯的话来说,

他们衣着破旧,斗篷的软毛都磨光了。

正因为梭伦认识到了这一点,他给予他们的才比较适度。他作出的这样一个规定也非常好:无父亲的孤儿的监护人不能与其母亲结婚,在孤儿死后,监护人的财产继承人将失去作为其监护者的资格。再有,不允许戒指印章的雕刻者在卖出了所刻戒指后,再保留该戒指的盖印;如果有人弄瞎独眼人的另外一只眼睛,其处罚是挖去他的两眼。别人不得取走他人的积蓄,如不遵守,处以死刑。官员如果醉酒,也将被处死。

(汪兆祺辑录①)

① 译文选自[古希腊]第欧根尼·拉尔修:《名哲言行录》,徐开来、溥林译,广西师范大学出版社,2010年,第26—27页。

Ⅷ. 14

【题解】

柏拉图《法律篇》中的人物雅典人认为，有效的法律制度有利于保障神和人的利益，其中人的利益包括财富，还认为立法者必须监督公民们获得金钱和花费金钱的方法。选译文献据洛布古典文库，柏拉图：《法律篇》(Plato, *Laws*, I, 631B－632C.)。

【译文】

雅典人：

"好吧，先生，"你应该说，"克里特人的法律在所有希腊人里享有这样高的荣誉并非没有理由。这些都是有效的法律，使那些守法的人得到幸福，为他们提供许多利益。这些利益分为两类：人的利益和神的利益。人的利益取决于神的利益，如果一个城市取得了一类利益，那它也取得了另一类利益，因为神的利益包含着人的利益；如果不是，那么两类利益都没有。在次要的人的利益排名中，健康占首位，其次是漂亮；第三是力量，为的是跑步和其他体育锻炼。财富列在第四位——不是'盲目的'而是目光锐利的财神布鲁图斯，它相伴的是良好的判断力，而良好的判断力本身就是最重要的神的利益。其次是应用理智的灵魂和天生的自我节制。如果你把这两者同勇敢结合起来，你就得到了(位居第三的)正义；勇敢本身占第四位。这四者优先于其他一切条件，立法者自然按同样的顺序把它们排列起来。然后他一定告诉公民们，他们所收到的其他指令，都考虑到了这些利益：人的利益考虑到了神的利益，并且所有这些利益都依次指向理性，理性则是至高无上的。公民们男婚女嫁，生儿育女；他们度过了童年和以后的生活，最后到了晚年。立法者必须管住他的人民的每一个年龄阶段，并给予适当的荣誉或耻辱的标准。当他们彼此联合起来的时候，立法者应该注意到他们的痛苦、欢乐和欲望，并且关注他们所有的强烈的情绪；他必须运用法律手段妥当地给予褒贬。另一方面，公民们是怒还是惧；他们由于遭到不幸而导致情绪骚动，并且在生活好起来时重又恢复平静。他们大都能体验到人们通常经受的疾病、战争、贫困或者与之相反的情况。针对所有这些情况，立法者的职责在于借助于每个个人反应出的情况，分清并解释什么是好的和什么是坏的。接下来，立法者必须监督公民们获得金钱和花费金钱的方法；他必须目光锐利地注视着他们所有的人彼此结社和解社(自愿或被迫)的各种方式，注意哪些是正当的，哪些是不正当的；荣誉应该给予那些守法的人，规定的刑罚则应该强加给不服从法律的人。当立法者组织整个国家生活达到最高阶段的时候，他必须决定，应该给予死者何种荣誉，葬仪应该如何与众不同。审视了所有这些事情后，立法者要委派监护人(其中的某些人由于自己的行为而具有合理的根据，而其他人靠的是'正确的见解')，以至所有这些法规可以结合成为一个理性的整体，这一整体显明地是只考虑公正和自我克制，而不是考虑财富和野心。"

(汪兆祺辑录①)

Ⅷ. 15

【题解】

柏拉图《法律篇》中的人物雅典人引用波斯国王奢靡的生活作为反面案例，认为立法者必须引以为戒，并称赞斯巴达立法者使公民不分贫富阶级差距都能接受同样的教育，进而认为人们不能依据财富和形貌而应根据美德和自制力来获得荣誉。选译文献据洛布古典文库，柏拉图：《法律篇》(Plato, *Laws*, III. 695C - 696B.)。

---

① 译文选自[古希腊]柏拉图：《法律篇》，张智仁、何勤华译，上海人民出版社，2001年，第10—12页。

【译文】

雅典人：

让我们继续讲这一传说，看看后来发生了什么。[①] 大流士并不是国王的亲儿子，没有受过傲慢和奢靡的教育。当他在六位同伴的帮助下取得政权后，他把整个国家分成七块，至今仍旧留有某些模糊的踪迹。生活在他自己制定的法律下，他感到满意，在这个国家里，他通过立法引入了某些平等措施，他还在他的法典中包括了居鲁士答应给予臣民礼物的法规。他在金钱和礼物方面的慷慨大度为他赢得了普通民众的支持，并在他们中间激起一种共同的责任和友谊。于是波斯人的军队效忠于大流士，为他赢得了大片土地，就像居鲁士留下来的国土一样大。但是等到大流士一死，薛西斯又接受了皇家奢靡教育：大流士啊，大流士，也许我们可以公正地对他说，你忘记了居鲁士犯的错，你对薛西斯的教育与居鲁士对冈比西斯的教育是一样的！我要说，薛西斯是同类教育的产物，他的经历接近于重复冈比西斯的厄运。从他那个时代一直到今天，波斯人从来没有一位真正的大王，说他们有名无实并不为过。按照我的理论，其原因不在于命运不好，而在于极为富裕的君主的后代们所过的这种恶的生活。这样的教养决不会在男孩子、青年男子、成年男子身上产生杰出的善。我认为，这是立法者需要考虑的地方，也是我们当前讨论需要考虑的地方。我的拉栖代梦朋友，我要公正地指出，你们拉栖代梦人的城邦值得敬佩，因为你们没有在穷人和富人、普通公民和国王之间做出具体区别、给予不同的教养和尊重，只有你们最早的神启的神谕除外。[②] 城邦里的至高荣誉确实一定不能授予财富，

① 参见 Herodotus, *The Persian Wars*, III.68 - 88.

② 指的是吕库古立法。

也不能授予不伴随美德的敏捷、外貌和强壮，甚至也不能授予不包括节制的善。

（汪兆祺辑录[①]）

Ⅷ. 16

【题解】

柏拉图《法律篇》中的人物雅典人在讲述希波战争和阿提卡的政治时，谈到梭伦改革后，雅典公民按照财产分成四个等级，在此基础上建立了良好的政治体制，有利于避免贫富差距急剧扩大。选译文献据洛布古典文库，柏拉图：《法律篇》(Plato，*Laws*，III. 698B－698C.)。

【译文】

雅典人：

下面要讲到阿提卡的国家，我们同样要指出，不受任何权威制约、绝对的自由，远不如选举产生的官员领导下的温和政府形式。当波斯人进攻希腊人的时候(实际上我应当说是进攻几乎所有欧罗巴的国家)，我们雅典人有着一种从遥远的过去继承下来的制度，它的统治基础是一种四重的社会等级。我们有敬畏之心，它像女王一样使我们成为自愿遵守现有法律的奴隶。此外，来自海上和陆上的波斯大军威胁着我们，我们惊恐万状，在这种绝望般恐惧的刺激下，我们更加严格地服从法律和执政者。正因为如此，我们之间的忠诚友爱和爱国精神大大加强了。

（汪兆祺辑录[②]）

① 译文选自[古希腊]柏拉图：《柏拉图全集》(第三卷)，王晓朝译，人民出版社，2003年，第452—453页。

② 同上书，第455—456页。

Ⅷ. 17

【题解】

柏拉图《法律篇》中的人物雅典人认为立法者首先要净化社会，以畜牧业净化牲畜比喻净化社会。他提到有温和的措施，即各城邦立法者将被视为城邦不稳定因素的贫困者送到海外开拓殖民地。选译文献据洛布古典文库，柏拉图：《法律篇》(Plato, *Laws*, V. 734E－736A.)。

【译文】

雅典人：

作为立法开场白的讨论可以到此结束了。当然，在序幕之后，必定要上演作品本身，或者更加真实地说，我们要有一个民法的提纲。这就好比蜘蛛织网，或其他编织工作，经线与纬线不能用同样的线，经线的质量一定要好，一定要结实，还要有一定的韧性，而纬线可以比较柔软，具有适当的柔顺性。由此我们可以看出，我们必须标明那些在国家中担任高级职务的人和担任低级别职务的人①，这项工作必须在每一种人接受适当程度的教育之后进行。建立一种体制要做两件事：一件事是把职务授予个人；另一件事是给官员提供一部法典。

但是实际上在谈论这些主题之前，必须作下列观察。掌握畜群的人，牧羊人、牧牛人、牧马人，等等，如果不首先净化畜群，那么他绝对不会开始照料它们。他首先会把健康的牲畜与有病的牲畜分开，把纯种牲畜与杂种牲畜分开②，把杂种牲畜赶到其他畜群中去，然后照料纯种牲畜。如果不提纯畜群，他将遇到无穷无尽的麻烦，因为出自本

① 参见 Aristotle, *Politics*, 1265^{b}.

② 参见 Plato, *Republic*, 410A.

性或由于管理不当，这些家畜的身体和心灵都已经退化了，除非对现有的畜群进行彻底的清洗，否则就会引起整个畜群衰退。关于这些低等动物我们就不多说了，我们提到它们只想起一个比喻的作用。对人来说，这个问题也是立法者首先要关心的，他要能够发现和使用一种方法，能够处理净化问题和其他问题。例如，在人类社会的净化方面，情况是这样的。净化社会有许多种方法，有些比较温和，有些比较激烈。有些方法——最激烈的和最好的方法——可以由同时作为独裁者和立法者的那个人来使用，但若一名创建新社会和新法律而又较少拥有独裁权力的立法者能够用最温和的方法来达到净化的目的，那么他会很满意。最好的办法就像所有烈性的药那样是痛苦的，通过正义与惩罚的结合来达到矫正的效果，而这种惩罚最严厉的就是死刑或流放，通常用来清除危害性最强的罪犯，他们无可救药，严重危害国家。比较温和的净化方法我们可以这样描述：当由于食物短缺，人们处于匮乏状态，并表现出随时准备跟随他们的领袖杀富济贫时，这种人被立法者视为国家的痼疾大患，立法者会尽可能善意地把他们送往国外，委婉地说来就叫做“移民”。每个立法者一开始肯定会使用这种方法，但我们自己当前的处境就容易多了。我们既不需要去移民，也不需要选择其他净化方法。

（汪兆祺辑录①）

Ⅷ. 18

【题解】

吕库古立法严格禁止斯巴达公民追求财产，公餐制和统一的生活方式等习俗和规则消除了奢侈和逐利的意识。吕库古通过各种法律

① 译文选自[古希腊]柏拉图：《柏拉图全集》(第三卷)，王晓朝译，人民出版社，2003 年，第 493—494 页。

条文禁止公民非法谋取财富，如严禁私自藏有金银。① 选译文献据洛布古典文库，色诺芬：《斯巴达政制》(Xenophon, *Constitution of the Lacedaeimonians*, VII.1 - 6.)。

【译文】

吕库古还在斯巴达创设了下面这些与其他希腊人相左的习俗。我想，其他希腊城邦的人都在各尽所能地嫌钱，一人耕种务农，另一人是船主，再一人是商人，其他人靠手艺谋生。然而在斯巴达，吕库古严令禁止自由民去做追求财富的事；他颁令，他们只能完全献身于保障城邦自由的活动。再说，在这个地方，定量缴纳食物给公共食堂，生活方式统一，因此消除了为奢侈而谋求金钱，还有什么必要追逐财富呢？他们也不需要为衣饰花钱，因为他们不是用昂贵的衣服修饰自己，而是用身强体健修饰自己。他们也不必要为公餐的同伴花钱，因为，通过身体力行去帮助同伴比花钱助人更为荣耀，这说明前者是用心做事，后者用钱做事。

他还通过律法禁止以非法手段图谋钱财。首先，他发行硬币，即使是把十明那搬进屋子也不可能不惊动主人或奴仆，这些钱有很大一堆，要用车才运得进去。其次，搜查金子和银子，若被查出，私自藏金匿银的人受罚。所以，当拥有钱财的痛苦超过了占有它的快乐，人们为何还热切追逐财富？

(汪兆祺辑录②)

① 材料暗指雅典、科林斯等城邦热衷于农业和工商业，而斯巴达只有非自由民(如黑劳士、皮里阿西人)从事工商业。斯巴达禁止此举不利于为文化生活发展提供经济基础。值得注意的是，材料中“吕库古式的平等”是色诺芬理论上的而非真实的平等，并不符合斯巴达历史事实，如给公共食堂捐献等量食物并未取消公餐制中的等级现象，富人们也并非完全不炫富，他们捐献小麦面包和狩猎所得都是炫富的表现。

② 译文选自[古希腊]色诺芬：《色诺芬〈斯巴达政制〉译笺》，陈戎女译，华东师范大学出版社，2019年，第8—9页。

Ⅷ. 19

【题解】

柏拉图《法律篇》中的人物雅典人向斯巴达人麦吉卢描述传说中的特洛伊战争后，阿戈斯、美塞尼和拉栖代梦三个城邦的立法者关于促进财产平等的立法措施，包括分配土地和取消债务，而当时的多利亚人具有便利条件来推进这些立法。选译文献据洛布古典文库，柏拉图：《法律篇》(Plato，*Laws*，III. 684D－684E.)。

【译文】

雅典人：

那时候的人民还有一个便利条件，可以极大地促进立法。

麦吉卢：

什么便利条件？

雅典人：

当立法者为人民制定某种财产平等的措施的时候，他们并没有受到其他许多城邦在制定法律时期所引起的责难。其他城邦中，人们提出改变土地所有权和取消债务的政策，认为没有这些措施，就不可能获得平等。但当立法者试图进行这种改革时，每个遇到他的人都会大喊“不要乱来”，还会诅咒那些重新分配土地和免除债务的立法者，这足够使任何人变得无能为力。然而多利亚人在这方面却有着一种巨大的优势，使他们免受不愉快的指责，没有人反对土地分配，也没有长久积累的巨额债务。①

① 多利亚人凭借征服的权利，可以自由地做他们想做的事：没有一个旧有的所有者或债权人能够提出权利主张或要求。

麦吉卢：

确实如此。

（汪兆祺辑录①）

Ⅷ. 20

【题解】

阿里斯托芬喜剧《云》里的角色特瑞普西阿得斯在儿子费狄庇得斯学完诡辩术后，与其商议债主们在"新旧日"②缴押讼费之事，提及过去梭伦改革的减负令。选译文献据洛布古典文库，阿里斯托芬：《云》(Aristophanes, *The Clouds*, 1177 - 1187.)。

【译文】

费狄庇得斯：

你怕什么呀?

斯特瑞普西阿得斯：

我怕这个"新旧日"。

费狄庇得斯：

有什么"新旧日"吗?

斯特瑞普西阿得斯：

有，这便是我的债主们要去缴押讼费的日子。

费狄庇得斯：

那些缴押金的人可要倒霉了：

一天决不能够同时是两天的。

① 译文选自[古希腊]柏拉图：《柏拉图全集》(第三卷)，王晓朝译，人民出版社，2003 年，第 438—439 页。

② 古希腊历每个月 29 天半，所以一个月的最后一天和下个月的第一天在同一天，是谓"新旧日"。

斯特瑞普西阿得斯：

真的不能够吗？

费狄庇得斯：

怎么能够呢？除非一个女人能够同时是老太婆又是少妇！

斯特瑞普西阿得斯：

可是法律上是那样规定的。

费狄庇得斯：

我想是那条法律的意义被人们解释错了。

斯特瑞普西阿得斯：

那又是什么意义呢？

费狄庇得斯：

我们的老梭伦生来就是爱民的。

（汪兆祺辑录①）

Ⅷ. 21

【题解】

阿里斯托芬喜剧《云》里的角色特瑞普西阿得斯在儿子费狄庇得斯学完诡辩术后，与其讨"新旧日"问题，谈到梭伦改革对"新旧日"缴纳诉讼费的规定。选译文献据洛布古典文库，阿里斯托芬：《云》（Aristophanes, *The Clouds*, 1188－1200.）。

【译文】

斯特瑞普西阿得斯：

但这和"新旧日"有什么相干？

---

① 译文选自[古希腊]阿里斯托芬：《阿里斯托芬喜剧》（上），张竹明、王焕生译，《古希腊悲剧喜剧全集》，译林出版社，2007年，第329—331页。

费狄庇得斯：

他规定了两个发传票的日子，

一个是旧月的末日，

一个是新月的初日①；

但诉讼费应该在新月里缴押。

斯特瑞普西阿得斯：

可是他为什么要规定一个“旧日”呢？

费狄庇得斯：

我的好爸爸，为的是让当事人早一天寻求和解；要是和解不成，

那就让他们第二天在法庭上解决。

斯特瑞普西阿得斯：

那些主席官为什么要在旧月底收取讼费，不等到新月初呢？

费狄庇得斯：

我想是他们急于要吞没人家的讼费，正像那些尝味的人②，想早一天尝尝罢了！

（汪兆祺辑录③）

Ⅷ. 22

【题解】

梭伦颁布减负令，取消公私债务，禁止借贷以人身为担保。选译文献据洛布古典文库，亚里士多德：《雅典政制》（Aristotle，*The Athenian Constitution*，VI. 1.）。

---

① 费狄庇得斯把“新旧日”当作两天。

② 有一些人被任命参加一个公共宴会来品尝食物，以确保食物美味又健康。

③ 译文选自[古希腊]阿里斯托芬：《阿里斯托芬喜剧》（上），张竹明、王焕生译，《古希腊悲剧喜剧全集》，译林出版社，2007 年，第 331—332 页。

【译文】

梭伦主宰政事之后通过禁止借贷以人身为担保使平民获得了自由,既在当时也延续至将来,他还制订了法律,取消了一些私人与公众的债务,这一举措被视为"解负令",意即卸去人们身上沉重的负担。

(汪兆祺辑录①)

Ⅷ. 23

【题解】

梭伦撰写诗歌自述为穷人卸除负担之事实,包括赎回并解放被卖到国外的债务奴隶。选译文献据洛布古典文库,亚里士多德:《雅典政制》(Aristotle, *The Athenian Constitution*, XII. 4.)。

【译文】

我制定法律,无贵无贱,一视同仁,
直道而行,人人各得其所。
果是别的人代我执着鞭策,
他,不智于贪婪,又那能抑制人民!
因为如果我有时让敌对的两党之一得意,
而有时又令另一党欢欣,
这个城邦就会有许多人遭受损失。

(汪兆祺辑录②)

Ⅷ. 24

【题解】

梭伦执政时,赎回沦为奴隶的穷人的人身,并以身作则放弃父亲

---

① 译文选自[古希腊]亚里士多德:《雅典政制》,日知、力野译,商务印书馆,1999年,第9页。
② 同上书,第15—16页。

的巨额债务，鼓励他人效仿。选译文献据洛布古典文库，第欧根尼·拉尔修：《名哲言行录》(Diogenes Laertius, *Lives of Eminent Philosophers*, I. 45.)。

【译文】

梭伦，厄克塞克斯提德斯的儿子，出生于萨拉米斯。他的第一个成就是《摆脱债务法》，他在雅典推行了它，其目的是赎回人身和财产。因为过去人们常以人身作为担保借贷，许多人因此而从穷人变成了奴隶或日佣。他首先放弃了他父亲的七塔兰特[1]债权，并鼓励其他人以他为榜样，采取同样的行为。他的这部法律为什么叫做《摆脱债务法》，其原因是显而易见的。

(汪兆祺辑录[2])

Ⅷ. 25

【题解】

雅典的市场法监、量衡法监谷物护持、商埠监管等官员，负责监督和规范市场贸易活动，确保贸易公平，价格公道，有利于缩小贫富差距。选译文献据洛布古典文库，亚里士多德：《雅典政制》(Aristotle, *The Athenian Constitution*, LI.1－4.)。

【译文】

10 名市场监督也由抽签选举，比雷埃夫斯港 5 人，城市 5 人。法律制定他们监督一切商品，防止售卖掺杂的和伪造的货物。度量衡监督 10 人也由抽签任用，城市 5 人，比雷埃夫斯港 5 人，他们监督一切量器和衡器，为的使卖者使用公正的量衡。

---

① 古希腊重量及货币单位。作为货币单位时，一个塔兰特等于 60 明那或 600 德拉克马。梭伦放弃的是一笔不小的钱财。

② 译文选自[古希腊]第欧根尼·拉尔修：《名哲言行录》，徐开来、溥林译，广西师范大学出版社，2010 年，第 22 页。

谷物看守人通常为10人,由抽签选举。比雷埃夫斯港5人,城市5人,但现在则城市20人,比雷埃夫斯港15人。他们的责任首先使监视未经磨制的谷物在市场上售价是否公平,其次是磨坊出售大麦粉之价是否符合大麦之价,以及烘面包妇女出售面包之价,是否符合小麦之价,其重量是否符合官方的规定——因为法律命令面包应合标准重量。

港口监督10人,由抽签选举,其责任是监视港口市场,并命令商人要将到达粮食市场的海外输入谷物的三分之二运往城内。

(汪兆祺辑录[1])

Ⅷ. 26

【题解】

雅典殖民地缴税法令。选译文献据梅格斯和李维斯编译的《至公元前5世纪的希腊历史铭文选》。

【译文】

现存最早的雅典法令铭文发现于雅典卫城,铭文刻写在大理石石碑上,共有7个石碑残片。法令的内容是关于大约公元前6世纪晚期的萨拉米斯的。法令规定了居住于萨拉米斯的男人们的地位和职责。铭文还记载提莫德摩斯是在萨拉米斯的一位雅典殖民者。根据公元前386年的法令,雅典通过殖民控制了勒莫诺斯岛[2],这可能是雅典自建立第一个殖民地以来的一贯做法——海外殖民,殖民地必须向雅典缴税并负担兵役。[3]

(解光云译注)

---

① 译文选自[古希腊]亚里士多德:《雅典政制》,日知、力野译,商务印书馆,1999年,第54页。

② 勒莫诺斯岛,位于希腊东部海域,邻近达达尼尔海峡。

③ Russell Meiggs and David Lewis, *A Selection of Greek Historical Inscriptions to the End of The Fifth Century* B.C. Oxford University Press, 1969. pp.25 - 27.

Ⅷ. 27

【题解】

西塞罗《论共和国》采用的是对话体，虚拟的谈话时间为公元前129年1月—2月期间。关于共和国的谈话持续三天，每天一个问题。第一天谈论最好的国家政体问题，第二天谈论国家概念的哲学基础问题，第三天谈论的是国家管理问题。参加此次谈话的除了小西比阿外，还有小西比阿的亲朋好友等其他八个人。选译文献据洛布古典文库，西塞罗：《论共和国》(Cicero, Volume XVI. *On the Republic* [De re publica], Ⅰ. 27.)。

【译文】

(小西比阿说)要是一个人能不把田地、房屋、牲畜和无数的金银视为财富，称之为财富，因为在他看来，这些东西给人的乐趣是微不足道的，它们的益处是微乎其微的，对它们的所有权是不可靠的，而且它们常常归那些最恶劣的人所有，那么这样的人该被认为是多么幸福啊！要知道，只有这样的人才真正可以不是根据罗马市民权，而是根据贤哲的权利，有权要求那些东西归他所有，他这样做不是根据市民契约，而是按照共同的自然法(那自然法禁止任何事物属于任何不知道如何利用它、使用它的人)。这样的人认为，行事治权和我们的执政官权力应是为了完成必须完成的事情，而不是为了实现希望事项的事情，获得这些职权应该是为了履行责任，而不是为了获得奖赏和荣誉；……。

(解光云辑录①)

① 译文选自西塞罗：《西塞罗文集》(政治学卷)，王焕生译，中央编译出版社，2010年，第21页。

Ⅷ. 28

【题解】

公有土地是罗马共和国的主要税收来源之一。罗马共和国时期颁行多部土地法案，这些法案只处理公有土地问题，不涉及私有土地。公元前79年，罗马独裁者苏拉退隐，长期受苏拉打压的民主派重新活跃起来。公元前64年年底，普布利乌斯·塞维留斯·鲁卢斯任保民官，提出一个土地法案，并赋予由十名行政官员组成的十人团(decemviri)以处理公有土地的权力，但遭到西塞罗等人的反对。公元前63年，西塞罗就任执政官，发表反对保民官鲁卢斯土地法案的演说，反对将罗马公有土地和财产出售、分割、拍卖或以其他方式转移给任何人。选译文献据西塞罗演说词。西塞罗现存论土地法案的演说共有三篇，中文译名定为《论土地法案》。①

【译文】

在他的法案中，他列举了某些税收的来源，是十人团有权出售的，也就是说，他贴出告示，出售这些属于国家的东西。他希望人们前来购买土地，以达到分配的目的，他想要钱。……他正在一样接一样地出售这个国家在意大利的公共财产。他无疑正在为此事忙碌，一样财产都不放过。他按照监察官的登记搜索了整个西西里，没有哪座房屋、哪片土地是没有受到他的注意的。

(鲍红信辑录②)

① 参见[古罗马]西塞罗:《西塞罗全集》(演说词卷)，王晓朝译，人民出版社，2008年，第118—119页。

② 参见[古罗马]西塞罗:《西塞罗全集》(演说词卷)，王晓朝译，人民出版社，2008年，第120—121页。

Ⅸ. 宗教与经济

古希腊和罗马人信奉多神，宗教祭祀盛行，城邦时期的经济社会生活也是一种宗教行为。诚如古朗士所言：“远古宗教创建了古代希腊罗马的家庭，确立了婚姻与父权，规定了亲属的顺序，并将财产权与继承权神圣化。”“古代所有的制度及私法皆出自宗教，而城市的原则、条例、习俗及职官制度也都出自宗教。”①

Ⅸ. 1

【题解】

阿里斯托芬喜剧《财神》里老主人克瑞米洛斯认为财神比宙斯更有权力，因为世人都向财神祈求赐福降财，有了财力才能向宙斯献祭。选译文献据洛布古典文库，阿里斯托芬：《财神》(Aristophanes, *The Plutus*, 126 - 146.)。

【译文】

克瑞米洛斯：

请放心！

因为我将为你证明，你比宙斯

更有力。

---

① [法]菲斯泰尔·德·古朗士：《古代城市：希腊罗马宗教、法律及制度研究》，吴晓群译，上海世纪出版集团，2006年，第35页。

财神：

你是在说我吗？

克瑞米洛斯：

正是。

譬如说，宙斯凭了什么统治着众神呢？

卡里昂：

凭他的银子，因为他最有钱。

克瑞米洛斯：

那么，

这是谁给他这些钱的？

卡里昂：

就是这人。

克瑞米洛斯：

人们为了谁，给他献祭的？不是为了这人吗？

卡里昂：

宙斯在上，人们直言不讳地祈求发财。

克瑞米洛斯：

岂不正是因为他的缘故？只要他愿意，

不也就能不费吹灰之力把这些献祭给停止了吗？

财神：

为什么？

克瑞米洛斯：

因为人们将不再祭献

无论牛、麦饼[①]还是别的什么了，

① 富人祭祀用牛，穷人只能用麦饼。

如果你不愿意的话。
财神：
怎么的？
克瑞米洛斯：
怎么的？
若不是有你给人银子，他们
哪能买得到东西？所以，如果宙斯
找你麻烦，你是一个人就能打倒他的。
财神：
你说什么？人们为了我才给他献祭的？
克瑞米洛斯：
正是这意思。
宙斯作证，一切给人带来光明，美丽
和愉快的东西，都是由你来的。
因为世间的一切都服从于财富。

（汪兆祺辑录①）

Ⅸ. 2

【题解】

阿里斯托芬喜剧《财神》里的穷神试图阻止克瑞米洛斯和布勒普西得摩斯帮财神复明，遭到二人反驳，他们认为好人受财神庇佑而致富是理所当然的。选译文献据洛布古典文库，阿里斯托芬：《财神》（Aristophanes, *The Plutus*, 490 - 505.）。

① 译文选自[古希腊]阿里斯托芬：《阿里斯托芬喜剧》(下)，张竹明、王焕生译，《古希腊悲剧喜剧全集》，译林出版社，2007 年，第 512—515 页。

【译文】

克瑞米洛斯：
我觉得这是很清楚的，人人知道，
世间好人正当地应该得到幸福，
坏人和不敬神的人应该相反。
我们本着这样的希望，好不容易想出了一个
伟大的怎么看都有益的计划。
那就是让财神马上复明，不再瞎着眼胡撞。
他走到好人那里去，不再离开他们，避开
那些坏人和不敬神者。这样一来他将
使大家都变得善良富裕，虔敬神意。
有谁曾经给人们想出过比这更好的计划呢？
布勒普西得摩斯：
没有。这事我给你作证，不必去问她。
克瑞米洛斯：
我们人类的生活有谁看了不以为
这是疯狂，或中了邪呢？你看许多坏人
都很富有，他们不正当地敛聚财富。
但是许多好人，却是不幸，贫穷挨饿，
大都像你一样。所以我说，如果财神
看得见了，阻止了穷神，那就再没有
什么别的比这对人们更有益的了。

（汪兆祺辑录①）

---

① 译文选自[古希腊]阿里斯托芬：《阿里斯托芬喜剧》(下)，张竹明、王焕生译，《古希腊悲剧喜剧全集》，译林出版社，2007年，第549—577页。

Ⅸ. 3

【题解】

阿里斯托芬喜剧《财神》里的穷神试图阻止克瑞米洛斯和布勒普西得摩斯帮财神复明，指出穷困才迫使人们劳作谋生，而人的穷困正是因穷神而起。选译文献据洛布古典文库，阿里斯托芬：《财神》(Aristophanes, *The Plutus*, 526－534.)。

【译文】

克瑞米洛斯：
让这落在你自己的头上吧！
穷神：
而且你再也不能睡在床上——因为床没有了
——或毛毯上了；因为谁还愿意来织呢，他如果有了
金子？在你带了新娘回来的时候，没有一滴
香油给她搽擦，也没有花纹华丽的衣衫装饰她了。
你如缺少了这一切，那么富有了于你又有
什么好处？你们所要的一切东西都是因为我
才能够得到的；因为我像主人一样坐着，
强迫那些手艺人因为匮乏与贫穷去寻找工作。

(汪兆祺辑录①)

Ⅸ. 4

【题解】

伯罗奔尼撒战争之前，雅典的财政收入为战争提供了有利的经济

① 译文选自[古希腊]阿里斯托芬：《阿里斯托芬喜剧》(下)，张竹明、王焕生译，《古希腊悲剧喜剧全集》，译林出版社，2007年，第551—552页。

资源。选译文献据洛布古典文库,修昔底德:《伯罗奔尼撒战争史》(Thucydides, *History of the Peloponnesian War*, BOOK Ⅱ. XⅢ.)。

【译文】

同盟者所缴纳的金钱就是雅典的力量,战争的胜利全靠聪明的裁断和经济的资源。在这一点上,伯利克里要大家有信心。他说,除了从别的来源所取得的收入以外,每年各同盟国所缴纳的贡款平均达到600塔兰特;[①]在雅典的卫城内,还存有6000塔兰特银币。除此以外。还有各私人或国家所捐献而未铸成货币的金银。还有在赛会举行和竞技时所用的礼神杯盏和器皿;也有来自波斯人的战利品以及其他一切一切的资源,其总数也不下于500塔兰特。他说:别的神庙中所储存的金钱,于必要的时候也可以取来用,其数目也是很客观的。到了窘迫的时候,就是雅典娜女神身上的黄金片也可以利用。这个女神像上,据他说,有纯金40塔兰特,那都是可以取下来的。但是,他指出来,如果为了保持自己的生存而真的动用了这项黄金的话,他们事后一定要以同量的或更大的黄金送还雅典娜女神。

(解光云辑录[②])

Ⅸ. 5

【题解】

苏格拉底认为,神明为人类提供田地、适宜的季节、水源等赖以生存的要素,即认为神灵的赠予是财富来源。选译文献据洛布古典文库,色诺芬:《回忆苏格拉底》(Xenophon, *Memorabilia*, IV. III. 5 - 6.)。

---

① 除同盟国的贡款外,雅典的经常收入有关税、商业税、住在雅典的异邦人所缴纳的人头税、国家财产的租税(特别是银矿的租税)、法院所收的诉讼费和罚款。

② 译文选自[古希腊]修昔底德:《伯罗奔尼撒战争史》(上册),谢德风译,商务印书馆,1997年,第114—116页。

【译文】

"此外，由于我们需要粮食，神明就使田地给我们出产粮食，并且给我们提供了适宜于生产粮食的季节，不仅使我们所需要的得到丰富多彩的供应，而且还使我们赏心悦目，你对这一切是怎样看呢？"

"的确，这一切表现了对于人类的关怀。"尤苏戴莫斯回答。

"神明还把对我们极有价值的水供给我们，它和土地与季节一起，使一切对我们有用的东西生长繁殖，给我们提供营养，当水和我们的食物混合起来的时候，就使这些食物更容易消化，更有益处并更为适口，而且，由于我们需用很多水，神明就毫不吝惜地供给我们。"

"这也表示了神明的先见之明"，尤苏戴莫斯回答。

（汪兆祺辑录①）

Ⅸ. 6

【题解】

柏拉图《法律篇》中的人物雅典人认为，公民应当孝顺父母，父母去世后应举行节制的葬礼，并且每年花费适当钱财祭祀祖先。选译文献据洛布古典文库，柏拉图：《法律篇》(Plato, *Laws*, IV. 717B－718A.)。

【译文】

雅典人：

……现在我们要提到孝敬仍旧在世的父母。宗教在这个地方要求人们适当地承担这种最早的、最沉重的债务，这种义务是我们所有义务中最神圣的。它要求一个人尽其所能和所有，侍奉那些养育他的人，尽力照顾他们的需要，首先是他们的食宿，其次是他们的身体，然后是他们的心灵，他们在年幼时得到的精心照料和长辈为他们付出的辛劳就像一笔贷款，现在要由他们在长辈年老和迫切需要时加以偿

① 译文选自[古希腊]色诺芬：《回忆苏格拉底》，吴永泉译，商务印书馆，1986年，第156页。

还。还有，一个人在一生中都应当对父母保持特别恭敬的态度，因为轻狂的话语会带来沉重的厄运，指派涅墨西斯[1]为使者监察这种事是完全正确的。所以当父母发火时，应当顺从他们，要用言语和行动平息他们的愤怒。你们要理解，做父亲的认为自己受到儿子的伤害而勃然大怒其实是非常自然的。父母过世的时候，最有节制的葬礼是最好的。不应超越习俗、举行浮华的葬礼，也不要低于他的祖先安葬他们自己双亲的规格，还要遵守同样的规则每年祭奠死者。在花费适当的钱财祭祀祖先时，最重要的是在心中牢记死者，永远尊敬他们。如果我们这样做了，并按照这些规矩去生活，我们就能不断地得到上苍和更高力量的恩赐，我们的日子和我们的生活就会充满希望。

（汪兆祺辑录[2]）

Ⅸ.7

【题解】

在索福克勒斯看来，言行傲慢不逊，不畏正义、不敬神，是一种严重的罪过，傲慢与过多的财富结合，更易招致毁灭。选译文献据洛布古典文库，索福克勒斯：《俄狄浦斯王》(Sophocles, *Oedipus the King*, 872 - 879.)。

【译文】

歌队（第一曲次节）

傲慢养育

暴君；傲慢自大，

徒有过多的财富，

当它攀上顶点抓到王位时，

---

① 涅墨西斯(Nemesis)，古希腊复仇女神。

② 译文选自[古希腊]柏拉图：《柏拉图全集》(第三卷)，王晓朝译，人民出版社，2003年，第477页。

就会堕入无底的深渊，
永远爬不上来。

（杨波辑录①）

Ⅸ. 8

【题解】

《埃阿斯》中，女神雅典娜使企图杀害阿伽门农、墨涅拉奥斯和奥德修斯的英雄埃阿斯②发狂，并借此告诫奥德修斯，不可对神傲慢无礼，否则包括财富在内，凡间一切能够获得的东西都可能会失去。选译文献据洛布古典文库，索福克勒斯：《埃阿斯》(Sophocles, *Ajax*, 127 – 133.)。

【译文】

雅典娜
奥德修斯，见过这些情景，你要注意
不要对诸神傲慢无礼出言不逊，
不要骄傲自大，即使你的臂力
远超你的同伴们，或非常富有。
凡间的一切，一日之间可以失去
也能够得到；但是诸神赞同
明白事理之人，厌恶愚昧。

（杨波辑录③）

---

① 译文选自[古希腊]埃斯库罗斯等：《古希腊悲剧喜剧全集》(第二卷)，张竹明、王焕生译，译林出版社，2007 年，第 63 页。

② 大埃阿斯，希腊神话中的大英雄，荷马史诗的重要人物之一，特拉蒙(Telamon)之子。《伊利亚特》中，大埃阿斯被描绘为一个身材魁梧的战士，持有一面用七层牛皮裹着的青铜大盾，被称为"阿开奥斯人的堡垒"(Homer, *Iliad*, 6.5.)，曾接受半人马英雄喀戎(Chiron)的教导。后来大埃阿斯成为阿提卡英雄，受到雅典人的崇拜。

③ 译文选自[古希腊]埃斯库罗斯等：《古希腊悲剧喜剧全集》(第二卷)，张竹明、王焕生译，译林出版社，2007 年，第 343 页。

Ⅸ.9

【题解】

索福克勒斯的《埃勒克特拉》讲述了阿伽门农被克吕泰莫斯特拉伙同奸夫杀害，女儿埃勒克特拉派人把弟弟奥瑞斯特斯送出城邦，多年后奥瑞斯特斯长大成人，姐弟相逢为父报仇的故事。实施复仇计划前，索福克勒斯提到，敬畏神、遵守诸神制定的习惯法的人终将获得财富地位，反之则会失去这些东西，坠入不幸。选译文献据洛布古典文库，索福克勒斯：《埃勒克特拉》(Sophocles, *Electra*, 1090－1095.)。

【译文】

歌队(第二曲次节)

但愿我能看到你的地位上升
权力和财富超过你的敌人
差距就像他们现在超过你的一样；
现在你的处境可怜。
然而，你的光辉闪耀着，
因为你敬畏威名远播的宙斯和热爱神圣的习惯法。

(杨波辑录)

Ⅸ.10

【题解】

酒神狄奥尼索斯根据宙斯的指命，率领着狂欢队伍返回忒拜。忒拜国王彭透斯试图阻止这场狂欢，抓捕狄奥尼索斯，却因此被以酒神母亲为首的狂女们撕碎。行文中欧里庇得斯提到自制、敬神和遵守习惯法是凡人最宝贵的财富，最高尚的美德。选译文献据洛布古典文库，欧里庇得斯：《酒神的伴侣》(Euripides, *Bacchanals*, 891－897; 1150－1152.)。

(1) Euripides, *Bacchanals*, 891 - 897.

【译文】

歌队(次节)

诸神无情地猎捕不敬神的人。

不论是思想还是行为,我们都不能

把自己置于习惯法之上。

信仰的传承,既不费力也不费钱,

去承认任何来自神灵的

事物有力量,承认长时间里

通过我们的天性形成的约束。

(2) Euripides, *Bacchanals*, 1150 - 1152.

【译文】

报信人

啊,自制和敬神

是最高的美德,我认为,这是凡人

最明智的财产,对于追求财富的人而言。

(杨波辑录①)

Ⅸ. 11

【题解】

索福克勒斯的《埃勒克特拉》中,杀害丈夫阿伽门农的克吕泰莫斯特拉仍会向阿波罗祈祷保护自己的财富,维持自己的地位。选译文献据洛布古典文库,索福克勒斯:《埃勒克特拉》(Sophocles, *Electra*, 644 - 651.)。

① 译文选自[古希腊]埃斯库罗斯等:《古希腊悲剧喜剧全集》(第五卷),张竹明、王焕生译,译林出版社,2007 年,第 282 页。

【译文】

克吕泰莫斯特拉：
昨天夜里我看见的那个
含糊不清的梦境，阿波罗啊，如果
这是一个于我有利的吉兆，就让它完完全全地实现吧；
但如果于我有害，愿它返回到我的敌人身上！
如果有人阴谋
剥夺我的财富和权力，
请阻止他们，并保证我能够安全的统治
阿特柔斯家族。

（杨波辑录）

Ⅸ. 12

【题解】

珀耳塞福涅被冥王哈德斯掳走后，搜寻无果的德墨忒尔一怒之下使人间陷入一片荒芜，饿殍载道。后来在宙斯的调解下，德墨忒尔令大地恢复了生机。可见在欧里庇得斯看来，人间盛衰贫富均掌握在神的手中。选译文献据洛布古典文库，欧里庇得斯：《海伦》（Euripides, *Helen*, 1319 - 1337.）。

【译文】

歌队（第一曲次节）
当母亲停止那令人疲倦的
长途奔波，
寻找她那被狡诈地抢走
根本无法找到的女儿时，
她踏过伊达山的仙女们
雪覆盖的山峰，

她猛然扑倒在地上，沉浸在悲痛的绝望中
在雪中的岩石和树丛间：
她不再让失去绿色的田野
给人们结出果实。
她以此来饿死人类：
她不再给牛羊长出的茂密的枝叶做饲料
它们徒劳地用饥渴的眼神四处搜寻；
许多人的生活困窘，
不再由祭祀的烟雾使神庙变得模糊；
祭坛上也不再有祭饼焚烧：
她封堵了涌流的水泉
不复喷出白色的水流，她总是恸哭
在无法安慰的失女之痛中。

（杨波辑录）

Ⅸ. 13

【题解】

赫拉克勒斯逝世后，阿尔戈斯国王欧律斯透斯①想要杀死他的孩子们，在伊奥拉奥斯的保护下，赫拉克勒斯的子女逃亡至雅典的马拉松，在宙斯神庙的祭坛前寻求庇护。剧中提到命运使人从尊贵跌入卑微，也能让一文不值的人身居高位，地位、财产、运气的变化皆为神意使然，凡人无力抗衡。选译文献据洛布古典文库，欧里庇得斯，《赫拉克勒斯的儿女》(Euripides, *Children of Hercules*, 608－617.)。

① 欧律斯透斯(Eurystheus)是珀尔修斯(Perseus)的孙子，传说他本应是赫拉克勒斯的弟弟，但是因为赫拉嫉妒赫拉克勒斯的母亲阿尔克墨涅(Alcmene)，所以施法让欧律斯透斯先出生，成了阿尔戈斯的国王。

【译文】

歌队(首节)

没有神意就没有人能幸福,也没有人会因忧愁而屈身。

瞧,我呼喊道:——

没有一个家族能够在繁荣之路上一直走下去,

今天的命运后面紧跟着

明天命运的脚步;

使一个人从尊贵跌入卑微。

又使一个一文不值的人身居高位。

你们虽借助智慧为盾牌,却既不能逃脱也无法驱散厄运。

徒然热心这么做的人将没完没了地辛苦。

(杨波辑录)

Ⅸ. 14

【题解】

阿波罗之子阿斯克勒庇俄斯医术高明能把死人救活,冥王担心他扰乱自然秩序,于是,请求宙斯用雷电将其击毙。愤怒的阿波罗杀死了为宙斯打造闪电的巨人,被宙斯惩罚为斐赖[①]王阿德墨托斯服役,看守羊群。这里提到了阿德墨托斯庞大的牧群和辽阔的田野,一方面展现了国王的富有,另一方面他持有如此庞大财富的原因之一正在于阿波罗的帮助。选译文献据洛布古典文库,欧里庇得斯:《阿尔克斯提斯》(Euripides, *Alcestis*, 589 - 596.)。

【译文】

歌队(第二曲首节)

因此我的主人有无数羊群,

① 斐赖(Pherae)是古希腊色萨利东南部的一座城邦,是色萨利地区最古老的城市之一。

家住波光美丽的波贝伊斯湖①畔：
一直到太阳神在夜间系马的
遥远的摩洛西亚②群山下，是他
生长着金色谷物的耕地的边界，
他绵延起伏的牧场草原；
他和平地统治着直达爱琴海边
佩利昂山③脚没有港口的海滩。

（杨波辑录）

Ⅸ. 15

【题解】

在古代希腊人看来，许多问题都可以归结于诸神的旨意，家庭的贫富同样和神祇密切相关，是由诸神决定的。色诺芬在《经济论》中强调不论是农事活动还是战争，想要取得好的成果，都需要神的保佑，因此必须通过占卜、祈祷、供奉等手段来取悦神是必不可少的。选译文献据洛布古典文库，色诺芬：《经济论》(Xenophon, *The Oeconomicus*, Ⅴ.19－20.)。

【译文】

"哦"，苏格拉底回答道："克里托布勒斯，我想你懂得，农业活动和战争一样，都是为神所掌握的。我认为你是知道的，从事战争的人在采取行动之前都会尽力去取悦神，要依靠占卜和祭品趋吉避凶。对于农事而言，你以为不需要神的保佑吗？必须知道正直的人都为他们的果木、庄稼、耕牛、马匹、羊群而祈祷，也为他们所拥有的

① 波贝伊斯湖(Boebian)在斐赖城的北边。

② 摩洛西亚(Molossian)实际上距斐赖城很远，这里是夸张的说法。

③ 佩利昂山(Pelion)位于色萨利东南部，帕格塞蒂克海湾(Pagasetic Gulf)和爱琴海间的一个钩状半岛，传说其得名与佩琉斯有关。

一切祈祷。”

（杨波辑录①）

Ⅸ. 16

【题解】

率军前来援助特洛伊的色雷斯王子瑞索斯遇刺身亡，盟友赫克托尔为他举行了隆重的葬礼。身为色雷斯王子、特洛伊的盟友，赫克托尔为他修建坟墓、焚烧无数华丽的长袍作陪葬品，举行了与其身份相称的奢华葬礼。选译文献据洛布古典文库，欧里庇得斯：《瑞索斯》(Euripides, *Rhesus*, 952 - 961.)。

【译文】

赫克托尔：

我早就知道：无须预言家来告诉我
这人是死于奥德修斯的阴谋诡计。
我怎能不，当我看到希腊军队
在这片土地上安营扎寨时，打发我的使者出去
找我的朋友，恳求他们来援助我们城邦？
我派出使者；他来了，他欠我这份恩情。
啊！见到他死我心里哪还有什么快乐！
现在我准备为他建造一座坟墓，
在他火葬时烧给他无数华丽的长袍。
他来时作为一位朋友，走时满是悲伤。

（杨波辑录②）

---

① 译文选自[古希腊]色诺芬：《经济论 雅典的收入》，张伯健、陆大年译，商务印书馆，1981年，第18页。

② 译文选自[古希腊]埃斯库罗斯等：《古希腊悲剧喜剧全集》(第五卷)，张竹明、王焕生译，译林出版社，2007年，第68—69页。

Ⅸ. 17

【题解】

遭遇海难漂泊至埃及的斯巴达国王墨涅拉奥斯扮成水手，告知垂涎海伦的埃及国王忒奥克吕墨诺斯，墨涅拉奥斯已死于海难，假借为其举行葬礼携海伦逃走。墨涅拉奥斯向忒奥克吕墨诺斯列举葬礼需要准备的物品时提及，葬礼的规模应与死者的家资相符合，而埃及国王也展现出了王公贵族应有的大度，给予他不会辱没佩罗普斯子嗣身份的陪葬品。可见贫富与葬礼的规模有着直接联系。选译文献据洛布古典文库，欧里庇得斯：《海伦》（Euripides, *Helen*, 1251－1269.）。

【译文】

忒奥克吕墨诺斯：

你们是怎么埋葬死在海里的人的？

墨涅拉奥斯：

根据各人拥有的财富。

忒奥克吕墨诺斯：

财物方面，你想要什么，为了她尽管说。

墨涅拉奥斯：

首先要用鲜血祭祀鬼魂。

忒奥克吕墨诺斯：

用什么作牺牲呢？——你说，我照办。

墨涅拉奥斯：

你自己决定吧：你给的准够了。

忒奥克吕墨诺斯：

按照我们这里的风俗是用一匹马或一头公牛。

墨涅拉奥斯：

如果要给的话，就爽性给出王室气派。

忒奥克吕墨诺斯：

在我美丽的牧群中不缺少它们。

墨涅拉奥斯：

其次，要抬着一张装饰好的棺材，虽然没有尸体。

忒奥克吕墨诺斯：

行。习惯上还要加上什么别的吗？

墨涅拉奥斯：

青铜制成的武器，他很喜欢长矛。

忒奥克吕墨诺斯：

这些，我们送的礼物，是足以匹配佩罗普斯的子孙的。

墨涅拉奥斯：

此外，还要有土地上出产的一切好的东西。

忒奥克吕墨诺斯：

然后呢？——你们用什么办法把这些东西扔进波浪里去呢？

墨涅拉奥斯：

需要有一艘船和划桨的水手。

忒奥克吕墨诺斯：

这船要划出海岸线多远？

墨涅拉奥斯：

从陆地几乎看不到船行的浪花。

（杨波辑录[①]）

① 译文选自[古希腊]埃斯库罗斯等：《古希腊悲剧喜剧全集》（第三卷），张竹明、王焕生译，译林出版社，2007年，第630—632页。

Ⅸ. 18

【题解】

在古希腊社会，不论穷人还是富人，向神献祭是祈求幸福必要的开销。选译文献据洛布古典文库，米南达：《割发》（Menander, *Perikeiromene*, 991－1000.）。

【译文】

多里斯[1]：以阿芙罗蒂特的名义起誓，她已经更衣，
她父亲帮助她准备。发生了那种不愉快，
现在听到这样的好消息，你现在应该
赶快与愉快地献祭，为她重新获得幸福。
波勒蒙：请宙斯作证，你说得对。屋里有头猪，
厨师从市场上买来，让他杀了献祭。
多里斯：提篮在哪里？其他一切需要的东西呢？
波勒蒙：提篮会准备好，首先让厨师把猪宰杀。
我也该打扮一下自己。从祭坛上取下
一顶花冠，给自己戴上。
多里斯：你那时会显得比现在更为动人。

（张子翔辑录[2]）

Ⅸ. 19

【题解】

不少古典作家从宗教角度劝诫人们不能过分占有财富，因为这可能会引起神的愤怒，从而降罪于人。古希腊戏剧家埃斯库罗斯曾多次

---

① 多里斯（Doris），米南达喜剧《割发》中格吕克拉的女奴。

② 译文选自[古希腊]埃斯库罗斯等：《米南德喜剧》，《古希腊悲剧喜剧全集》，张竹明、王焕生译，译林出版社，2007 年，第 364 页。

告诫人们不要过分聚集财富，以免遭到神灵的惩罚。选译文献据洛布古典文库，埃斯库罗斯：《阿伽门农》(Aeschylus, *Agamenon*, 367 - 384.)。

【译文】

人们会说这打击来自宙斯①，
这是可以看得出来的。
他已经按照他的意思把这件事促成了。曾有人说，
神不屑于注意那些践踏了神圣美好的东西的人；
说这话就是对神不敬。
当人们因为家里有过多的、
超过了最好限度的财富而过分骄傲的时候，
很明显，那不可容忍的罪恶所得到的报酬就是死亡。
一个聪明的人只愿有一份无害的财富就够了。
因为一个人若是太富裕，
那正义之神的大台座踢得不见了，
就没有保障啊！

(张子翔辑录②)

Ⅸ. 20

【题解】

在古希腊人心中，宗教祭祀不仅能够带来平安，也能带来财富。尤其对于古希腊的船员来说，向神献祭能够保证海上航行的平安。据卡里马库斯称，提洛岛神庙就会接受古希腊各邦贡献的财物，尤其是各个城邦的商人阶层，往往为了向神祈求航行安全，成为向提洛岛贡

① 这来自宙斯的打击事实上就是指特洛伊战争。

② 译文选自[古希腊]埃斯库罗斯等：《埃斯库罗斯悲剧》，张竹明、王焕生译，《古希腊悲剧喜剧全集》，译林出版社，2007年，第299—300页。

献财物的主要群体。选译文献据洛布古典文库，卡里马库斯：《献给提洛岛的赞美诗》(Callimachus，*Hymns*：*To Delos*，307－324.)。

【译文】

挂满着花环的圣像是塞普利斯①的著名雕像，它是由老提修斯②与一年轻人从克里特岛发航的时候建立的。你逃离了残酷的咆哮，逃离了帕西非③疯狂的儿子，逃离了百转千回，如迷宫盘绕的居所，哦，女士，忒修斯带领着唱诗班在你这祭坛谈起了琵琶，挑起了圆圈舞。因此，科克罗普斯④的子孙将朝圣者之船上的永恒祭品送给了福玻斯——这船的动力。

很多祭坛上的阿斯忒瑞亚⑤及众多祈愿者啊，爱情海上众多从你身边呼啸而过的商船他们都是来自什么地方啊？再也不要将这如此大的风浪吹到他身上了，尽管有时需要大风以加快航速，但他们还是收起了风帆，不再登船远洋。他们还没有绕着你的祭坛转上一圈，就遭到了达成的打击，双手都被吹得绑在了身后，不得不用嘴咬着神圣的橄榄树的树干。这些是年轻的仙女为博年轻的阿波罗一笑，而设计的游戏。

（张子翔辑录）

Ⅸ. 21

【题解】

宗教祭祀不仅能得到神灵的佑护，尤其对于一些人，例如祭祀阶层，会从财物奉献中收益。选译文献据洛布古典文库，卡里马库斯：

---

① 塞普利斯(Cypris)，阿芙罗蒂特的另一个称谓。

② 提修斯(Theseus)，雅典城的建立者。

③ 帕西非(Pasiphaë)，古希腊神话女性人物之一，是牛头人身弥诺陶洛斯(Minotaur)的母亲。

④ 科克罗普斯(Cecrops)，雅典的首任国王。

⑤ 阿斯忒瑞亚(Asteria)，掌管夜间的神谕和流星的提坦女神。

《献给提洛岛的赞美诗》(Callimachus, *Hymns*: *To Delos*, 275 - 286.)。

【译文】

从那天之始(阿波罗降生),你就被崇奉为神圣的岛屿,被奉为阿波罗幼年的守护。在你的土地上,没有留下厄倪俄①的足迹,也没有留下哈迪斯②和阿瑞斯③的马的足迹,不过每年谷物成熟之后的十分之一要供奉给你,以献给你之上所有唱诗班的人。这些城市从东方、西方和南方,向你来供奉财物,即使是住在北边海岸的人也长途跋涉向你来贡献财物。他们给你带来玉米秆和神圣的麦穗,多多那的皮拉斯基族——作为这里永不熄灭的圣火的仆人,在这片神圣的土地静躺,第一次收到了来自远方的礼物,它们是从遥远的地方被运送于此地的。

(张子翔辑录)

Ⅸ. 22

【题解】

战胜的一方会将自己在战争中所获得的战利品献给神,以感谢神对自己的佑护。选译文献据洛布古典文库,埃斯库罗斯:《阿伽门农》(Aeschylus, *Agamenon*, 577 - 582.)。

【译文】

"阿尔戈斯远征军攻下特洛亚。这些是献给全希腊神祇的战利品,是军队钉在他们庙上的,光荣的礼物万古长存。"人们听见了这话,一定会赞美这城邦和它的将领;胜利是宙斯促成的,这恩惠很值得珍

① 厄倪俄(Enyo),古希腊神话中的战争女神。
② 哈迪斯(Hades),古希腊神话中的冥王。
③ 阿瑞斯(Ares),古希腊神话中的战神。

惜。我的话完了。

（张子翔辑录①）

Ⅸ. 23

【题解】

献祭给神可以避免财富过度和奢侈。选译文献据洛布古典文库，普鲁塔克：《道德论》（Plutarch, *Moralia*, IV, The Roman Questions, 267－268）。

【译文】

为什么许多富人有把自己财产的十分之一献给大力神的习俗？是因为他也在罗马牺牲了格里昂十分之一的牛吗？或者因为他把罗马人从伊特鲁里亚人的什一税中解放出来？或者这些故事没有任何值得相信的历史依据，但是罗马人却习惯于向赫拉克勒斯慷慨地、丰盛地献祭，如同向一个始终贪得无厌的人献祭一样。或许，过度的财富让同胞感到厌恶，所以他们宁愿削减这些财富。他们认为，大力神赫拉克勒斯就是这样一位非凡的人物，令他们在生活中节俭、自给自足的以及没有奢侈而感到荣幸，是这样吗？

（王晓雨辑录）

Ⅸ. 24

【题解】

西塞罗赞同柏拉图的主张，不要把土地献神。选译文献据洛布古典文库，西塞罗：《论法律》（Cicero, Volume XVI. *On The Laws*, Ⅱ. 45.）。

---

① 译文选自[古希腊]埃斯库罗斯等：《埃斯库罗斯悲剧》，张竹明、王焕生译，《古希腊悲剧喜剧全集》，译林出版社，2007年，第310页。

【译文】

至于说到不要把土地献神，我完全同意柏拉图的观点，如果我冒昧地翻译的话，他大概是这样说的："土地有如宅里的炉灶，是全体神明的圣物，因此任何人都不应该把它第二次献神。城市里的金和银，不管是归个人所有，还是在神庙里，都会引起妒忌。甚至从死尸上取下来的象牙用来敬献神明，也不是很洁净的。还有铜和铁，它们是战争武器，非神庙应有。但是木料制品（如果有一块整体制成），如果有人愿意，此外还有石头，可以奉献给公共神庙，所耗不超过妇女一月劳动的织物也可以奉献。白色最适合于神明，可用于所有物品，特别是织物；献神物品不需要涂染任何颜色，除了作战旗帜。最神圣的献礼是鸟类和一位画家一天作成的画像；其他敬神礼品也应是这样。"①这些就是柏拉图的观点。但我对其他献神物品不作如此严格的限定，一是考虑到人们容易失误，而是考虑到季节的可能性。我担心，如果对土地的使用和犁耕再附之以左道②，那会使农业衰微。

（鲍红信辑录③）

Ⅸ. 25

【题解】

对酒神的崇拜始于意大利南部大希腊地区，后逐渐传播至整个意大利半岛，信徒多为奴隶等社会底层人群。罗马统治阶层唯恐该崇拜导致下层民众借机暴乱，故元老院于公元前 186 年发布命令，在整个意大利范围内限制酒神崇拜。选译文献据酒神崇拜法令铭文

---

① Plato, *Laws*, Ⅻ.955E－956B.

② 西塞罗主张，禁止为建造坟墓而占用任何一块耕地或可耕地，除非这块土地只适宜于用来埋葬死者。如果这块土地可以提供粮食收获，无论是活着的人或是死去的人，都不应该夺取这块土地。参见 Cicero, *On The Laws*, Ⅱ.67.

③ 译文选自[古罗马]西塞罗：《西塞罗文集》（政治学卷），王焕生译，中央编译出版社，2010年，第 205 页。

(*Senatus Consultum de Bacchanalibus*: 186*B.C.*),转引自张强、张楠译注:《希腊拉丁历史铭文举要》(商务印书馆,2016 年,第 144—145 页)。

【译文】

任何人不得拥有巴库斯①神龛,若有人称需要拥有巴库斯神龛,须到罗马城市大法官②处,当他们的请求得到听取后,我们的元老院须对此做出决定,前提是商议此事时至少有一百名元老出席。任何人——无论是罗马公民,还是拉丁盟众,抑或是其他盟邦的任何人——不得接近巴库斯女祭司,除非他到城市大法官处且后者根据元老院指示——前提是商议此事时至少有一百名元老出席——准许该行为。

他们裁定:

任何人不得为祭司。任何人,无论男性还是女性,不得出任(该组织)首领。其中任何人不得拥有公共资金。任何人不得任命任一男性或女性为首领或代行首领。此后,任何人等不得相互协谋、共誓、相互立誓或许下承诺,亦不得相互表达忠诚。任何人不得秘密举行祭仪。任何人不得或以公众名义,或以个人名义,或在城外举行祭仪,除非他到城市大法官处且后者根据元老院指示——前期是商议此事时至少有一百名元老出席——准许该行为。

他们的裁定如次:

任何总数超过五人者——男女均含——不得举行祭仪;同时,男性不得在两名以上,女性不得在三名以上,除非如上所述可得到城市大法官和元老院之准许。

你们应在集会宣布此令,至少持续三个集日,且须知晓元老院之

① 巴库斯(Bacchus)为希腊神酒神狄奥尼索斯(Dionysus)的罗马名称。

② 罗马城大法官,负责管理罗马城的法律事务,此职位于公元前 366 年设立。

令，其令如次：

若出现行事有违上述法令者，你们应下令对其处以斩首。你们应将此令刻于铜表之上——正如元老院勒令如此为宜——你们应下令在便于识别处竖立。并且，你们须按以上所述，在此书到达你处十日内行动，以使那些巴库斯神龛——如仍存在，且那些有神性者除外——得到拆除。

（解光云辑录①）

Ⅸ. 26

【题解】

盖尤斯·科尔奈利乌斯·伽卢斯为罗马统治下埃及行省的第一任总督。他上任后不久，判定叛乱，并向埃及本土诸神敬献赠礼。选译文献据伽卢斯记功碑铭文（*Trilingual Dedication by Cornelius Galllus*：29*B.C.*），转引自张强、张楠译注：《希腊拉丁历史铭文举要》（商务印书馆，2016 年，第 163—164 页）。

【译文】

盖尤斯·科尔奈利乌斯·伽卢斯，格奈乌斯之子，[身为]罗马骑士，在[埃及]诸王被神圣[尤里乌斯]之子凯撒征服后的首位亚历山大城和埃及总督，十五天中两次在阵前打败底比斯叛乱中的敌人成为胜利者，是五个城市——博莱西斯、科普特城、克拉米科、伟大宙斯之城和奥菲埃乌姆——的征服者，并俘获其头目；他率军远至尼罗河[第一]瀑布——之前既无罗马人亦无埃及王引军到达此地；他慑服了所有国王的共同威胁底比斯，并在菲莱接见埃塞俄比亚王的使者，使该

① 译文选自张强、张楠译注：《希腊拉丁历史铭文举要》，商务印书馆，2016 年，第 144—146 页。辑录时有所删减。

王得到保护;他确立了埃塞俄比亚特里亚康塔斯科埃农的统治者;他向(埃及)本土诸神及他的支持者尼罗河敬献赠礼。

(解光云辑录①)

① 译文选自张强、张楠译注:《希腊拉丁历史铭文举要》,商务印书馆,2016 年,第 163—164 页。辑录时有所删减。

Ⅹ. 战争与经济

古希腊和罗马城邦的历史时常与战争相联。希波战争、伯罗奔尼撒战争和罗马人对拉丁姆以外地区的征服扩张，无不影响着城邦的兴衰浮沉。战争既是扩张领土、聚敛财富的重要手段，也是引发城邦危机的主要因素。

Ⅹ. 1

【题解】

在已发现的纸莎草文献《奥克西林库斯希腊志》中，记载了公元前4世纪末[①]，斯巴达王阿格西劳斯二世(约公元前445—前359)派军与波斯人在萨尔迪斯作战，获取了大量的装备和钱财等战利品。选译文献据[古希腊]佚名：《奥克西林库斯希腊志》(伦敦纸莎草断片)(*The Hellenica Oxyrhynchia*，The London papyrus，Ⅺ.4.)。[②]

---

① 阿格西劳斯二世是第一位出征亚细亚的斯巴达君王，他曾宣称要解放受控于波斯的希腊人，并在一些战事中小有战绩。详见 Simon Hornblower and Antony Spawforth，*The Oxford Classical Dictionary*，Third editiaon revised，Oxford University Press，2003. p.39.

② 《奥克西林库斯希腊志》是目前在埃及发现的最有价值的草纸文献之一，包括三个草纸断片(the *London papyrus*，the *Florence papyrus*，and the *Cairo papyrus*)。这些草纸文献因发现于埃及的奥克西林库斯，并都记述的是公元前5世纪至公元前4世纪初的希腊历史而被校勘者合称为《奥克西林库斯希腊志》。具体作者不详。参见 Egidia Occhipinti，*The Hellenica Oxyrhynchia and Historiography*，New Research Perspectives，Brill，2016.pp.1－11.

【译文】

阿格西劳斯任命斯巴达人色诺克莱斯担任他们的统帅，并命令他们当遭遇波斯人时□□□□□□□□□□整队，做好战斗准备□□□□□□□□□□阿格西劳斯在黎明时唤醒军队率部继续前行。蛮族人一如既往地对希腊人穷追不舍，其中一些人进攻希腊人，另一些人骑马包围他们，其余的人把希腊人追赶得在平原上溃不成军。当色诺克莱斯认为攻击敌人的最佳时机已到，即命令埋伏的伯罗奔尼撒人起身冲出去。当看到希腊人向他们冲过来时，蛮族人纷纷向平原四散逃去。而阿格西劳斯看到他们惊恐的样子，便派轻兵和马军去追赶他们。他们与那些从埋伏地点冲出来的士兵一同进攻蛮族人。他们追赶敌人但时间并不很长，他们未能赶上敌军原因是因为敌军大部分是轻装步军和马军。于是歼敌约六百人后，他们便停止了追赶而开向了蛮族人的营地。占领了敌人设防但并不严密的要塞后，他们迅速攻占营地并缴获了大批给养，俘获了很多敌人，并获得了大量的装备和钱财，这些钱财一部分是他人的，另一部分是波斯提萨费尔奈斯本人的。

（解光云辑录①）

X. 2

【题解】

海军是早期军事扩张中各海上强国势力的来源。选译文献据洛布古典文库，修昔底德：《伯罗奔尼撒战争史》（Thucydides, *History of the Peloponnesian War*, BOOK I. XV.）。

① 译文选自[古希腊]佚名：《奥克西林库斯希腊志》（伦敦断片，XI.4.），郭霞译，张强校，上海人民出版社，第55—57页；Egidia Occhipinti, *The Hellenica Oxyrhynchia and Historiography*, New Research Perspectives, Brill, 2016, pp.38－39.

【译文】

希腊的海军，无论在较远的时代或在较近的时期中，都是这样的；尽管如我所描述的；但这些海军还是各海上强国势力的来源。它们为国家取得收入，是帝国的基础。利用海军征服岛屿，最小的岛屿最先陷落。在领土的扩张中，没有陆地上的战争，只有边疆上的小冲突。没有派遣陆地上的远征军，离开本国去征服别的国家，没有小国在强国领导之下组织起来的同盟，也没有小国自己在平等的基础上组织共同行动的联盟，战争只是邻国间的地方事件而已。

（解光云辑录①）

Ⅹ. 3

【题解】

在古希腊，继君主政体之后所产生的早期政体形式中，公民团体实际上完全由战士组成，尤其是骑士。选译文献据洛布古典文库，亚里士多德：《政治学》(Aristotle, *Politics*, Ⅳ.1297^{b}15－20)。

【译文】

其始，都是骑士。军事实力和战阵的重心全部寄托在骑兵身上，未经正规列队编组而缺乏经验的步兵在战场上不能用以决胜，在尚无步兵战术的古代，战斗力都依仗骑兵队完成。可是，当城邦渐渐扩大，步兵的力量也跟着增强，于是许多步兵也能加入城邦公民团体。

（解光云辑录②）

---

① 译文选自［古希腊］修昔底德：《伯罗奔尼撒战争史》（上册），谢德风译，商务印书馆，1997年，第14页。

② 译文选自［古希腊］亚里士多德：《政治学》，吴寿彭译，商务印书馆，1997年，第213—214页。

Ⅹ. 4

【题解】

斯巴达的制度重在培养一种善战的军人品德，以保证在战争中取得胜利，树立霸权。所以，只要战争还在继续进行，斯巴达的权威常常占据优势。土地分配充分体现了军人和服兵役的价值。

吕库古时期，将斯巴达土地划分，九千份属于斯巴达公民，三万份属于边区居民（又译"皮里阿西人"，*perioikoi*），后因富室兼并，大部分土地落入斯巴达公民之手。艾吉斯（Agis）执政时，又重新划分土地，以四千五百份给斯巴达公民，一万五千份给曾经服兵役的边区居民。但斯巴达人谁都不踊跃于国赋的输纳，城邦经常忙于开疆扩土的战事，致使国库空虚。选译文献据洛布古典文库，亚里士多德：《政治学》（Aristotle，*Politics*，Ⅱ.$1271^{b}15$）。

【译文】

斯巴达的公共财政也不良好：邦国常常忙于战事，致使库藏空虚，战争税课的征收都不能足额。大部分田地都执掌在斯巴达公民的手中，但他们谁都不踊跃于国赋的输纳。斯巴达律所见的后果往往出于立法者的始料——城邦遂日渐陷于贫困而公民个人则越来越趋于贪婪。

（解光云辑录①）

Ⅹ. 5

【题解】

希腊在波提狄亚的重装步兵以及舰队的水手的薪资以及一些其他的经济情况，这些重装步兵以及水兵、水手的高薪水使得雅典的财源开始枯竭。选译文献据洛布古典文库，修昔底德：《伯罗奔尼撒战争

① 译文选自[古希腊]亚里士多德：《政治学》，吴寿彭译，商务印书馆，1997年，第92页。

史》(Thucydides, *History of the Peleponnesian War*, III. XVII. 3.)。

【译文】

雅典财源的枯竭主要是由于供给这些船舰和波提秋亚,战役的费用;因为在波提狄亚驻防的重装步兵的薪水是两个德拉克马一天(一个是给士兵本人的,一个是给他的侍从的)。在开始的时候,有重装步兵三千名,等到围攻完毕的时候,达个数目没有减少。此外,还有福密俄带来的一千六百名,但是他们在波提狄亚破攻陷以前就离开那里了。船上水手的薪俸和重装步兵的相同。这是最初雅典用最多船舰服役的时候所耗费的金钱。

(江琴辑录①)

Ⅹ. 6

【题解】

伯利克里在伯罗奔尼撒战争前动员雅典人时说明,雅典在金钱和海战经验上优于斯巴达。选译文献据洛布古典文库,修昔底德:《伯罗奔尼撒战争史》(Thucydides, *History of the Peloponnesian War*, BOOK Ⅰ. CXLI - CXLⅡ.)。

【译文】

伯罗奔尼撒人自己耕种他们自己的土地。无论在个人方面和国家方面,他们没有金融财富,因此他们没有在海外作战的经验,也没有做长期战争的经验。因为他们彼此间所发生的战争,由于贫穷的缘故都是短期的。这样的人民不能经常配备一个舰队的海员,也不能经常派遣陆军。因为这样,就会使他们离开自己的土地。花费自己的资金,而况我们还控制着海上。战争经费的支持依靠储金的积累,而不能依靠税收

① 译文选自[古希腊]修昔底德:《伯罗奔尼撒战争史》,谢德风译,商务印书馆,2016 年,第 218 页。

的突增。并且，那些耕种自己土地的人在战争中，对他们的金钱比对他们的生命更为担心。他们有一种刻薄的观念，认为他们自己的生命是会安全地从危险中逃出的。但是他们的金钱在那时候是不是完全被花光了，他们完全没有把握。特别是当战争出于他们意料之外的延长的时候。战争很可能是会延长的。在单独一个战役中，伯罗奔尼撒人和他们的同盟者能够抵抗其他所有的希腊人。但是他们不能跟一个和他们完全不同的强国作战。他们没有一个慎重考虑的中央政权，可以做出迅速果决的行动。因为他们都有平等的代表权。他们来自各个不同的国家，每个国家只关心他自己的利益——其结果往往是一事无成。因为有些国家特别急于为他们自己报复一个敌人。而其他的国家并不那么焦急。以免自己受到损失。……但是最重要的一点是这样的：金钱的缺乏会使他们处于不利的地位。在筹得金钱的过程中，所需要的时间会使他们迟延。但是在战争中机会是不等待任何人的。

（解光云辑录①）

X. 7

【题解】

希腊军队远征西西里，堪称史上最大规模的希腊军队的对外远征，雅典为此耗费大量人力和财力。选译文献据洛布古典文库，修昔底德：《伯罗奔尼撒战争史》（Thucydides, *History of the Peloponnesian War* BOOKVI.XXXI.）。

【译文】

无疑地，这第一次出发的远征军远远地超过过去任何一个单独城邦所会派出过的花钱最多、外观最美的希腊军队。以战舰和重装步兵

① 译文选自[古希腊]修昔底德：《伯罗奔尼撒战争史》（上册），谢德风译，商务印书馆，1997年，第101页。

而论，它没有比伯利克里用以进攻埃皮达鲁斯的那支军队，以及哈格浓用以进攻波提狄亚的同一支军队更多些；那支军队是由雅典重装步兵四千人、骑兵三百人和三列桨战舰一百条组织而成的，再加上列斯堡斯和开俄斯派来的五十条战舰和许多同盟军。但是那支军队只有一个短短的航程，只有普通的设备；而这次远征军预计将在国外有很长久的时间准备有海战和陆战的配备，有战舰和陆军，以便随时应用。舰队有高度的效率，花费了国家和舰长们很多的金钱。每个水手每天由国库支付一个德拉克马的薪金。国库又备置了空船（大十条战舰和四十条运轮重装步兵的船舶），都配备了可能找到的最好的船员。除国家所给付上排桨手及其他船目的薪水外，舰长们还给他们以额外的报酬。他们花费了许多金钱来制造船首像和一般设备，因为每个人都渴望自己船舰的美观和速度超过其他的船舰。至于陆军，他们是从最好的应征人员中挑选出来的，每人都有很强烈的竞争心，费了很大的力量来配置盔甲和个人设备。因此，不仅雅典人中间各人仗照各人的职位互相竞争，且对于其他希腊人看来，好像是一次表现雅典力量和伟大的示威运动，而不像是一支出发、进攻敌人的远征军。如果有人计算一下国家所用的款额和在那里服务的私人费用——其总数包括国家所已解用了的和将来送到将军们手里的，每个人在他的设备上所已花费了的，舰长们在他们的船舰上所已经花费了的，以及他们将来还要花费的；除此之外，还要包括每个人，除他从国库里得到的薪水之外，随身带着以为私人费用的金钱（因为考虑到这大远征会继额一个很长久的时期的），以及士兵们和商人们为了想作生意而随身带着的货物——他一定会发现许多他连持的巨额金钱从雅典流出了。

（鲍红信辑录①）

---

① 译文选自[古希腊]修昔底德：《伯罗奔尼撒战争史》，谢德风译，商务印书馆，2016 年，第 499—501 页。

Ⅹ. 8

【题解】

雅典人降服所有的同盟者(除了开俄斯和列斯堡斯以外)为纳贡属民。伯罗奔尼撒战争第五年,雅典在列斯堡斯开征土地租金。选译文献据洛布古典文库,修昔底德:《伯罗奔尼撒战争史》(Thucydides, *History of the Peloponnesian War*, BOOK Ⅲ.L.)。

【译文】

后来,他们不向列斯堡斯征收贡款,而把所有的土地(麦提姆那人的土地除外)分为 3000 块份地,其中以 300 块份地贡献为神的圣地,其余的都以抽签方法分配给雅典派往那里去的移民。列斯堡斯人同意自己耕种这些土地,每块份地每年给付 20 明那的租金。

(解光云辑录①)

Ⅹ. 9

【题解】

伯罗奔尼撒战争第 17 年,阿西比德斯向斯巴达人献策时提及劳里昂银矿及土地与法庭给雅典带来了收入。选译文献据洛布古典文库,修昔底德:《伯罗奔尼撒战争史》(Thucydides, *History of the Peloponnesian War*, BOOK Ⅵ.XCI.)。

【译文】

雅典人从劳里昂银矿取得的收入,现在从土地、从法庭所取得的收入,马上就都被剥夺了。最重要的,他会失去他的同盟国的贡款,因为同盟国一旦看见你们在认真地进行战争,它们就不会按时缴纳贡

---

① 译文选自[古希腊]修昔底德:《伯罗奔尼撒战争史》(上册),谢德风译,商务印书馆,1997 年,第 216 页。

款，不会任凭雅典剥削了。这些事情如何迅速地、有力地进行，完全依靠你们斯巴达人了。我完全相信这些事情是可以做得到的，我认为我是不错的。

(解光云辑录①)

Ⅹ. 10

【题解】

伯罗奔尼撒战争第17年，在辩论西西里远征军的问题上，尼西阿斯在发言中说到了叙拉古的富庶。选译文献据洛布古典文库，修昔底德：《伯罗奔尼撒战争史》(Thucydides, *History of the Peloponnesian War*, BOOK Ⅵ.XX.)。

【译文】

叙拉古和栖来那斯有很多的重装步兵、弓箭手、标枪射手，有许多三列桨战舰，许多可以做桡手的人。它们不仅在私人手中，而且在栖来那斯神庙中有许多金钱，而叙拉古也从一些土著居民中征收贡税。但是它们对我们的最大优势是它们有许多马，并且事实上它们生产自己所需要的谷物，不须从外地输入。

(解光云辑录②)

Ⅹ. 11

【题解】

公元前96年马略返回罗马担任执政官，不久后宣称苏拉为公敌，并破坏他的房产，杀害他的亲友。当时，苏拉正在东部与本都国王米

① 译文选自[古希腊]修昔底德：《伯罗奔尼撒战争史》(下册)，谢德风译，商务印书馆，1997年，第488—489页。

② 译文选自[古希腊]修昔底德：《伯罗奔尼撒战争史》(下册)，谢德风译，商务印书馆，1997年，第440页。

特拉达提作战，双方议和，在等待对方接受议和条件时，苏拉命令军队持续骚扰马其顿边界，使其士兵依靠掠夺致富。选译文献据洛布古典文库，阿庇安：《罗马史》（Appian, *Roman History*, XII. VIII. 55.）。

【译文】

苏拉为了利用他的闲暇和空隙时间，进攻马其顿边界上的伊提人、达达尼人和辛提人的部落，蹂躏他们的领土，因为他们不断地袭扰马其顿，他这样训练了他的士兵，同时也使他们致富。

（杨波辑录①）

X. 12

【题解】

恺撒在阿非利加的战事终结后回到罗马，带回了数目庞大的战利品，举行了四个凯旋仪式，并在仪式结束后把这些财富分配给了将领和士兵们。选译文献据洛布古典文库，阿庇安：《罗马史》（Appian, *Roman History*. The Civil Wars, II. 102.）。

【译文】

据说，抬着游行的金钱数量达60,500（银）塔兰特，金冠2,822个，重达20,414磅，在举行凯旋仪式后，他马上分配了这些财富，把过去他所许诺的赠予都全部发给军队，此外还多给了一些。每个士兵得到5,000阿提卡德拉克马，每个百人队长加一倍，每个步兵军团将校和骑兵将校的四倍。

（杨波辑录②）

---

① 译文选自[古罗马]阿庇安：《罗马史》（上卷），谢德风译，商务印书馆，1995年，第455—456页。

② 译文选自[古罗马]阿庇安：《罗马史》（下卷），谢德风译，商务印书馆，1997年，第186页。

Ⅹ. 13

【题解】

屋大维、安东尼和庞培达成协议，他们在“陆上和海上”的战事停止。根据协议，屋大维启程前往高卢，安东尼向东进行与帕提亚的战争。安东尼命部将到各处依据他的旨意处理问题，其中包括派遣士兵攻击伊利里亚部落，目的是致富和训练。选译文献据洛布古典文库，阿庇安：《罗马史》（Appian, *Roman History*, The Civil Wars, V. 75.）。

【译文】

为了使他带往冬营里去的士兵们发财致富并为了训练他们，他派遣一些士兵去进攻伊庇达努斯附近的一个伊利里亚部落帕提尼人，因为他们曾拥护布鲁图斯。

（杨波辑录①）

Ⅹ. 14

【题解】

屋大维、安东尼和雷必达三头同盟瓜分了几乎全部罗马人的领土，除了亚德里亚海以东的地区由布鲁图斯和卡西约控制着，安东尼和屋大维每人率领 20 个军团与他们作战，两人承诺给士兵分配意大利最著名的城市中的土地住宅。这也是将领收买人心、巩固军团的重要手段之一。选译文献据洛布古典文库，阿庇安：《罗马史》（Appian, *Roman History*, The Civil Wars, IV. 3.）。

---

① 译文选自[古罗马]阿庇安：《罗马史》（下卷），谢德风译，商务印书馆，1997 年，第 479 页。

【译文】

为了鼓舞士兵们有取得战利品的希望，他们允许士兵们，除其他的礼物之外，可以有十八个意大利城市作为殖民地——这些城市在财富上，在地产和房屋的豪华上都是超过其他城市的，这些城市将分配给他们（土地、建筑物和一切），正好像他们是在战争中从敌人手中攻下来的城市一样。这些城市中最著名的是伽普亚、利吉姆、维努西亚、贝尼温敦、努塞里亚、阿里密浓和维波。

（杨波辑录①）

X. 15

【题解】

阿庇安在这里提到了罗马青年对从军服役的看法，他们更乐意追随富有的将领，这样更有利于保障自己的利益。选译文献据洛布古典文库，阿庇安：《罗马史》（Appian, *Roman History*, The Civil Wars, V. 25.）。

【译文】

青年人热心参加军队，以求得利益，他们认为不管在谁部下服务，都没有区别，因为一切军役都是罗马人的军役，因此他们宁愿和庞培联合，因为他代表一个比较好的方面。他已因海上掠夺致富了，他有一个船舶众多的舰队，水手齐全。

（杨波辑录②）

① 译文选自［古罗马］阿庇安：《罗马史》（下卷），谢德风译，商务印书馆，1997年，第318页。

② 译文选自［古罗马］阿庇安：《罗马史》（下卷），谢德风译，商务印书馆，1997年，第440—441页。

Ⅹ. 16

【题解】

在伯罗奔尼撒战争期间，雅典军队撤离米利都后①，波斯总督提萨佛涅斯承诺为驻守米利都的舰队船员发放薪饷。选译文献据洛布古典文库，修昔底德：《伯罗奔尼撒战争史》(Thucydides, *History of the Peloponnesian War*, BOOK VIII. XXIX.)。

【译文】

接着在冬季里，提萨佛涅斯在伊阿苏斯部署驻军后前往米利都，按照他在拉栖代梦许下的诺言，向舰船上的所有桡手发放一个月的薪金，即每人每天1阿提卡德拉克马。但是，他决定今后每人每天的酬金不超过3个奥波儿，直到他向国王提出请示为止；如果国王同意，他将给足1个德拉克马。可是，因为叙拉古司令官赫摩克拉忒斯的反对(由于泰里蒙涅斯，不是海军司令，只是随舰船航行，以便把舰船转交给阿斯泰奥库斯。所以关于付薪问题，他几乎没有异议)，后来他们达成协议，除每人每天3个奥波儿外，再支付总数为5艘舰船船员的薪金；提萨佛涅斯为55艘舰船每月支付30塔兰特②，超过这个数目的其他舰船也按这个比例发放薪资。

(汪兆祺辑录③)

---

① 公元前412年。

② 这就是说，60艘舰船的薪金归55艘舰船上的人员所得。30塔兰特(108万奥波儿)按每人每天3个奥波儿的标准发给60艘舰船的月薪(3奥波儿×30天×200人×60艘舰船)。

③ 译文选自[古希腊]修昔底德：《伯罗奔尼撒战争史》(下册)，谢德风译，商务印书馆，1997年版，第585页。

Ⅹ. 17

【题解】

在伯罗奔尼撒战争期间，阿西比德斯投奔提萨佛涅斯并成为其顾问，削减士兵薪金，以防止士兵腐化堕落。他还以各种理由和说辞搪塞请求金钱资助的各城邦使者。选译文献据洛布古典文库，修昔底德：《伯罗奔尼撒战争史》(Thucydides, *History of the Peloponnesian War*, BOOK VIII. XLV.)。

【译文】

阿西比德斯是阿吉斯的敌人，一般人都认为他是不可靠的。惊慌中的阿西比德斯首先逃到提萨佛涅斯那里，并尽其所能损害伯罗奔尼撒人的事业。他成了提萨佛涅斯各项事务中的顾问。他把士兵的薪金从每人每天 1 个阿提卡德拉克马削减为 3 个奥波儿，甚至 3 个奥波儿也不能按期足额支付；他告诉提萨佛涅斯对伯罗奔尼撒人说，雅典人在海军方面有比他们更长久的经验，他们给士兵的薪金也只有每人每天 3 个奥波儿。这不是因为他们贫穷，而是为了防止他们的桡手因太富裕而腐化堕落，防止他们浪费金钱以为不正当的娱乐而损坏他们的身体；雅典人也是不按期发给薪金的，扣留他们的欠款以为保证，而防止桡手们逃亡。他还劝提萨佛涅斯向各城邦(除叙拉古以外)的三列桨战舰的舰长们和司令官们行贿，以便和他们订立协议。……同时，对那些请求金钱资助的城邦的使者，阿西比德斯把他们打发走，并以提萨佛涅斯的名义委婉地告诉他们，说开俄斯人是厚颜无耻的，他们是希腊最富裕的人，当他们利用外国军队以保全自己的时候，他们建议不但要别人冒生命的危险，而且要别人提供金钱来解放他们。而对其他城邦的使者，他说，在他们背叛雅典前，他们必须把收入的大部分贡献给雅典人，如果现在为着包围他们自己，而不愿意贡献同样多，或者甚至更多的金钱的话，他们完全是错误的。他还指出，提萨佛涅斯现在用自己私人的金钱进行战争,因此,他有很充足的理由节约开支。但是,他一旦从国王那里获得款项,他一定马上付给全薪,一定给予这些城邦以一切的援助。

(汪兆祺辑录①)

Ⅹ. 18

【题解】

在伯罗奔尼撒战争期间,为了维持与伯罗奔尼撒同盟的关系,提萨佛涅斯希望与伯罗奔尼撒人订立条约,为他们提供酬金,并签订了三个条约。其中第三款规定提萨佛涅斯为伯罗奔尼撒人提供酬金,但战后必须归还。选译文献据洛布古典文库,修昔底德:《伯罗奔尼撒战争史》(Thucydides, *History of the Peloponnesian War*, BOOK VIII. LVII.)。

【译文】

这次谈判后,在同一个冬季中,提萨佛涅斯随即沿海岸航行到考努斯②,希望把伯罗奔尼撒人的舰队带回米利都,想根据他所能安排的最好条件,再和他们订立条约,供给他们以金钱,使他自己不致和他们处于公开敌对的地位。他担心,如果他们许多船舰缺少薪给的话,他们不是会被迫和雅典人作战而失败,就会没有桡手配备他们的船舰,而雅典人不需要他的帮助,就达到了他们的目的。他还担心伯罗奔尼撒人会破坏大陆,以求给养。他根据使希腊两个势力平衡、互相对抗的政策,考虑了者一切之后,他派人去请伯罗奔尼撒人来,给予他们金钱,和他们订立第三个条约。

(汪兆祺辑录③)

---

① 译文选自[古希腊]修昔底德:《伯罗奔尼撒战争史》(下册),谢德风译,商务印书馆,1997年版,第594—595页。

② 考努斯(Caunus)是位于安纳托利亚地区卡利亚的一个城邦。

③ 译文选自[古希腊]修昔底德:《伯罗奔尼撒战争史》(下册),谢德风译,商务印书馆,1997年,第603页。

Ⅹ. 19

【题解】

公元前 36 年，占据西西里岛的庞培势力被消灭，雷必达对西西里岛提出要求，与屋大维敌对，最终司令官职务被免除。不久，屋大维的部队发生兵变，他们认为"冠冕和紫袍是儿童的玩具，士兵的奖赏应是土地与金钱"①，屋大维出面安抚他的士兵，主要提及两点：一是会尽快解除兵役，二是分发金钱，保证他们退役后很富有。选译文献据洛布古典文库，阿庇安：《罗马史》(Appian, *Roman History*, The Civil Wars, V. 129.)。

【译文】

他表扬了那些留下来和他在一起的人，鼓励他们可以期待迅速解除兵役，他说将来没有人会因此而失望，说他们退伍的时候一定很富有，又说他现在就发给他们每人 500 德拉克马。

(杨波辑录②)

Ⅹ. 20

【题解】

公元前 146 年，罗马发动了第三次布匿战争，将迦太基城夷为平地。罗马将军西庇阿不禁感慨战争中失败的迦太基从繁荣富裕到遭到毁灭的命运。在古代战争中，类似情况不在少数，如富有的提格拉诺切塔③

① Appian, *Roman History*, The Civil Wars, V. 128.

② 译文选自[古罗马]阿庇安：《罗马史》(下卷)，谢德风译，商务印书馆，1997 年，第 516 页。

③ 提格拉诺切塔(Tigranocerta)是亚美尼亚王国(Armenian Kingdom)的首都，得名于公元前 1 世纪左右的建城者提格拉涅斯大帝(Tigranes the Great)。公元前 69 年，卢卡斯·卢库卢斯(Lucius Lucullus)领导的罗马军队这里击败了提格拉涅斯，随后洗劫了这座城市，毁坏雕像和寺庙，大量的金银作为战利品被运往罗马。在劫掠过程中，这个城市的大部分居民都逃到了农村，新建成的剧院大楼也在火灾中被毁。

等等。选译文献据洛布古典文库，阿庇安:《罗马史》(Appian, *Roman History*, VIII. XIX. 132.)。

【译文】

西庇阿看着这座城市，它自建城以来，已经繁荣了七百年，过去曾统治过这样多的土地、岛屿和海洋，有许多武器和战船、战象和金钱，可以跟最强大的帝国相比，但是在刚毅、勇敢方面，远超那些帝国(因为它在所有舰船和武器都被剥夺后，还忍受了饥饿和坚持激烈的战斗达三年之久)，现在已经彻底毁灭了……

(杨波辑录①)

Ⅹ. 21

【题解】

参与战争获取战利品可能是自古以来军事行动的重要动机之一。战斗勇猛的战士往往能够获得丰厚的奖赏作为酬劳。选译文献据洛布古典文库，索福克勒斯:《菲罗克忒忒斯》(Sophocles, *Philoctetes*, 1428 - 1432.)。

【译文】

赫拉克勒斯

特洛伊城会被你攻陷，你将从军中赢得奖赏
以酬谢你的勇敢，带着丰厚的战利品回家
去献给老波阿斯和奥塔的故土。
但是在战利品中，无论你从军队中分得了什么，

① 译文选自[古罗马]阿庇安:《罗马史》(上卷)，谢德风译，商务印书馆，1995年，第298—299页。

都要带到我的火葬之地，以感谢我的弓和箭。

（杨波辑录①）

Ⅹ. 22

【题解】

这是第二次菲利比战役前安东尼对士兵的演说，强调战争中取胜能够获得大量的战利品，以此鼓舞士兵奋勇作战。选译文献据洛布古典文库，阿庇安：《罗马史》(Appian, *Roman History*, The Civil Wars, IV. 120.)。

【译文】

"……你们也不应当因为敌人昨天劫掠我们的军营而暂时烦恼，因为财富不在于我们现有的财富，而在于用全力战胜敌人，这不仅会使我们这些胜利者恢复昨天的损失(这些东西还是安全地在敌人手中)，而且会加上敌人的财富。我们既然急于想取得这些东西，就让我们赶快发动战争。我们昨天从敌人手中所取得的东西和我们所丧失的东西是一样多的，或许更多一些，因为她们带着他们在亚细亚所勒索和掠夺的一切东西，而你们是从你们的祖国来，把所有的奢侈品留在家里，指带来必需的东西，如果我们军营里有些奢侈浪费的东西，那就是你们的将军们的财富，他们愿意把所有这些财富给予你们，作为取得胜利的奖赏。但是就是为了补偿这些损失，我们一定给予每个兵士5000德拉克马的奖赏，每个百人队长五倍与士兵的数目，每个军团将校两倍于百人队长的数目。"

（杨波辑录②）

---

① 译文选自[古希腊]埃斯库罗斯等：《古希腊悲剧喜剧全集》(第二卷)，张竹明、王焕生译，译林出版社，2007年，第714页。

② 译文选自[古罗马]阿庇安：《罗马史》(下卷)，谢德风译，商务印书馆，1997年，第406—407页。

Ⅹ. 23

【题解】

色诺芬在《雅典的收入》中提到，和平的环境是城邦繁荣的必要条件，特别是对于“商人、船主和那些凭借机智和金钱获利的人”。选译文献据洛布古典文库，色诺芬：《雅典的收入》（Xenophon, *Ways and Means*, Ⅴ.2 - 4.）。

【译文】

因为我认为那些享受和平时间最长久的国家是最幸福的；而且在所有城邦中，雅典是天生最适合于在和平的环境里日趋繁荣的国家。的确，如果国家安宁哪一类人会不需要她呢？特别是那些船主和商人，还有那些拥有大量谷物、葡萄酒、橄榄油以及牲畜的人，和那些凭借机智和用钱获利的人，手工匠人、诡辩家、哲学家、诗人以及那些想要学习他们作品的人，那些认为值得参观宗教仪式或祭典的人，急于买进和卖出货物的人，除了雅典以外还有哪些地方能更好地达到他们的目的呢？

（杨波辑录①）

Ⅹ. 24

【题解】

和平的环境下，公民群体多安居乐业，而当城邦陷入内忧或外患的时候，公民贫富就会发生明显变化。城邦陷入危机之时，损失更大的往往是富人。选译文献据洛布古典文库，亚里士多德：《家政学》（Aristotle, *Oeconomica*, 1347a19 - 22.）。

---

① 译文选自[古希腊]色诺芬：《经济论 雅典的收入》，商务印书馆，张伯健、陆大年译，1981年，第77—78页。

【译文】

居住在波提狄亚[①]的雅典人由于缺乏战争所需的金钱，同意了将所有人的财产聚集并进行税收评估的办法。但是并非每个人把其全部的财产聚集在其所在地一起统计，而是根据财产所在地的不同，对每份财产分别估算，因此穷人可以提出降低估价的要求；没有财产（土地）的人则按照每人两明那的估价计算。这样城邦的每个人都交得起战争税。

（杨波辑录[②]）

X. 25

【题解】

在柏拉图的《斐多篇》中，苏格拉底提到一切战争起源于争夺财富，而这种现象的根本原因在于人是自己身体欲望的奴隶。选译文献据洛布古典文库，柏拉图：《斐多篇》(Plato，*Phaedo*，66C－D.)。

【译文】

发生各种战争、革命和争斗的根本原因都只能归结于身体及其欲望；所有战争都是为了争夺钱财，而我们想要获取财富的原因在于身体。我们本身是侍奉身体的奴隶。根据这些解释，这就是为什么我们几乎没有时间从事哲学。

（杨波辑录[③]）

---

① 波提狄亚，位于希腊北部卡尔息底斯(Chalcidice)南端的三个半岛的最西端，最初为科林斯人在公元前600左右在帕勒内(Pallene)半岛最窄处建立的殖民地。

② 译文选自[古希腊]亚里士多德：《亚里士多德全集》(第九卷)，苗力田主编，崔延强、李秋零译，人民大学出版社，1994年，第302页。

③ 译文选自[古希腊]柏拉图：《柏拉图全集》(第一卷)，王晓朝译，人民出版社，2003年，第63—64页。

X. 26

【题解】

菲利比战役取胜后，屋大维和安东尼举行了盛大的祭祀活动，屋大维返回意大利分配土地给士兵，并解决殖民问题。安东尼则留在亚细亚，为了奖赏军团，向希腊人索取巨额财富，而当时希腊已经因为战争变得一贫如洗了。选译文献据洛布古典文库，阿庇安：《罗马史》(Appian, *Roman History*, The Civil Wars, V. I. 6.)。

【译文】

他们（希腊人）很愿意向他们的恩人捐献，但是他们已经被他们的敌人剥夺了一切，他们不但把金钱交给敌人，而且金钱缺少时，又把他们的金银器皿和装饰品都交给敌人了，他们的敌人把这些东西当着他们的面铸成钱币。

（杨波辑录①）

X. 27

【题解】

根据阿庇安的说法，三巨头下令宣布公敌名单，其中包括许多富人，因为他们需要金钱来进行战争，有些人仅仅因为住宅华丽就被宣布为公敌，内战发生时，富人的财富会受到损害。选译文献据洛布古典文库，阿庇安：《罗马史》(Appian, *Roman History*, The Civil Wars, IV. 35.)。

【译文】

……他们（士兵）中有些人要求被没收的房屋，或被宣布为公敌者的田地、别墅或全部财产。另一些人要求作为[富有]者的过继子。另

① 译文选自[古罗马]阿庇安：《罗马史》(下卷)，谢德风译，商务印书馆，1997年，第426页。

一些人自己做主，杀害那些并没有被宣布为公敌的人，劫掠那些未被控告的住宅，……

（杨波辑录[①]）

Ⅹ. 28

【题解】

在《关于墨涅克勒斯的遗产》中，演讲者论证墨涅克勒斯收养自己为养子是合法的，这里提到一条法律，即男性公民在没有合法男性后裔的情况下，可以以自己喜欢的方式处置自己的财产。选自德克萨斯大学古典希腊演说辞集（第 11 卷），伊萨乌斯：《关于墨涅克勒斯的遗产》（Isaeus, *On the Estate of Menecles*, 2.13.）。[②]

【译文】

现在我想向诸位说明对我的收养是合乎法律的。请帮我读一条法律，上面说，只要没有合法的男性后裔，一个男性公民有权以他喜欢的任何方式处置他自己的财产。先生们，立法者颁布这条法律是因为他看到，对于没有孩子的人来说，孤独中唯一的避难所和生活中唯一的安慰就在于能够根据自己的意愿收养任何人。

（杨波辑录）

Ⅹ. 29

【题解】

薛西斯与皮修斯[③]的对话中，皮修斯声称自己不会向国王隐瞒自

---

① 译文选自[古罗马]阿庇安：《罗马史》（下卷），谢德风译，商务印书馆，1997 年，第 342 页。

② Isaeus, *On the Estate of Menecles*, The Oratory of Classical Greece Vol. 11, trans. Michael Edwards, Austin: University of Texas Press, 2007.

③ 皮修斯（Pythius），阿提斯（Atys）之子，克洛伊索斯的孙子，波斯征服吕底亚之前最后一位国王。

己的财富，交待了他的财富数量，约有 2000 塔兰特和近 400 万大流士·斯塔提尔。他主动要求将这些金银财富上贡给薛西斯，说自己只要依靠奴隶与田庄便可以成活。薛西斯大为满意，并又赏赐给他金钱，使得他的财产凑为 400 万的整数。选译文献据洛布古典文库，希罗多德：《历史》（Herodotus, *The Persian Wars*, VII. 28 - 29.）。

【译文】

薛西斯听了最后的这句话很诧异，他要亲自问问皮修斯本人，问他到底有多少财富。皮修斯这样回答说："国王啊，我不会对你隐瞒我的财富，也不会佯装对自己的财富一无所知。我很清楚自己有多少财富并愿意把真实情况告诉你。当我一听说你下行到希腊海这边来的时候，由于我愿意向你提供作战的资金，于是我便对自己的财富进行了核查，核实的结果是：我有白银 2000 塔兰特，以及差 7000 不到四百万大流克·斯塔提尔的黄金。所有这一切，我都愿毫不吝啬地奉献给你。至于我本人，我的奴隶和我的田庄足以满足我的生计。"

薛西斯对皮修斯的这番话大为满意，答复说："我的吕底亚的朋友啊，自从我离开波斯以来，除了你，还没有任何人自愿款待我的军队，也没有任何人主动前来见我，并且自愿提供我作战的军费。然而，你非但隆重地款待了我的军队，现在还献上数量巨大的钱财。作为回报，我将这样来酬谢你：从即日起，你将成为我盟誓的好友。我将给你 7000 斯塔提尔以补足你的 400 万之数，这样你就可以拥有整整 400 万斯塔提尔的黄金了。继续享用你现在所有的财富吧，并且要设法保持现在的样子。因为，不拘是现在，还是今后，你都不会为你目前的所作所为而后悔的。"

（江琴辑录①）

---

① 译文选自[古希腊]希罗多德：《历史》（下册），王以铸译，商务印书馆，1997 年，第 480—481 页。

Ⅹ. 30

【题解】

战争导致阶层间的贫富分化。米南达曾简要叙述军人购置老妇的房子一事，反映出连年的战争使得普通老百姓遭了殃，财产流失，最终陷入贫困状态，而以战争发家的军人阶层则在战争中获得巨额财富。选译文献据洛布古典文库，米南达：《割发》(Menander, *Perikeiromene*, 124–127; 146–156.)。

【译文】

阿格诺亚[①]：……
过了一年又一年，
岁月流逝，战争连绵不断，科林斯人
受尽苦难，老婆子穷的真是一贫如洗，
抚养着那女孩，……
……
就这样，老婆子去世了。一个军人
不久前买下了老婆子的这处住屋。
尽管她就和自己的兄弟毗邻而居，
但她一直没有向他说明事情真相，
希望他的境况不至于发生什么变化，
而是能继续享受命运对他的恩赐。

(张子翔辑录[②])

① 阿格诺亚(Agnoia)，错觉女神，《割发》序言中的独白者。

② 译文选自[古希腊]埃斯库罗斯等：《米南德喜剧》，《古希腊悲剧喜剧全集》，张竹明、王焕生译，译林出版社，2007年，第318—320页。

Ⅹ. 31

【题解】

公元前374年,斯巴达将领姆纳西普斯指挥舰队到达克基拉,其手下的士兵在当地开始奢侈的生活,他们抓取了很多奴隶和牲畜。克基拉人向雅典求援。选译文献据洛布古典丛书,色诺芬:《希腊史》(Xenophon, *Hellenica*, Books VI, II, 8–9.)。

【译文】

当克基拉人发现自己无法从他们的农场得到任何东西,因为他们在土地上被压制着,而另一方面,没有任何东西经水运被带到他们这里,因为他们在海上也被压制着,他们处于巨大的困境。因此,他们派人去雅典人那里,请求他们的帮助他们,并指出如果他们被驱逐出克基拉,雅典人将失去巨大的优势,并将为他们的敌人增添巨大的力量;因为他们说,除了雅典,没有其他城邦能有更多的船只或更多的钱。

(江琴辑录)

Ⅹ. 32

【题解】

庞培带领军队征服了很多国家和地区,给罗马带来了很多财富。选译文献据洛布古典文库,普鲁塔克:《庞培传》(Plutarch, *Pompey*, XLV. 2–3.)。

【译文】

在这些民族中,除了800艘海盗船外,还有不少于1000多个要塞被攻占,同时建立了39个城市。除了这一切的铭文的记录外,虽然税收的公共收入已经是5000万德拉克马,他们收到了经由庞培努力使得国家的税赋到达8500万,他带来的公共财富,包括金、银和船只,总价值大约2万塔兰特。给他的士兵们的钱还是最多的,其中收到份额最小的士兵已经收到了 1500 德拉克马。

（江琴辑录）

Ⅹ. 33

【题解】

屋大维征服埃及并获取埃及人的财产。选译文献据洛布古典丛书，迪奥：《罗马史》(Dio Cassius, *Dio's Roman History*, BOOK VI. LI.17. 6 - 8.)。

【译文】

这些事件（指自然界出现的不好征兆）就这么多。在宫殿里发现了大量的宝藏。因为克娄巴特拉几乎从最神圣的神社里拿走了所有的供品，因此帮助罗马人增加了战利品，而不会使自己受到任何玷污。她还从每一个被指控的人那里获得了巨额款项。除此之外，即使不能对其余的人提出特别的控告，也会索取他们三分之二的财产。从财富中，所有的军队都得到了欠他们的东西，当时与屋大维在一起的人还额外得到 1000 个塞斯特斯，条件是不劫掠这座城市。向以前提供贷款的人全额偿还了贷款，并向参加战争的元老院成员和骑士全额偿还了款项。总之，罗马帝国富裕了起来，其寺庙也得到了装饰。

（江琴辑录）

Ⅹ. 34

【题解】

罗马人征服意大利后，某些有势力的人变为极富，大地产主逐渐增多，奴隶制进一步发展。这也是李锡尼—绥克斯图法案出台前的历史境况。选译文献据洛布古典丛书，阿庇安：《罗马史》(Appian, *Roman History*, The Civil Wars, Ⅰ.7 - 8.)。

【译文】

当罗马人先后在战争中征服意大利诸民族的时候,他们常常夺取被征服者的一部分土地,在那里建立城市,或者从他们自己的公民中征募移民去占领那些现有的城市。他们的用意是想利用这些城市作为前哨地点。但是他们把从战争中所取得的土地里面的可耕之田马上分配给移民,或出卖或出租。因为他们尚无闲暇时间分配那些因战争而荒芜的土地(这种土地通常是较大的一部分),他们宣布,同时凡愿意耕种这些土地的人,只从每年出产中缴纳谷物的1/10,果类的1/5的实物税,就可以耕种。那些蓄养家畜的人需缴纳动物税,公牛和小家畜都要缴纳。他们这样做,以便繁殖意大利人种(他们认为意大利人是诸民族中最辛勤劳动的),使他们在国内有许多同盟者。但是结果正与其相反。因为富有者占领大部分未分配的土地。时间过久之后,他们的胆子大了。相信他们的土地永远不会被剥夺了。他们并吞邻近的地段和他们贫穷邻居的份地,一部分是在被说服之下购买的,一部分是以暴力霸占的。因此,他们开始耕种广大的土地,而不是单一的地产。硬要奴隶当农业工人与放牧者,因为害怕自由劳动者会从农业中被抽出去当兵;同时奴隶的占有,由于奴隶子孙的繁殖,使他们获得很大的利益,因为奴隶不服兵役,繁殖得很快。这样,某些有势力的人变为极富,奴隶人数在全国繁殖起来了,而意大利人民的人数和势力,因受经济、捐税和兵役的压迫而衰落。如果他们暂时没有受到这些灾难的影响的话,他们就游手好闲,消费他们的时间。因为土地已被富人占有,而富人只用奴隶而不用自由民作耕种者。

因为这些原因,罗马人民甚为烦恼。他们担心他们不会有足够的意大利人种的同盟者了,担心政府本身会因为这样多的奴隶而发生危险。他们不知道有任何补救的办法。因为如果要剥夺那些富人所占有的这样多、这样久的土地,包括他们自己的树木、建筑和附属物在内，这是不容易的，也是不公平的。但是由于保民官的提议，经过很大的困难，终于通过了一个法律①，规定任何人占有这种土地不得超过500尤格，在牧场里放牧的，不得超过100头牛，或500头羊。为了保证这条法律的实行，它又规定农场中必须雇佣若干自由民，其任务是监督和报告农场中所进行的事情。

（杨波辑录②）

X. 35

【题解】

长期的和平环境，令帝国初期元老院的贵族们完全忘记了与军事相关的事情。贵族们时而购置的一些装备，则是完全出于虚荣。选译文献据洛布古典文库，塔西佗：《历史》(Tacitus, *Histories*, I. LXXXVIII.)。

【译文】

元老院的首要人物都已年老力衰，他们在长期的和平环境中已变得迟钝不灵了；贵族人士都毫无生气，他们已经忘掉了作战的本领。骑士也不懂得什么是军事；人们越是想隐藏他们的畏惧心情，他们这种心情也就表现得越是明显。可是，在另一方面，却也有一些人出于毫无道理的虚荣而购置精良的武器和良马。

（江琴辑录③）

① 公元前367年，李锡尼—绥克斯图法案。
② 译文选自[古罗马]阿庇安：《罗马史》(下卷)，谢德风译，商务印书馆，1997年，第7—8页。
③ 译文选自[古罗马]塔西佗：《历史》，王以铸，崔妙因译，商务印书馆，1981年，第42页。

Ⅹ.36

【题解】

罗马沿用很久的被称之为“波塞那王之财”分配战利品的方式，即公开拍卖。关于这一习俗的传说与由来，据说是当波塞那撤离贾尼科洛时，他把军营里那些从伊特拉里亚富有的四邻那里收集来的物资，统统送给了因长期被围困而物资匮乏的罗马。为了避免被老百姓一抢而空，这些物资被统一管理并销售，因此，产生了罗马这种独特的战利品分配方式。选译文献据洛布古典文库，李维：《建城以来史》(Livy, *From the Founding of the City*, II.XIV. 1 - 4.)。

【译文】

罗马有个一直自古流传而来的习俗，就是用公开拍卖的方式分配敌人的物资，俗称“波塞那王之财”(the goods of King Porsinna)。这其实名不副实，因为如我在前面所描述的那样。波塞那王是以和平的方式离开罗马的。这一习俗也许是在某次战争中形成，并在和平年代延续下来；也许是由某种更温和的分配方式衍生而来。种种流传下来的记录中，最可信的说法是当波塞那撤离贾尼科洛时，他把军营里那些从伊特拉里亚富有的人们那里收集来的物资，统统送给了因长期被围困而物资匮乏的罗马。为了避免被老百姓一抢而空，这些物资首先被统一管理然后销售。这些财产被称为“波塞那王之财”或者“波塞那王之藏”的原因，与其说罗马拍卖了这笔物资，毋宁说是对波塞那赠礼的一种感激。说到底，如果不是波塞那赠送的话，这些财物就不会被罗马人民所拥有。

（江琴辑录）

Ⅹ.37

【题解】

狄俄尼西俄斯的《罗马古代史》记载了公元前 493 年，罗马与拉丁城市缔结的和平友好条约，涉及罗马人与拉丁人在共同对外的战争中战利品分配，以及私人契约矛盾的处理方式。选译文献据洛布古典文库，狄俄尼西俄斯：《罗马古代史》(Dionysius of Halicarnassus, *Roman Antiquities*, 6.95.1 – 3)。

【译文】

与所有拉丁城市缔结了和平友好条约，并发誓信守条约……条款如下：

只要天空和土地仍然存在，罗马和所有拉丁城市的和平就会存在。他们彼此间不应开战，也不应招引外敌，不应向那些向任何一方开战的人提供安全通道。当战争爆发，他们应当全力相助。在一起作战中所获得的战利品应平均分配。私人订立的契约所引起的纠纷案件，应该当着契约当事人之面、在十日内审理。除非罗马人和其他所有拉丁人同意，否则不许增减此条约的条款。

（石庆波辑录）

X. 38

【题解】

根据李维的《罗马史》，同盟战争之后，罗马人对拉丁人的处置，涉及罗马对不同区域的管理策略，以及向公民分配土地的作法。选译文献据洛布古典文库，李维：《罗马史》(Livy, *History of Rome*, 8.11.12 – 16)。

【译文】

所有拉丁人均已投降，坎帕尼亚人也学着他们的样子投降罗马人。拉丁地区和卡普亚被剥夺了领土。拉丁人的领土，包括普里维尔努姆的领土以及法勒尼安的领土，远达伏图努斯河的土地，均平分给罗马的平民。他们每人从拉丁地区获得 2 尤格的土地，从普里维尔努姆获得四分之三尤格的土地，从法勒尼安的地区获得三尤格的土地，由于此地距离罗马较远，因此平民还获得了第四块尤格的土地作为补偿。在拉丁人中的劳伦提尼斯人和坎帕尼亚的贵族因为没有参与造反而免受惩罚。罗马命令应当修订同人所订立的条约，从此后在每年的拉丁节日之后的第四天都要重新订立。坎帕尼亚的贵族被授予罗马公民权，他们还将一块铜匾固定在罗马的卡斯托尔神庙中，此外坎帕尼亚的人民必须向他们(贵族，共 1600 人)每个人支付每年总数为 450 第纳尔的钱……

由于被没收了土地，因此拉丁人再次拿起武器反抗……

(石庆波辑录)

Ⅺ. 财富与德性

古希腊和罗马城邦的道德原则和规范，总是以特定时期的道德要求为标准，这样的标准无疑带有深刻的阶级烙印。财富与公民的道德品行密切相关。亚里士多德将德性定义为人的“可贵的品质”。

Ⅺ. 1

【题解】

佩里昂德洛斯①作为科林斯僭主十分富有，但他认为除了挣钱之事外，不应当为了钱做事。选译文献据洛布古典文库，第欧根尼·拉尔修：《名哲言行录》(Diogenes Laertius, *Lives of Eminent Philosophers*, I. 96 - 97.)。

【译文】

……在一座空墓上，科林斯人为他刻下了这样的碑文②：

在大地怀抱里躺着佩里昂德洛斯 Periander，

他是故乡海滨之城科林斯富有而智慧的君王。

我自己为他写的墓碑铭文是③：

---

① 佩里昂德洛斯(Periander)，科林斯第二位僭主，约公元前 625—前 585 年统治科林斯。佩里昂德洛斯的统治在科林斯历史上带来了一个繁荣时期，使科林斯成为希腊最富有的城邦之一。据说他是一个残酷、苛刻的统治者，也有观点认为他是一个公正的僭主，努力确保科林斯的财富公平分配。通常人们把他列为希腊七贤之一。

② 参见 Planudes, *Anthology*, VII, 619.

③ 参见 Planudes, *Anthology*, VII, 620.

不要因你未达目的而悲伤，
要像神赐的那样愉快地接受一切；
贤者佩里昂德洛斯的懊恼实为警示，
他因未获意想的结局而死去。

归于他的有这样一句格言：绝不为钱而做事，因为只有挣钱之事才应挣钱。他写了一首忠告诗，长达两千行。他说，那些在僭主位上的人若想平安无事，就应当以善意而不是武器来充当他们的护卫。当有人问他为什么要做僭主时，他回答说："因为主动退位和被赶下台承受的危险是一样的。"下面是他说过的其他格言。宁静是美丽的。轻率容易滑倒。利益可耻。民主制比僭主制好。快乐易逝，荣誉不朽。

（汪兆祺辑录①）

Ⅺ. 2

【题解】

毕达哥拉斯致力于追求真理，鄙视只知追逐名利之人；他生活十分节制，拒绝奢华和放纵。选译文献据洛布古典文库，第欧根尼·拉尔修：《名哲言行录》(Diogenes Laertius, *Lives of Eminent Philosophers*, VIII.8 - 9.)。

【译文】

阿里斯托克色诺斯说，毕达哥拉斯从德尔斐女巫忒弥斯托克勒娅那里得到了他的大部分伦理学说。而开俄斯岛的伊翁②在《特里

① 译文选自[古希腊]第欧根尼·拉尔修：《名哲言行录》，徐开来、溥林译，广西师范大学出版社，2010年，第49—50页。

② 伊翁(Ion)，大约公元前490/480—前420年，希腊作家、剧作家、抒情诗人和哲学家。他与埃斯库罗斯、欧里庇得斯和索福克勒斯同时代，其许多戏剧和诗歌中只有几个标题和片段保留下来。

亚格谟斯》(*Triagmi*)一书中说,毕达哥拉斯将一些诗歌献给了俄耳甫斯。他们还说一首叫《科皮达斯》(*Scopiads*)的诗也属于他,其开头是:"在任何人面前都不要不知羞耻。"索希克拉特斯在《师承》一书中说,当弗利乌斯的僭主勒翁问他是谁时,他回答说:"哲学家。"他将生活比作盛大的聚会,一些人去是为了赢得奖赏,一些人则是为了做买卖,而最好的是去做观众。因此,他说生活中那些具有奴性的人,生来就只知道追逐荣誉和财富,而哲学家追求的是真理。关于这些就讲这么多。

在前面所提及的那三部著作中,毕达哥拉斯主要给出了以下教导。他禁止人们为自己祈祷,因为他们并不知道什么对他们是真正有益的;他将醉酒直接称为堕落;他拒斥任何的奢华,说无论是饮酒还是吃东西,都不可超出一定的限度;关于男女之乐,他这样说道:"应在冬季而不是夏季行男女之乐,春秋两季则要适当减少。但在所有的时候行这事都是有害的,于健康无益。"有一次有人问他,应在什么时候行男女之乐,他回答说:"当你想变得比现在虚弱的时候。"

(汪兆祺辑录①)

Ⅺ.3

【题解】

毕达哥拉斯的女儿恪守父亲嘱托不出卖他的文稿,她认为清贫和遵从父命比黄金更重要。选译文献据洛布古典文库,第欧根尼·拉尔修:《名哲言行录》(Diogenes Laertius, *Lives of Eminent Philosophers*, VIII.42.)。

① 译文选自[古希腊]第欧根尼·拉尔修:《名哲言行录》,徐开来、溥林译,广西师范大学出版社,2010年,第49—50页。

【译文】

毕达哥拉斯有一位妻子,叫忒阿诺,是克洛同的布伦提诺斯①的女儿。但一些人则说,忒阿诺乃布伦提诺斯的妻子,仅仅是毕达哥拉斯的门徒。据吕希斯②在致希帕索斯③的一封信中说,毕达哥拉斯还有一个女儿,叫达谟④;在该信中他是这样说毕达哥拉斯的:“许多人讲,你公开进行哲学活动,而毕达哥拉斯认为这是毫无价值的。他将他的文稿托付给他的女儿达谟,要求她不可将之泄露给屋子以外的任何人。她本可将那些文稿卖掉而得到一大笔钱,但她没有那么做。因为她认为,作为一个女人,清贫和对父亲嘱托的忠诚要比黄金更贵重。”

(汪兆祺辑录⑤)

Ⅺ. 4

【题解】

梭伦是立法家、雅典贵族,但同情平民,一生致力于以立法解决贫富差距问题,终未能如愿。选译文献据洛布古典文库,普鲁塔克:《梭伦》(Plutarch's Lives, *Solon*, Ⅲ.2-5)。

【译文】

许多坏人有钱,许多好人贫寒,

然而我们决不以品德去和财富交换,

---

① 布伦提诺斯(Brontinus),活跃于公元前6世纪,毕达哥拉斯学派哲学家,也是毕达哥拉斯的朋友和门徒。

② 吕希斯(Lysis),活跃于公元前5世纪,生平事迹不详。据说他是毕达哥拉斯的朋友和门徒。

③ 希帕索斯(Hippasus),活跃于公元前5世纪,毕达哥拉斯学派哲学家。

④ 达谟(Damo),活跃于公元前5世纪,据说是毕达哥拉斯与忒阿诺的女儿,毕达哥拉斯学派哲学家,生平事迹不详。

⑤ 译文选自[古希腊]第欧根尼·拉尔修:《名哲言行录》,徐开来、溥林译,广西师范大学出版社,2010年,第407页。

因为品德永久，
而钱财他时又归他人。

（解光云辑录①）

Ⅺ. 5

【题解】

古希腊七贤之一彼亚斯认为，对于很多人而言，财富由运气得来；赚钱使人快乐，但不能为了财富而谄媚，并且要把握比财富更重要的智慧。选译文献据洛布古典文库，第欧根尼·拉尔修：《名哲言行录》(Diogenes Laertius, *Lives of Eminent Philosophers*, Ⅰ. 86 - 87.)。

【译文】

力量的增长是自然而然的事情，但通过言说来为国家谋利则是灵魂和思考的特有功能。对许多人而言，钱财的富有是由运气带来的。他还说，一个不能承受不幸的人是真正的不幸；迷恋于不可能之物是灵魂的疾病。

……

有人问他，什么对于人是香甜的，他回答："希望。"他说，他宁愿在敌人之间，而不是在朋友之间作出裁决；因为在后一种情况中，他肯定会使其中一个朋友变成敌人，而在前一种情况中，他完全可能使其中一个敌人变成朋友。有人问他什么使人高兴，他回答："赚钱。"他告诫人们，要把生活的时间当成既短又长那样来度量生命；要把朋友当成以后会反目成仇那样来珍惜友谊，因为多数人都是坏的。此外，他还给出了下面这样的忠告。对于计划，要缓慢着手，而一旦确定下来，就要持之以恒地去完成。讲话不要太快，因为那是疯子的表现。要珍重智慧。要把诸神当做存在言说。不要由于其财富而赞扬一个不值得

① ［古希腊］荷马等：《古希腊抒情诗选》，水建馥译，商务印书馆，2013年，第89页。

赞扬的人。所获之物要通过说服，而不是强力。如果你做了什么善行，要归给诸神。在你从少到老的生命旅程中，都要抓住智慧，因为比起其他财物，它更为牢靠。

（汪兆祺辑录①）

Ⅺ．6

【题解】

富裕与否与人的品德好坏没有必然的联系。无论穷与富，应当有节制地生活。选译文献据洛布古典文库，柏拉图：《法律篇》（Plato, Laws，Ⅴ.743B－C.）。

【译文】

一般来说，幸福的实现实际上必须等候善的到来，所以国家的建设者会以善和幸福的结合为目标。但要马上变得极为富裕和极为良好是不可能的，如果我们说的富裕指的是那些民众心目中的富裕，也就是少数人拥有极大的财富，这实际上是一个恶人梦寐以求的事情。既然如此，我决不承认富裕的人是真正幸福的人，除非他也是一个善人，但要说一位极为善良的人也应当极为富裕，那完全是不可能的。……事实上，用诚实和不诚实的手段赢利，正当或不正当花钱的人，只要他时节俭的，他会变得很富裕，尽管他完全是个坏人，如果他是奢侈的，那么一般说来他会变得很穷；而一个在荣耀的事情上花钱，并且只从诚实的来源中获取时，这样的人不容易变得极为富有或极端贫困。

（解光云辑录②）

---

① 译文选自［古希腊］第欧根尼·拉尔修：《名哲言行录》，徐开来、溥林译，广西师范大学出版社，2010年，第43—44页。

② 译文选自［古希腊］柏拉图：《柏拉图全集》（第三卷），王晓朝译，人民出版社，2003年，第501页。

Ⅺ. 7

【题解】

亚里士多德认为，苏格拉底对财产数量的叙述值得研究，应该更加明确，而不是含糊其词。选译文献据洛布古典文库，亚里士多德：《政治学》(Aristotle, *Politics*, Ⅰ.1265a28 - 30.)。

【译文】

财产的数量应加以考虑。对于这个数量是否可以用一种显然不同的方式来更好地加以限定呢？苏格拉底说过，人们拥有的财产应当以能使他过上有节制的生活为度，这只是说到优良生活的一种方式。这种表述过于笼统。有节制的生活可能也是穷困的生活。而更好的叙述可以是"以足够维持其节制而自由的生活"为度(两者如果分开，自由宽裕将不期而流于奢侈，节制朴素又将不期而陷于寒苦)。事实上，这些都是与财产使用有关的品行——例如，你不可能挥霍无度地慷慨大方，但你可以有节制而自由自在地使用财产，因此，慷慨大方和节制朴素是与使用财产相关的两种品格。

(解光云辑录①)

Ⅺ. 8

【题解】

亚里士多德认为，人类的刑事犯罪大致是因为缺衣少食，或为情欲所困，寻欢作乐，或是因为漫无边际的欲望和追求无穷的权威。但是，世间重大的罪恶往往不是起因于饥寒而是产生于放肆。选译文献

① 译文选自[古希腊]亚里士多德：《政治学》，吴寿彭译，1997年，第63—64页；苗力田主编：《亚里士多德全集》(第九卷)，中国人民大学出版社，2016年，第45页。

据洛布古典文库，亚里士多德：《政治学》（Aristotle, Politics, Ⅱ.1267^{b} 5－8）。

【译文】

人类的欲望原是无止境的，而许多人正是终生营营，力求填充自己的欲壑。财产的平均分配终于不足以救治这种劣性及其罪恶。惟有训导大家以贪婪为诫，使高尚的人士都能知足，而卑下的众庶虽不免于非分之求，但既无能为力，也就不得不放弃妄想；至于他们分内应得的事物当然应该给予公正的分配，勿使发生怨望。

（解光云辑录①）

Ⅺ.9

【题解】

波斯国王大流士邀请赫拉克利特②前往其王宫讲学，并许诺给予各种特权。赫拉克利特在回信中表明自己厌恶追逐名利，婉拒了对方的邀请。选译文献据洛布古典文库，第欧根尼·拉尔修：《名哲言行录》（Diogenes Laertius, *Lives of Eminent Philosophers*, IX. 14.）。

【译文】

……以弗所的赫拉克利特，向大流士王，希斯塔斯佩斯的儿子致意。

世上所有的人事实上都已经背离了真理和正义，他们由于邪恶的愚蠢而沉溺于对财富和名望的追逐中。而我已经忘记了他们的所有邪恶和贪婪，只想远离同胞们的妒忌和虚浮的显赫，因此我不能来波

① 译文选自［古希腊］亚里士多德：《政治学》，吴寿彭译，1997年，第73—74页。

② 赫拉克利特（Heraclitus），大约活跃于公元前500年左右，以弗所学派代表人物，被称为辩证法的奠基人之一。

斯。现在我已满足于卑微,我按照我自己的意愿而活着。

(汪兆祺辑录①)

Ⅺ. 10

【题解】

阿那克萨戈拉②出身高贵富裕,但他沉迷于研究自然,选择把祖产转让给亲戚。选译文献据洛布古典文库,第欧根尼·拉尔修:《名哲言行录》(Diogenes Laertius, *Lives of Eminent Philosophers*, II. 7.)。

【译文】

他因其出身高贵和财富显赫而与众不同,此外还有大度,因为他把祖产转让给了他的亲戚。当他们指责他对祖产漠不关心时,他回答说:"那你们为什么不去照管呢?"最后他从俗世退隐,投身于自然的研究,不让公共事务烦扰自己。有人问他:"你难道不再关心你的家乡吗?"他说:"说得好,我非常关心我的家乡。"他指的是天空。

(汪兆祺辑录③)

Ⅺ. 11

【题解】

苏格拉底和阿尔喀比亚德谈论农民和手工艺者对自己的认知,认为专心于赚钱者忽视了自身真正所需之物。选译文献据洛布古典文库,柏拉图:《阿西比亚德斯前篇》(Plato, *Alcibiades*, I. 131a5 -

---

① 译文选自[古希腊]第欧根尼·拉尔修:《名哲言行录》,徐开来、溥林译,广西师范大学出版社,2010年,第438页。

② 阿那克萨戈拉(Anaxagoras),约公元前500—前428年,古希腊前苏格拉底哲学家,米利都学派阿那克西美尼哲学的追随者。

③ 译文选自[古希腊]第欧根尼·拉尔修:《名哲言行录》,徐开来、溥林译,广西师范大学出版社,2010年,第69—70页。

131c.）。

【译文】

苏格拉底：至于农民和手工艺者远没认识他们自己，他们甚至不知道那些属于自己的，看起来似乎只知道一些离他们自己更远的事物——即他们拥有的技艺：因为他们只知道属于自己身体的东西，通过技艺来保护这些东西。

阿西比亚德斯：你说得对。

苏格拉底：如果认识自己即自制，那么他们在对待其技艺方面就都没节制。

阿西比亚德斯：我认为没有。

苏格拉底：就因为这个那些手艺看起来才那么粗鄙，所以没有成为好人学的东西。

阿西比亚德斯：的确。

苏格拉底：那么如前所说大家都专心照料身体，照料属于自己的东西，但毫不专心照料自己喽？

阿西比亚德斯：很有可能。

苏格拉底：那些专心于金钱的，都没有照料自己也没有照料属于自己的，而是在照料比属于自己的还要远的东西。

阿西比亚德斯：我想是的。

苏格拉底：忙赚钱的生意人就忽略了自己的事。

阿西比亚德斯：正是。

（汪兆祺辑录①）

① 译文选自[古希腊]柏拉图：《阿西比亚德斯》，梁中和译，华夏出版社，2009 年版，第 164—165 页。

Ⅺ. 12

【题解】

苏格拉底品行高尚，不重财货。苏格拉底拒绝阿西比亚德斯[①]送的大块土地，不接受其他各地贵族的钱财。[②] 选译文献据洛布古典文库，第欧根尼·拉尔修：《名哲言行录》(Diogenes Laertius, *Lives of Eminent Philosophers*, II.24－25.)。

【译文】

他自给自足，品格高尚。帕姆菲勒[③]在其《记忆集》的第七卷中宣称，当阿西比亚德斯送了一大块地给他建房子时，他说："如果我需要靴子，而你却送给我一整张兽皮，用它制作一双靴子，还让我接受它，这难道不荒唐吗？"当他看见很多待售的货物时，经常这样对自己说："我不需要的东西有这么多呀！"他总是不断引述这样的短长格诗句：

那紫色的长袍和闪亮的银盘

适合悲剧演员所用，而非我的生活所需。

他对马其顿的阿尔刻拉俄斯[④]、卡拉农[⑤]的斯科帕斯和拉利萨[⑥]的欧儒洛科斯表示了轻蔑，他拒绝接受他们送来的钱财，也不愿去他们的宫廷。他的生活方式是如此规则有序，以至于在雅典爆发的几场

---

① 阿尔基比亚德斯(约公元前450—前404年)，雅典政治家、演说家和将军，在伯罗奔尼撒战争中曾率军远征西西里，但因为政敌迫害而逃到斯巴达，此后几经波折，辗转于波斯和雅典。

② 公元前470—前399年。

③ 帕姆菲勒，生卒年不详，大约生活于公元1世纪，以记录了许多历史轶闻的《记忆集》而著称。

④ 阿尔刻拉俄斯一世，马其顿国王，公元前413—前399年在位。

⑤ 位于帖撒利地区的城邦。

⑥ 位于帖撒利地区的城邦。

瘟疫中，他是唯一没有被感染的人。

（汪兆祺辑录①）

Ⅺ．13

【题解】

苏格拉底生活简朴，不重财货。阿里斯托芬也赞扬他崇尚智慧、艰苦朴素的品行。选译文献据洛布古典文库，第欧根尼·拉尔修：《名哲言行录》(Diogenes Laertius, *Lives of Eminent Philosophers*, II. 27.)。

【译文】

他有足够的理由藐视那些嘲弄他的人。他因自己生活俭朴而自豪，他从不向任何人索取酬金。他常说，他最喜欢吃最不需要调味品的菜肴，最愿意喝最难引起渴望其他饮料的饮料；他说，他离神最近，所以需求最少。这一点，从喜剧诗人的作品中可以找到证据，这些人虽然嘲讽他，却不经意地对他大加赞许。阿里斯托芬就这样说：②

噢，那个正当渴求大智慧的人，
在雅典人和希腊人中你悠闲度日
是多么幸福，
你记忆惊人，思维缜密，
愿意忍受劳苦；
你从不疲倦，无论站立还是行走；
你不因严寒冻僵，不为早餐饥渴；

---

① 译文选自[古希腊]第欧根尼·拉尔修：《名哲言行录》，徐开来、溥林译，广西师范大学出版社，2010年，第79页。

② 参见阿里斯托芬：《云》(Aristophanes, *The Clouds*, 412－417.)。

你戒除酒和贪食，以及其他愚蠢之举。

（汪兆祺辑录①）

Ⅺ. 14

【题解】

苏格拉底谢绝了卡尔米德斯赠送的家奴。他认为闲暇最为珍贵，财富不能带来崇高。选译文献据洛布古典文库，第欧根尼·拉尔修：《名哲言行录》(Diogenes Laertius, *Lives of Eminent Philosophers*, II. 31.)。

【译文】

卡尔米德斯②曾送给他一些家奴，以便他可以从他们那里增加一些收入，但他没有接受。根据某些人的说法，他对阿西比亚德斯的美貌表示轻蔑。按照色诺芬在《会饮篇》中的断言，他赞叹闲暇是最为珍贵的财物。他宣称，善只有一种，那就是知识，恶也只有一种，那就是无知；财富和好的出身不会带来崇高，相反，却会带来邪恶。当有人对他说安提斯泰尼斯③的母亲是色雷斯人时，他回答说："难道你希望一个人要高贵，双亲都必须是雅典人吗？"斐多由于战争被俘，待在监房中遭受了奴役，他让克力同将其赎出，并用哲学将其吸引。

（汪兆祺辑录④）

---

① 译文选自[古希腊]第欧根尼·拉尔修：《名哲言行录》，徐开来、溥林译，广西师范大学出版社，2010年，第80页。

② 卡尔米德斯，雅典政治家，生卒年不详，大约活跃于公元前5世纪。

③ 安提司特涅斯（公元前445—前365年），希腊哲学家，苏格拉底的弟子，倡导一种依照美德来进行的苦行生活。

④ 译文选自[古希腊]第欧根尼·拉尔修：《名哲言行录》，徐开来、溥林译，广西师范大学出版社，2010年，第82页。

Ⅺ. 15

【题解】

许多人想求得财富胜于想结交朋友，但任何一种财富都不能比朋友更有价值、更持久、更有用。选译文献据洛布古典文库，色诺芬：《回忆苏格拉底》(Xenophon, *Memorabilia*, Ⅱ. Ⅳ.5－8.)。

【译文】

如果把朋友和所有其他的财富比较起来。一个好朋友岂不是更有价值得多吗？有什么马、什么耕牛，能够抵得上一个真正好的朋友那样有用呢？有什么奴仆是像朋友那样的好心肠或富于有爱呢？有什么其他的财富是像朋友那样有益呢？因为一个好的朋友对于他的朋友，无论是他个人的私务，或者是他的公共职守方面，不管缺少什么都很关心。当朋友需要照顾的时候，他总是提供自己的资财来帮助他；当朋友受到威胁的时候，他总会加以救援并分担费用，同心协力，帮助说服甚至以强力压服对方。当朋友顺利的时候，他就鼓舞他，要跌倒的时候就扶持他。凡是一个人的手所能操作的，眼睛所能预先看到的，耳朵所能听见的，脚所能完成的，没有一件事他的朋友不会为他做好的；而且还经常有这样的情况：一个人所没有为自己完成的，或者没有看到的，或者没有听到的，或者没有完成的，他的朋友都为他做到了。

(解光云辑录①)

Ⅺ. 16

【题解】

苏格拉底劝勉富人狄奥多洛斯帮助他的在极端贫困中的朋友海

① 译文选自[古希腊]色诺芬：《回忆苏格拉底》，吴永泉译，商务印书馆，1984年，第61页。

尔莫盖尼斯。人们对于一个奴仆的生命尚且知道救护，就更应当努力来救助一个朋友，因为朋友总是会好好地报答他的恩惠的。选译文献据洛布古典文库，色诺芬：《回忆苏格拉底》（Xenophon，*Memorabilia*，Ⅱ. Ⅹ.3 – 4.）。

【译文】

如果你的一个朋友，这个人比你的仆人对你更为有用，因贫困而濒于死亡，难道你以为不值得采取措施来救他的性命吗？你知道海尔盖莫尼斯是一个很耿直的人，如果他受到你的恩惠而不感恩图报，他将会认为是非常可耻的事儿。其实，获得像他这样的一个甘心乐意、性情和蔼、忠实可靠的助手，不仅能够做你所吩咐他做的事情，而且还能不待吩咐，主动地给你效力，出主意、做计划，我以为他的价值是相当于许多仆人的。真正良好的管家说，当有价值的东西市价最贱的时候，就是买进的最好时刻；按情况来说，目前就是以最低的代价获得良好朋友的最好时刻。

（解光云辑录①）

Ⅺ. 17

【题解】

苏格拉底生活朴素、不贪恋钱财，从不向请教于他的人收学费，也反对所谓的教导德行的人收取学费，他认为获得朋友便是最大的利益。选译文献据洛布古典文库，色诺芬：《回忆苏格拉底》（Xenophon，*Memorabilia*，I. II.5 – 8.）。

【译文】

……另一方面，他在衣服、鞋物或其他生活习惯方面，既不考究华丽，也不以外表为夸耀。然而，他并没有使那些和他在一起的人变成

① 译文选自[古希腊]色诺芬：《回忆苏格拉底》，吴永泉译，商务印书馆，1984年，第83页。

贪爱钱财的人，因为不管是在这方面，或在其他欲望方面，他都要他们有节制；对于那些渴望听他讲学的人，他自己也没有索取过金钱的报酬。他认为，不取报酬的人是考虑到自己的自由，而称那些为讲学而索取报酬的人是迫使自己做奴隶，因为他们不得不和那些给予他报酬的人进行讨论。他还感到惊异的是：任何自称为教导德行的人竟会索取金钱为报酬，而不认为获得一个朋友这件事本身就已经是最大的利益，反倒生怕那些由于他们的帮助而成为光荣可敬的人们，不会对于他们的最大的恩人怀抱由衷地感激。的确，苏格拉底并没有对任何人这样明白表示过，但他深信，凡和他交游而又接受了他的意见的人们，必然会成为他自己和别人的好朋友。除非德行本身就是败坏，否则具有这样高尚品格的人怎么会败坏青年？

（汪兆祺辑录①）

Ⅺ. 18

【题解】

色诺芬在著作中描述当时的社会：一些人沉溺于饮酒、爱情等享乐活动，改变了节制的德行，耗尽财产后为了谋利不得不从事过去自认为不光彩的事。一些人沉迷于奢侈享乐导致贫困。选译文献据洛布古典文库，色诺芬：《回忆苏格拉底》（Xenophon，*Memorabilia*，I. II. 22－23.）。

【译文】

……我还看到，那些耽于饮酒和陷溺于爱情中的人们，对于照料自己所应当做的事和约束自己不做那些不当做的事就都不如从前了；有许多人在他们陷身爱情中以前在开支方面很节俭，在他们陷溺爱情中以后就不能继续这样了；当他们耗尽了他们的资财的时候，对于那

① 译文选自[古希腊]色诺芬：《回忆苏格拉底》，吴永泉译，商务印书馆，1986年，第7—8页。

些他们从前由于认为不光彩因而不屑做的谋求财利的方法就再也不能约束自己不去做了。因此，一个人一度能够自制，以后可以丧失这种自制力，一度能够行正义，以后可以变得不能行正义，怎么会是不可能的呢？依我看来，每一件光荣和善良的事情都是靠操练而维持的，自制也并不例外；因为和人的灵魂一齐栽植在身体里的欲念，经常在刺激它："要它放弃自制，以便尽早地在身体里满足欲念的要求。"

（汪兆祺辑录①）

Ⅺ. 19

【题解】

色诺芬记述了苏格拉底和诡辩家安提丰②的辩论。安提丰当众讥讽苏格拉底研究哲学却反而不收学费、生活艰苦，是在教授"不幸"。苏格拉底反驳他，认为由于不收取学费，所以能自由选择听众，而且无所求的生活才更接近神。选译文献据洛布古典文库，色诺芬：《回忆苏格拉底》(Xenophon, *Memorabilia*, I. VI. 1 - 5,10.)。

【译文】

有一次安提丰为了想使和苏格拉底交游的人都离开他起见，他就当着他们的面对苏格拉底说：

"苏格拉底，我以为研究哲学的人应当比别人更为幸福才是，但你从哲学所收获的果实，却似乎显然是属于相反的一种。至少你所过的生活是一种使得奴隶都不会继续和他的主人过下去的生活；你所吃喝的饮食是最粗陋的；你所着的衣服不仅是褴褛不堪，而且没冬没夏都是一样；你一直是既无鞋袜又无长衫；金钱这种东西，当人们在接受它的时候就会感到高兴，有了它的时候就会生活得舒畅而愉快，你却分

---

① 译文选自[古希腊]色诺芬：《回忆苏格拉底》，吴永泉译，商务印书馆，1986年，第11页。

② 安提丰(Antiphon)，智者学派代表人物，阿提卡十大演说家之一，也是公元前5世纪雅典著名的政治家。

文不取。既然传授其他职业的师傅们都是要他们的弟子们仿效他们自己;如果你也是要和你交游的人也效法你的话,那你就必须把自己当作是一个教授不幸的人了。”

对于这些话苏格拉底答道:

“安提丰,你似乎把我的生活看得是非常不幸,以致我想你一定是宁死也不愿度像我这样生活的。就让我们来考虑一下你所认为我的生活中令你感到不愉快的是些什么吧。是不是因为别的收取金钱报酬的人必须为他们所取得的酬金而服务,而我,由于我不取酬金,从而就没有向我所不喜欢的人讲授的义务呢?

……

“安提丰,你好像认为,幸福就在于奢华宴乐;而我则以为,能够一无所求才是像神仙一样,所需求的愈少也就会愈接近于神仙;神性就是完善,愈接近于神性也就是愈接近于完善。”

(汪兆祺辑录①)

Ⅺ. 20

【题解】

安提丰认为苏格拉底由于不接受酬金可能是一个正义的人,但绝非明智之人。苏格拉底认为出卖智慧就是贬低智慧,获得朋友胜于获得金钱。选译文献据洛布古典文库,色诺芬:《回忆苏格拉底》(Xenophon, *Memorabilia*, I.VI.11 - 13.)。

【译文】

另一次,安提丰在谈话中对苏格拉底说道:

“苏格拉底,我认为你的确是个正义的人,但你绝不是一个明智的

① 译文选自[古希腊]色诺芬:《回忆苏格拉底》,吴永泉译,商务印书馆,1986 年,第 34—36 页。

人;我以为连你自己也意识到这一点;你并不向和你交游的人索取任何金钱的酬劳。然而,如果你认为你的一件衣服,一所房子,或你所有的任何其他东西值钱的话,你就不仅不会把它白白地给予别人,而且你所索取的代价还不会比它所值的少。所以很显然,如果你认为你的谈论有任何价值的话,你就一定也会要求人们赋予适当的代价。因此,尽管你并不因有贪心而欺骗别人,从这一点来说你是一个正义的人,但你决不能是一个明智的人,因为你的知识是分文不值的。”

对这,苏格拉底答道:

“安提丰,我们大家都有共同的看法,对于美貌和智慧的处理,既可能是光荣的,同样也可能是不光荣的。如果一个人把他的美貌出卖给任何愿意购买的人,我们就称他为娈童;但是,如果一个人和一个钦佩光荣和高尚事物的人做朋友我们就说他是个有见识的人:同样,人们把一些为金钱而出卖他们的智慧的人称为诡辩者,这也仿佛就是在说,智慧的出卖者。但是,一个人如果和他所知道是有才德的人交朋友,把自己所知道的好东西都教给他,我们就认为他所做的是不愧为一个光荣而善良的公民。”

(汪兆祺辑录①)

Ⅺ. 21

【题解】

柏拉图《法律篇》中的人物雅典人和斯巴达人麦吉卢讨论立法问题。雅典人认为应当遵循三分法原则,将事物按照重要性划分为三个级别并给予相应的尊崇,物质财富应当放在第三位而不应高于其他事物。选译文献据洛布古典文库,柏拉图:《法律篇》(Plato, *Laws*, III.

① 译文选自[古希腊]色诺芬:《回忆苏格拉底》,吴永泉译,商务印书馆,1986年,第36—37页。

696D－697C.）。

【译文】

雅典人：是这样的。相对于真正荣耀的东西来说，一种附属品就不值一提了，我们可以把它忽略，保持沉默。①

麦吉卢：我想，你说的附属品是指节制。

雅典人：是的。如果这一附属品加上去，给予我们的利益最多的事物就值得授以最高的荣誉，第二个最有益的事物授以次一等的荣誉。我们以此类推，每一事物就依次得到它恰当的荣誉。

麦吉卢：我完全同意。

雅典人：既然如此，难道我们不再坚持这些荣誉的分配乃是立法者的事情了吗？

麦吉卢：确实如此。

雅典人：难道你宁愿让我们把全部分配工作置于他的分配原则之下，并让他条分缕析地逐一处理每一个别情况吗？但因为我们也有某种立法的嗜好，也许你会希望我们尝试着采用三分法，划分出最重要的一级，然后是第二和第三级。

麦吉卢：我完全同意。

雅典人：我们认为，如果一个城邦打算生存下去并得以享受一切能够得到的幸福，那么它必须用一个正确的方式来分配荣誉。这一正确的方式是：把精神财富放在首位，并给它（倘若灵魂能拥有自制力）以最高的评价；身体的利益和善列在第二位；第三位是所谓的物质和财产之善。如果一个立法者或一个城邦忽视这些指导原则，而把对财富的评价提得高于一切，或提升其他较低的东西到较高的位置，那么这将是政治和宗教上的愚蠢行为。我们把这一点作为确定的信念吗？

---

① 参见 Aristotle, *Nicomachean Ethics*, 1098^b, 12.

麦吉卢：是的，绝对可以。

（汪兆祺辑录①）

Ⅺ. 22

【题解】

柏拉图《法律篇》中的人物雅典人认为，人们应该给予灵魂和身体以荣誉，但强调这和拥有财富一样不应过多或者缺乏，保持谦逊谨慎比拥有财富更重要。选译文献据洛布古典文库，柏拉图：《法律篇》（Plato, *Laws*, V. 728D－729C.）。

【译文】

雅典人：人拥有的一切事物没有一样会像灵魂避恶求善那样天生的快捷，灵魂想要获得主要的善，并在余生中始终保持善。因此，我们赋予灵魂第二位②的荣耀。处于第三位的那种荣耀属于身体，这一点人们都认为如此。但下一步我们要问，有哪些不同的荣耀，哪些是真的，哪些是假的，这就是立法者的任务。我想，他会提出这样一些建议：身体应当受荣耀的不是它的美貌，也不是它的强壮，也不是它的敏捷，也不是它的健康，尽管有许多人会这样想，身体应当受荣耀的也不是与这些性质相反的性质，以适中程度展现这些性质的身体也远远不是最清醒、最健全的。因为一种身体使人的灵魂空虚和不堪重负，另一种身体使人的灵魂驯服和卑微。这种状况与拥有财产是一样的，可以用同样的标准来衡量。所有这些事情只要过度，就会滋生出公共的和私人的仇恨和冲突，如果过度匮乏的话又会导致奴役屈服，这可以算作一个通则。

不要让任何人为子女将来的富足而觊觎财富；这样做对他们自己

---

① 译文选自[古希腊]柏拉图：《柏拉图全集》（第三卷），王晓朝译，人民出版社，2003年，第454—455页。

② 列第一位的是诸神（例如尊敬神圣的理性）。

不是好事，对国家来说也不是好事。因为拥有遗产虽然可以使年轻人不必奉承别人，然而不缺乏其他所有人都需要的最好的、最和谐的事物，这种状况可以产生一般的和谐与协作，驱逐生活中的痛苦。我们应当使我们的孩子富足，但不是拥有金钱，而是拥有敬畏谦逊。我们以为自己在年轻人忘记节制时训斥他们，就能保证他们拥有敬畏这种遗产，但实际上这样做并不能取得效果，就好比我们现在告诫年轻人说，“年轻人必须尊敬所有人”。明智的立法家更有可能要求年纪大的人尊敬年轻人，要求他们绝不要让年轻人看到或听到自己做了丑事，说了丑话，因为当年纪大的人忘了节制的时候，年轻人也会忘记节制，会变得极端无耻。教育年轻人和我们自己的最佳方式不是训诫，而是靠终生有形的实践，这才是一个人应当告诫他人的地方。如果一个人荣耀和尊敬他的亲人，也尊敬和自己崇拜同样神灵的同族人，那么他可以合理地为生育子女期待生育女神的青睐。

（汪兆祺辑录①）

Ⅺ. 23

【题解】

第欧根尼的金钱观，认为爱财是万恶之首，他厌恶挥霍的行为。选译文献据洛布古典文库，第欧根尼·拉尔修，《名哲言行录》(Diogenes Laertius, *Lives of Eminent Philosophers*, VI. 50.)。

【译文】

有一次，一位僭主问他铸造雕像用什么样的青铜最好，他回答说：“铸造哈尔默狄俄斯和阿里斯托格同的雕像所用的那种。”②有人曾问

① 译文选自[古希腊]柏拉图：《柏拉图全集》（第三卷），王晓朝译，人民出版社，2003年，第487—488页。

② 哈尔默狄俄斯(Harmodius)和阿里斯托格同(Aristogiton)，雅典的一对同性恋者，他们曾密谋诛杀僭主希庇亚斯。

他，狄俄尼西俄斯如何对待朋友，他回答说："像钱袋。当它满的时候，他就将他挂在身上；当它空了的时候，他就把它扔掉。"一个新婚不久的人在家门上题字：

宙斯之子、胜利的赫拉克勒斯，

住在此处，恶物莫入。

第欧根尼在后面添上："在战争结束后，签订了一个盟约。"他常说，爱财是万恶之首。当他看见一个挥霍之徒在饭店吃橄榄，就对他说："如果你中午这样吃，那晚上就不要这样吃了。"

（汪兆祺辑录①）

Ⅺ. 24

【题解】

克塞诺克拉特斯为人自立、正直，不贪图达官贵人赠予的钱财，他只接受亚历山大赠款的一部分，拒绝安提帕特②和腓力二世的礼物和贿赂等。选译文献据洛布古典文库，第欧根尼·拉尔修：《名哲言行录》(Diogenes Laertius, *Lives of Eminent Philosophers*, IV. 8 - 9.)。

【译文】

他也极为自立。有一次，亚历山大送给他一大笔钱，他只收下三千阿提卡德拉克马，而把其余部分都退了回去，还说亚历山大更需要钱，因为他有百姓需要养活。此外，犹如穆隆尼阿洛斯在其《相似者》(*Parallels*)中所说，他也没有收安提帕特送的礼物。在狄俄尼西俄斯的宫廷里，他因为在宴会上喝酒勇敢而受尊敬，获得了一个金冠的奖赏，但他走出去把它放在了赫尔墨斯的雕像上，就好像他习惯在那儿

---

① 译文选自[古希腊]第欧根尼·拉尔修：《名哲言行录》，徐开来、溥林译，广西师范大学出版社，2010 年，第 275 页。

② 安提帕特(Antipater)，公元前 397—前 319 年，腓力二世和亚历山大在位时的马其顿将军和政治家。公元前 320 年，他成为亚历山大帝国的摄政王。

放置鲜花一样。有故事说，他和其他人一道作为使节被派前往拜见腓力，他的同事接受了贿赂礼品，并被邀请参加宴会，与腓力交谈，而这两件事他都没有做。正因如此，腓力不接受他。于是当使团返回雅典时，人们说克塞诺克拉特斯跟随他们白跑了一趟，还准备处罚他。但当他告诉他们，现在更应当考虑城邦的利益时（他说：因为腓力知道其他人接受了贿赂，但他绝不能拉拢我），人们就给了他双倍的荣誉。后来腓力也说，在所有去过他宫廷的人中，克塞诺克拉特斯是唯一没有接受他贿赂的人。

（汪兆祺辑录[①]）

Ⅺ. 25

【题解】

斯提波[②]认为学问知识重于财富，他只接受托勒密赠送钱财的很少一部分，并且谢绝德米特里乌斯补偿其财产损失的要求。选译文献据洛布古典文库，第欧根尼·拉尔修：《名哲言行录》（Diogenes Laertius, *Lives of Eminent Philosophers*, II.115.）。

【译文】

有人说，托勒密·索特尔[③]很认可他，当其占领麦加拉时，送了一大笔钱给他，还邀请他一起去埃及。但他只收下这笔钱的很小一部分，并谢绝了旅行的建议。等到托勒密返航后，他就搬迁去了埃吉那。此

① 译文选自[古希腊]第欧根尼·拉尔修：《名哲言行录》，徐开来、溥林译，广西师范大学出版社，2010年，第179页。

② 斯提波(Stilpo)，公元前360—前280年，希腊麦加拉学派的哲学家。他致力于研究逻辑学、辩证法和伦理学，认为普遍与个体和具体从根本上是分离的。

③ 托勒密一世(Ptolemy I)，公元前367—前282年，号称“救世主”，亚历山大帝国继业者之一，建立了埃及托勒密王朝，将埃及变成希腊化的王国，使得亚历山大城变成希腊文化的中心。

外，安提戈洛斯①的儿子德米特里乌斯②占领麦加拉时，发布了这样的命令：必须保护斯提波的房屋，并归还他所有的被掠财产。但当他要求斯提波列出一份丢失财产的清单时，斯提波宣称，自己没有丢失任何真正属于他的东西，因为没有人能拿走他的学问，他依然拥有自己的理论和知识。

（汪兆祺辑录③）

Ⅺ. 26

【题解】

伊壁鸠鲁认为生活安全需要财富的支持，但财富有自然和虚妄之分。选译文献据洛布古典文库，第欧根尼·拉尔修：《名哲言行录》(Diogenes Laertius, *Lives of Eminent Philosophers*, X.143－144.)。

【译文】

当从他人那里得到了安全保障，在权势和财富的支持下，一种宁静的、离群索居的纯粹安全就会生起。

自然的财富是有限度的，也是容易获得的；而由虚妄意见而来的财富则永无止境。

（汪兆祺辑录④）

---

① 安提戈洛斯一世(Antigonus I)，公元前 382—前 301 年，在亚历山大大帝统治时期，他是马其顿贵族、将军，后称王并建立安提柯王朝。

② 德米特里乌斯一世(Demetrius I)，公元前 337—前 283 年，他是马其顿希腊贵族、军事领袖，后成为马其顿国王。

③ 译文选自[古希腊]第欧根尼·拉尔修：《名哲言行录》，徐开来、溥林译，广西师范大学出版社，2010 年，第 120 页。

④ 译文选自[古希腊]第欧根尼·拉尔修：《名哲言行录》，徐开来、溥林译，广西师范大学出版社，2010 年，第 541 页。

Ⅺ. 27

【题解】

犬儒学派哲学家美特洛克勒斯[①]认为，若不能善加利用财富就会产生危害。选译文献据洛布古典文库，第欧根尼·拉尔修：《名哲言行录》(Diogenes Laertius, *Lives of Eminent Philosophers*, VI. 95.)。

【译文】

事物要么是可以用金钱买到的，如房子；要么是可以通过时间和勤奋得到的，如教育。他还说，如果一个人不能恰当地使用财富，那财富对他就是有害之物。

(汪兆祺辑录[②])

Ⅺ. 28

【题解】

墨涅德谟斯等犬儒学派主张过艰苦朴素的生活，崇尚节俭、鄙视财富。选译文献据洛布古典文库，第欧根尼·拉尔修：《名哲言行录》(Diogenes Laertius, *Lives of Eminent Philosophers*, VI.105.)。

【译文】

应当简朴地生活，吃东西以能维持生命为限，只穿一件斗篷，鄙视财富、荣誉和门第。他们当中的一些人只吃素食，喝冷水，凡碰见什么合适，就在那里遮风避雨，就像第欧根尼在桶里安居一样。他们还说，一无所求是专属神的，而只需要很少的东西则属于那些类

① 美特洛克勒斯(Metrocles)，活跃于公元前300年前后，马洛尼亚犬儒学派哲学家。

② 译文选自[古希腊]第欧根尼·拉尔修：《名哲言行录》，徐开来、溥林译，广西师范大学出版社，2010年，第300页。

似神的。

（汪兆祺辑录①）

XI. 29

【题解】

彼翁②认为吝啬的富翁反而被财富束缚，为其所累。选译文献据洛布古典文库，第欧根尼·拉尔修，《名哲言行录》（Diogenes Laertius, *Lives of Eminent Philosophers*, IV. 50.）。

【译文】

对于一个斤斤计较的富翁，他说："不是他占有财产，而是财产占有他。"他还说，吝啬者像财物专属于他们似的在意，其实他们并没有得到比财物属于别人时更多的好处。他说，年轻时我们渴望勇敢，只有老年时，审慎才会占上风。

（汪兆祺辑录③）

XI. 30

【题解】

色诺芬认为，当时的斯巴达人不再坚守古时吕库古立法形成的规则和优良传统，而受到财富名望的腐蚀。自伯罗奔尼撒战争末期开始，斯巴达形成总督制度，派出的斯巴达总督在属邦类似独裁者，不再

① 译文选自[古希腊]第欧根尼·拉尔修：《名哲言行录》，徐开来、溥林译，广西师范大学出版社，2010年，第306页。

② 彼翁（Bion），公元前3世纪人，具体生卒年不详，希腊哲学家。曾被卖为奴隶，被释放后移居雅典。

③ 译文选自[古希腊]第欧根尼·拉尔修：《名哲言行录》，徐开来、溥林译，广西师范大学出版社，2010年，第201页。

受本邦斯巴达生活的诸多限制。① 选译文献据洛布古典文库，色诺芬:《斯巴达政制》(Xenophon, *Constitution of the Lacedaeimonians*, XIV. 1 - 5.)。

【译文】

如果有人问我，是否坚信吕库古的礼法至今仍然未变，我再也不能信心满满地坚持这一点。因为我了解，以前拉栖代梦人宁可居留斯巴达家中以适度的财产彼此一起生活，而不是殖民外邦被谄媚之辞腐蚀败坏。我也了解，以前他们怕被人瞧见有钱，而如今有些人以有金钱为傲。据我所知，以前斯巴达有排外法令将异邦人驱逐出去，禁止斯巴达人在外邦居留，目的是避免公民被外邦人腐化而堕落。而如今，我知道，那些公众瞩目的城邦头面人物孜孜以求的却是继续在属邦稳坐总督的交椅，度过余生。曾经，他们担心的是自己配得上领袖群伦，而如今他们费更大的力气去当领袖，而不是证明自己配当领袖。

(汪兆祺辑录②)

Ⅺ. 31

【题解】

苏格拉底与美勒西亚③讨论勇气这一品性时，举例谈到孩子的体育训练，其中苏格拉底指出孩子是家庭父母的财富，其成长依赖家庭的整个状况。选译文献据洛布古典文库，柏拉图:《拉凯斯篇》(Plato, *Laches*, 184E - 185A.)。

---

① 色诺芬认为斯巴达人从前害怕让人知道自己有钱或者害怕在公共场合显富。但可能只是色诺芬的理想化描述。色诺芬也承认斯巴达人习惯于私下拥有钱财。

② 译文选自[古希腊]色诺芬:《色诺芬〈斯巴达政制〉译笺》，陈戎女译，华东师范大学出版社，2019 年版，第 16 页。

③ 美勒西亚(Melesias)，吕西玛库斯的朋友。

【译文】

苏格拉底：你也想这样做吗，美勒西亚？如果你在考虑你儿子的体育训练，你打算接受我们中多数人的建议，还是听取一位在体育大师的指导下接受过训练的人的意见？

美勒西亚：我会听取后者的意见，苏格拉底，这样做肯定是合理的。

苏格拉底：他一个人的意见比我们四个人的意见更有分量吗？

美勒西亚：可以这样认为。

苏格拉底：所以我想，作一个好的决定要依据知识而不是依据人数？

美勒西亚：这一点可以肯定。

苏格拉底：那么我们现在是不是也应该首先问，在我们正在考虑的这个问题上我们中间有谁是专家？如果我们中间有专家，那么让我们接受他的建议，而不要管其他人的意见，尽管他只是一个人；如果我们中间没有专家，那么就让我们去寻求别人的建议。你和吕西玛库斯①对这件事下了大赌注，这件存亡攸关的事难道是微不足道的小事吗？你们不是在拿你们的财产冒最大的危险吗？孩子是你们的财富，他们学好还是变坏依赖于家庭的整个状况。

美勒西亚：这话没错。

（汪兆祺辑录②）

Ⅺ. 32

【题解】

苏格拉底与同伴讨论爱利者的含义，同伴认为爱利者利欲熏

---

① 吕西玛库斯（Lysimachus），雅典政治家、军事家阿里斯泰德斯的儿子。

② 译文选自［古希腊］柏拉图：《柏拉图全集》（第一卷），王晓朝译，人民出版社，2002 年，第 175 页。

心，苏格拉底以农民经营农业的收益作为例子进行讨论。选译文献据洛布古典文库，柏拉图：《西帕库斯》(Plato, *Hipparchus*, 225a－225d.)。

【译文】

苏格拉底：爱利是什么？它可能是什么？谁又是爱利者①呢？

同伴：在我看来，爱利者是指那些认为值得去从毫无价值的东西上获利的人。

苏格拉底：但依你看来，他们是否知道这些东西毫无价值？因为如果他们不知道，那你就等于说那些爱利者都是些傻瓜。

同伴：我的意思是说他们并不傻，只是他们都是些利欲熏心的无赖和恶棍。他们明知自己敢于从中渔利的那些东西毫无价值可言，却仍然胆敢毫无廉耻地做爱利者。

苏格拉底：那你是说这样的爱利者就像农夫，知道自己所种的农作物毫无价值仍然坚持去种，并认为值得从中获利？你说他是这种人吗？

同伴：苏格拉底呀，爱利者认为他应当从一切东西中获利。

苏格拉底：别跟我兜圈子了，好像有人对你行了不义似的，还是注意回答我一开始就提出的问题吧：你是否同意，爱利者知道自己值得从中获利的东西的价值所在？

同伴：是的，他们知道。

苏格拉底：那么，谁知道农作物的价值，在什么季节和土壤条件下才值得去种——如果我们同样可以抛出诸如此类被那些聪明人在法庭上用来修饰自己论证的智慧辞藻的话？

同伴：我看是农夫吧。

---

① 在希腊文中，"爱利者"(*lover of gain*)本是一个词，即 philokerdês。在整篇对话中，该词时常出现，统统被译作"爱利者"。

苏格拉底：那你是说，认为值得获利与认为应当获利恰恰不是一回事？

同伴：我正是这意思。

（汪兆祺辑录①）

Ⅺ. 33

【题解】

苏格拉底和同伴讨论爱利者的定义，苏格拉底认为爱利者是明知那些自己追求的东西毫无价值，却认为自己应当从中获利的人。选译文献据洛布古典文库，柏拉图：《西帕库斯》（Plato, *Hipparchus*, 226c-226e.）。

【译文】

苏格拉底：另外，是否有这样一位将军，明知自己士兵手中的武器不堪使用却想从中获利，或者认为从中获利是值得的？

同伴：根本不会。

苏格拉底：吹笛者手中的笛子不堪使用，竖琴演奏者拿的是七弦琴，射手手里拿的只是一张弓，总之，诸如此类的工匠或所有其他聪慧之人，他们是否都想借助那些不堪使用的工具或装备获利呢？

同伴：至少表面看来不是这样。

苏格拉底：那么，你说的爱利者都是些什么人呢？因为在我看来他肯定不是我们方才提到的那些人，而是那些明知那些东西毫无价值，却认为自己应当从中获利的人。不过那样的话，从你的话中让人惊奇地发现，世上根本就没有所谓的爱利者。

同伴：但我的意思是说，爱利者是指那些出于贪婪之心总是异常

① 译文选自[古希腊]柏拉图：《希帕库斯：论爱利者》，任军锋译，《政治思想史》（季刊），天津师范大学，2013年第1期，第113—114页。

地追逐那些价值不大或毫无价值的、无意义的东西的人们。

苏格拉底：高人啊！他们肯定不知道那些东西毫无价值，因为这已为上面的论证所证明。

同伴：我觉得好像是如此。

苏格拉底：如果他们不知道，他们显然是无知的，认为本来毫无价值的东西却非同伴小可。

同伴：显然是的。

（汪兆祺辑录[1]）

Ⅺ. 34

【题解】

苏格拉底和同伴讨论"获利"的含义，同伴认为获得好的东西就是获利。选译文献据洛布古典文库，柏拉图：《西帕库斯》(Plato, *Hipparchus*, 231a - 231c.)。

【译文】

苏格拉底：……当你说通过正道所获得的利与通过邪道所获得的利都是利，你在两者身上发现了怎样的共同点——那种实际上是利的东西？如果你还是无法做出回答，不妨考虑下面的问题：你将获利称为任何一种形式的占有，这种占有或是由于不花，或少花多赚，是这样吗？

同伴：是的，我想我会称之为利。

苏格拉底：你是指这样的事情吗？一个人应邀赴宴，一个子儿不掏却尽享美味，然而后来却生病了。

同伴：看在宙斯的份儿上，我不是这个意思！

① 译文选自[古希腊]柏拉图：《希帕库斯：论爱利者》，任军锋译，《政治思想史》(季刊)，天津师范大学，2013 年第 1 期，第 115 页。

苏格拉底：如果他赴宴后变得健康，那么，他是得了利还是受了损？

同伴：当然得了利。

苏格拉底：那么，只是获得任何占有，这至少不是利。

同伴：的确是这样。

苏格拉底：那么，只要利是坏的就不是利喽？还是一个人不能只是通过获得好的东西而得利？

同伴：显然，只要是好东西他必定会获利。

苏格拉底：而如果所获得的东西是坏的，那他不会蒙受损失吗？

同伴：似乎是这样。

苏格拉底：不知你看到了没有，自己一再在同一件事上兜圈子？利看上去是好的，失则是坏的。

同伴：哦，我不知说什么好了？

（汪兆祺辑录①）

Ⅺ. 35

【题解】

苏格拉底和同伴讨论“获利”的问题，引入了“价值”概念，并且在举金银作为例证时谈到金和银的价值差异。选译文献据洛布古典文库，柏拉图：《西帕库斯》(Plato, *Hipparchus*, 231c - 231e.)。

【译文】

苏格拉底：你感到迷惑，这并不奇怪。但还是回答下面的问题吧：如果一个人得到的超过了他所付出的，你是否认为这是一种利？

同伴：如果它是坏的，我不会将其称为利，而如果一个人得到的金

---

① 译文选自[古希腊]柏拉图：《希帕库斯：论爱利者》，任军锋译，政治思想史，2013 年第 1 期，第 121—122 页。

银比他所花去的多，我会将其称为利的。

苏格拉底：那么，我再问你：如果一个人获得的银子是他花去的金子的两倍，你说他是得利了呢还是受损了？

同伴：当然是受损了，苏格拉底，因为他的金子仅仅是银子价值的两倍而不是12倍。

苏格拉底：但他仍然得到了更多。两倍难道不比一半多吗？

同伴：按照金银的比价计算，它在价值上还没达到。

苏格拉底：那么，似乎有必要在谈到利的时候将价值考虑在内。因为你说银子尽管在数量上比金子多，但在价值上并不及金子，而金子尽管在数量上比银子少，却在价值上与其不相上下。

同伴：没错，事实正是这样。

苏格拉底：这样的话，不管多少，价值是有利可图的，而无价值便意味着无利可图。

同伴：是的。

苏格拉底：你是不是说除非价值被占有，否则就一文不值？

同伴：是的，除非价值被占有。

苏格拉底：再进一步，你认为价值是占有那些有益的还是无益的东西呢？

同伴：当然是有益的东西喽。

苏格拉底：那么，有益的难道不是好的吗？

同伴：是好的呀。

（汪兆祺辑录①）

① 译文选自[古希腊]柏拉图：《希帕库斯：论爱利者》，任军锋译，政治思想史，2013年第1期，第122页。

XI. 36

【题解】

苏格拉底向克力同[①]讲述自己与欧绪德谟[②]和狄奥尼索多洛[③]两兄弟的辩论，其间苏格拉底与克利尼亚斯讨论幸福与“好东西”的关系。以拥有财富为例，苏格拉底指出人们必须正确使用自己拥有的好东西才能获得幸福。选译文献据洛布古典文库，柏拉图：《欧绪德谟篇》(Plato, *Euthydemus*, 280C－280E.)。

【译文】

苏格拉底：如果我们只是拥有一样东西，但并没有使用它，那么它会给我们带来好处吗？

他说，不会。就拿所有工匠来说吧，如果他们各自拥有工作所必需的一切，但并没有加以使用，那么这些工匠会由于拥有做工所必需的东西而工作得很好吗？比如，一个木匠拥有所有木工的工具和充足的木头，但他并没有做工，那么他会由于拥有这些东西而得到好处吗？

他说，根本不会。

再说，如果某人拥有财富以及我们刚才提到的所有好东西，但他并不加以使用，那么他会仅仅因为拥有这些好东西而幸福吗？

根本不会。

我说，可见，一个人要想幸福不仅必须拥有这些好东西，而且也必须使用它们，否则就不可能由于拥有这些好东西而得到好处。

非常正确。

---

① 克力同在柏拉图和色诺芬的关于苏格拉底的著作中被描绘为苏格拉底的忠实的终身伴侣。现代学者并不认为他是一位活跃的哲学家，而是苏格拉底童年友谊圈中的核心成员。

② 欧绪德谟，常与兄弟狄奥尼索多洛作为对话者记载于柏拉图和色诺芬的著作中，生于开俄斯，曾作为殖民者到达图里伊，后被驱逐来到雅典。

③ 狄奥尼索多洛(约公元前430—前5世纪晚期或前4世纪早期)，希腊诡辩派哲学家。

那么好，克利尼亚斯，要使某人幸福，既拥有这些好东西又加以使用是否就足够了？

我想是这样的。

他还必须正确地使用，或者说，如果他错误地加以使用，结果也一样？

只有正确使用才会有这样的结果。

（汪兆祺辑录①）

Ⅺ. 37

【题解】

苏格拉底向克力同讲述自己与欧绪德谟斯和狄奥尼索多洛斯两兄弟的辩论，欧绪德谟斯、狄奥尼索多洛斯及克特西普斯以西徐亚人追求黄金为例说明拥有“好东西”的重要性。选译文献据洛布古典文库，柏拉图：《欧绪德谟篇》（Plato, *Euthydemus*, 299C－300A.）。

【译文】

苏格拉底：欧绪德谟斯哑口无言，但是狄奥尼索多洛斯又重提克特西普斯前面的话，继续发问。他说，我们也可以金子为例——你认为拥有金子是件好事吗？

他答道，确实是好事，我希望拥有很多金子！

很好，那么你认为我们必须始终拥有好东西，到处拥有好东西，对吗？

他说，应当尽可能多地拥有！

你承认金子是好的吗？

他说，对，我承认。

---

① 译文选自[古希腊]柏拉图：《柏拉图全集》（第二卷），王晓朝译，人民出版社，2003年，第14—15页。

那么一个人必须始终拥有金子，到处拥有金子，尤其是他自身！如果某人的肚子里有三塔兰特金子，他的脑壳里有一塔兰特金子，他的每只眼睛里有一个金斯达特，那么这个人会成为最幸福的人吗？

克特西普斯说，没错，确实有人说过，西徐亚人中最幸福、最优秀的人把大量黄金放在他们"自己的"脑壳里——我说"自己的"这个词和你说"拥有"那个狗父亲的意思是一样的——更加令人惊讶的是，他们甚至用他们自己的镀了金的脑壳喝酒，各自用手拿着自己的脑壳，还能看见里面的金子！

欧绪德谟斯说，没错，他们看见了，无论是西徐亚人还是别的什么人，他们看可看的东西还是看不可看的东西？

我假定是看可看的东西。

（汪兆祺辑录①）

XI. 38

【题解】

柏拉图讨论幸福的种类时，谈到幸福包括生活富足，即能满足自身需要、资助友人以及履行公共义务。选译文献据洛布古典文库，第欧根尼·拉尔修：《名哲言行录》(Diogenes Laertius, *Lives of Eminent Philosophers*, III.98 - 99.)。

【译文】

……幸福可分为五个部分。第一部分是深思熟虑，第二部分是感觉灵敏和身体健康，第三部分是做事成功，第四种是在人群中有好的名声，第五部分是金钱以及其他生活必需品富足。深思熟虑产生于教育和丰富的经历。感觉灵敏产生于身体各器官，例如，如果一个人眼

① 译文选自[古希腊]柏拉图：《柏拉图全集》(第二卷)，王晓朝译，人民出版社，2003 年，第 44 页。

睛能看，耳朵能听，鼻子和嘴巴能感觉应当感觉的东西，这样一种状况就是感觉灵敏。若一个人依据正当的方式关注所做之事，就是成功，也就是优良之人。好名声是指一个人有好的口碑。富有是指一个人能够满足生活必需，且能资助朋友，慷慨而富足地履行公共义务。如果一个人拥有这一切方面，那么他就是完全幸福的。因此，幸福或者是深思熟虑，或者是感觉灵敏和身体健康，或者是成功，或者是好的名声，或者是富有。

（汪兆祺辑录①）

Ⅺ. 39

【题解】

亚里士多德阐释了收益性的财富和消闲性的财富，并强调使用财富比拥有财富更重要。这反映了财富与幸福的关系，财富是幸福的重要组成部分。选译文献据洛布古典文库，亚里士多德：《修辞术》(Aristotle, *Rhetoric*, I. V. 9.)。

【译文】

财富的部分在于拥有充足的钱币、土地和财物，以及拥有可动的牧群和奴隶，它们以数量充足、外形高大而漂亮令人瞩目，所有这一切都是安全的、自由的和有用的。收益性的财富更加有用，而有助于消闲的财富更加自由。所谓收益性的财富，我指的是可以带来收入的东西，消闲性的财富指的是不能带来什么实用的东西，至少没有值得一提的用处。安全的含义是在这样的情况下拥有财产，对财产的使用取决于拥有者自己，是否出让财产也是拥有者本人的固有权利；我所说的出让是指赠送或出卖。总而言之，财富在于使用更甚于拥有，因为

---

① 译文选自[古希腊]第欧根尼·拉尔修：《名哲言行录》，徐开来、溥林译，广西师范大学出版社，2010年，第171—172页。

这些事物的使用和实现就是财富。

（汪兆祺辑录①）

Ⅺ. 40

【题解】

亚里士多德谈到荣誉包括民族或城邦授予的象征财富和荣誉的赠礼，并强调热爱荣誉或财富的人都会追求这种赠礼。选译文献据洛布古典文库，亚里士多德：《修辞术》(Aristotle，*Rhetoric*，I.IV. 11.)。

【译文】

荣誉是一个人有操持善行的名声的标志，那些实施了善行的人，而不是那些有能力实施善行的人，公正地得到了最大的荣誉。操持善行或者是为了保存，或者可以归结为生存方面的所有原因，或者可以归结为财富，或者归结为其他某一种善事，这种善事一般说来或在那种情况下或那种时候不容易获得：因为很多人都是在那种看起来微不足道的事情上获得荣誉的，但是有些是归因于地点，有些是归因于时间。荣誉的组成部分还在于牺牲、文章和诗歌中的追忆、特权、领地、公共典礼上的前排座位、隆葬、高位、公费抚养、野蛮人中的降服和顺从，以及每一个民族或城邦用来表示荣誉的赐礼。一份赠礼既是一份赠产又是荣誉的标志。所以热爱金钱与热爱荣誉的人都要追求赐礼。得到了它们就可以双双满足他们的欲求，因为前一种人追求的是财产，后一种人追求的是荣誉。

（汪兆祺辑录②）

---

① 译文选自[古希腊]亚里士多德：《修辞术》，颜一译，苗力田主编：《亚里士多德全集》(第九卷)，中国人民大学出版社，1994年，第353—354页。

② 译文选自[古希腊]亚里士多德：《修辞术》，颜一译，苗力田主编：《亚里士多德全集》(第九卷)，中国人民大学出版社，1994年，第354页。

Ⅺ. 41

【题解】

伊壁鸠鲁在写给墨诺依库斯的信中谈到快乐与财富的关系，认为快乐是首要、天生的善，对于自足的人来说，简朴的生活也能带来幸福和快乐；快乐是生活的目的，但并非是过骄奢淫逸的生活，而是要保持明智的德性。选译文献据洛布古典文库，第欧根尼·拉尔修：《名哲言行录》(Diogenes Laertius, *Lives of Eminent Philosophers*, X. 128－132.)。

【译文】

……正因为如此，我们才说快乐是幸福生活的开端和终点，因为我们认为它是首要的和天生的善，我们对一切事物的选择和规避，都从它出发，又回到它，仿佛我们乃是以感受为准绳去判断所有的善似的。正因为快乐是首要的和天生的善，所以我们并不选择所有的快乐，而是会放弃许多的快乐——如果它们给我们带来更多的烦扰的话。有时我们甚至认为许多的痛苦比快乐更好——当这些痛苦因被忍耐较长时间而带给我们更大的快乐的时候。所有的快乐就其自身的本性面言都是善的，但并不全都值得选择；就像所有的痛苦都是恶的，但并不是全都必须加以规避。恰当的做法是，通过相互的比较，通过弄清什么是有益的，什么是有害的，然后再对所有的这些东西作出判断。因为有时我们是将善当做恶，有时又将恶当做善。我们认为自足乃是大善，这并非让我们只能享有少许的东西，而是说，在我们没有许多东西的情形下，我们就享有少许的东西。我们真切地相信：那些最不需要奢华的人才最甜美地享受着奢华；一切自然的东西都是最容易获得的，而一切难以获得的东西，都是虚浮的。只要由缺乏而引起的所有痛苦消失不见，粗茶淡饭和锦衣玉食所带来的快乐是一样的。如果一个人正处在饥渴之中，就是简单的面包和清水也能带给他最大的快乐。习惯于简单、朴素的生活，就足以让人健康，足以使人担负起生活中的必要任务，使我们偶尔遇上盛宴时能懂得更加珍惜，还会使我们不再惧怕命运。

当我们说快乐就是目的的时候，我们指的并非那种荒淫无度的快乐，或沉溺于感官享受的快乐——就像那些对我们的看法无知、反对或恶意曲解的人所认为的那样；相反，我们指的是身体的无痛苦和灵魂的无纷扰。因为快乐不是无止境的狂欢滥饮，也不是沉溺于娈童和女人的美色，也不是享受鱼肉和餐桌上其他带来甜美生活的美味佳肴，而是冷静的推理，找出我们进行所有选择和规避的原因，将那些让灵魂陷入最大纷乱的观念赶走。所有这一切中首要和最大的善是明智，因而明智甚至比哲学更为可贵，所有其他的德性都是从它那里产生出来的。它教导我们说，一个人不可能快乐地生一活，除非他明智、美好而正义地生活着；一个人也不可能明智、美好而正义地生活，除非他快乐地生活着。因为德性同快乐地生活结合为一，而快乐地生活也同德性不相分离。

（汪兆祺辑录①）

Ⅺ. 42

【题解】

苏格拉底得知哈赖丰和哈赖克拉泰斯俩兄弟不和，便劝说哈赖克拉泰斯财富不及兄弟重要。选译文献据洛布古典文库，色诺芬：《回忆苏格拉底》（Xenophon, *Memorabilia*, II.III.1-4.）。

① 译文选自[古希腊]第欧根尼·拉尔修：《名哲言行录》，徐开来、溥林译，广西师范大学出版社，2010年，第535—536页。

【译文】

苏格拉底看到哈赖丰①和哈赖克拉泰斯②,他所熟悉的两兄弟彼此不和。在遇到哈赖克拉泰斯的时候,苏格拉底就对他说:"哈赖克拉泰斯,我想你一定不是一个把财富看得比弟兄更宝贵的人吧?财富是没有知觉的东西,弟兄是有知觉的,财富需要保护,弟兄能够提供保护,除此以外,财富是很多的,但弟兄只有一个。奇怪的是,一个人竟会因不能得到弟兄的产业而把弟兄看作是对自己有害的人,但他并不因为不能得到同国人的产业而认为同国的人对他有害,而是处于后一种情况下的时候他能够这样的推想:和许多人共同生活在一个社会里,能够安全地享用小康的资财,比拥有全国人的财产而独自生活于危险恐怖之中要好,可是对于弟兄,他们并不如此想。还有,那些有力量的人还购买奴仆来和他们一同工作,结交朋友以便在需要的时候能帮助他们,但却不重视自己的弟兄,仿佛全国人都可以做朋友,惟独弟兄不可以似的,其实,由同一父母所生,一齐长大成人,应该更有利于发展友谊③,因为就连在共同哺育起来的禽兽之间,尚且有友爱之情。除了这些考虑之外,对于有弟兄的人,人们总是更多地尊重,而更少地侵害他们。"

(汪兆祺辑录④)

Ⅺ. 43

【题解】

苏格拉底在谈论友谊的价值时,谈及当时许多人想追求财富胜于想结交朋友。选译文献据洛布古典文库,色诺芬:《回忆苏格拉底》

---

① 哈赖丰(Chaerophon),苏格拉底的忠实追随者和朋友。

② 哈赖克拉泰斯(Chaerecrates),哈赖丰的弟弟。

③ 参见 Xenophon, *Cyropaedia*, II, I.28.

④ 译文选自[古希腊]色诺芬:《回忆苏格拉底》,吴永泉译,商务印书馆,1986 年,第 56 页。

(Xenophon, *Memorabilia*, II. IV.1 - 4.)。

【译文】

有一次我听到他作关于朋友的演讲，在我看来，这篇演讲无论是在关于结交朋友方面[①]或是在关于朋友的用处方面，对人的帮助都很大。他说，他曾听许多人讲，一个真心忠实的朋友比一切财富更宝贵，但他所看到的绝大多数人，都在结交朋友一事上，非常不当心。他说，我看到他们勤勤恳恳地想方设法购买房屋、田地、奴隶、牛羊和家具；至于朋友，尽管他们说是人的最大的福气，但大多数人既不关心怎样结交新朋友，也不注意怎样保住他们所已有的朋友。他说，当朋友和奴隶一同患病的时候，他所看到的是，人们总是请医生来看他们的奴隶，想方设法使他们恢复健康，但他对于他们的朋友却不闻不问；如果这两者都死亡的话，人们也只是为他们的奴隶悲伤，认为自己蒙受了损失，至于损失朋友，却认为算不了什么。他们的别的财物，没有一样他们不是好好看顾照管的，当他们的朋友需要看顾的时候，他们却一点也不加过问。除此以外，他还说他看到大多数人，对于他们的其他财富，尽管数目很大，也很熟悉，但对于朋友，尽管数目很小，不仅不知道有多少，而且在有人问到他们，他们试图加以计算的时候，还把从前认为朋友的人弃置不算，他们不把朋友放在心上，从此可见一斑。

(汪兆祺辑录[②])

Ⅺ. 44

【题解】

苏格拉底谈论友谊的价值时说到，朋友比任何一种财富都更有价值、更持久、更有用，并列举了朋友的品质。选译文献据洛布古典文

---

① Xenophon, *Cyropaedia*, VIII. VII.13.

② 译文选自[古希腊]色诺芬：《回忆苏格拉底》，吴永泉译，商务印书馆，1986 年，第 60—61 页。

库,色诺芬:《回忆苏格拉底》(Xenophon, *Memorabilia*, II.III.5-7.)。

【译文】

但如果把朋友和所有其他的财富比较起来,一个好朋友岂不是更有价值得多吗?有什么马、什么耕牛,能抵得上一个真正好的朋友那样有用呢?有什么奴仆是像朋友那样的好心肠、或富于友爱呢?有什么其他的财富是像朋友那样有益呢?因为一个好的朋友对于他的朋友,无论是他个人的私务,或是他的公共职守方面,不管缺少什么都很关心。当朋友需要照顾的时候,他总是提供自己的资财来帮助他;当朋友受到威胁的时候,他总会加以救援并分担费用,同心协力,帮助说服,甚至以强力压服对方。当朋友顺利的时候他就鼓舞他,要跌倒的时候就扶持他。凡是一个人的手所能操作的,眼睛所能预先看到的,耳朵所能听见的,脚所能完成的,没有一件事他的朋友不会为他做好的;而且还经常有这样的情况:一个人所没有为自己完成的,或者没有看到的,或者没有听到的,或者没有完成的,他的朋友都为他做到了。① 然而,尽管人们为了吃果子而栽种果树,绝大多数的人对于他们所有的叫做朋友的最丰厚的财宝,却不知加以培植和爱护。

(汪兆祺辑录②)

Ⅺ. 45

【题解】

苏格拉底和友人讨论朋友是否有一定的价值,并以一些具体的财富数额作比较。选译文献据洛布古典文库,色诺芬:《回忆苏格拉底》(Xenophon, *Memorabilia*, II.V. 1-2.)。

---

① "而且还经常有这样的情况……他的朋友都为他做到了",这一段在洛布古典文库 E.C. Marchant 译本漏译。

② 译文选自[古希腊]色诺芬:《回忆苏格拉底》,吴永泉译,商务印书馆,1986年,第61页。

【译文】

有一次我听到他的另一篇谈话，我以为这是他劝勉听者进行自我检查，看看自己对于朋友究竟有多大价值。他注意到了一个和他交游的人有一个朋友处境穷困，但这个人却不加闻问，他就当着这个忽视朋友需要的人以及其他几个人的面向安提斯泰尼斯①道："安提斯泰尼斯，朋友是不是也像奴隶一样，有其固定的价值？因为有的朋友也许值两明那，另一个却连半明那也不值，而另一个可能值五明那，另一个值十明那。尼凯拉托斯的儿子尼西阿斯②，据说曾经为了购买一个给他经管银矿的人付上了整整一塔兰特的银子。所以让我们研究一下，是不是正像奴隶有一定的价值一样，朋友也有其一定的价值。"

（汪兆祺辑录③）

Ⅺ. 46

【题解】

安提斯泰尼斯认为朋友有其价值，苏格拉底指出每个人应当进行自我检查，确定自己在朋友心目中的价值，并且要尽力提升价值以免被朋友抛弃。选译文献据洛布古典文库，色诺芬：《回忆苏格拉底》（Xenophon, *Memorabilia*, II. V. 3 - 5.）。

【译文】

"的确如此"，安提斯泰尼斯回答道："至少就我来说，我就宁愿得某一人为我的朋友而不愿得二明那；另一个人我可能认为连半明那也不值；另一个人我可能认为比十明那更宝贵；而另一个人我可能不惜

---

① 安提斯泰尼斯（Antisthenes），公元前445—前365年，古希腊哲学家，苏格拉底弟子之一。古希腊犬儒学派的奠基人。

② 尼西阿斯（Nicias），约公元前470—前413年，雅典政治家和将军，伯罗奔尼撒战争期间的叙拉古包围战中，曾任雅典军的司令官。

③ 译文选自[古希腊]色诺芬：《回忆苏格拉底》，吴永泉译，商务印书馆，1986年，第62页。

牺牲一切金钱，费尽一切力量来争取他为我的朋友”。

“如果情况是这样的话；那么”，苏格拉底说道：“我们每一个人里就都值得检查一下，看看自己对于朋友具有怎样的价值了。而且，每一个人都应当力图使自己对朋友有尽可能多的价值，免得朋友把他抛弃了。因我常常听见有人说，他的朋友把他抛弃了，也有人说，他所以为是他的朋友的人，竟为了要得到一明那而不要他了。因此，对于这一切我是这样考虑的，是不是正像一个人不管能得到多少钱都情愿把一个无用的奴隶脱手一样，人们也同样容易在能够得到更多价值的时候，把一个没有价值的朋友抛掉。我从来没有看到过人肯把一个有用的奴隶卖掉，同样，好朋友也不会被人抛弃”。

(汪兆祺辑录①)

Ⅺ. 47

【题解】

柏拉图讨论行善的种类时，谈到行善包括通过赠予钱财来帮助他人。选译文献据洛布古典文库，第欧根尼·拉尔修：《名哲言行录》(Diogenes Laertius, *Lives of Eminent Philosophers*, III. 95 - 96.)。

【译文】

……行善分为四种，因为或者是钱财的，或者是身体的，或者通过知识，或者通过言论。当一个人给需要之人送去钱财的援助以使其免于金钱上的忧虑时，他所行之善就被称为通过钱财的。当救助的对象是受到不公平的挨打之人时，其所做出的善举就是通过身体的。那些管教或治愈他人，或传授某种善的人，就是通过知识来行善。而当人们进入法庭，一个人为另一个人提供援助，为他进行某种合适的辩护

① 译文选自[古希腊]色诺芬：《回忆苏格拉底》，吴永泉译，商务印书馆，1986年，第62—63页。

时，他所行之善就是通过言论的。因此，行善或者是通过钱财的，或者是通过身体的，或者是通过知识的，或者是通过言论的。

（汪兆祺辑录①）

Ⅺ. 48

【题解】

亚里士多德讨论善的事物时认为，如果有益于生活、快乐和行为高尚，财富和健康似乎是最有益的事物。选译文献据洛布古典文库，亚里士多德：《修辞术》(Aristotle, *Rhetoric*, I. VII. 36－41 .)。

【译文】

趋近真理的事物比趋近意见的事物更善。趋近意见的事物的定义是，如果将不会为人注意就没有人选择去做的事物；因此，意见认为受惠比施惠更加可取，因为即使没有人注意到，一个人也愿意选择前者，但是假如没人注意，一个人就不会选择去做好事。又，凡是人们愿意其存在胜过其看起来存在的事物，因为它们更加趋近真理；所以，人们说公正算不了什么，因为看上去的公正的存在更受人欢迎，然而关于健康人们的态度就不是这样了。又，在许多方面更加有用的事物，例如有益于生活、舒适生活、快乐和行为高尚的事物；从而财富和健康似乎是最有益的事物，因为它们具有全部这些特性。又，更加没有痛苦的并且伴随快乐的事物，因为它们不止一种好处，快乐和没有痛苦都属于善。又，在有两件事物的情况下，添加到同一事物上能造成更大的整体的事物是更大的善。又，其在场不会被忽视的事物较之于会被忽视的事物，因为前一类事物显得更加接近真实；由此财富显得比看上去的财富是更大的善。又，珍贵的事物，有时候是唯一的，有时伴

---

① 译文选自[古希腊]第欧根尼·拉尔修：《名哲言行录》，徐开来、溥林译，广西师范大学出版社，2010年，第170页。

随着其他事物，对某些人是更大的善；因此弄瞎了独眼人的眼睛比弄瞎了双眼人的一只眼睛要受到不同的惩罚，因为前一种人被夺走了珍贵的事物。

（汪兆祺辑录[1]）

Ⅺ. 49

【题解】

斯多葛哲学家们讨论“善”的内涵，涉及财富是否属于善的问题，既有观点认为财富非善非恶，也有观点认为财富是善的。选译文献据洛布古典文库，第欧根尼·拉尔修：《名哲言行录》(Diogenes Laertius, *Lives of Eminent Philosophers*, VII.102 - 103.)。

【译文】

善指的是德性，包括审慎、正义、勇敢、节制，以及其他诸如此类的东西。恶就是它们的反面，如轻率、不义等等。非善非恶指的是那些既不会产生益处也不会带来伤害的东西，如生命、健康、快乐、漂亮、力量、财富、好名声、出身高贵，以及它们的反面，如死亡、疾病、痛苦、丑陋、虚弱、贫穷、坏名声、出身低贱等诸如此类的东西。赫卡同[2]在《论目的》的第七卷中，阿波罗多洛斯[3]在《伦理学》中，以及克律希珀斯[4]都是这么说的。财富和健康这类东西不是善的，而是非善非恶中性的。因为正如热的特性是升高温度而不是降低温度，同样，善的特性

① 译文选自[古希腊]亚里士多德：《修辞术》，颜一译，苗力田主编：《亚里士多德全集》(第九卷)，中国人民大学出版社，1994年，第369页。

② 赫卡同，罗德岛人，斯多葛学派哲学家，大约活跃于公元前100年左右，生平不详，其著作大多轶失。

③ 阿波罗多洛斯，斯多葛学派哲学家，巴比伦的第欧根尼的弟子，大约活跃于公元前150年左右。

④ 克律希珀斯(约公元前279—前206年)，斯多葛学派哲学家，发展了学派创始人芝诺的基本学说，被誉为“斯多葛学派第二创始人”。

是给人裨益而不是带来害处。但财富和健康给人带来的裨益并不比给人带来的害处更多，因而无论是财富还是健康都不是善的。他们还说，那既能加以好的使用也能加以坏的使用的东西不是善的；而财富和健康就既能加以好的使用也能加以坏的使用；因此，财富和健康都不是善的。然而，珀塞多尼俄斯①却说这些东西都属于善的东西。

（汪兆祺辑录②）

Ⅺ. 50

【题解】

亚里士多德认为，德性是高尚的，而德性包括慷慨、大方等与财富相关的部分。慷慨之人乐善好施，不因为财富与人争执，利用财富多行善事；大方则是花费钱财上十分洒脱。选译文献据洛布古典文库，亚里士多德：《修辞术》（Aristotle, *Rhetoric*, I. IX.3 - 13 .）。

【译文】

高尚的事物是由于其自身而为人选取并且值得赞颂的事物，或是善良并且因为善良而令人愉快的事物。如果这就是高尚，那么德性就必然是高尚的，因为德性既善良又值得赞颂。德性看来是一种能力，能够提供和保存诸善，而且是一种可以在诸多事情或最重大的事情上，以及在一切方向的一切事情上带来好的效果的能力。德性的组成部分是公正、勇敢、节制、大方、大度、慷慨、和蔼、明智以及智慧。最高的德性必然是对其他人最有用处的德性，倘若德性是带来好处的能力的话。由于这一点，公正和勇敢最受人们尊崇，因为一者在战争期间一者在和平期间对别人有用。其次是慷慨，因为慷慨之人乐善好施，

① 珀塞多尼俄斯（大约公元前135—前51年），斯多葛学派哲学家、政治家、天文学家、地理学家和历史学家，被誉为那个时代最博学的人。

② 译文选自［古希腊］第欧根尼·拉尔修：《名哲言行录》，徐开来、溥林译，广西师范大学出版社，2010年，第345—346页。

不因钱财与人争执，而钱财乃是其他人拼命追求的东西。公正是这样一种德性，每个人通过它拥有自己合法的份额，不公正则在于不合法地侵占他人的份额。勇敢在于通过它人们在危险之际遵照法律的旨意，服从法律，做出高尚的业绩；其反面是怯懦。节制是这样一种德性，通过它人们把身体的快乐控制在法律允许的范围之内：其反面是放纵。慷慨指的是在钱财方面多行善事，其反面是吝啬。大度是这样一种德性，它能产生最大的好处，其反面是狭隘。大方是这样一种德性，使人在花销上十分洒脱。其反面是狭隘和小气。明智头脑或思想的德性，依据它人们对以上所说的诸善及诸恶能有贴切的见解从而增进各自的幸福。

（汪兆祺辑录[1]）

Ⅺ. 51

【题解】

亚里士多德讨论各种性情，阐述根据种种激情、品质、年龄[2]和机运形成了何种性情。他谈到年轻人时指出他们追求胜利和超越远胜过追求财富，且尚未经历穷困，因此他们最不热爱财富。选译文献据洛布古典文库，亚里士多德：《修辞术》(Aristotle, *Rhetoric*, Ⅱ. XII. 3 - 7.)。

【译文】

年轻人就性情而言总是欲望旺盛，做自己欲望的那些事情。在身体的欲望方面，他们最主要是听随性事方面的欲望，在这方面不能自制。然而他们的欲望极易变化，反复无常；他们在欲望发作时急不可耐，然而旋即就消失得无影无踪。因为年轻人的愿望就像病人的饥渴

① 译文选自[古希腊]亚里士多德：《修辞术》，颜一译，苗力田主编：《亚里士多德全集》(第九卷)，中国人民大学出版社，1994 年，第 371—372 页。

② 亚里士多德认为人的年龄包括青年、盛年和老年。

之欲一样，来势迫切却不能称大。他们是精力旺盛、热情冲动而且随时会发怒的人，难以控制自己的生命激情。因为由于热爱名誉，他们无法忍受他人的轻视，一旦认为自己受了委屈，他们就会勃然大怒。他们是热爱名誉的人，更是热衷于胜利的人；因为年轻人追求超越，而胜利即是某种超越。他们热爱这两样事物胜过热爱钱财，其实他们是最不热爱钱财的人，因为他们还没有经历过窘困，恰如皮塔科斯①对安菲阿拉俄斯所说的话所示。

（汪兆祺辑录②）

Ⅺ. 52

【题解】

亚里士多德认为，人到壮年时兼具年轻人与老年人的性情，他们对待财富既不吝啬也不奢侈浪费。选译文献据洛布古典文库，亚里士多德：《修辞术》(Aristotle, *Rhetoric*, Ⅱ.XIV. 1－4.)。

【译文】

显而易见，处于盛年或壮年期的人的性情的将会介于上述两种人之间，他们没有上述每一种人的极端。他们既没有太大的胆量(那就等于鲁莽)，亦无过度的恐惧，而是恰到好处地兼具二者；他们不是对任何人都相信，也不是什么人都不相信，而毋宁是根据实际情况来做判断。他们的生活既不是为了高尚的事业，也不是为了有利的事物，而是兼顾二者。他们既不吝啬也不挥霍，而是两相得宜。在生命激情和欲望方面也是如此。他们的节制之中有勇敢，勇敢之中又有节制，而这两者在年轻人与老年人那里是截然分开的；年轻人勇敢却不能自

---

① 希腊七贤之一。

② 译文选自[古希腊]亚里士多德：《修辞术》，颜一译，苗力田主编：《亚里士多德全集》(第九卷)，中国人民大学出版社，1994年，第446页。

制,老年人节制却又怯懦。惟而论之,凡是年轻人与老年人分别具有的有益的东西,都能为壮年人兼具;凡是在前两者那里过度或不及的东西,都能在后者这里居中得宜。身体的鼎盛期在30至35岁之间,而灵魂或心智的鼎盛期则在49岁左右。关于青年、老年和盛年,哪种年龄具有哪种性情,就作这些论述。

(汪兆祺辑录①)

Ⅺ. 53

【题解】

亚里士多德讨论与财富相关的性情时认为,富人暴虐傲慢,其性情是发迹后的愚蠢者的性情,而且新富相较于久已富贵者道德更为败坏。选译文献据洛布古典文库,亚里士多德:《修辞术》(Aristotle, *Rhetoric*, II.XVI.1－4.)。

【译文】

与财富相对应的性情是谁都可以认出来的。富人们暴虐而又傲慢,占有财富给他们的内心造成了某种影响,从而使他们处于一种认为自己拥有一切好东西的心情;因为财富就像某种资格或标准,可用以衡量其他种种事物的价值,由此一切事物似乎都可以用财富买到。他们是奢纵之人和自夸之人;之所以是奢纵之人,是由于他们生活的奢纵和向人炫耀自己的幸福,之所以是自夸之人以及是庸俗之人,是由于所有人都习惯于一心想着他们所钟爱和景仰的事物,而富人们认为自己力争得到的东西也就是其他人都竞相争求的东西。他们有这种心情是可以理解的,因为很多人都有求于有钱的人。因此,在智慧

① 译文选自[古希腊]亚里士多德:《修辞术》,颜一译,苗力田主编:《亚里士多德全集》(第九卷),中国人民大学出版社,1994年,第450页。

与财富的问题上，当希厄罗[1]的妻子问西蒙尼德斯[2]做一位富人好还是做一位有智慧的人好时，他说："做一位富人好。因为我经常看见有智慧的人(哲学家)在富人们的门前消磨光阴。"富人们认为自己是理所当然的统治者，因为他们认为自己拥有作为统治者应当拥有的东西。归总为一句话，富人的性情乃是发了迹的蠢人的性情。不过新发财的富人和由来已久的富人在性情上还是有差别的，其差别在于新富或暴发户具有全部甚至更多更坏的恶德，新富就好比是在财富方面的缺乏教育。他们做不公正的事不是出于祸心，而是一半出于暴虐一半出于放纵，例如造成人身伤害罪或通奸罪。

(汪兆祺辑录[3])

XI. 54

【题解】

斯多葛派哲学家们讨论"中性"的内涵，指出财富属于中性事物，且是被人们选择的、有价值的东西，而价值是被认可的交换物；贫穷和卑贱则被人们拒绝。选译文献据洛布古典文库，第欧根尼·拉尔修：《名哲言行录》(Diogenes Laertius, *Lives of Eminent Philosophers*, VII. 104 - 106.)。

【译文】

……中性有两方面的含义。首先，它指的是那些既不会带来幸福也不会带来不幸的东西，如拥有财富、名望、健康、力量，以及其他类似

---

① 希厄罗(Hiero I of Syracuse)，叙拉古僭主，大约公元前478—前466年在位，其统治时期，叙拉古实力得到提升。

② 西蒙尼德斯(Simonides)，大约公元前556—前468年，希腊抒情诗人，其诗歌属于公元前5世纪上半叶流行的合唱抒情诗，涉猎广泛，多华丽辞藻。因为希厄罗鼓励和资助文学创作，所以西蒙尼德斯活跃于希厄罗的宫廷里。

③ 译文选自[古希腊]亚里士多德：《修辞术》，颜一译，苗力田主编：《亚里士多德全集》(第九卷)，中国人民大学出版社，1994年，第451—452页。

的东西；因为没有它们一个人也可能是幸福的，并且是幸福还是不幸福有赖于如何使用它们。其次，它指的是那些既不会激起欲望也不会激起厌恶的东西，如一个人头上有着偶数或奇数的头发，或者他伸直或弯曲他的手指这类事情。但前面所提及的那些中性不是在这个意义上而言的，因为它们能够激起欲望或厌恶。因此，它们当中的一些被人选择，而另一些则被人拒绝；而后面那种意义上的中性事物对于选择或规避而言是相同的。

在中性事物中，他们说一些是被人选择的，一些是被人拒绝的。有价值的东西被人选择，没有价值的东西遭人拒绝。他们说，价值是那能够带来和谐生活的东西，如那些关乎每一种善的东西；其次，价值是帮助人依照自然而生活的某种间接的力量或用处，如说财富或健康被用来帮助人依照自然而生活；再次，价值是被认可的交换物，它由熟悉该东西的行家确定，如说小麦能够换取外加一头骡子的等量大麦。①

因此，那些有着价值的东西是被人选择的东西，如：体现在灵魂方面的聪慧、能力、进步等等；体现在身体方面的活力、健康，力量、良好的状态、健全的身体、美貌等诸如此类的东西；体现在外在事物方面的财富、声望、高贵的出身等等。被人拒绝的东西，如：体现在灵魂方面的愚笨、无能等等；体现在身体方面的死亡、疾病、虚弱、不好的状态、残疾、丑陋等等；体现在外在事物方面的贫穷、坏名声、卑贱的出身等诸如此类的东西。但有些事物是中性的，既不被人选择，也不被人拒绝。

（汪兆祺辑录②）

① 经过阿尔尼姆(Von Arnim)的修正，小麦能换 1.5 倍的大麦。

② 译文选自[古希腊]第欧根尼·拉尔修：《名哲言行录》，徐开来、溥林译，广西师范大学出版社，2010 年，第 346—347 页。

Ⅺ. 55

【题解】

亚里士多德在谈到赋税征收问题时认为,致富的途径在于增加已有财富、减少开支,即开源节流。选译文献据洛布古典文库,亚里士多德:《修辞术》(Aristotle, *Rhetoric*, I. IV. 7 - 8.)。

【译文】

所有人计议的和议事演说者所游说的最重要的事情大致上有五种,它们是:赋税的征收、战争与和平、疆土的防卫、进口与出口,以及立法方面的事务。

想要就赋税的征收问题做议事演说的人应当知道该城邦的财政收入有哪些项目,数量是多少,以便发现有某项漏交就补收,有某项不足便予以增补。他还须了解城邦的所有开支,纯属浪费的要予以废止,过多的要予以削减。因为致富的途径不仅在于增加已有的财富,而且也在于减少其开支。要想遍览这些问题,就不能只限于私下的经验,为了在这些问题上进行游说,一个人必须熟知在其他地方发现的种种办法。

(汪兆祺辑录①)

Ⅺ. 56

【题解】

《埃勒克特拉》中的克吕泰莫斯特拉杀害丈夫阿伽门农后,为了防止女儿埃勒克特拉与有实力的贵族结合,伺机为父报仇,就把她嫁给了一个贫寒的农夫。埃勒克特拉名义上的丈夫尽管家境贫寒,在招待

---

① 译文选自[古希腊]亚里士多德:《修辞术》,颜一译,苗力田主编:《亚里士多德全集》(第九卷),中国人民大学出版社,1994 年,第 350 页。

客人时却表现出了主人应有的大方，反映了他高尚的品行。在这种场合下，农民才意识到缺少钱财带来的不便，在他看来，维持日常生活并不需要巨大的财富。事实上，农夫最终因其可贵的品行在福基斯收获了一笔丰厚的财产。① 这或许体现了欧里庇得斯对财富的看法，一方面，对于日常生活而言，无需拥有过多财富；另一方面，拥有高尚品行者不会永久贫困。选译文献据洛布古典文库，欧里庇得斯：《埃勒克特拉》(Euripides, Electra, 404 - 431.)。

【译文】

埃勒克特拉

可怜的人啊，你知道你自己家的贫穷，

为什么还要接待这些比你阔气的人呢？

农夫

怎样？——如果他们真像看上去那样高贵，

那么不论款待是否丰盛，他们都一样乐意去接受的。

埃勒克特拉

你既已犯错②，又这样贫穷，

那么还是去我父亲的早年好心的老保傅那儿去吧，

他被逐出城邦，在作为划分

阿尔戈斯和斯巴达疆土边界线的

塔纳奥斯河岸看管羊群。

叫他马上到这家里来，

为这些客人准备些肉食。

他必定喜乐，感谢神明，

当他听说他以前救出的孩子还活着的时候。

---

① Euripides, *Electra*, 1287.

② 指农夫如此贫困却要招待客人。

须知，从母亲的手里我是拿不到
父亲家里的任何东西的：如果那个坏女人得知奥瑞斯特斯还活着，
我们要后悔让她得到了这消息的。
农夫
既然你这样想，我就把你的口信
给那老人带去：不过你要赶紧进屋去，
准备妥当。一个女人只要愿意
就能找到很多东西使宴会更加丰盛。
再说，家里的确还有足够的食物
可供他们至少吃一天。
在这种情况下，正是在这类场合，
我注意到财富的巨大优势，
可以待客，用药医治身体
在生病的时候；但是就日常饮食而言，
它的作用不大。任何人，无论贫富，
只要能在饥饿的时候吃饱就行了。

（杨波辑录①）

Ⅺ.57

【题解】

赫拉克勒斯在冥府冒险时，忒拜的统治者吕科斯试图除掉他的孩子、父亲（安菲特律昂）和妻子，情况危急之时，赫拉克勒斯返回人间，意欲杀死对手，安菲特律昂劝说他不要操之过急。这里提及忒拜国王

① 译文选自[古希腊]埃斯库罗斯等：《古希腊悲剧喜剧全集》（第四卷），张竹明、王焕生译，译林出版社，2007年，第99—100页。

吕科斯的党羽只是名义上的富人,他们挥霍了自己的家财,企图挑起内讧掠夺邻人,似乎是在影射当时雅典一些没落的富人混在穷人中制造纷争。欧里庇得斯认为,财产流失、由富变贫的重要原因在于懒惰,而这些人是危害城邦安定的因素之一。选译文献据洛布古典文库,欧里庇得斯:《疯狂的赫拉克勒斯》(Euripides, *Madness of Hercules*, 588 - 594.)。

【译文】

安菲特律昂
国王有很多党羽,他们都是些
名义上还被认为是富人的穷人,
他们激起叛乱,损毁国土,
旨在掠夺邻人,他们自己的财产,
都因懒散而被浪费了,花光了。
你进入忒拜是有人看到的:既然你被看到了,
就不要让敌人集合起来,杀你个措手不及。

(杨波辑录①)

Ⅺ. 58

【题解】

七雄攻忒拜惨败后,阿尔戈斯国王阿德拉斯托斯把取胜的忒拜人比作一夜暴富的乞丐,狂傲不羁,最终遭受惩罚。可见傲慢狂妄也是个人或者城邦由盛转衰、由富变贫的重要原因之一,阿尔戈斯和忒拜均因此遭受了惨痛损失。选译文献据洛布古典文库,欧里庇得斯:《请愿的妇女》(Euripides, *Suppliants*, 739 - 744.)。

① 译文选自[古希腊]埃斯库罗斯等:《古希腊悲剧喜剧全集》(第四卷),张竹明、王焕生译,译林出版社,2007年,第275页。

【译文】

阿德拉斯托斯
埃特奥克勒斯提出议和时，
他的提议是公平的，但我们充耳不闻；
结果败亡了。现在，轮到他们兴旺发达了，
就像乞丐突然得到了财富，
他们狂傲了起来，于是卡德摩斯愚蠢的
后裔也在傲慢中重蹈覆辙。
啊，愚蠢的人们！

（杨波辑录）

Ⅺ.59

【题解】

《斐德罗篇》中柏拉图提到爱情会使人嫉妒他的恋人的财产，因为如果他的恋人富有，就会难以驾驭，他希望恋人的财产减少。选译文献据洛布古典文库，柏拉图：《斐德罗篇》（Plato, *Phaedrus*, 240A.）。

【译文】

如果这位少年拥有钱财家产或是其他财产，他就会认为这个少年不容易得到手，或是到手了也难以驾驭，因此他嫉妒他爱恋的人有财产，恋人的财富损失了他才高兴。进一步说，他希望他的恋人永远独身，终身没有妻子、儿子、家庭，这样他才能长久地享乐。

（杨波辑录①）

① 译文选自[古希腊]柏拉图著，王晓朝译：《柏拉图全集》（第二卷），人民出版社，2003年，第152页。

Ⅺ. 60

【题解】

卢修斯·喀提林的声誉响亮，出身高贵，是苏拉的支持者。他为了支持苏拉的野心，耗尽了家财，使得自己陷入贫困。选译文献据洛布古典文库，阿庇安：《罗马史》（Appian, *Roman History*, The Civil Wars, II. 2.）。

【译文】

盖约·喀提林[①]因为他的巨大声誉和高贵出身，是一个著名人物，但是也是一个疯狂的人，人们相信他杀害了自己的儿子，因为他和奥勒利亚·俄累斯提拉恋爱，而俄累斯提拉不愿和一个已经有了儿子的人成婚。他曾经是苏拉的朋友和热心的支持者。为了满足他的野心，他自己陷入贫困，但是他还是为强有力的男子们和妇女们所逢迎，他作为执政官的候选人，把这作为夺取专制政权的一个步骤。

（杨波辑录[②]）

Ⅺ. 61

【题解】

《请愿的妇女》所描述的故事发生于七雄攻忒拜失败后，阿尔戈斯王阿德拉斯托斯携请愿的妇女，前往厄琉息斯恳求雅典人帮助他们取回阵亡战士的尸体。与提修斯的对话中提到富人应同情穷人是明智的，穷人则应对富人投以羡慕的眼光，并以此激励自己。选译文献据洛布古典文库，欧里庇得斯：《请愿的妇女》（Euripides, *Suppliants*, 176 - 179.）。

---

① 此处应是“卢修斯”（Lucius）。

② 译文选自[古罗马]阿庇安：《罗马史》（下卷），谢德风译，商务印书馆，1997年，第104—105页。

【译文】

阿德拉斯托斯

富人同情穷人是明智的，

穷人对富人投以羡慕的眼光也是明智的，

有抱负的人，对财富的渴望或许会激励他：

因此，走好运的人也应该看到不幸。

（杨波辑录）

XI. 62

【题解】

苏格拉底认为应向贫困之人伸出援手而不是那些处境较好的人，因为他们的苦痛只要稍有缓解就会对施以援手的人报以最大的感激。事实上，一些雅典权贵富人确实会这样做，以达到收拢人心的目的，如客蒙就曾拆除自家院墙允许路人随意摘取院内果实充饥。这种行为客观上缓解了雅典贫富居民之间的矛盾。选译文献据洛布古典文库，柏拉图：《斐德罗篇》（Plato, *Phaedrus*, 233D－E.）。

【译文】

还有，假如说我们应该给予那些对我们要求最急迫的人以恩惠，那么在其他事情上我们也应该加以关照的，不是那些境况最好的人，而是最需要的人；因为他们摆脱了最大的痛疾，就会对我们抱有最深的感激。接下来，在举行私人宴会时，最应该被邀请的不是我们的朋友，而是乞丐和那些没饭吃的人，这样做的话他们会爱戴你，依赖你，蜂拥至你的门前，满怀高兴和感激，给你的头顶招来很多祝福。

（杨波辑录①）

① 译文选自［古希腊］柏拉图著：《柏拉图全集》（第二卷），王晓朝译，人民出版社，2003年，第234页。

Ⅺ. 63

【题解】

公元前87年,雅典倒向米特拉达提一边,打击意大利人和亲罗马派。此时在雅典掌握权力的是阿里斯兴,他曾学习过伊壁鸠鲁的哲学。阿庇安提到一些自称哲学家的人实际上卑微而贫贱,以哲学为借口蔑视财富和权势。选译文献据洛布古典文库,阿庇安:《罗马史》(Appian, *Roman History*, XII. V. 28.)。

【译文】

在这方面不只是他一个人,因为不仅雅典在他以前有克里斯提阿斯①和那些跟他一起建立暴君政治的同伴哲学家,而且在意大利有一些毕达哥拉斯派哲学家,在希腊世界的其他地方有些被称为"七贤"②的人,他们担任公务,统治人民,比普通的专制君主还要残暴些,成为更大的暴君。因此对于其他哲学家也产生了怀疑,他们是因为道德的关系而对哲学感兴趣呢?还是因为贫穷或是因为没事做而用哲学作安慰呢?因为我们现在见许多哲学家,微贱而贫穷,穿着哲学的服饰,把这作为必需的事情,痛骂那些富裕和有权势的人,这使他们得到名誉,不是因为蔑视财富和权势,而是因为嫉妒财富和权势。那么被我们说得很坏的人,在藐视这样的人的时候,表现得比他们聪明得多。读者应当把这些事情看作对哲学家阿里斯提安的批评,因为他的缘故,我说了这些话。

(杨波辑录③)

---

① 克里斯提阿斯,"三十僭主"中的一员。

② 公元前6世纪希腊"七贤"指雅典执政官梭伦、米利都哲学家泰勒斯、普赖伊尼的拜阿斯(Bias of Priene)、林度斯的克莱俄布卢(Cleobulus of Lindos)、斯巴达的奇伦(Chilon)、密提林僭主庇塔库斯(Pittacus of Mytilene)、科林斯僭主佩里安德(Periander)。

③ 译文选自[古罗马]阿庇安:《罗马史》(上卷),谢德风译,商务印书馆,1995年,第432—433页。

Ⅺ. 64

【题解】

罗马贫富公民间的矛盾逐渐激化时，格拉古试图推行土地改革，缓解两者之间的矛盾。他提醒富人在思考财富荣耀的同时也要注意危险，应顾及大义。穷人也应保持理智。当格拉古改革遭受挫折，其本人的安全也受到威胁时，穷人感到非常恐惧，担心会沦为奴隶。选译文献据洛布古典文库，阿庇安：《罗马史》(Appian, *Roman History*, The Civil Wars, I.)。

(1) Appian, *Roman History*, The Civil Wars, I. 11

【译文】

他夸大地陈述了一方面的光荣与财富，另一方面的危险和忧虑之后，他警告富人们要小心，为了实现这些希望起见，他们在必要时，应该把这些土地无代价地赠予那些生男育女的人，不应当因为争执小事儿忽略了大事，特别是因为，对于他们已经付出的任何劳力，他们已经得到了很大的补偿，因为他们每个人，不花任何代价取得了500尤格耕种得很好的自由土地的无可争辩的所有权，如果他们有儿子的话，每个儿子又可以得到一半这样多的土地。他又说了许多同样意义的话，鼓动贫穷的人和其他为理智所感动而不是想求得利益的人之后，他命令书记官宣读他提出的法案。

(杨波辑录①)

(2) Appian, *Roman History*, The Civil Wars, I. 15.

【译文】

贫苦的人，当他们有时间思索的时候，都感到很深的忧虑，一则是因为他们自己的缘故，因为他们相信，他们将不会再在平等的法律下

① 译文选自[古罗马]阿庇安：《罗马史》(下卷)，谢德风译，商务印书馆，1997年，第11页。

自由地生活下去，而会被富人降到奴役的地位；一则是因为格拉古本人的缘故，因为他为了他们的利益而有这样的恐惧和痛苦，所以在黄昏的时候他们都含着眼泪跟他回到他的家里，请他明天把勇气拿出来。

（杨波辑录①）

Ⅺ. 65

【题解】

屋大维本人很得民心，且民众希望从他那里分得财富。利用手中的财富收买民心是富人争取权力的重要手段之一，这种慷慨或许在客观上缓解了贫民对富人的敌对态度。选译文献据洛布古典文库，阿庇安：《罗马史》（Appian, *Roman History*. The Civil Wars, III. 21.）。

【译文】

当这个匆忙的行动使安东尼对他的敌视更加显著，元老院马上决议审查国家财政账目的时候，大多数人对于少恺撒产生了畏惧心理，因为士兵们和平民对他的父亲有好感，因为民众盼望分得金钱，他本人目前也很得民心，又因为这样巨大的财富落在他的手中，许多人认为他不会长久安于普通公民的地位。但是他们最担心安东尼会使著名而富有的少恺撒在他自己的控制之下，紧握着过去老恺撒把持的最高主权。

（杨波辑录②）

① 译文选自［古罗马］阿庇安：《罗马史》（下卷），谢德风译，商务印书馆，1997年，第14页。

② 译文选自［古罗马］阿庇安：《罗马史》（下卷），谢德风译，商务印书馆，1997年，第249页。

Ⅺ. 66

【题解】

屋大维为争取民众支持，把拍卖财产得来的财富分给那些来得早的人，并且在拍卖时，尽量以低价卖出，这些财富包括恺撒的遗产、从母亲那里继承的全部财产等等。屋大维因此得到了民众的怜悯与同情，在民众支持方面取得了对安东尼的优势。选译文献据洛布古典文库，阿庇安：《罗马史》（Appian, *Roman History*, The Civil Wars, III. 23.）。

【译文】

在另一方面，屋大维想争取群众到他自己这一边来，把他从拍卖他的财产所得来的金钱轮流分配给各个部落的首领，要他们把金钱分给那些来的最早的人，他在他的财产拍卖的地方到处跑动，命令拍卖的人对一切东西尽可能宣布最低的价格，一则是因为诉讼案件悬而未决，这些财产时靠不住的，有丧失的风险；一则是因为他自己是仓促从事。这一切行动使他得到人们的爱戴与同情。认为他是不应当受到这种虐待的。除他从恺撒那里继承的财产外，他又拍卖他自己的从他父亲屋大维那里得来的财产和他从其他来源得到的财产，还有他母亲和腓力的全部财产，以及他向佩迪乌斯和皮纳留斯请求的他们那一份财产，以便把所得金钱分配给民众，因为就清算的结果而言，恺撒的财产做这件事也不够了，于是民众认为这已经不是老恺撒的赐予了，而是少恺撒的赐予了，他们因为他所忍受的以及他立志想作的一切，深深地怜悯和称赞他，明显，他们不会在容忍安东尼对他侮辱了。

（杨波辑录①）

---

① 译文选自[古罗马]阿庇安：《罗马史》（下卷），谢德风译，商务印书馆，1997 年，第 251—252 页。

Ⅺ.67

【题解】

《安提戈涅》的情节与俄狄浦斯的两个儿子波吕涅克斯和埃忒奥克勒斯争夺忒拜王权有关。埃忒奥克勒斯长期霸占王位不愿归还兄长，流亡的波吕涅克斯则引七支阿尔戈斯军队攻打忒拜，结果在决斗中两人杀死了对方。他们的舅父克瑞翁继承王位，克瑞翁厚葬埃忒奥克勒斯，并下令禁止掩埋波吕涅克斯的尸体。当看守人发现波吕涅克斯的遗体已被人埋葬时，克瑞翁盛怒，认为是有人收取金钱后做了此事。这里反映了索福克勒斯对钱财的看法，认为金钱容易扭曲人的本性，使人变得狡猾奸诈。凡人拥有过多的财富并不值得称赞。选译文献据洛布古典文库，索福克勒斯:《安提戈涅》(Sophocles, *Antigone*, 293－301.293－301.)。

【译文】

克瑞翁

我保证，他们用钱贿赂了我的看守人，
在人间出现后流行起来的东西里，
最坏的就是金钱。金钱能够毁灭
城市，能把人们赶出自己的家园；
引诱和扭曲纯真的本性，
让人们养成狡诈的习惯。

（杨波辑录）

Ⅺ.68

【题解】

欧里庇得斯的《陶里克的伊菲革涅亚》，讲述了希腊军队出征特洛伊前，气候恶劣，舰队航行受阻，先知卡尔卡斯宣布神谕，需献祭统帅阿伽门农之女伊菲革涅亚方能顺利出征，举行燔祭之前，阿尔忒弥斯将伊菲革涅亚救走，安置在陶里克人的土地上做祭司，负责“献祭踏上这片土地的希腊人”。[1] 偶遇受命于阿波罗，前来盗取阿尔忒弥斯神像送往雅典的弟弟奥瑞斯特斯，他因杀母而被复仇女神追赶，迷乱中被陶里克人捕获，伊菲革涅亚起初以为他们只是因为贪图钱财才到这里的。剧中提到对财富的追求应保持节制，对财物的贪欲只能带来灾祸。选译文献据洛布古典文库，欧里庇得斯：《伊菲革涅亚在陶里克》(Euripides, *Iphigenia in Taurica*, 408－420.)。

【译文】

歌队(第一曲次节)
松木船桨左右两边划开海浪，
让海风吹着船帆，
他们掠过起伏的海浪，
是为了寻找财富堆积在家里吗？——
须知那诱人的希望会给人带来灾祸，
他们永不知足，
运载着大量财物
在海浪中漂流，驶往异邦人的城邦，
被这希望所引诱：——对于财富
有的人贪得无厌，有的人则保持节制。

(杨波辑录)

Ⅺ. 69

【题解】

面对斯巴达国王墨涅拉奥斯无理支持女儿处死自己和孩子的行

① Euripides, *Iphigenia in Taurica*, 1－41. 陶里克即现在的克里米亚地区。

为,安德洛玛刻斥责他不配拥有美名,只是相较于常人更加富有,进而斥责斯巴达人贪图财富,多为背信弃义之人。欧里庇得斯在这里借安德洛玛刻之口抨击雅典的敌人斯巴达,同时反映了贫富与人的德性智慧无关,而贪图财富的行为是卑劣的。选译文献据洛布古典文库,欧里庇得斯:《安德洛玛刻》(Euripides, *Andromache*, 445－453.)。

【译文】

安德洛玛刻

在众人眼中你们是最遭人憎恶的,
斯巴达人,背信弃义,
谎言之王,诡诈之网的编织者,
思想扭曲,从没有良好的德性,一点也不真诚,——
你们不配在希腊这么交好运!谋杀?
你们中什么事没有?——卑劣地
贪图财富?嘴上说一套
心里想着另一套,不断被人识破,
愿毁灭抓住你们!

(杨波辑录)

Ⅺ. 70

【题解】

伊翁的生父是阿波罗,母亲是雅典公主克瑞乌萨。他出生后不久遭母亲抛弃,后由阿波罗神庙的女祭司抚养长大。遵照阿波罗神谕,克瑞乌萨的丈夫克苏托斯认伊翁为子,伊翁从一个隶属于神庙的侍者变为了雅典国王权力和财富的继承人,此时,伊翁提到自己并不渴求权力和财富,财富应该适中。正如他在《希波吕托斯》中指出的"凡事适可而止，切莫过头”。① 选译文献据洛布古典文库，欧里庇得斯：《伊翁》(Euripides, *Ion*, 621 - 632.)。

【译文】

伊翁

君权，常常被错误的称赞，
它表面上很迷人，面纱之下
却是痛苦。在担惊受怕侧目提防中
度过自己的一生，这样的人
有谁能是幸福快乐的呢？不，我宁愿
过默默无闻的快乐的生活，也不愿做一个尊贵的王子——
喜欢和坏人交朋友，
憎恨好人，总是担心被杀害。
“啊”，你也许会说，“黄金可以解决所有这些问题，
财富是甜蜜的。”但是我要在手中紧握钱财——
在它的重担下呻吟，耳朵里听人骂吗？
我愿有适中的财富，无忧无虑。

（杨波辑录）

XI. 71

【题解】

《安提戈涅》中报信人告知克瑞翁和安提戈涅双双离世的消息时，提到相比于财富，快乐更加重要。克瑞翁击败来犯之敌，是忒拜的最高统治者，拥有享之不尽的财富，本应过着令人羡慕的生活，但是在命运的主使下，克瑞翁失去了自己的儿子、儿媳和妻子，晚年孤独而凄凉。这里同样能够反映索福克勒斯的财富观，荣华富贵远不及快乐的

① Euripides, *Hippolytus*, 264 - 266.

生活重要。选译文献据洛布古典文库，索福克勒斯：《安提戈涅》(Sophocles, *Antigone*, 1160－1170.)。

【译文】

报信人
没有人能够预言凡人的命运。
我认为克瑞翁本是令人羡慕的。
他击败了敌人，
拯救了卡德摩斯的土地，获取了这个地方的
君主权力和城邦的最高统治权，
还幸运地生了一些高贵的孩子。
但如今这一切都消失了，因为，如果一个人的生活
失去了快乐，我认为他不过是一具活着的尸体罢了。
你可能会告诉我他有很多财富，
过得和国王一样威风浮华；但是如果
这些都不能给我带来快乐，那么我甚至不愿拿
烟雾下的影子去换取这些财富和权力，我宁可要快乐。

(杨波辑录①)

Ⅺ. 72

【题解】

在欧里庇得斯的悲剧《奥瑞斯特斯》中，奥瑞斯特斯最终完成复仇，杀死了母亲和她的奸夫。他的反对者说服阿尔戈斯民众判处奥瑞斯特斯死刑，奥瑞斯特斯向叔父墨涅拉奥斯寻求帮助，提到性命远比财富更珍贵。选译文献据洛布古典文库，欧里庇得斯：《奥瑞斯特斯》

---

① 译文选自[古希腊]埃斯库罗斯等：《古希腊悲剧喜剧全集》(第二卷)，张竹明、王焕生译，译林出版社，2007年，第316—317页。

(Euripides, *Orestes*, 640 - 645.)。

【译文】

奥瑞斯特斯

现在我要说了。多说点

比少说点好,听的人可以把意思理解得更明白。

墨涅拉奥斯,我不要你给我任何你自己的东西:

只要你偿还过去从我父亲这里得到的好处。

我不是指财宝,如果你救了我的性命,

这是我最珍爱的东西,我要这"财宝"。

(杨波辑录①)

Ⅺ. 73

【题解】

《疯狂的赫拉克勒斯》中欧里庇得斯提到青春公平地对待穷人和富人,相较于财富,青春更值得珍惜。选译文献据洛布古典文库,欧里庇得斯:《疯狂的赫拉克勒斯》(Euripides, *Madness of Hercules*, 643 - 649.)。

【译文】

歌队(第一曲首节)

不论是亚细亚国王

拥有的财富;

还是藏满黄金的厅堂,

我都不愿拿青春去交换——

青春,对于拥有大片庄园的人而言是最公正的珍宝,

① 译文选自[古希腊]埃斯库罗斯等:《古希腊悲剧喜剧全集》(第三卷),张竹明、王焕生译,译林出版社,2007年,第156页。

对于卑微的人而言也是最公正的！我憎恶
年岁，黑暗伴随着死亡的脚步正在赶来。

（杨波辑录）

Ⅺ.74

【题解】

《请愿的妇女》中他借阿德拉斯托斯之口再次强调，生命重于财富，因为财富可以失而复得，生命却不能。选译文献据洛布古典文库：《请愿的妇女》(Euripides, *Suppliants*, 771－777.)。

【译文】

阿德拉斯托斯
我想这是她们在教会我哭泣。
算了：我举起手来迎接死者，
眼睛淌着泪水，倾吐悼亡之歌，
呼唤我爱的人，我失去了他们——啊，可怜的我！
孤独地哭泣：因为生命于人
是唯一失去了无法重新获得的
东西，虽然财富可以复得。

（杨波辑录[①]）

Ⅺ.75

【题解】

与大多数古代希腊作家相似，柏拉图笔下的苏格拉底反对人们一味地追求财富，而应该注重如真理、美德等更为长久的东西。这一点

---

① 译文选自［古希腊］埃斯库罗斯等：《古希腊悲剧喜剧全集》(第四卷)，张竹明、王焕生译，译林出版社，2007年，第210页。

鲜明地反映在他的《申辩篇》等篇章中。选译文献据洛布古典文库，柏拉图：《申辩篇》(Plato, *The Apology*, 29D－E.)。

【译文】

如我所说，假定你们愿意在这些条件下判我无罪，那么我会这样答复你们，雅典人啊，我尊重和热爱你们，但是我宁愿服从神而不是服从你们，只要我还有生命且能够继续下去，我就永远不会停止实践哲学，也不会停止规劝你们，向你们中我可能遇到的任何一个人阐明真理，用我通常的方式继续说："最卓越的人，你是一名雅典公民，属于这个因其智慧和力量而著称的最伟大的城市，你只注重尽力获取金钱、名声和荣誉，而不是注意或思考智慧、真理和灵魂的完善，难道不感到羞耻吗？"

（杨波辑录①）

Ⅺ. 76

【题解】

柏拉图的《申辩篇》中，苏格拉底认为相较于身体和财富，人们更应该关注美德(善)，即一种灵魂层面的完善，因为美德(善)可以给个人或者城邦带来财富和好处，反之却不能。他不仅这样劝诫城邦公民，也要求自己死后这样教育自己的儿子。选译文献据洛布古典文库，柏拉图：《申辩篇》(Plato, *The Apology*, 30A－B.)。

【译文】

因为我把自己所有的时间都花在劝导你们身上了，不论老幼，使你们首要的、第一位的关注不是你们的身体或财产，而是你们灵魂的完善；我告诉你们财富不会带来美德(善)，但是美德(善)可以给人带

① 译文选自[古希腊]柏拉图：《柏拉图全集》(第一卷)，王晓朝译，人民出版社，2003年，第18页。

来财富和其他各种有益的东西，既有对于个人的，又有对于城邦的。

（杨波辑录[1]）

Ⅺ. 77

【题解】

《斐多篇》中，苏格拉底提出灵魂是不朽的，因此它能领悟到美、善等永恒的东西，也能够认识神灵。但是未经哲学实践的灵魂是不纯洁的，因为人的灵魂总是受到躯体种种欲望的禁锢。选译文献据洛布古典文库，柏拉图：《斐多篇》（Plato, *Phaedo*, 68B－C.）。

【译文】

"所以，如果你们看到某人临死时悲哀，"苏格拉底说，"那就足以证明他不是智慧的热爱者，而是身体的热爱者。实际上，这样的人也还热爱钱财和名誉，热爱其中之一，或两者都爱。"

（杨波辑录[2]）

Ⅺ. 78

【题解】

苏格拉底提到未经哲学实践的灵魂不会绝对纯洁，因此要抵制身体的一切欲望，以防止它们对灵魂的侵蚀，而不是像普通人为了节省财富、争夺权力而节制自己的欲望。选译文献据洛布古典文库，柏拉图：《斐多篇》（Plato, *Phaedo*, 82C.）。

---

① 译文选自[古希腊]柏拉图：《柏拉图全集》（第一卷），王晓朝译，人民出版社，2003年，第18页。

② 译文选自[古希腊]柏拉图：《柏拉图全集》（第一卷），王晓朝译，人民出版社，2003年，第66页。

【译文】

“但是未实践哲学的灵魂离开肉体的时候不是绝对纯洁的，这样的灵魂没有一个能获得神圣的性质，只有知识的爱好者才行。亲爱的西米亚斯和克贝，这就是为什么真正的哲学家要禁止一切身体的欲望，要抵抗欲望不向它们投降的原因。这样做不是因为担心耗费金钱和财产，像是那些热爱钱财的普通人，也不是因为他们害怕不名誉和羞耻，像是那些热衷于争夺荣誉和权力的人，他们脱离了这些。”

（杨波辑录[①]）

Ⅺ. 79

【题解】

在色诺芬的《经济论》中，苏格拉底和富农伊斯霍玛霍斯谈及为何“在那些既聪明又谨慎的人中，神也把繁荣赐给一些人，而不把繁荣赐给另一些人”，苏格拉底提到高尚品行的重要性，即使是一匹马，拥有健全的精神也会被认为是一匹好马，伊斯霍玛霍斯同样认为应该“以公正的方式来增加”自己的财富。选译文献据洛布古典文库，色诺芬：《经济论》(Xenophon，*The Oeconomicus*，Ⅺ.3－6.)。

【译文】

“‘关于这一点’，我说：‘我怎么敢于责备一个完美的高尚的人呢，人们都认为我是一个把头悬在半空中夸夸其谈的人，人们用最没有意义的辱骂说我——一个穷乞丐。我告诉你，伊斯霍玛霍斯，如果不是在前两天碰到外邦人尼西阿斯的一匹马，这个臭名声真的要让我心灰意冷了。那天我看到一群人跟着一匹马后面一边走一边看，我还听见

① 译文选自[古希腊]柏拉图：《柏拉图全集》(第一卷)，王晓朝译，人民出版社，2003 年，第 87 页。

其中有人滔滔不绝地谈论它。我就走在马夫跟前,问他是不是这匹马有很多财产。马夫看着我,认为我发疯了,才会问这样的问题;他问我一匹马怎么可能有财产。听到这里,我清醒了,因为他的回答说明:即使是一匹穷马,只要造物主给它以健全的精神,就有可能成为一匹好马。所以,你不妨假设我也是一个好人,详细告诉我你所做的事儿,这样,只要我能够理解,我从明天早晨起就可以以你为榜样学习,因为明天是一个开始做好事的好日子。'"

(杨波辑录①)

Ⅺ. 80

【题解】

《斐德罗篇》中斐德罗极力称赞作家吕西阿斯的作品,当苏格拉底要求他背诵这篇文章时,斐德罗认为这要求超出了自己的能力范围,相比于金钱他更想得到这种才华。可见在斐德罗看来,财富的重要性远不及自己渴望得到的才华或技艺。选译文献据洛布古典文库,柏拉图:《斐德罗篇》(Plato, *Phaedrus*, 228A.)。

【译文】

斐德罗

你这是什么意思,我亲爱的苏格拉底?你难道指望像我这样的,一个平淡无奇的人,要依靠记忆背诵这篇文章,这种方式会配得上吕西阿斯?他是当今最有才华的作家,为了写这篇文章花了很长的闲暇时间。这远超过了我的能力,我宁可拥有这种才华而不要发财。

(杨波辑录)

---

① 译文选自[古希腊]色诺芬:《经济论 雅典的收入》,张伯健、陆大年译,商务印书馆,1981年,第36—37页。

Ⅺ.81

【题解】

《特拉基斯少女》中歌队安慰因为丈夫远行而忧心忡忡的德阿涅拉①时，提到不论苦难还是幸福，财富或是贫困都不会永久，随时会发生转变。选译文献据洛布古典文库，索福克勒斯：《特拉基斯少女》(Sophocles, *Trachiniae*, 131－140.)。

【译文】

歌队

星光之夜随着拂晓到来逐渐消散；
快乐跟随着苦痛。
今天你倍感伤心，
却也会有人感到开心。
收益与损失总是交替出现；
在某种情况下，零才是永恒的：
好好想想，我的王后，不要
让你的精神陷入烦恼。
告诉我，你曾见过
宙斯如此不关心他的儿女？

（杨波辑录）

① 德阿涅拉是卡吕冬(Calydon)公主，深受河神阿刻洛俄斯(Achelous)追求之苦，赫拉克勒斯在摔跤比赛中击败河神，并迎娶了德阿涅拉。也有说法认为德阿涅拉是国王德克斯门诺斯(Dexamenus)之女，赫拉克勒斯占有了她并答应在冒险结束后回来娶她，赫拉克勒斯远离时，半人马欧律提翁(Eurytion)要求德阿涅拉做他的妻子，德克斯门诺斯由于恐惧同意了，婚前赫拉克勒斯返回，击杀欧律提翁，迎娶德阿涅拉。

Ⅺ. 82

【题解】

俄狄浦斯之子波吕涅克斯在岳父的支持下，率阿尔戈斯军队围攻由其兄弟统治的忒拜城，母亲伊奥卡斯特劝诫他不要过于重视权力和财富，这只是徒有虚名。在欧里庇得斯的作品中，权力和财富常常同时出现，财富可以换来权力，掌握权力的人一般是富人；权力也可以带来财富，使身居高位者更加富有，甚至可以说权力就是财富的一种。凡人拥有的财富本质上都是属神的，不会永久，随时可能失去。选译文献据洛布古典文库，欧里庇得斯：《腓尼基妇女》(Euripides, *Phoenician Maides*, 549 - 558.)。

【译文】

伊奥卡斯特

你为何过分得重视王权——

这不义的权力——掂量一下这是美好的事物吗？

是值得崇敬的财宝吗？不是的，这是虚荣。

你想吃很多苦聚集很多财富到你的家里？

这对你有何益处呢？——徒有虚名罢了；

对于明白人够吃就可以了。

凡人并没有自己的财产，

我们只是在代管神的所有物罢了：

他们什么时候想要就又拿回去了。

财富是不会永久的。

（杨波辑录）

Ⅺ. 83

【题解】

美狄亚成功实施复仇计划后，报信人向她描述当时的场景。带毒的长袍杀死了伊阿宋的新娘科林斯公主和她的父亲。目睹此景，欧里庇得斯借报信人之口说道，凡人的运气不会长久，财富也无法带来快乐。选译文献据洛布古典文库，欧里庇得斯：《美狄亚》(Euripides, *Medea*, 1222－1230.)。

【译文】

报信人

你该做的事我不替你考虑：
你必须自己想办法来逃避惩罚。
但是已经不止一次了，我把人生视为幻影，
我不怕说，那些看似聪明的人
和那些能说会道的人，
这些人会受到所有人中最沉重的惩罚；
因为凡人中没有一个是幸福的。
也许洪流般滚滚而来的财富能使人
比他的邻人更兴旺：但他快乐吗？不！

（杨波辑录）

Ⅺ. 84

【题解】

特洛伊失守前，普里阿摩斯把小儿子波吕多洛斯和大量黄金送至色雷斯的波吕墨斯托尔那里，希望他能保护波吕多洛斯。但波吕墨斯托尔杀死波吕多洛斯，独自一人占有了黄金。得知幼子被杀，被俘的王后赫卡柏设计复仇。垂涎财富的波吕墨斯托尔受珍宝的引诱进入被俘妇女帐中，结果被刺瞎双目，两个年幼的孩子也因此丧命，阿伽门农将其弃至荒岛。贪得无厌、取财无道者终将会遭受惩罚，失去他的不义之财。选译文献据洛布古典文库，欧里庇得斯：《赫卡柏》(Euripides, *Hecuba*, 712－720.)。

【译文】

歌队长

哎呀，是这样吗？他为了要黄金把你的儿子杀了吗？

赫卡柏

啊，真是一件无法言传无法名状，超乎想象！

亵渎神灵，难以忍受的事情！哪还有友谊和真理？

啊，这可咒的人，你是如何割开

他的皮肉的！当我的孩子手脚在颤动时，你的刀怎么没有一丝怜悯呢！

你就这样把他斩杀了。

（杨波辑录）

Ⅺ. 85

【题解】

被俘的特洛伊王后赫卡柏在控诉波吕墨斯托尔的罪行时提到，特洛伊沦陷后贪得无厌的波吕墨斯托尔杀害了她的幼子波吕多洛斯，将黄金据为己有，还谎称是希腊人的朋友。责问他为何不把黄金分给这些远离故土、正缺钱的人，最终落的一无所有，然而，假如他很好地保护了波吕多洛斯，那么他有权使用这些财富。这说明，良善者不会永久贫苦，卑劣者的财富不能长久。选译文献据洛布古典文库，欧里庇得斯：《赫卡柏》(Euripides, *Hecuba*, 1200－1232.)。

【译文】

赫卡柏

蛮族人怎么可能成为希腊人的朋友呢?
绝不可能。可是你这么热心
是为了什么呢?——是打算迎娶他的女儿吗?
还是因为同宗?——或是有什么私人原因吗?
或者是不是他们想要花费时间航海回来
毁坏你的庄稼?你这话能说服谁?
是那黄金——假如你想说真话——
使你谋杀了我的儿子:因为你贪得无厌。
现在请回答我,当特洛伊一切顺利,
她周围的城墙还安然无恙,
普里阿摩斯还活着,赫克托尔的长矛还能取胜的时候,
那个时候你为什么不呢,既然你想获得国王的谢意,
孩子也寄养在你的家里,
你不杀了他,或者活着送到希腊人那里?
相反,等我们离开了阳光,
狼烟表明城邦已落入敌手,
你杀了投奔你家灶火的客人。
为了进一步证明你的卑劣,请你听着:
如果你是阿该亚人的朋友,
你应该把你说不曾占据而是替人保管的黄金拿来,
送给那些长期远离故土,
正缺钱用的穷人啊!
但是你还是不能下决心
松开你的手;固执地把金子存放在自己家中。
如果你好好的抚养保护我的儿子,

像你应该做的那样，你就会有好名声；
因为在逆境中可以最清楚地看到有德的朋友
人在幸运时总是不缺朋友的。
如果你缺钱，我的儿子是富裕的，
他本可以成为你支取的巨大宝库：
但是如今你没有我的儿子作朋友，
黄金的利益不见了，你的儿子们也不见了，——
你本人也落得这般地步。

（杨波辑录①）

Ⅺ. 86

【题解】

人不应通过暴力夺取他人财物，而应该逐步积累，非法得来的钱财应当舍弃，即财富要取之有道。选译文献据洛布古典文库，欧里庇得斯：《海伦》(Euripides, *Helen*, 903 - 908.)。

【译文】

海伦
[须知，神憎恨暴力强迫，他叮咛
所有的人安分守己，不可强抢。
非法得来的财富必须舍弃！
因为天和地属人类共有的，
人们应该在自己家里积蓄

① 译文选自[古希腊]埃斯库罗斯等：《古希腊悲剧喜剧全集》(第三卷)，张竹明、王焕生译，译林出版社，2007年，第306—308页。

而不是以暴力手段占有或掠夺他人的财富。][1]

(杨波辑录[2])

Ⅺ. 87

【题解】

欧里庇得斯的《海伦》中，由墨涅拉奥斯的报信人提到，占卜无法让懒惰者获得财富，预言占卜具有不可靠性。选译文献据洛布古典文库，欧里庇得斯：《海伦》(Euripides, *Helen*, 753 - 757.)。

【译文】

报信人

那么我们为什么还要占卜呢？应该带着牺牲
向诸神祈求祝福：抛开预言占卜
它们不过是为人生设下的诱饵：
没见过哪个懒惰的人靠占卜得到了财富。
明智多谋和谨慎小心，才是最好的先知。

(杨波辑录[3])

---

① 大多数校订者，如丁多尔夫(Dindorf)、巴德汉姆(Badham)和瑙克(Nauck)，认为903至908行系后人插入的，应当删除。也有学者认为第906至908行或许是旁注混入正文者，应只删减第905行，"非法得来的财富必须舍弃"。参见[古希腊]欧里庇得斯：《欧里庇得斯悲剧集》(二)，周启明、罗念生译，人民文学出版社，1957年，第289页。

② 译文选自[古希腊]埃斯库罗斯等：《古希腊悲剧喜剧全集》(第三卷)，张竹明、王焕生译，译林出版社，2007年，第607页。

③ 译文选自[古希腊]埃斯库罗斯等：《古希腊悲剧喜剧全集》(第三卷)，张竹明、王焕生译，译林出版社，2007年，第595页。

Ⅺ. 88

【题解】

赫拉克勒斯前往冥府完成最后一项劳役时，忒拜的统治者吕科斯试图除掉他的孩子、父亲（安菲特律昂）和妻子，赫拉克勒斯及时返回，杀死吕科斯。在这样的背景下，歌队唱到通过金钱得来不义的权力，只能加快人的毁灭。选译文献据洛布古典文库，欧里庇得斯：《疯狂的赫拉克勒斯》（Euripides, *Madness of Hercules*, 772–780.）。

【译文】

歌队（第二曲次节）

啊，众神封盖了不义的毁灭，也揭示了
正义，他们永无休止地布局。
黄金和幸运，带来了不正当的权力，
如同挽具控制着他们，用愚蠢的虚荣
急匆匆地将凡人毁灭：——
他胜过律法，放纵非法；
他的内心也不愿去
留心结局——瞧，他幸福的车子
在黑暗中撞得粉碎！

（杨波辑录）

Ⅺ. 89

【题解】

克吕泰莫斯特拉杀害丈夫阿伽门农后，为了防止女儿埃勒克特拉与有实力的贵族结合，伺机为父报仇，把她嫁给了一个贫寒的迈锡尼农夫，尽管穷困潦倒，这位农夫却有着高尚的品行，本着节制的原则，维持着埃勒克特拉的清白。在《埃勒克特拉》中，以这位农夫为代表，欧里庇得斯多次强调人的品行优劣和贫富没有必然联系。选译文献据洛布古典文库，欧里庇得斯：《埃勒克特拉》（Euripides, *Electra*, 367－400.）。

【译文】

奥瑞斯特斯

瞧，没有清楚的标尺，一量而知人的价值：
因为凡人的本性是混乱令人困惑的。
例如，我曾看见过高贵父亲生的儿子
一文不值，也曾有坏人生了好儿子，
同样，我看见过有的富人精神贫乏，
而有的穷人身体里却藏着一颗伟大的心灵。
那么我们应该怎样来正确的辨别判断呢？
凭财富？——这是个用起来很糟的标准。
还是凭一无所有？——不，贫穷
有个缺点，使人们因需要而变恶。
那么我应转向武力吗？——那么谁又能
只看一眼长矛，就能发誓说哪支长矛的主人是勇敢的呢？
最好还是丢开这些事情由它们自己去吧！
你看，这个汉子不是一个阿尔戈斯的大人物，
也没有高贵门第可以自夸，
但是置身于多数人之中——已经证明是个至善的人！
学聪明点，你们这些满脑子空想
走错了门的人：还不按照谈吐来判断
人，甚至通过日常行走来辨认高贵者。
因为能管理好城邦和家庭的正是这种人：
而那些没有智慧的肉体不过是
市场上的雕像罢了。因为有力的臂膀

并不比弱的臂膀更能抵挡兵刃；
因为这靠的是天赋的勇气。
但是——我们为之而来的阿伽门农的儿子，
不论在这里还是不在这里，——
我们就接受这片屋顶的庇护吧，哦，仆人们
进屋吧。对我而言，一个热情迎客
的主人，尽管穷，也比一个富人更叫我欢喜！
因此我感谢这汉子的食宿接待；
虽然我更希望你的兄弟交好运，
领我到他交好运的家里去。
他或许马上就到，因为洛克西阿斯[1]的神谕
从未失效。虽然我不愿接受凡人的预言。

（杨波辑录[2]）

Ⅺ. 90

【题解】

伊奥拉奥斯以及赫拉克勒斯的子女得到了雅典人庇护，由此引发阿尔戈斯国王欧律斯透斯不满，双方发生冲突。赫拉克勒斯的侄子和战友——年长的伊奥拉奥斯再次披挂上阵。这里提到人们常常以为富人充满勇气、知晓一切，不过是谬误。一方面，富裕之家的子嗣能够接受更好的教育和训练，因此常被人们认为更富勇气和智慧；另一方面，欧里庇得斯也在提醒世人，许多富人名不副实，财富并不等于勇气和智慧。选译文献据洛布古典文库，欧里庇得斯，《赫拉克勒斯的儿女》(Euripides, *Children of Hercules*, 740 - 747.)。

---

① 洛克西阿斯(Loxias)是对阿波罗的另一种称呼，突出其预言能力。

② 译文选自[古希腊]埃斯库罗斯等:《古希腊悲剧喜剧全集》(第四卷)，张竹明、王焕生译，译林出版社，2007 年，第 97—98 页。

【译文】

伊奥拉奥斯
哦，我的胳膊啊，但愿你像我记得
你在我年轻是那样有力，当你与赫拉克勒斯一起
攻打斯巴达，愿你现在也能这样
援助我！看我怎样击溃
欧律斯透斯——须知他怯懦害怕长矛！
富有者有勇敢的名声，
这其中存在谬误：因为我们常常认为
享有荣华富贵者知晓一切。

（杨波辑录①）

Ⅺ. 91

【题解】

《请愿的妇女》中提到阿尔戈斯英雄埃特奥克洛斯虽然并不富有，却受人尊敬。他拒绝友人馈赠的财富，以免自己因此受到掣肘。选译文献据洛布古典文库，欧里庇得斯：《请愿的妇女》（Euripides, *Suppliants*, 871－880.）。

【译文】

阿德拉斯托斯
接下来我要说到，
埃特奥克洛斯，荣耀，他也十分卓越。
他是一个年轻人，生活并不富裕，
但是在阿尔戈斯的土地上很受尊敬；

① 译文选自[古希腊]埃斯库罗斯等：《古希腊悲剧喜剧全集》（第四卷），张竹明、王焕生译，译林出版社，2007年，第50页。

朋友们不止一次馈赠他黄金，
他都不收，免得自己做人
受到羁轭，成为钱财的奴隶。
他不恨城邦，只憎恨做坏事的人；
如果城邦因为一个坏领袖而得了恶名，
它自身是不应被指责的。

（杨波辑录①）

Ⅺ.92

【题解】

提修斯之子希波吕托斯不敬爱神阿芙洛狄忒，引起女神不满，使提修斯的妻子菲德拉爱上了希波吕托斯，却被拒绝。菲德拉蒙羞自杀，留下遗书诬陷希波吕托斯对她不轨。提修斯看到遗书气急败坏，决定放逐希波吕托斯，并用波塞冬的诅咒处死了他。剧中提到双亲的恶名会影响子嗣的生活，不论他的地位高低、财富多寡。选译文献据洛布古典文库，欧里庇得斯：《希波吕托斯》(Euripides, *Hippolytus*, 419 - 425.)。

【译文】

菲德拉
朋友们，我正要为此去死，
好叫我永远不会被发现有辱自己的丈夫
和我所生的儿子们：让他们有言论自由地
富有的居住在光荣的
雅典城，不会因为我而见不得人。

① 译文选自[古希腊]埃斯库罗斯等：《古希腊悲剧喜剧全集》(第四卷)，张竹明、王焕生译，译林出版社，2007年，第217—218页。

一个无论多么坚强的人都会低下头来，
当他知道自己的父亲或母亲的恶行时。

（杨波辑录①）

Ⅺ. 93

【题解】

欧里庇得斯的《埃勒克特拉》中，老人提醒奥瑞斯特斯，要找到能分担你的苦难如同分享你的财富一般的朋友并不容易。富有者身边不乏同甘之人，却少有共苦的朋友。选译文献据洛布古典文库，欧里庇得斯：《埃勒克特拉》（Euripides, *Electra*, 605 - 611.）。

【译文】

老人
啊，孩子呀，你身处逆境没有朋友。
但是这就像深埋于地下的宝藏一般，是个罕见的事儿，
那人要像分享你的富贵一样分担你的忧患。
你已完全没有了朋友
也没有剩下什么希望，但还是相信我，
要全靠你自己的运气和你自己的手
去取回你父亲的宫殿和城邦。

（杨波辑录）

Ⅺ. 94

【题解】

《腓尼基妇女》中，通过俄狄浦斯的母亲、妻子伊奥卡斯特和流亡

① 译文选自[古希腊]埃斯库罗斯等：《古希腊悲剧喜剧全集》（第四卷），张竹明、王焕生译，译林出版社，2007 年，第 560—561 页。

的儿子波吕涅克斯的对话，反映出患难中，金钱比高贵的出身更重要，因为没人会帮助出身高贵却变得贫穷的人。选译文献据洛布古典文库，欧里庇得斯：《腓尼基妇女》（Euripides，*Phoenician Maides*，400－406.）。

【译文】

伊奥卡斯特

在婚姻使你的生活有了着落之前，你是从哪里获得生活资料的呢？

波吕涅克斯

有些日子有吃的，有些日子就没有。

伊奥卡斯特

你父亲国内外的亲友不帮助你吗？

波吕涅克斯

要交好运：——如果你在患难中是没有朋友的。

伊奥卡斯特

高贵的出身没有给你带来丰厚的财产吗？

波吕涅克斯

贫穷就是厄运。出身没有供养我。

伊奥卡斯特

看来祖国是人所最亲爱的了。

波吕涅克斯

你说不出它有多可爱。

（杨波辑录①）

① 译文选自[古希腊]埃斯库罗斯等：《古希腊悲剧喜剧全集》（第四卷），张竹明、王焕生译，译林出版社，2007年，第354—355页。

Ⅺ. 95

【题解】

柏拉图的《克力同》中提到，克力同是苏格拉底的好友，并希望能够营救被判处死刑的苏格拉底。克力同强调“重财轻友”是遭人唾弃的行为，友谊远比财富重要。克力同及其同伴想通过收买的方式把苏格拉底送出雅典，挽救他的生命，这种行为承担着很大的风险，一旦被告发，他们就必须接受相应惩罚，甚至可能因此破产。选译文献据洛布古典文库，柏拉图：《克力同》(Plato, *Crito*, 44B－C.)。

【译文】

克力同

太明白了。但是，亲爱的苏格拉底，最后接受我央告，留下你的性命吧。你死，在我不只是一种灾难；非但失去一位不可再得的朋友，许多不深知你我的人要认为我能花钱保全你，只是不肯尽心。重钱财过于朋友，可耻的名誉有甚于此者乎？多数人不相信我们殷勤央你离开此地，你自己坚决不依。

（杨波辑录①）

Ⅺ. 96

【题解】

柏拉图的《申辩篇》中，苏格拉底提到自己从未做过任何人的老师，不会因为钱财去和他人谈论问题，不论贫富一视同仁。选译文献据洛布古典文库，柏拉图：《申辩篇》(Plato, *The Apology*, 33A－B.)。

① 译文选自[古希腊]柏拉图：《游叙弗伦 苏格拉底的申辩 克力同》，严群译，商务印书馆，2000年，第99页。

【译文】

我不曾为任何人为师；如有人，无论老少，愿听我谈论并执行使命，我不拒绝，我与人接谈不收费、不取酬，无论贫富，一体效劳；我发问，愿者答，听我讲。其中有人变好与否，不应要我负责，因为我不曾应许传授甚么东西给任何人。如有人说从我处私下学会或听到他人所不曾学、不曾听的东西，请认清，他不是说实话。

（杨波辑录①）

Ⅺ. 97

【题解】

《经济论》整篇对话的出发点是苏格拉底和克里托布勒斯②关于财产管理的探讨，一个关键的问题是何为财产。在苏格拉底看来，只有可以从中得益的才能被称为财产，而某样东西是否能够带来利益在于它的所有者是否善于管理，善于管理的人从仇敌那里也能得到好处，反之即使是金钱也只能敬而远之，不能称之为财富。可见，善于管理财产的人，也是善于从自己的所有物中获利的人，这些人的财富会不断增加，而那些不会管理财产的人则可能会日渐贫困。财富是一个人可以从中得益的东西。选译文献据洛布古典文库，色诺芬：《经济论》（Xenophon，*The Oeconomicus*，Ⅰ.5－13.）。

---

① 译文选自[古希腊]柏拉图：《游叙弗伦 苏格拉底的申辩 克力同》，严群译，商务印书馆，2000年，第70页。

② 克里托布勒斯，苏格拉底年轻的追随者之一。他的父亲克力同是苏格拉底儿时的玩伴，与苏格拉底有着深厚的友谊。他的母亲似乎是一位贵族妇女。克里托布勒斯还有一个名为阿斯特拉图斯（Archestratus）的弟弟，后来成为一名雅典将军。克里托布勒斯之名时常出现在有关苏格拉底的作品中，根据柏拉图的说法他曾主动提出帮助苏格拉底支付罚金（Plato，*Apology*，38^{b}.），并参与了对苏格拉底的审判（Plato，*Phaedo*，59^{b}.）。除了《经济论》以外，色诺芬的其他作品中也曾多次提及此人，详见 Xenophon，*Memorabilia*，1.3.8－10；Xenophon，*Symposium*，4.23－26.

【译文】

“但是我们现在所谈论的财富究竟是什么呢？它是否和房产属于同一事物，还是人们在房产外所具有的一切东西也属于财富呢？”

“我认为所有物即使位于不同的城市里，一个人所拥有的一切物品都是他财富的一部分。”

“有些人不是有仇人吗？”

“当然；有些人事实上很多仇人。”

“我们是否应该把仇人也包括在财富之列呢？”

“如果一个人真的是通过增加别人的仇敌数目来获取报酬，那未免也太可笑了！”

“但是，你知道的，我们认为一个人的财富就等于他的一切所有物。”

“当然——那是指他拥有的一切好的东西，我当然不会把他可能具有的任何坏东西叫做财富。”

“你好像是用财富一词来代指那些对于它的所有者有利的东西。”

“不错，而且我认为有害的东西是损失，不是财富。”

“是的，因此，如果一个人买了一匹马，不懂得怎样驾驭它，在骑马的时候总是摔下来弄伤自己，那么，这匹马对于他就不是财富是吗？”

“不是财富，如果我们认为财富是好的东西的话。”

“那么由此推论。对于一个耕种土地而其结果受了损失的人来说，土地也不是财富了。”

“当然。如果土地只能使我们挨饿，不能维持生活，就连土地也不是财富。”

……

“那么，你的看法好像是：凡是有利的东西都是财富，而有害的东西就不是财富。”

“确实如此。”

“那就是说，同一样东西是不是财富，要看人会不会使用它。例如，一支笛子对于会吹奏它的人而言是财富，而对于不会吹奏它的人而言，无异于一块毫无用处的石头。”

“是这样的，除非他卖掉它。”

“我们现在知道：对于不会使用笛子的人而言，只有他们卖掉这支笛子的时候它才是财富，而存放在那不出售时就不是财富。”

“是的，苏格拉底，我们的论证前后一致，因为之前说过，只有有利的东西才是财富。一支笛子如果不拿出来卖就不是财富，如果拿出来卖就是财富。”

“是的”，苏格拉底解释道：“可他要知道怎么卖它；而且根据你的说法，如果他卖出后买入一些他不会使用的东西，这种出售也不能把它变为财富。”

“苏格拉底，你的意思是即使是钱，对于不会使用它的人而言也不是财富。”

“我认为，在这一点上你和我的意见一致，即财富是一个人可以从中得益的东西。……”

（杨波辑录①）

Ⅺ. 98

【题解】

《经济论》中，克里托布勒斯向苏格拉底提出疑问，对于那些“可以凭借他们这种知识和财富增加自己的财富”却不愿意这样做的人，他们的知识和财资都不是财富吗？还有一些人确实在通过工作谋得一些收入，但是仍旧耗尽财富，变得贫困。②苏格拉底认为正是种种情欲支配着这些人，虽然拥有管理财富的知识和足够的财资，也会通过

① 译文选自[古希腊]色诺芬：《经济论 雅典的收入》，张伯健、陆大年译，商务印书馆，1981年，第1—3页。

② Xenophon, *The Oeconomicus*, Ⅰ.16; 1.21.

工作获取收入，但是最终却无法从中获利，因为这些情欲如同冷酷的主人无时无刻不在损害他们的精神、肉体和财富。选译文献据洛布古典文库，色诺芬：《经济论》(Xenophon, *The Oeconomicus*, Ⅰ.16－23.)。

【译文】

“是的，到现在为止还不错，苏格拉底，但是我们也碰到一些具有知识和资历的人，如果他们工作，他们可以凭借自己的知识和资历增加自己的财富，可是我发现他们不愿意这样做，所以我们觉得他们的知识对于他们并没有什么好处。我们怎么理解这个问题？在这种情况下，他们的知识和财富真的都不是财富吗？”

“你打算讨论有关奴隶的问题吗？克里托布勒斯。”

“哦，不，完全没有这种意思。我说的那些人，其中有些人总可以算作的富家子弟的。我看其中一些人颇能随机应变，允文允武，但是就不愿因发挥他们的才能，我认为，原因在于他们上面没有主人。”

“什么？他们上面没有主人？尽管他们祈求荣华富贵，尽管他们想做能够带来好处的事情，可是他们的意图仍旧受到了那些支配着他们的力量的阻挠，此时，他们的上面也没有主人吗？”

“那么，这些看不见的支配者是谁呢？”

“不，并非是看不见的，而确实是公开的、毫无隐蔽的，他们也是非常坏的支配者；只要你认为懒惰、精神上的怯懦和疏忽是罪恶，你一定就能明白这一点。而且还有伪装为娱乐骗人的情妇——如赌博和滥交朋友。即使是为她们所欺骗的受害者也会随着时间的推移发现，她们归根结底是掩藏在一层薄薄的快乐外衣下的痛苦，她们通过她们对他们的影响，阻挠他们从事有益的工作。”

“但是，苏格拉底，另有一些人，他们的精力并不受这些的影响妨碍，他们确实愿意工作并谋取一些收入，可是他们耗光了自己的财富，陷于贫穷之中。”

“是的，他们也是奴隶，而且他们的主人非常冷酷：有些人受到贪食的束缚,有些人受到淫乱的束缚,有些人是酗酒的奴隶,有些人是愚蠢而代价高昂的野心的奴隶。这些情欲冷酷的控制着每一个陷入其中的人们,只要它们看到他还强壮,还能工作,它们就迫使他拿出他所有辛勤工作的收益,使他按照它们自己的意图花掉;但是一旦它们发现他衰老了无法工作,它们就立刻离开他,使他的晚景凄凉并设法把枷锁套在别人的肩膀上。啊,克里托布勒斯,我们一定要争取自由,坚决反对这些暴君,仿佛他们是想奴役我们的全副武装的敌人一样。事实上,公开的敌人还可能是高尚的人,当他们奴役我们的时候,可能通过惩罚,去掉了我们的坏毛病,使我们将来可以过上更好的生活。可是这类女主人,在它支配着他们的时候,他们的身体、精神和财富无时无刻不受侵蚀。”

(杨波辑录①)

Ⅺ. 99

【题解】

希波克拉底认为,救死扶伤是医生的天职,医生不能单纯为了追求经济利益,而置那些难以支付昂贵治疗费用的人于不顾。选译文献据洛布古典文库,希波克拉底:《格言》(Hippocrates of Cos, *Precepts*, Ⅳ.)。

【译文】

这条建议值得我们考虑,因为它对整体有一定的积极意义。若(医治病人)从讨论并请开始,那如果报酬没有达成一致的话,要么就是你离开病人,要么就是病人离开你,再或者就是你轻视他,不给他即时开医疗处方。所以人们不能过分地关注固定的费用。因为我认为这样的担心有这样的话对病人来说是有害的,特别是那些患有急性病的患者。因为急性病发展的速度之快,治疗时机转瞬即逝,所以促使

① 译文选自[古希腊]色诺芬:《经济论 雅典的收入》,张伯健、陆大年译,商务印书馆,1981年,第4—5页。

一个医生进行医治的目的不是为了追求利润，而是要保住名誉。所以，对于那些临死的人，最好还是要进行之，而非再过分的去追求金钱。

（张子翔辑录）

Ⅺ. 100

【题解】

阿里斯托芬喜剧《财神》里的人物老主人克瑞米洛斯向财神证明其比宙斯更有权力。财富差距扩大，导致穷人沦为奴隶，娼妓嫌贫爱富，少年出卖肉体以获取金钱和其他财物等。选译文献据洛布古典文库，阿里斯托芬：《财神》(Aristophanes, *The Plutus*, 147 – 159.)。

【译文】

卡里昂：

我就是因了一小块银子成了

奴隶的，因为我比别人穷。

克瑞米洛斯：

据说科林斯的妓女，

穷人去时，她们

理都不理，若是富人来了，

她们便立即转身笑脸相迎。

卡里昂：

还有，人们说做那种事的孩子①，

也都是为了钱，并不是为了爱情。

克瑞米洛斯：

这种娈童，还不是上等的。

---

① 即所谓娈童。

上等的还不要钱呢。

卡里昂：

那要什么？

克瑞米洛斯：

有的要一匹好马，有的要一只猎狗。

卡里昂：

有的人因为不好意思要银子，

却用别的名义又得好处又充正经。

（汪兆祺辑录①）

Ⅺ. 101

【题解】

阿里斯托芬喜剧《财神》里的人物老主人克瑞米洛斯和卡里昂谈到财富对不同阶层、职业、城邦政策以及战争的影响。选译文献据洛布古典文库，阿里斯托芬：《财神》(Aristophanes, *The Plutus*, 160－185.)。

【译文】

克瑞米洛斯：

人间的一切技艺

也都是因你才用智力发明的。

例如人们有的做皮匠，

有的做铜匠，有的做木匠。

有的从你那里拿到金子，做金匠。

卡里昂：

宙斯作证，有的剥人衣服，有的挖人墙洞。

---

① 译文选自［古希腊］阿里斯托芬：《阿里斯托芬喜剧》（下），《古希腊悲剧喜剧全集》，张竹明、王焕生译，译林出版社，2007年，第515—516页。

克瑞米洛斯：

一些人漂布，一些人洗羊毛，

一些人鞣皮，还有的人卖葱。

一个被捉住的奸夫被拔光了毛。

财神：

啊呀，可怜我以前都不知道这些。

克瑞米洛斯：

波斯大王不是因你才能摆架子的吗？

公民大会不是因你才能开成的吗？①

怎么吗？不是你装备了我们的兵船吗？请你回答我。

——还有驻在科林斯的雇佣军不是靠你养着吗？

潘菲洛斯不是因你而吃了苦头的吗？②

卡里昂：

那“卖针的”，不也是因此跟着潘菲洛斯吃了苦头的吗？

阿古尔里奥不也是因有了你才能大放其屁的吗？③

克瑞米洛斯：

不是因了你菲勒普西奥斯才编那些故事的吗？④

不是因了你我们才和埃及人结成同盟的吗？⑤

不是因了你拉伊斯才爱菲罗尼得斯的吗？⑥

---

① 雅典战败后，人民对雅典民主失去信心，不大愿意参加公民大会，增加了与会津贴后，参加的人数多起来。

② 潘菲洛斯(Pamphilus)和亚里士多塞诺斯都是针头销售商，一对煽动者，他们的货物被没收了。

③ 阿古尔里奥(Agyrrhius)是当时有名的政客，因规定陪审津贴而出名。

④ 菲勒普西奥斯(Philepsius)，当时的政客，贪污公款，编造离奇故事以解释钱不见了的原因。

⑤ 埃及人和雅典人都在支持塞浦路斯的尤亚哥拉斯与波斯帝国的竞争。

⑥ 菲罗尼得斯(Philonides)，一个笨拙的笨蛋，声音像蠢驴的叫声。但由于富有，他成了名妓拉伊斯的情人。

卡里昂：

提摩特奥斯的高塔[1]——

克瑞米洛斯：

（向卡里昂）

让它倒在你的头上！

（向财神）

一切的事情岂不都是因了你而做出来的？

因此只有你才是这一切坏事

和好事的原因，这你应当心里明白。

就是在战争中，只要你

坐在哪一边，哪一边就会胜利。

（汪兆祺辑录[2]）

Ⅺ. 102

【题解】

阿里斯托芬喜剧《财神》里的穷神试图阻止克瑞米洛斯和布勒普西得摩斯帮财神复明。贫富差距能促使农民和手工业者从事生产劳动，从而提供生活必需品，一旦人人富裕就不会去生产劳作了。选译文献据洛布古典文库，阿里斯托芬：《财神》（Aristophanes, *The Plutus*, 507 - 525.）。

【译文】

穷神：

啊，你们两个老头，一切人中最易受诱惑，

① 提摩特奥斯（Timotheus），雅典富人，家里建有城堡似的高塔。卡里昂想说“不是因你而建的吗”，但还没说出口便被主人打断了。

② 译文选自［古希腊］阿里斯托芬：《阿里斯托芬喜剧》（下），《古希腊悲剧喜剧全集》，张竹明、王焕生译，译林出版社，2007年，第516—518页。

胡说瞎干的一对傻瓜,如果你们
想做的这事做成了的话,我告诉你,这于你们俩
将没有一点好处。因为如果财神如前看得见了,
把财富平均分给了人们,那么将没有人再愿意
搞技艺和学问了。如果这两样东西都因你而不见了,
还有谁去做铜匠,或造船,造轮子,缝衣服,
做皮匠,烧砖瓦,洗涤,鞣皮,
或用犁去耕地,收割地母的果实?
没有这一切,你闲游着怎么生活?
克瑞米洛斯:
真荒谬!因为你所说的这些事,
有奴隶给我们去做。
穷神:
可是你从哪里得到这些奴隶呢?
克瑞米洛斯:
我想我们可以用银子去买。
穷神:
先说谁来卖呢?
那时他们都有了银子。
克瑞米洛斯:
帖撒利地方商人中间
会有许多人贩子为了发财来卖的。
穷神:
可是,依照你自己的意思,那就绝不会
再有什么人贩子了。因为既已富有了,谁还肯
冒着生命危险来干这种勾当?因此你不得不
自己来耕种,掘地,或干别的活儿,你得过

比现在更苦的生活。

（汪兆祺辑录[1]）

Ⅺ. 103

【题解】

阿里斯托芬喜剧《财神》里的穷神试图阻止克瑞米洛斯和布勒普西得摩斯帮财神复明，她与克瑞米洛斯争论，认为贫困有利于人的身心，克瑞米洛斯则认为贫困带来灾难。选译文献据洛布古典文库，阿里斯托芬：《财神》(Aristophanes, *The Plutus*, 535－564.)。

【译文】

克瑞米洛斯：你能够供应什么好的东西呢，除了澡堂子里的
烫伤水泡[2]，挨饿的小崽子和成群的老乞婆？
还有虱子、蚊虫和跳蚤，数目多得没法说。
它们在头的四周嗡嗡地叫，咬你，叫醒你，
说道："你要挨饿了，还是起来吧！"
此外，只有破衣没有大衫；没有卧床只有芦苇当垫褥。
里边是臭虫，能把熟睡的人咬醒。
只有一张臭烂的草席当毯子，一块大石头
放在头底下作枕头。葵菜的芽当面包，
干萎的萝卜叶子充麦饼。
凳子是破酒缸的颈子，和面板
是酒坛的破片，还是有裂纹的。这不是表明，
对人类的这许多好处都是你给的吗？
穷神：你刚才不是在说我的生活，是在说乞丐的生活。

① 译文选自[古希腊]阿里斯托芬：《阿里斯托芬喜剧》(下)，《古希腊悲剧喜剧全集》，张竹明、王焕生译，译林出版社，2007年，第550—551页。

② 冬天穷人们挤在公共浴室的炉子周围，容易被烫伤起水泡。

克瑞米洛斯：所以我们说，贫穷是乞丐的姐妹嘛！
穷神：啊，你们是说狄奥尼修斯等于塞拉绪布罗！
可是我这边的生活并不那么苦；不，宙斯在上，
将来也不会。因为乞丐的生活，就如你所说的，
是活着一无所有；但是穷人生活着，节俭度日，
用心工作，他们没有多余，但也并不缺少什么。
克瑞米洛斯：啊，地母在上，你所说的那种人的生活是多么幸福呀，如果他节俭着，劳苦着，没有留下够盖坟用的钱！
穷神：你一心只想嘲笑讥刺，不想严肃认真地讨论。
你不知道使得人们身心两方面好得多的
是我，不是财神。因为在他那边的人
都有风湿脚，大肚子，粗腿，怪样发胖，
但是在我这边的人却是瘦的，马蜂一样，对敌人厉害。
克瑞米洛斯：一定是你用饥饿逼得他们成了马蜂。
穷神：而且我还可以给你们谈谈道德的不同，指出
在我这边的人有德，在财神那边的人放纵。

（汪兆祺辑录①）

Ⅺ. 104

【题解】

阿里斯托芬喜剧《财神》里，城邦政客攫取城邦财富后为富不仁，蛊惑人民。选译文献据洛布古典文库，阿里斯托芬：《财神》（Aristophanes, *The Plutus*, 565－573.）。

① 译文选自［古希腊］阿里斯托芬：《阿里斯托芬喜剧》（下），《古希腊悲剧喜剧全集》，张竹明、王焕生译，译林出版社，2007 年，第 552—553 页。

【译文】

克瑞米洛斯：那么掘墙洞作贼倒都是有德的了。

布勒普西得摩斯：要是他不被人发觉，就是谨慎。谨慎不是美德吗？

穷神：且看城邦里的政客吧。当他们还贫穷时，
他们对于人民和城邦是多么诚实，
但是一从公家得到财富，便立即变得不诚实了，
他们谋划着对付群众，与人民为敌起来了。

克瑞米洛斯：这些你倒说的不假，——请不要听了
得意——虽然你原是个大大的造谣家伙。
可是，别太高兴，你还是该死，因为你想要说服我们，
说贫比富好得多。

（汪兆祺辑录[①]）

Ⅺ. 105

【题解】

阿里斯托芬喜剧《财神》里的克瑞米洛斯帮助财神复明，使得正直人士变得富有，而坏人则破产，一名告密人向卡里昂抱怨对方致使自己破产。选译文献据洛布古典文库，阿里斯托芬：《财神》(Aristophanes, *The Plutus*, 850 - 871.)。

【译文】

告密人：啊，我的厄运啊！我这不幸的人完了！
三倍的，四倍的，五倍的，
十二倍的和一万倍的厄运呀！哎呀，哎呀！

---

① 译文选自[古希腊]阿里斯托芬：《阿里斯托芬喜剧》(下)，《古希腊悲剧喜剧全集》，张竹明、王焕生译，译林出版社，2007年，第554页。

我这样地被卷在多重的灾难里了！
卡里昂：辟邪的阿波罗和好心的神们啊！
这个人受了什么灾难？
告密人：我现在不是遭到深重的灾难了吗？
一切财物都从我的家里消失了，
就只因了这个神。他是原本应当
眼瞎的，如果不是公道真的离开了人世间。
正直人：我觉得差不多看清这人的事情了。
这是来了一个倒霉鬼，
他看来是一个坏人。
卡里昂：宙斯在上，他倒霉活该。
告密人：他在哪里？在哪里？那神是唯一答应
只要他能像以前一样看得见，
将立即使大家都成为富人的。
可是他却反而使有些人破产了。
卡里昂：他这样毁了什么样的人？
告密人：我便是一例。
卡里昂：你是一个坏人或挖墙洞的吧？
告密人：宙斯在上，你们俩没有一个不是坏蛋，
而且一定也是你们拿走了我的财产！

（汪兆祺辑录①）

① 译文选自[古希腊]阿里斯托芬：《阿里斯托芬喜剧》（下），《古希腊悲剧喜剧全集》，张竹明、王焕生译，译林出版社，2007年，第576—577页。

Ⅺ. 106

【题解】

苏格拉底请安提斯提尼斯讲述他是如何将自己的荣耀建立在财富之上的。选自洛布古典丛书,色诺芬:《会饮篇》(Xenophon, *Symposium*, IV. 34－42.)。

【译文】

“因为,阁下们,我认为人们的财富和贫困不体现在他们的房产中,而是在他们的心中。因为我看到许多无官职的人,他们虽然拥有大量的资源,但却认为自己很穷,他们对任何辛劳、风险都不屑一顾,只要他们可以增加自己的财富;我又认识几个兄弟,他们的遗产份额相等,其中一个人有很多钱足够支付开支,而另一个则想完全拥有。我再次被告知,某些专制者对财富有着如此贪婪的胃口,他们犯下的罪行比遭受最严重贫困的人可怕得多。因为他们的欲望让一些人偷东西,有些人入室盗窃,另一些人进行奴隶贸易;但也有一些专制者为了钱,摧毁了整个家庭,大规模地杀人,甚至经常奴役整个城市。至于这样的人,我深深同情他们的恶疾;因为在我眼里,他们的病就像一个富足的人,但却不断地吃东西,永远无法满足。就我个人而言,我的财产是如此之大,我自己几乎找不到它们;但我有足够的食物让我可以一直吃,直到一个我不再感到饥饿和口渴的顶点,我不觉得口渴和有足够的衣服时。我出门的时候,我就不会像超级富有的朋友卡里阿斯那样感到寒冷。当我走进房子的时候,看着墙壁,极其温暖的长袍和被厚厚地覆盖的屋顶;我拥有的床具是如此令人满意,让我早上醒来确实是一项艰巨的任务。如果我天生就有与女人交谈的欲望,我对我所遇到的任何机会都非常满意,以至于我向他发表演讲的人非常乐意欢迎我,因为他们没有其他人愿意和她们交往。总之,所有这些有利于享受的都非常吸引我,因为我无法祈祷在表演其中任何一个项目时获得更大的快乐，而只能为更少的人祈祷——我把其中的一些项目看作是不仅对某个人有益。但我认为我财富中最宝贵的一块应该是这样的，即使有人要剥夺我现在拥有的东西，但我认为没有什么职业能给我足够的费用。因为每当我有放纵胃口的倾向时，我就不会在市场上买花哨的物品（因为它们价格很高），但我可以从灵魂的仓库支取。当我只在等待食物的渴望之后才拿食物，而不是当我参加这些花哨的菜品时，就像命运给我的这一美酒一样，我在喝酒时没有感到口渴，这就更有可能产生乐趣。是的，那些眼睛盯着节俭的人自然比那些眼睛盯着赚钱的人更诚实。对于那些最满足于自己拥有的东西的人来说，最不可能贪图属于他人的东西。值得注意的是，这种财富也让人变得慷慨……”

（江琴辑录）

Ⅺ. 107

【题解】

卡里阿斯讲述如何使雅典人变得更加正义。选译文献据洛布古典丛书，色诺芬：《会饮篇》(Xenophon, *Symposium*, IV. 1－3.)。

【译文】

“你可以先听我说，”卡里阿斯说道，“当我听你哲学讨论什么是正义的时候，我一直在努力使人更加正义。”

“怎么会这样，我的好朋友？”

“为什么，通过给他们钱的方式。”

随后，安提斯泰尼斯站了起来，以一种非常争论不休的方式审问他。“你认为人在哪里窝藏他们的正义，卡里阿斯，在他们的灵魂或在他们的钱包？”

“在他们的灵魂里，”他回答。

“所以你把钱放进他们的钱包里，让他们的灵魂更公正？”

“我肯定是这样。”

“怎么做到的?”

“因为他们知道他们有足够的资金购买生活必需品，所以他们不愿意暴露在犯罪的危险中。”

“他们还你钱吗,”他问,“(归还)那些他们从你那里得到的钱?”

“天哪，不!”他答道。

“啊,他们用感谢来代替还钱吗?”

“不,事实上,也不是,”他说,“相反,他们中的一些人比拿到钱之前更不喜欢我。”

(江琴辑录)

Ⅺ. 108

【题解】

芝诺[①]曾从事巨额海上放贷活动,也曾捐款修缮公共浴室,还主动救济陷入贫困的老师。选译文献据洛布古典文库,第欧根尼·拉尔修:《名哲言行录》(Diogenes Laertius, *Lives of Eminent Philosophers*, VII.12 – 13.)。

【译文】

……卡瑞斯托斯的安提戈洛斯[②]说,芝诺本人从未否认他是基提翁人。[③] 有一次,作为对公共浴室的修缮工作进行捐款的人中的一位,他的名字以“哲学家芝诺”的样式被刻在石柱上,他要求加上“基提翁的”这几个字。他曾给一个瓶子加上空心盖,用它来盛放钱,以便当

① 芝诺(Zeno),公元前 335—前 263 年,芝诺是斯多葛学派的创始人,他于公元前 300 年在雅典任教。斯多葛学派以犬儒学派的道德观念为基础,非常重视从与自然和谐相处的生活中获得善与内心的平静。

② 安提戈洛斯(Antigonus),盛年在公元前 3 世纪,一位希腊作家,著有《哲学家生平》。

③ 基提翁(Citium),位于塞浦路斯岛南部海岸边的城邦。

他老师克拉特斯陷入困顿时能随时加以接济。一些人说他带着 1000 多塔兰特前往希腊,全部用于海运的放贷上。[①] 据说,他常吃少许面包和蜂蜜,也喝少量的散发着芳香的醇酒。他很少使用男仆,偶尔一两次会叫一名女仆伺候,以免人们误以为他是一个厌恶女人的人。

(汪兆祺辑录[②])

Ⅺ. 109

【题解】

安提柯王朝覆灭后,许多罗马人被胜利和财富冲昏头脑,年轻人沉迷各种奢侈享乐,西庇阿则坚持克制、有德行的生活,并很快赢得了声誉。选译文献据洛布古典文库,波利比乌斯:《历史》(Polybius, *The Histories*, XXXI. IX. 25.2－25.8.)。

【译文】

西庇阿致力于过上充满德行的生活的第一个方向,就是要获得节制的声誉,并在这方面超过所有同龄的年轻人。这确实很难得,但由于大多数年轻人的堕落倾向,此时在罗马却很容易追求这种生活。他们中的一些人已经沉溺在与男孩们的爱情中,其他人则与妓女厮混,许多人还沉迷音乐娱乐和宴会以及他们所涉足的奢侈浪费,在与珀尔修斯的战争过程中,他们迅速被希腊人的恬嬉感染了。事实上,年轻人们在这些方面的无节制是如此严重,以至于许多人为最爱的男性花费 1 塔兰特或花费 300 多德拉克马买一罐鱼子酱。这引起了加图的愤慨,他曾在一次公开演讲中声称当漂亮的男孩比耕作田野获益更多、鱼子酱比耕农获益更多,这是共和国堕落的最显著的迹象。正是在我们身处的这个时代,奢侈倾向暴露无遗。首先是因为他们认为现

① 贷款的担保是装船的货物或者船只本身。由于风险很大,利息也很高。

② 译文选自[古希腊]第欧根尼·拉尔修:《名哲言行录》,徐开来、溥林译,广西师范大学出版社,2010 年,第 311—312 页。

在马其顿王国崩溃之后他们的统治已经无可撼动。其次是因为在马其顿的财富之后运往罗马，公私财富都有很大增长。然而，西庇阿的追求反其道而行之，克制他所有的欲望，塑造他的生活，使之在各个方面都一以贯之。在大约头五年里，他树立了严格、节制的声誉。

（汪兆祺辑录）

Ⅺ. 110

【题解】

菲比达斯的儿子伊西达斯在战争中表现英勇，但因为罔顾自己的生命安全，被罚款1000德拉克马。选译文献据洛布古典文库，普鲁塔克:《阿格西劳斯传》(Plutarch, *Agesilaus*. XIX. 6－8.)。

【译文】

但我认为，菲比达斯的儿子伊西达斯，不仅对他的同胞们，而且对他的敌人都具有巨大的魅力。他容貌漂亮且身材挺拔，当他从男孩变成男人的时间内，正值一个人拥有最大魅力的时代。他赤身裸体，既没有防御性的盔甲，也没有穿衣服，因为他刚刚用油抹了身上的油，一只手拿着长矛，一手拿着剑，从家里跳了出来，从战斗人员中间挤了出来，在敌人之间站起来，击倒了所有遇到他的人。没有人给他任何伤害，不管是神明因为他的英勇而保护了他，还是敌人认为他比一个普通人更高、更强大。因为这次英勇行为，据说，他们在他头上戴上花环，然后对他处以1000德拉克马的罚款，因为他敢于在没有盔甲时冒着生命危险战斗。

（江琴辑录）

Ⅺ. 111

【题解】

人们已经被金钱所腐化，不再像原来那样谦逊与清高，失去了一切人性和神圣的东西而变得大意、鲁莽。选译文献据洛布古典文库，萨卢斯特①：《历史选集》(Sallust, *War with Catiline*, XI.)。

【译文】

当财富被尊崇时，荣耀、统治权和权力随之而来，美德开始失去光泽，贫穷被认为是耻辱，圣洁的却被称作为恶意。因此，由于财富、奢侈和贪婪，再加上傲慢，就这样夺走了我们年轻气盛的男子气概。他们掠夺，挥霍，不重视自己，贪图别人的财物；他们无视谦逊，贞操，一切人性和神圣的东西；总之，他们是完全大意和鲁莽的。

(江琴辑录)

Ⅺ. 112

【题解】

财富也可以腐化人心，使得人们习惯于恶行，很难克制自己的放纵，于是他们更加鲁莽地放弃了自己，为了奢华的享受而放弃去努力劳动。选译文献据洛布古典文库，萨卢斯特：《历史选集》(Sallust, *The War with Catiline*, XIII.)。

【译文】

那些拥有私有财产的人，将高山夷平，再在海上大兴土木。对于这些人来说，其财富对我而言是财富，对于他们而言只是玩物罢了。因为他们本来可以很体面地享受他们的生活，但他们却急急忙忙地把财富无耻地挥霍掉。此外，他们对淫荡、暴食和其他随奢侈而来的一切都表现出同样的狂热；男人扮演女人，女人出卖她们的贞洁；为了满足他们对奢侈的狂热，他们把陆地和海洋都搜刮遍了；他们肆意安逸；

① 萨卢斯特(Gaius Sallustius Crispus，公元前86—前34年)，古罗马著名历史学家。主要作品有《喀提林阴谋》《朱古达战争》等。

他们不用担心挨饿、饥渴、寒冷或疲倦的日子，而是随心所欲地放纵自我。正是这些恶习驱使年轻人用自己的财产来做罪恶的事情。他们的思想习惯于恶行，很难克制自己的放纵，于是他们更加鲁莽地放弃了自己，为了奢华的享受而放弃去努力劳动。

（江琴辑录）

Ⅺ. 113

【题解】

财富并非荣耀，抑或是耻辱。选译文献据洛布古典文库，萨卢斯特：《历史选集》(Sallust, *Speech to Caesar*, VII.4－VIII.6.)。

【译文】

不要将自己看作是财富的主人，不是将自己的财富看作是荣耀，而是要视自己的财富为耻辱。此外，如果那些习惯于每天两次暴食，没有妓女就不过夜的人，奴役了自己的头脑和理智，那么在他们是头脑愚钝并使其残废之后，还希望它能准备好付诸行动是不可能的。因为愚妄毁坏了大多数的事，甚至毁坏了自己。但是，这些以及所有其他的邪恶都将随着对金钱的崇拜而毁灭，此时，无论是裁判官，还是普通人想要出售的任何其他东西，都无济于事。

（江琴辑录）

Ⅺ. 114

【题解】

随着年纪的增长，奥古斯都在统治方式上日渐温和，不愿意招致任何元老院成员的仇恨，更不想冒犯他们中的任何一位。他向外借款不收取利息。选译文献据洛布古典文库，迪奥：《罗马史》(Dio Cassius, *Dio's Roman History*, BOOK LV.12. 3a; 4－5.)。

【译文】

因为借款6000万塞斯特斯[①]一年没有利息，他被所有人称赞和夸大。有一次当一场大火摧毁了宫殿，许多人给他提供了大量资金时，他只接受了整个地区的一个奥里斯和每人一个第纳尔。根据罗马人的惯例，我在这里用奥里斯这个名字，因为这枚硬币价值一百个塞斯特斯。一些希腊人，我们读他们的书的目的是获得一个纯粹的阿提卡风格，给它起了这个名字。迪奥说，在希腊人中，奥里斯被换成了20德拉克马。

（江琴辑录）

XI. 115

【题解】

罗马建城堪称是罗马人民的业绩。在李维看来，通过哪些人以及运用哪些才能建立和扩大帝国，随着纲纪废弛，道德倾斜，继而愈加下滑，最终开始倾覆等等，都是每个人应当密切注意的问题。由财富带来的贪婪和奢靡毁灭了罗马。选译文献据洛布古典文库，李维:《建城以来史》(Livy, *From the Founding of the City*, Book I. preface. 9－13.)。

【译文】

每个人都应当密切地注意这些问题：曾有过什么样的生活，什么样的道德；在和平与战争时期，通过哪些人以及运用哪些才能建立和扩大帝国；然后应注意到，随着纲纪逐渐废弛，道德可以说先是倾斜，继而愈加下滑，最终开始倾覆，直至我们既不能忍受我们的罪过，也不能忍受补救措施的今日。在认识往事时，尤其有利而有益的在于：你

① 古罗马的一种货币。初为银铸币，后为铜铸币。4赛斯特斯相当于1第纳尔银币(denarius)。

可以注意到在于昭昭史册中各种例子的教训，从中为你和你的国家吸取你所应当效仿的东西，从中吸取你所应当避免的开端恶劣与结局不光彩的东西。此外，没有哪个国家这样晚地受到贪婪和奢侈的侵袭，没有哪个国家的清贫和节俭在那里如此持久地受到如此大的推崇，而这或许是对所承担工作的热爱蒙蔽了我，或许是从来没有哪个国家更伟大、更富有的例证。的确，财产越少，贪欲越小。晚近，财富带来了贪婪，泛滥的逸乐带来了应奢靡、纵欲而毁灭自身与毁坏一切的欲望。

（解光云辑录①）

Ⅺ. 116

【题解】

受益者应当感恩。选译文献据洛布古典文库，奥维德：《列女与恋歌》(Ovid, *Heroides and Amores*, I. Ⅹ.37.)。

【译文】

证人不得为利益而作出虚假的宣誓，选定的陪审员也不得为贿赂中饱私囊。用建立在金钱基础之上的雄辩来为可怜的罪犯辩护是卑鄙的；赚大钱的法庭是卑鄙的；以爱的名义扩充遗产，或以自己的美貌为代价谋利，这都是卑鄙的。因受益而感恩是应该的；感恩都是因为有爱，而非基于卑鄙的欲望。

（鲍红信辑录）

Ⅺ. 117

【题解】

如果对财富用之不当，也会带来战争或不安。选译文献据洛布古

① 译文选自[古罗马]李维：《建城以来史》(前言·卷一)，张强、傅永东、王丽英译，上海人民出版社，2005年，第21页。

典文库，奥维德：《变形记》（Ovid, *Metamorphoses*，BOOK Ⅰ. 160 - 165.）。

【译文】

人们不仅向富饶的土地索取他们所缺乏的庄稼和食物，而且他们还深入到土地的深处；造物主藏在黑暗深处的财富被发掘出来，这些财富使人犯罪。现在有凶险的铁来了，有的金子比铁更凶险。于是，战争发生，双方都在战斗，血腥的手中挥舞着相互冲突的武器。人们靠劫掠为生。客人不离开主人就不安全，岳父不离开女婿就不安全；即使是在兄弟之间，也很难找到亲情。丈夫念想着妻子的死亡，妻子念想着丈夫的死亡；凶狠的继母酿下致命的毒药，儿子们则提前打听父亲的年龄。

（鲍红信辑录）

Ⅺ. 118

【题解】

波利比乌斯的《罗马史》记载了罗马人道德上的堕落，是如何表现在消费和其他生活习惯上的。选译文献据洛布古典文库，波利比乌斯：《罗马史》（Polybius, *Histories*，31.25）。

【译文】

西庇阿想要过高贵生活的心愿……这是一个高尚但通常困难的愿望，但在那个时候却是相当容易，因为绝大多数人在道德上堕落。有些年轻人将他们的经历，虚掷在追求男孩的爱情，其他人则消磨在艺妓身上，又有人则是在靡靡之音以及欢宴上度过，还有随之而来的大肆挥霍，因为在对付帕休斯以及马其顿人的战争中，他们很快学习到希腊人在这方面的淫奢习惯。挥霍以及放纵的嗜好在年轻男性中散布如此之广，所以他们有很多人随时愿意为一名男妓付出一泰伦银钱，为一罐黑海的腌鱼付出三百德拉克玛银钱的代价。正是在如此的状况之下,老加图由此公开演讲中说,当一个美男比一块良田、一罐腌鱼比种田人都昂贵时,任何人都能看出共和国在走下坡路。

(石庆波辑录)

Ⅺ. 119

【题解】

西塞罗在其演讲词《为塞斯提乌斯辩护》中,对罗马人的社会政治阵营进行了划分,"贵族阵线"(*Optimates*)的人们不仅人数众多,成分复杂,而且更具德性。选译文献据洛布古典文库,西塞罗:《为塞斯提乌斯辩护》(Cicero, *Orations*:*pro Sestio*, 45,46,48)。

【译文】

在这个国家里,始终有两类人渴望参与国事并发挥重要作用。一类希望、事实上也是"平民阵线"(*Popularis*);另一类是"贵族阵线"。前者希望获得大部分民众的欢心,可以被看作是"人民党";后者则盼望他们的行动与方针能获得所有贵族的支持,可以被认为是"贵族党"。那么谁是贵族阵线呢?如果你问我,我认为他们在人数上不可胜数,否则我们就不可能存在了。他们包括那些指挥国政和追随他们的领导人;包括够资格的元老;居住在城镇和乡村的罗马人,甚至包括商人和释放奴隶。他们人数众多、成分复杂。我可以简单概括给以定义,免于大家的误解:他们都不是邪恶、下流、疯狂和不检点的人,他们是正直、诚实、身心健全、家世良好、有教养的人……他们所追求的也是所有健全、善良和富有人的共同最高的期望——光荣的和平。

(石庆波辑录)

附　录

附录 1　关键词

陶片放逐法

古希腊雅典等城邦，通过公民投票方式，将认为可能危害城邦的某人的名字写在陶片上，超过规定的票数，就必须于一定期限内离开城邦，流放外地。流放期间，其财产不受触动。期满可返回城邦，恢复其公民权。

雅典人克里斯提尼最早将陶片放逐法引入雅典。公民们在议事会厅内投票（陶片）。起初，票数超过 200 的人被放逐 10 年，保留其财产收益。后来的法律规定，对某个公民实行陶片放逐法的票数必须超过六千与会者人数的半数。①

据铭文资料和《牛津古典辞典》，陶片放逐法始于何时尚有争议。根据亚里士多德《雅典政制》的记载，此法令大约在公元前 508/7 年由克里斯提尼引入雅典。② 但直到公元前 487 年，间隔了 20 年时间才第

---

① 选译文献据剑桥《希腊罗马史料集》（一）（Translated Documents of Greece and Rome 1），［美］查尔斯·福尔那拉编译：《古风时代至公元前 5 世纪末的希腊》（*Archaic times to the end of the Peloponnesian War*），英文影印版，黄洋导读，北京大学出版社 2014 年版，第 41—42 页（Ostracism at Athens. Just prior to 508，508/7， or Just prior to 488/7 B.C. ；*Vaticanus Graecus* 1144， FOL.222rv ；Aelian， Varia Historia 13.24.）。

② Aristotle， *The Athenian Constitution*.XXII.

一次实行陶片放逐法。公元前 487 年，克里斯提尼的亲戚、卡穆斯之子希帕科斯遭放逐。公元前 484 年，伯利克里的父亲克桑提普斯(Xanthippos)遭放逐。公元前 482 年，阿里斯泰德斯(Aristides)遭放逐。公元前 471/0 年，地米斯托克利遭放逐，客蒙在公元前 461 年遭放逐，梅勒西阿斯的儿子修昔底德(Thucydides son of Melesias)于公元前 443 年遭放逐。公元前 417 年(一说前 416 或前 415 年)，赫柏波拉斯(Hyperbolos)遭放逐，他是陶片放逐法的最后一位牺牲者。虽然在公元前 4 世纪的雅典，陶片放逐法仍留存，但不再施行。

从雅典的阿果拉或制陶区发现的已经使用过的 1 万多个陶片来看，陶片上的名字不仅有已经确认的遭放逐的男性名字，也有其他男性的名字，其中相当一部分并非著名的男性或杰出政治领袖。在雅典卫城的北坡，发现了 190/1 个陶片，大致相同的笔迹刻写着同样一个人的名字“地米斯托克利”。据研究者推测，这可能是其政敌精心准备的结果。这也说明，陶片放逐法是公元前 5 世纪雅典城邦政治斗争中的重要工具。①

(解光云辑录)

公益捐助(Liturgy)

公益捐助是古代雅典城邦民主制度的产物，要求雅典的富人在某一年里以贡献财产以及时间的方式为城邦服务。公益捐助中最重要的是战舰捐助(trierarchy)和与诸多节日相关的捐助，包括捐助音乐和戏剧节日中的领唱歌队(chorus - leading)、竞技节日中的比赛团队

① Simon Hornblower and Antony Spawforth, *The Oxford Classical Dictionary*, Third editiaon revised, Oxford University Press, 2003, p.1083.Ostracism 词条。同时参见 Russell Meiggs and David Lewis, *A Selection of Greek Historical Inscriptions to the End of The Fifth Century B.C.* Oxford University Press, 1969, pp.40 - 47.

(gymnasiarchy),以及捐助宴请(feasting)和城邦代表赴外地节日交流。在正常年份,城邦层次的公益捐助者至少达 97 人,在大范雅典娜节之年,至少达 118 人,此外,还有各种德莫(deme)捐助。

财产达 3—4 塔兰特者开始负有公益捐助的责任和义务。有些时候,异邦人和公民一样被要求参加公益捐助。公益捐助的规约有时候由一名执政官决定,有时候由地区或部落决定。如果有人认为别人比自己更富有而被忽略了,那么,这个人可以挑战这个更富有者,让其代替自己承担公益捐助助或接受财产交换。法律上对一个人最多的要求是在两年内履行一次节日捐助或在三年内履行一次三层桨战舰捐助。在公益捐助竞争氛围激烈的时候,许多人履行公益捐助的次数和花费的钱财要比公益捐助最低限度的要求高出很多。

公元前 4 世纪,因很难找到足够的人来承担公益捐助费用,采取了多种措施更为公平地分摊三层桨战舰的费用。公元前 350 年中期,经由 Leptines 提议,一项关于节日捐助的法律免除了大多数相关的捐助。德莫斯提尼对此颇有微词,但也无济于事。大约在公元前 330 年,大狄奥尼索斯节游行的费用从监管者(overseer)那里转为由城邦负责。在公元前 317 年至公元前 307 年期间,雅典演说家德米特里乌斯(Demetrius of Phalerum)废除了所有公益捐助。此后,由城邦提供节日资金,但在希腊化世界,仍延续了由富人承担公益捐助的传统。①

捐献的实质是让富人出钱为城邦服务。起初,公益捐具有较强的公益性和自愿性。戴维斯在《雅典的有产家庭》中认为,只有承担过至少一次公益捐助的公民,才能被认为属于有产阶层。从公益捐助所需

---

① Simon Hornblower and Antony Spawforth, *The Oxford Classical Dictionary*, Third editiaon revised, Oxford University Press, 2003, p.875.Liturgy 词条。

要的大笔经济支出来看，公益捐助阶层大致等同于富有阶层。最小的公益捐助项目，比如泛雅典娜节上的歌队，需要300德拉克马，相当于当时一个熟练工一年的报酬；而三层桨战舰捐助，一般一年需要1塔兰特，这大约是公元前4世纪重装步兵阶层财产的3倍。因此，能承担起公益捐助的必然只能是那一小部分富有公民。

大约自公元前4世纪，随着雅典经济的恶化，公益捐逐渐变为一项强制性义务。当捐献的强制性越来越明显，富人的不满也日益增多。大约公元前306/5年之后，战舰捐助不再有记录，而歌队捐助则在公元前317/16和公元前309/8年之间由雅典演说家德米特里乌斯予以废除。①

（解光云辑录②）

非常财产税（Eisphora）

依据公民大会的投票表决，对免征税以外的财产所征收的非常财产税。雅典城邦可能于公元前434/3年征收过此税，但据修昔底德记载，阿提卡大约在公元前428/7年开始征收此税。这一年，阿提卡因此获得200塔兰特的税收收入。迄今，关于前5世纪税收的详细情况不明。公元前4世纪，非常财产税由公民大会对超出一定财产数额的财产确定征收比例和数额，被征收非常财产税的人，其财产等级可能要高于那些承担公益捐助者的财产等级。此时，也依据一些不利于异邦人的条款，对异邦人征收非常财产税。非常财产税收总计达5750或

① 参考J.K.Davies, *Athenian Propertied Families*, 600－300B.C., Oxford, 1971, p.xxv；崔丽娜：《古典时代雅典的捐献与政治》，《世界历史》，2012年第3期。

② 选译文献据《牛津古典辞典》（Simon Hornblower and Antony Spawforth, *The Oxford Classical Dictionary*, Third editiaon revised, Oxford University Press, 2003.）；《古风时代至公元前5世纪末的希腊》（*Archaic times to the end of the Peloponnesian War*），英文影印版，北京大学出版社，2014年等。

6000 塔兰特。[①]

(解光云辑录[②])

三层桨战舰指挥(Trierarchy)

在公元前 5 至公元前 4 世纪的雅典,三层桨战舰指挥带有公益捐助性质。战舰指挥官由将军选出的富有的男性公民担任,不仅指挥战舰,而且须承担三层桨战舰一年期的维护和修理费用,大约 1 塔兰特,确保战舰状况良好。公元前 411 年后,由 2 人共同指挥一艘战舰。

三层桨战舰指挥制度也见于洛德斯(Rhodes)、特奥斯(Teos)、勒贝达斯(Lebedus)等其他城邦。不过,在其他地方,战舰指挥官可能只是单纯地指挥战舰而已。[③]

(解光云辑录[④])

计量和币制

阿提卡的计量办法和罗马相似,由多个不同的计量单位组成,互有倍数关系。10000,5000,1000,500,100,50,10,5,1,对这些不同的

---

① [美]查尔斯·富尔那拉编译:希腊罗马史料集(一)(Translated Documents of Greece and Rome 1),《古风时代至公元前 5 世纪末的希腊》(*Archaic times to the end of the Peloponnesian War*),英文影印版,北京大学出版社,2014 年,第 208 页;Simon Hornblower and Antony Spawforth, *The Oxford Classical Dictionary*, Third editiaon revised, Oxford University Press, 2003, p.514. Eisphora 词条;M. H. Hansen, *The Athenian Democracy in the Age of Demosthenes*, Oxford, 1991, p.112 - 13.

② 选译文献据 Simon Hornblower and Antony Spawforth, *The Oxford Classical Dictionary*, Third editiaon revised, Oxford University Press, 2003.;《古风时代至公元前 5 世纪末的希腊》(*Archaic times to the end of the Peloponnesian War*),英文影印版,北京大学出版社,2014 年等。

③ Simon Hornblower and Antony Spawforth, *The Oxford Classical Dictionary*, Third editiaon revised, Oxford University Press, 2003, p.1552. Trierarchy 词条。[美]查尔斯·富尔那拉编译:《古风时代至公元前 5 世纪末的希腊》,英文影印版,第 216 页。

④ 选译文献据 Simon Hornblower and Antony Spawforth, *The Oxford Classical Dictionary*, Third editiaon revised, Oxford University Press, 2003.;《古风时代至公元前 5 世纪末的希腊》(*Archaic times to the end of the Peloponnesian War*),英文影印版,北京大学出版社,2014 年等。

数字，皆有不同的记号。在书写数字时，最大的计数符号通常先出现，依次而降。没有较小的数字来重复计数时，代之以较大的数字(例如，不会以书写两个5来代替一个10。)

阿提卡的币制和重量是以德拉克马(drachma)为基础的。6奥波尔 = 1德拉克马，100德拉克马 = 1明那，6000德拉克马(60明那) = 1塔兰特。[①]

6 obols(ob.) = 1 drachma (dr.)

100 dr. = 1 mna (mina)

6000 dr. (60 minas)= 1 talent (T.)

(解光云辑录[②])

共餐制(syssitia)

古希腊一些城邦的公民集体就餐制度，尤以斯巴达和克里特的共餐制为突出。有学者认为源自古风时代的战士俱乐部(archaic warrior clubs)。古典时期的斯巴达，公民每月须向城邦交纳一定数量的粮食以维持共餐制，否则将被剥夺公民权。参加共餐制是维持全权公民身份的基础。时常会有来自富有者的额外捐献，但是，禁止过度地吃喝。不同年龄的人参加不同的共餐团体，所有共餐者共同组成基本的军事单位。斯巴达男孩有自己的共餐团体，但有时候也参加成人的共餐。斯巴达的两个王在公共餐厅参加共餐，得到双倍的食物，与尊贵者一起分享食物。在希腊化时期的早期，共餐制没有那么严格，至公元前3世纪晚期，共餐制变为15个共餐团体，大约只有200/400人参加。

---

① [美]查尔斯·富尔那拉编译：希腊罗马史料集(一)(Translated Documents of Greece and Rome 1)，《古风时代至公元前5世纪末的希腊》(*Archaic times to the end of the Peloponnesian War*)，英文影印版，北京大学出版社，2014年第186页；Russell Meiggs and David Lewis, *A Selection of Greek Historical Inscriptions to the End of The Fifth Century B.C.* Oxford University Press, 1969. XIV.

② 选译文献据查尔斯·福尔那拉编译的《古风时代至公元前5世纪末的希腊》，梅格斯和李维斯编译的《至公元前5世纪的希腊历史铭文选》。

至 188 年，共餐制被菲洛佩门(Philopoemen，前 253—前 182)取消。[①]

(解光云辑录)

外邦人(metics)

随着希腊城邦的发展，不同的人杂居与一起。“外邦人”则是希腊城邦区分内外居民的产物。本土同城邦者视为城邦的公民，迁徙而来的其他城邦的自由人，若获居住城邦的认可，即获得“外邦人”身份。在古典时期，尤以雅典的外邦人居多。他们不享有公民权，亦不能拥有土地财产，但须服兵役和交纳特别的外邦人税。在雅典，只有极少数外邦人因为城邦做出贡献而被公民大会授予公民权。[②]

(解光云辑录)

拉蒂芬丁(latifundia)

指拥有大量奴隶的大庄园，是一种土地占有形式，因此，又译为大地产(large estates)，其发展始于公元前 2 世纪，并随罗马的扩张而增长。罗马共和国在扩张的过程中从被征服地区和城市获得了大量的“公地”，权贵阶层在兼并的过程中积累了大面积的地产，或用于畜牧，或用以种植橄榄、葡萄和谷物。大地产在意大利南部、西西里、西班牙和北非尤为集中。[③]

(解光云辑录)

维拉(villa)

拉丁语境中，维拉是指与一定地产相结合的乡村居所。既可以视

---

① Simon Hornblower and Antony Spawforth, *The Oxford Classical Dictionary*, Third editiaon revised, Oxford University Press, 2003, p.1466.syssitia 词条。同时参见黄洋、晏绍祥著:《希腊史研究入门》,北京大学出版社,2009 年,第 228 页。

② Simon Hornblower and Antony Spawforth, *The Oxford Classical Dictionary*, Third editiaon revised, Oxford University Press, 2003, p.969.metics 词条。同时参见黄洋、晏绍祥著:《希腊史研究入门》,北京大学出版社,2009 年,第 232 页。

③ Simon Hornblower and Antony Spawforth, *The Oxford Classical Dictionary*, Third editiaon revised, Oxford University Press, 2003, p.816.latifundia 词条。同时参见刘津瑜著:《罗马史研究入门》,北京大学出版社,2014 年,第 231 页。

为耕作生产的庄园，也可以视为生活休闲之所。自公元前2世纪以降，这样的庄园在意大利广为流行。对于上层罗马人来说，维拉是身份的象征。从选址来看，庄园又分乡村农庄、滨海庄园等。具体到建筑风格、面积以及功能，各庄园之间又因时因地各有不同，甚至大相径庭。有些维拉里建筑用作存储粮食的谷仓。有些罗马贵族的豪华滨海维拉可能只是为了消遣而建造，这里有浴室、奴隶的住所、葡萄酒和橄榄油、猪舍、巨大的粮仓和气派的花园。贵族们以建造辉煌的维拉而自豪，享受乡间幽静。由于庄园的多种形态、多重性质和意义，学者们所给出的定义也各自侧重，有的强调庄园的文化内涵，有的侧重其社会意义或经济功能。至公元2世纪，那些在共和国晚期以种植葡萄而闻名的沿海地区的维拉显著减少，相对而言，一些内陆的维拉一直存续到古代晚期。①

（解光云辑录）

包税人(publicani)

罗马共和国时期税收主要由包税人承担，出价最高的包税人从政府拍卖到地方上的收税权，以私人身份在行省收税。包税人多来自骑士等级，通常由多人组成合伙(societas)。大型的包税合伙出现于第二次布匿战争时期。包税人在地方上榨取的收入越多，盈利也就越大。在罗马文学中，包税人常是贪婪的化身。以包税形式收税在帝国早期逐渐被废除。②

（解光云辑录）

① Simon Hornblower and Antony Spawforth, *The Oxford Classical Dictionary*, Third editiaon revised, Oxford University Press, 2003, p.1599. villa 词条。同时参见刘津瑜著：《罗马史研究入门》，北京大学出版社，2014年，第231页。

② Simon Hornblower and Antony Spawforth, *The Oxford Classical Dictionary*, Third editiaon revised, Oxford University Press, 2003, p.1275. publicani 词条。同时参见刘津瑜著：《罗马史研究入门》，北京大学出版社，2014年，第232页。

等级冲突(Conflict of the Orders①)

等级冲突,也称为等级斗争,通常是指公元前 494 年至公元前 287 年古罗马共和国平民与贵族之间的政治斗争。平民旨在寻求与贵族的平等。它在罗马共和国宪法的发展中发挥了重要作用。②

(解光云辑录)

附录 2 译名对照表

阿波罗多洛斯 Apollodorus

阿波罗尼德斯 Apollonides of Nicaea

阿德拉斯托斯 Adrastus

阿尔戈斯 Argos

阿尔克墨涅 Alcmene

阿伽门农 Agammemnon

阿该亚人 Achaeans

阿格诺亚 Agnoia

阿格西劳斯 Agesilaus

阿基琉斯 Achilles

阿卡奈 Acharnae

阿克西乌斯 Axius

阿勒珊德罗斯 Alesandros

阿里密浓 Ariminum

阿里斯东 Ariston

阿里斯多美奈斯 Aristomenes

阿里斯泰德斯 Aristeides

---

① 拉丁语 ordo 有"等级"之意。在李维和西塞罗等著作中,时常表示此意。参见 D.P.Simpson., *Cassell's Latin Dictionary*, Wiley Publishing, Inc.1968. p.416.

② 详见 Simon Hornblower and Antony Spawforth, *The Oxford Classical Dictionary*, Third editiaon revised, Oxford University Press, 2003, pp.1323 - 1324.

阿里斯泰喀摩斯　Aristaechmus
阿里斯提安　Aristion
阿里斯提普斯　Aristippus
阿里斯托格同 Aristogiton
阿里斯托哈斯　Aristarchus
阿里斯托克利斯　Aristocles
阿里斯托克色诺斯　Aristoxenus
阿里斯托美涅斯　Aristomenes
阿马斯特里斯　Amastris
阿米尼阿斯　Amynias
阿尼图斯　Anytus
阿帕图里亚节　the Apaturia
阿皮乌斯·克劳狄乌斯　Appius Claudius
阿瑞斯　Ares
阿斯泰奥库斯　Astyochus
阿斯忒瑞亚　Asteria
阿提斯　Atys
阿西比亚德斯　Alcibiades
埃勾斯　Aegeus
埃吉那人　Aeginetans
埃吉斯托斯　Aegisthus
埃勒克特拉　Electra
埃皮达鲁斯　Epidaurus
埃斯基涅斯　Aeschines
埃忒奥克勒斯　Eteocles
埃托利亚人　Aetolians
艾尼阿涅斯人　Aenianes
安德洛玛刻　Andromache
安东尼　Antonius

安多克勒斯 Androcles
安菲阿拉俄斯 Amphiaraus
安菲特律昂 Amphitryon
安纳托利亚 Anatolia
安尼克里斯 Anniceris
安塞米翁 Anthemion
安塞密喻 Anthemion
安提多洛斯 Antidorus
安提丰 Antiphon
安提戈洛斯 Antigonus
安提帕特 Antipater
安提斯泰尼斯 Antisthenes
奥德鲁西 Odrysians
奥留斯·维吉纽斯 Aulus Verginius
奥瑞斯特斯 Orestes
巴库斯 Bacchus
贝尼温敦 Beneventum
比雷埃夫斯 Piraeus
比提斯河 Baetis
彼翁 Bion
彼亚斯 Bias
波阿斯 Poeas
波利克拉特斯 Polycrates
波列蒙 Polemo
波吕阿尔库斯 Polyarchus
波吕多洛斯 Polydorus
波吕墨斯托尔 Polymestor
波吕涅克斯 Polyneices
波塞迪普斯 Poseidippus

波提狄亚　Potidaea
伯利克条尼　Perictione
布鲁图斯　Brutus
布伦提诺斯　Brontinus
达奥斯　Daos
达尔达洛斯　Dardanus
达谟　Damo
达摩尼德斯　Damonides
德阿涅拉　Deianira
德米特里乌斯　Demetrius
德谟克利特　Democritus
德摩阿斯　Demeas
德纳尔科斯　Dinarchus
狄奥多洛斯　Diodorus
狄奥尼索多洛斯　Dionysodorus
狄奥斯库里　Dioscuri
狄俄克勒斯　Diocles
狄俄尼西俄斯　Dionysius
狄腓卢斯　Diphilus
狄开俄波利斯　Dicaiopolis
狄翁　Dion
狄西乌斯　Decius
迪尼亚斯　Deinias
底比斯的埃帕米农达斯　Epaminondas of Thebes
地米斯托克利　Themistocles
第欧根尼　Diogenes
杜里斯　Duris
多利亚人　Dorians
多洛佩斯人　Dolopes

多瑙河　Danube
厄勒克特律翁　Electryon
厄琉息斯　Eleusis
厄琉息斯人　Eleusinians
厄倪俄　Enyo
恩培多克勒斯　Empedocles
法比尤斯　Fabius
法弗里诺斯　Favorinus
法勒隆　Phalerum
法勒尼安　Falernian
法诺狄科斯　Phanodicus
菲比达斯　Phoebidas
菲勒玛提恩　Philematium
菲罗克忒忒斯　Philoctetes
菲洛克特蒙　Philoctemon
菲洛拉切斯　Philolaches
菲洛尼德斯　Philonides
菲洛斯特拉图斯　Philostratus
菲洛塔斯　Philotas
斐冬(阿尔戈斯僭主)　Pheidon
斐多　Phaedo
斐列摩尼德斯　Philemonides
费狄庇得斯　Pheidippides
佛洛匹达斯　Phylopidas
佛提亚　Phthia
弗利阿西奥斯人　Phliasius
弗隆　Furlong
弗尼克斯　Phoenix
弗瑞吉安　Phrygian

伏图努斯　Volturnus
福基斯　Phocis
福密俄　Phormio
伽普亚　Capua
盖塔人　Getae
盖尤斯·科尔奈利乌斯·伽卢斯　Gaios Cornelius Galllus
盖约·普比利乌斯　Gaius Publilius
戈尔吉阿斯　Gorgias
革塔斯　Getas
格鲁洛斯　Gryllus
格奈乌斯·西庇阿　Gnaeus Cornelius Scipio Calvus
哈布罗托农　Habrotonon
哈迪斯　Hades
哈尔默狄俄斯　Harmodius
哈格农　Hagnon
哈赖丰　Chaerophon
哈赖克拉泰斯　Chaerecrates
海布拉　Hybla
海尔莫盖尼斯　Hermogenes
赫尔弥奥涅　Hermione
赫尔普莉丝　Herpyllis
赫卡柏　Hecuba
赫卡同　Hecato
赫卡托拜翁　Hecatombaeon
赫克托尔　Hector
赫拉克勒斯　Heracles
赫拉克利特　Heraclitus
赫摩克拉忒斯　Hermocrates
加尔西顿　Chalcedon

贾尼科洛 Janiculum

据吕希斯 Lysis

卡德摩斯 Cadmus

卡尔卡斯 Calchas

卡尔芒德里德斯 Charmandridess

卡尔芒德洛斯 Charmandrus

卡尔米德斯 Charmides

卡尔息底斯 Chalcidice

卡雷斯特拉图斯 Chaerestratus

卡里阿斯 Callias

卡里昂 Cario

卡里马库斯 Callimachus

卡利佩 Callippe

卡吕冬 Calydon

卡珊德拉 Cassandra

卡斯托尔 Castor

卡西乌斯 Cassius

卡西约 Cassius

开俄斯 Chios

凯瑞斯特拉托斯 Chairestratos

恺撒 Caesar

坎帕尼亚 Campania

科菲索斯 Cephisus

科克罗普斯 Cecrops

科洛诺斯 Colonus

科尼利乌斯 Cornelius

科维努斯 Corvinus

克基拉人 Corcyraeans

克拉苏 Crassus

克里特　Crete
克里托布勒斯　Critobulus
克力同　Crito
克利奥尼穆斯　Cleonymus
克利尼亚　Clinias
克罗琉斯　Cloelius
克洛同　Croton
克洛伊索斯　Croesus
克吕泰莫斯特拉　Clytaemestra
克律塞岛　Chryse
克律希珀斯　Chrysippus
克瑞米洛斯　Chremylus
克瑞翁　Creon
克瑞乌萨　Creusa
克塞诺克拉特斯　Xenocrates
克苏托斯　Xuthus
克特西普斯　Ctesippus
肯索里努斯　Censorinus
拉栖第梦　Lacedaemon
拉伊奥斯　Laius
劳里昂　Laureian
劳伦提尼斯人　Laurentines
勒奥戈拉斯　Leogoras
勒莫诺斯　Lemnos
利奥纳图斯　Leonnatus
利古里安　Ligurian
利吉姆　Rhegium
列庇都斯　Lepidus
列斯堡斯　Lesbos

卢基乌斯 · 帕皮利乌斯　Lucius Papilius
卢科劳弗斯　Leucolophus
卢奇乌斯·埃米利乌斯　Lucius Aemilius
卢奇乌斯 · 帕庇瑞乌斯　Lucius Papirius
鲁西里乌斯　Lucilius
路库路斯　Lucullus
罗慕洛斯　Romulus
洛克西阿斯　Loxias
吕科斯　Lycus
吕孔　Lyco
吕西斯特拉特　Lysistrata
马尔库斯·阿蒂利乌斯·雷古鲁斯　Marcus Atilius Regulus
马格涅西亚　Magnesia
马格涅西亚的德米特里乌斯　Demetrius of Magnesia
马可 · 赫拉提乌斯　Marcus Horatius
马若内亚　Maronea
马西尼萨　Masinissa
麦吉卢　Megillus
麦路拉　Merula
梅特鲁斯 · 斯奇皮奥　Metellus Scipio
美塞尼亚　Messenia
美特洛克勒斯　Metrocles
密洛尼阿诺斯　Myronianus
密提勒涅　Mitylene
摩洛索斯　Molossus
摩斯赫昂　Moschion
墨伽布若斯　Megabyzus
墨利波亚　Meliboea
墨尼珀斯　Menippus

墨涅德谟斯　Menedemus
墨涅克勒斯　Menecles
墨涅拉奥斯　Menelaus
姆纳西普斯　Mnasippus
穆林斯·斯卡瓦拉　Murins Scaevola
穆隆尼阿洛斯　Myronianus
穆尼客阿　Munychia
瑙克拉提斯的普罗克鲁斯　Proclus of Naucratis
尼各麦德斯　Nicomedes
尼卡诺尔　Nicanor
尼克拉托斯　Nikeratos
尼塞拉图斯　Niceratus
尼西阿斯　Nicias
涅奥普托勒摩斯　Neoptolemus
努米底亚　Numidia
努塞里亚　Nuceria
诺曼图姆　Nomentum
欧布里德斯　Eubulides
欧克诺斯　Oceanus
欧墨洛斯　Eumelus
欧绪德谟斯　Euthydemus
帕尔墨农　Parmenon
帕拉斯　Pallas
帕里斯　Paris
帕特罗克洛斯　Patroclus
帕西非　Pasiphaë
潘尼斯特　Penestae
庞培　Pompeius
佩琉斯　Peleus

佩帕瑞托斯 Peparethus

彭透斯 Pentheus

皮埃里亚 Pierian

皮塞嫩 Picenum

皮索多罗斯 pythodorus

皮塔科斯 Pittacus

皮修斯 Pythius

珀拉斯戈斯 Pelasgus

珀利斯 Pollis

珀塞多尼俄斯 Posidonius

普布利乌斯·富尔尤斯 Publius Furius

普拉迪克斯 Prodicus

普莱森奇亚 Placentia

普兰贡 Plangon

普里维尔努姆 Privernum

普里耶涅 Priene

普律塔涅嗡 Prytaneum

栖来那斯 Selinus

瑞索斯 Rhesus

萨尔迪斯 Sardis，

萨格利亚节 Thargelia

萨摩斯 Samos

萨提洛斯 Satyrus

塞尔维乌斯·加尔巴 Servius Galba

塞尔维乌斯·图利乌斯 Servius Tullius

塞涅卡 Seneca

塞普利斯 Cypris

色雷斯 Thrace

色诺克莱斯 Xenocles

斯彪西珀斯　Speusippus
斯基拉节　Skira
斯克洛斯　Scillus
斯库洛斯　Scyros
斯弥克里涅斯　Smikrines
斯皮塔洛斯　Spintharus
斯塔提尔　Staters
斯特瑞普西阿得斯　Strepsiades
斯提波　Stilpo
苏拉　Lucius Cornelius Sulla
索佛隆　Sophron
索弗罗娜　Sophrone
索西阿斯　Socias
索希克拉特斯　Sosicrates
塔坦卢斯　Tantalus
泰阿泰德罗斯　Theodorus
泰奥弗拉斯托斯　Theophrastus
泰里蒙涅斯　Therimenes
忒阿诺　Theano
忒奥克吕墨诺斯　Theoclymenus
忒奥诺埃　Theonoe
忒尔西特斯　Thersites
忒弥斯托克勒娅　Themistoclea
忒瑞西阿斯　Teiresias
特拉蒙　Telamon
特洛伊　Troy
特斯摩福里亚节　Thesmophoria
提彼奥斯　Tibeios
提蒙　Timon

提莫德摩斯 Timodemos
提萨费尔奈斯 Tissaphernes
提萨佛涅斯 Tissaphernes
提图斯·昆秀斯 Titus Quinctius
提修斯 Theseus
帖撒利 Thessaly
透塔谟斯 Teutames
托勒密·索特尔 Ptolemy Soter
托米利安 Tmolian
瓦鲁斯 Varus
维波 Vibo
维里阿修斯战争 Viriathic war
维努西亚 Venusia
屋大维 Octavian
西奥多勒斯 Theodorus
西诺珀 Sinope
西锡安 Sicyon
希波吕托斯 Hippolytus
希波尼库斯 Hipponicus
希刻西俄斯 Hicesius
希帕索斯 Hippasus
希珀伯托斯 Hippobotus
希普诺斯人 Siphnus
修特斯 Seuthes
伊阿苏斯 Iasus
伊奥卡斯特 Jocasta
伊达 Ida
伊达山 Mount Ida
伊菲革涅亚 Iphigeneia

伊雷克修斯　Erechtheus
伊利昂　Ilion
伊利厄斯　Elius
伊莫布洛斯　Imbros
伊珀尼墨斯　Eponymus
伊司美尼亚　Ismenias
伊斯霍玛霍斯　Ischomachus
伊托鲁里亚人　Etruscans
伊翁　Ion
伊西达斯　Isidas
因布诺斯　Imbros
优克特蒙　Euctemon
攸摩尔巴斯　Eumolpus

参阅书目

这里所列书目是课题组搜集和整理文献资料时的参考文献，详情见文中脚注说明。关于古希腊和罗马作家的更多著作，敬请参阅哈佛大学出版社出版的“洛布古典文库”(Loeb Classical Library)，亦可参阅“牛津世界经典丛书”(Oxford World Classical)以及“企鹅经典丛书”(Penguin Classics)的英文译本或以其他语言文字撰写的著作。

一、中文译著

1. [古罗马]M.P.加图：《农业志》，马香雪、王阁森译，商务印书馆，2013年。

2. [古罗马]M. T. 瓦罗：《论农业》，王家绶译，商务印书馆，2006年。

3. [古罗马]阿庇安：《罗马史》，谢德风译，上、下卷，商务印书馆，2013年。

4. [古罗马]阿庇安：《内战史》，谢德风译，商务印书馆，1985年。

5. [古罗马]阿普列乌斯：《金驴记》(变形记)，谷启珍等译，北方文艺出版社，2000年。

6. [古罗马]阿普列乌斯：《金驴记》(变形记)，刘黎亭译，上海译文出版社，1988年。

7. [古罗马]爱比克泰德：《爱比克泰德论说集》，商务印书馆，2009年。

8. [古罗马]安提丰等：《阿提卡演说家合辑》，冯金朋等译注，吉林出版集团有限责任公司，2016 年。

9. [古罗马]奥古斯丁：《忏悔录》，周士良译，商务印书馆，1963 年。

10. [古罗马]奥古斯丁：《独语录》，成官泯译，光明日报出版社，1996 年。

11. [古罗马]奥维德：《变形记》，杨周翰译，人民文学出版社，1984 年。

12. [古罗马]奥维德：《罗马爱经》，黄建华、黄迅余译，陕西人民出版社，2006 年。

13. [古罗马]奥维德：《女杰书简》，南星译，三联书店，1992 年。

14. [古希腊]柏拉图：《柏拉图全集》(四卷)，王晓朝译，人民出版社，2003 年。

15. [古希腊]柏拉图：《裴洞篇》，王太庆译，商务印书馆，2013 年。

16. [古希腊]柏拉图：《理想国》，郭斌和、张竹明译，商务印书馆，1997 年。

17. [古希腊]柏拉图：《游叙弗伦 苏格拉底的申辩 克力同》，商务印书馆，2000 年。

18. [古希腊]柏拉图：《智者》，詹文杰译，商务印书馆，2011 年。

19. [古罗马]查士丁尼：《法学总论》，张企泰译，商务印书馆，1996 年。

20. [古罗马]弗拉维乌斯·韦格蒂乌斯·雷纳图斯：《兵法简述》，袁坚译，解放军出版社，1998 年。

21. [古罗马]弗龙蒂努斯：《谋略》，袁坚译，解放军出版社，1991 年。

22. [古罗马]盖尤斯：《法学阶梯》，黄风译，中国政法大学出版社，1996 年。

23. [古希腊]荷马等：《古希腊抒情诗选》，水建馥译文集，商务印书馆，2013 年。

24. [古希腊]荷马：《伊利亚特》(4 册)，罗念生、王焕生译，古希腊语-汉语对照本，上海人民出版社，2017 年。

25. [古希腊]赫拉克利特：《赫拉克利特著作残篇》，T.M.罗宾森英译/评注，楚荷中译，广西师范大学出版社，2007 年。

26. [古希腊]赫西俄德：《工作与时日 神谱》，商务印书馆，张竹明、蒋平译，1997 年。

27. [古罗马]卡图卢斯：《歌集》(拉汉对照)，李永毅译，中国青年出版社，2008 年。

28. [古罗马]凯撒：《高卢战记》，任炳湘译，商务印书馆，2010 年。

29. [古罗马]凯撒：《内战记》，任炳湘、王士俊译，商务印书馆，2013 年。

30. [古罗马]昆体良：《昆体良教育论著选》，任钟印选译，人民教育出版社，1989 年。

31. [古罗马]李维：《建城以来史》前沿·卷一(拉汉对照)，穆启乐、傅永东、张强、王丽英译，吉林文史出版社，1992 年出版；"日知古典"丛书，2005 年。

32. [古罗马]琉善：《琉善哲学文选》，罗念生等译，商务印书馆，1980 年。

33. [古罗马]琉善：《路吉阿诺斯对话集》，周作人译，中国致公出版社，2019 年。

34. [古罗马]卢克莱修：《物性论》，方书春译，商务印书馆，1959 年。

35. [古罗马]路吉阿诺斯：《路吉阿诺斯对话集》，周作人译，中国对外翻译出版公司，2003 年。

36. [古罗马]马可·奥勒留：《沉思录》，朱汝庆译，中国社会科学出版社，1998 年。

37.苗力田主编:《亚里士多德全集》(十卷),中国人民大学出版社,2016 年。

38. [古罗马]奈波斯:《外族名将传》,刘俊玲译,上海人民出版社,“日知古典”丛书,2005 年。

39. [古罗马]普劳图斯:古罗马戏剧全集《普劳图斯》上、中、下三卷,王焕生译,吉林出版集团有限责任公司,2015 年。

40. [古罗马]普劳图斯等著:《古罗马喜剧三种》,杨先益等译,中国戏剧出版社,1985 年。

41. [古罗马]普劳图斯等著:《古罗马戏剧选》,杨先益等译,人民文学出版社,1991 年。

42. [古罗马]普鲁塔克:《希腊罗马名人传》(3 卷),席代岳译,吉林出版集团有限责任公司,2009 年。

43. [古罗马]普鲁塔克:《希腊罗马名人传》,陆永庭、吴寿彭等译,商务印书馆,1990 年。

44. [古罗马]普鲁塔克:《希腊罗马名人传》,上册,陆永庭、吴彭鹏等译,商务印书馆,1999 年。

45. [古罗马]普罗佩提乌斯:《哀歌集》(拉汉对照),王焕生译,华东师范大学出版社,2007 年。

46. [古罗马]撒路斯特乌斯:《喀提林阴谋,朱古达战争》,王以铸、崔妙因译,商务印书馆,1995 年。

47. [古罗马]塞内加:《特洛亚妇女》,杨周翰译,人民文学出版社,1958 年。

48. [古罗马]塞涅卡:《幸福而短促的人生:塞涅卡道德书简》,赵义春译,上海三联书店,1989 年。

49. [古希腊]色诺芬:《回忆苏格拉底》,商务印书馆,吴永泉译,2001 年。

50. [古希腊]色诺芬:《经济论 雅典的收入》,张伯健、陆大年译,商务印书馆,1997 年。

51. [古希腊]色诺芬:《长征记》,崔金戎译,商务印书馆,1997 年。

52. [古罗马]苏维托尼乌斯:《罗马十二帝王传》,田丽娟、邹凯莉译,上海三联书店,2010 年。

53. [古罗马]苏维托尼乌斯:《罗马十二帝王传》,张竹明译,商务印书馆,1995 年。

54. [古罗马]塔西佗:《阿古利可拉传　日尔曼尼亚志》,商务印书馆,2010 年。

55. [古罗马]塔西佗:《编年史》,上、下卷,王以铸、崔妙因译,商务印书馆,2013 年。

56. [古罗马]塔西佗:《历史》,王以铸、崔妙因译,商务印书馆,2008 年。

57. [古希腊]泰奥弗拉斯托斯等:《古希腊散文选》,水建馥译文集,商务印书馆,2013 年。

58. [古罗马]泰伦提乌斯:古罗马戏剧全集《泰伦提乌斯》,王焕生译,吉林出版集团有限责任公司,2015 年。

59. [古罗马]瓦罗:《论农业》,王家绶译,商务印书馆,1986 年。

60.王焕生译,荷马史诗《奥德赛》(4 册),古希腊语-汉语对照本,上海译文出版社,上海人民出版社,2017 年。

61. [古罗马]维吉尔、塞内加:《埃涅阿斯纪 特洛亚妇女》,杨周翰译,上海人民出版社,2016 年。

62. [古罗马]维吉尔:《埃涅阿斯纪》,曹鸿昭译,吉林出版集团有限公司,2015 年。

63. [古罗马]西塞罗:《国家篇 法律篇》,沈叔平、苏力译,商务印书馆,1999 年。

64. [古罗马]西塞罗:《论法律》,王焕生译,上海人民出版社,“日知古典”丛书,2006 年。

65. [古罗马]西塞罗:《论共和国》,王焕生译,上海人民出版社,“日知古典”丛书,2006 年。

66. [古罗马]西塞罗:《论灵魂》,王焕生译,西安出版社,1998 年。

67. [古罗马]西塞罗:《论神性》,石敏敏译,香港:汉语基督教文化研究所,2001 年。

68. [古罗马]西塞罗:《论义务》,王焕生译,中国政法大学出版社,1999 年。

69. [古罗马]西塞罗:《西塞罗论老年 论友谊》,王焕生译,上海人民出版社,“日知古典”丛书,2011 年。

70. [古罗马]西塞罗:《西塞罗全集・演说词卷》,王晓朝译,人民出版社,2008 年。

71. [古罗马]西塞罗:《西塞罗三论:老年・友谊・责任》,徐奕春译,商务印书馆,1998 年。

72. [古罗马]西塞罗:《西塞罗文集・政治卷》,王焕生译,中央编译出版社,2010 年。

73. [古希腊]希罗多德:《历史》,上、下册,王以铸译,商务印书馆,1997 年。

74. [古希腊]修昔底德:《伯罗奔尼撒战争史》,上、下册,谢德风译,商务印书馆,1997 年。

75. [古希腊]亚里士多德:《尼各马可伦理学》,廖申白译注,商务印书馆,2012 年。

76. [古希腊]亚里士多德:《雅典政制》,日知、力野译,商务印书馆,1999 年。

77. [古希腊]亚里士多德:《政治学》,吴寿彭译,商务印书馆,1996 年。

78. [古希腊]伊索:《伊索寓言》,王焕生译,上海人民出版社,2014 年。

79. [古希腊]伊索克拉底:《伊索克拉底卷》,李永斌译注,吉林出版集团有限责任公司,2015 年。

80.张竹明、王焕生译:《古希腊悲剧喜剧全集》(8 卷),译林出版社,2015 年。

二、英文影印文献

1. [加拿大]菲利普·哈丁编译,黄洋导读,剑桥《希腊罗马史料集》(二),《公元前 4 世纪的希腊》(英文影印版),北京大学出版社,2014 年。

2. [美]查尔斯·福尔那拉编译,黄洋导读,剑桥《希腊罗马史料集》(一),《古风时代至公元前 5 世纪末的希腊》(英文影印版),北京大学出版社,2014 年。

3. [美]罗伯特·K.谢尔克编译,黄洋导读,剑桥《希腊罗马史料集》(六),《早期罗马帝国》(英文影印版),北京大学出版社,2014 年。

4. [美]罗伯特·K.谢尔克编译,黄洋导读,剑桥《希腊罗马史料集》(四),《至奥古斯都统治时期的罗马希腊》(英文影印版),北京大学出版社,2014 年。

5. [美]斯坦利·M.伯斯坦编译,黄洋导读,剑桥《希腊罗马史料集》(三),《希腊化时代》(英文影印版),北京大学出版社,2014 年。

三、文库和多卷本史料集:

1. 洛布古典文库(Loeb Classical Library)希英和拉英对照版本。

2. 剑桥大学出版社出版的五卷本《希腊罗马史料集》(*Translated Docements of Greece and Rome*)。

3. 劳德里奇出版社出版的劳德里奇古代世界史料集丛书(*Routledge Sourcebooks for the Ancient World*)。

四、铭文、纸莎草和钱币文献

1. R.梅格斯与 D.刘易斯合编:《希腊历史铭文辑要》(R.Meiggs & D.Lewis, *A Selection of Greek Historical Inscriptions: to the end*

of the Fifth Century B.C., Rev. ed., Oxford: Clarendon Press, 1989.)

2. 巴盖奥:《纸莎草读本:古代历史书写》(Roger Bagall, *Reading Papyri, Writing Ancient History*. London: Routledge, 1995.)

3. 胡格高:《钱币里的古代历史》(C.J.Howgego, *Ancient History from Coins*. London: Routledge,1995.)

4. 罗兹和奥斯邦合编:《公元前404年—前323年的希腊历史铭文选》(P.J.Rhodes & Robin Osborne,*Greek Historical Inscriptions: 404 - 323 BC*, Oxford:Oxford University Press, 2003.)

5. 迈克尔·克劳福德:《罗马共和国钱币》(H. Michael Crawford, *Roman Republican Coinage*. London: Cambridge :Cambridge University Press, 1975.)

6. 托马斯·菲古埃拉:《钱币、财富的力量与雅典帝国政治》(Thomas Figueira,*The Power of Money, Coinage and Politics in the Athenian Empire*, Philadelphia :University of Pennsylvania Press,1998.)

7. 托纳尔:《希腊纸莎草导论》(Eric Gardner Turner, *Greek Papyri, An Introduction*. Princeton: Princeton University Press, 2016.)

五、铭文译注

1. 郭霞译、张强校:《奥克西林库斯希腊志》,上海人民出版社,2009年。

2. 张强、张楠译注:《希腊拉丁历史铭文举要》,商务印书馆,2016年。

3. 张强译注:《古希腊铭文辑要》,中华书局,2018年。

六、西文文献

1. Burnett A., Amandry M., Ripolles P., Carradice I.,*Roman*

Provincial Coinage. Supplement 2,2006.

2. C. J. Howgego, Volker Heuchert, and Andrew Burnett. *Coinage and Identity in the Roman Provinces*. Oxford:Oxford University Press, 2005.

3. D.L. Page, *Greek Literary Papyri*. vol 1,Heinemann,1942.

4. G. McN. Rushforth, *Latin Historical Inscriptions: Illustrating the History of the Early Empire*, New York: Books for Libraries Press, 1970.

5. Hans Dieter Betz,*The Greek Magical Papyri in Translation*, Including the Demotic Spells, Vol. 1,Texts, Chicago: University of Chicago Press,1986.

6. L.Keppie,*Understanding Roman Inscriptions*, London:B.T. Batsford Ltd, 1991.

7. M.N.Tod, *A Selection of Greek Historical Inscriptions*, Oxford:Clarendon Press, 1946.

8. Meiggs, R.& Lewis,D.,*A Selection of Greek Historical Inscriptions: to the end of the Fifth Century B.C.*, Rev.ed., Oxford: Clarendon Press, 1989.

9. Rhodes, P. J. & Osborne, Robin, *Greek Historical Inscriptions*:404 - 323 *BC*, Oxford:Oxford University Press, 2003.

10. Roger Bagall, *Everyday Writing in the Graeco - Roman East*. Berkeley: University of California Press, 2011.

11. Simon Hornblower and Antony Spawforth, *The Oxford Classical Dictionary*, Third editiaon revised, Oxford: Oxford University Press, 2003.